W0069441

Vahlens Handbücher
der Wirtschafts- und Sozialwissenschaften

Ribhegge
Sozialpolitik

Sozialpolitik

von

Prof. Dr. Hermann Ribhegge

Europa-Universität Viadrina
Frankfurt (Oder)

Verlag Franz Vahlen München

VERLAG
VAHLEN
MÜNCHEN
www.vahlen.de

ISBN 3 8006 3030 3

© 2004 Verlag Franz Vahlen GmbH, Wilhelmstr. 9, 80801 München
Satz: DTP-Vorlagen des Autors
Druck und Bindung: Druckhaus „Thomas Müntzer" GmbH
Neustädter Str. 1–4, 99947 Bad Langensalza
Gedruckt auf säurefreiem, alterungsbeständigem Papier
(hergestellt aus chlorfrei gebleichtem Zellstoff)

Vorwort

Zielsetzung des Lehrbuches ist es, sowohl einen Überblick über die institutionelle Ausgestaltung der Sozialen Sicherung in der Bundesrepublik zu geben als auch diese mit dem ökonomischen Instrumentarium zu analysieren. Mit der Sozialversicherung sollen Sicherheit und sozialer Ausgleich realisiert werden. Da die Unfallversicherung keinen sozialen Ausgleich beinhaltet, ist diese nicht Gegenstand des Lehrbuchs.

Auch wenn die grundlegenden Reformen durch das dritte und vierte Gesetz für moderne Dienstleistungen am Arbeitsmarkt, das Gesetz zu Reformen am Arbeitsmarkt, das Gesetz zur Einordnung des Sozialhilferechts in das Sozialgesetzbuch und das Gesetz zur Modernisierung der gesetzlichen Krankenversicherung zum Teil erst ab 2005 wirksam werden, sind sie in das Lehrbuch eingearbeitet worden.

Die Anfertigung des Lehrbuches wäre ohne die Hilfe von Herrn Dr. K. Dascher, Frau Dr. A. Podzerek-Knop und Herrn Dr. R. Teepe nicht zustande gekommen. Besonderen Dank gilt Herrn Dipl.-Kfm. St. Dust für die sorgfältige Anfertigung der Tabellen und Abbildungen sowie insbesondere Frau A. Riehl, die nie resignierte, eine fast nicht lesbare Manuskriptvorlage in eine ordentliche Druckvorlage zu transformieren.

Frankfurt (Oder), im Januar 2004   Hermann Ribhegge

Inhaltsverzeichnis

1. Theorie und Institutionen der Sozialpolitik

1.1 Gesamtwirtschaftliche Bedeutung und aktuelle Probleme der Sozialpolitik

1.1.1 Zur Relevanz der Sozialpolitik

Bevor man sich mit der Frage auseinandersetzt, wie man den Gegenstand dieses Lehrbuches definiert und klärt, was wir unter Sozialpolitik verstehen, sollte man sich erst einmal der politisch bedeutsamen und im Zeitalter der Globalisierung von Neoliberalen akzentuierten These zuwenden, dass in einer modernen Marktwirtschaft, die durch hohen Wohlstand, technischen Fortschritt usw. gekennzeichnet ist, Sozialpolitik überflüssig und antiquiert sei, dass sie nur noch ein Relikt des Klassenkampfes zwischen Kapital und Arbeit sei.

Dass sich die Auseinandersetzung zwischen Kapital und Arbeit grundlegend geändert hat, ist offensichtlich. Die Einkommenssituation der Arbeitnehmer hat sich in den modernen Industriestaaten im Vergleich zur Zeit der industriellen Revolution grundlegend gebessert. Den Arbeitnehmern ist es gelungen, sich in Gewerkschaften zu organisieren und sowohl im wirtschaftlichen als auch politischen Bereich schlagkräftige und einflussreiche Interessenorganisationen aufzubauen.

Trotz des grundlegenden Wandels der Beziehungen zwischen Arbeit und Kapital können wir aber keinen Rückgang der sozialpolitischen Aktivitäten feststellen. Wir können sogar aufzeigen, dass die Sozialpolitik in den letzten Jahrzehnten an gesamtwirtschaftlicher Bedeutung gewonnen hat und dass neue Aufgabenstellungen heute in der Sozialpolitik aktuell sind, die wir nicht mehr unter das einfache Konfliktmuster Kapital - Arbeit subsumieren können. Dies soll im folgenden Teil belegt werden, bevor wir uns später der normativen Frage zuwenden, wie diese Entwicklung gesellschaftlich zu beurteilen ist.

Die gesamtwirtschaftliche Bedeutung der Sozialpolitik kann man an drei Indikatoren aufzeigen. Zuerst wollen wir den finanziellen Umfang und die finanzielle Entwicklung der Sozialpolitik aufzeigen und zweitens bestimmen, wer von sozialpolitischen Maßnahmen betroffen ist. Die Bedeutung der Sozialpolitik reduziert sich dabei aber nicht auf die Einnahmen und Ausgaben der sozialpolitischen Institutionen. Es gibt eine Vielzahl von gesetzlichen Regelungen, wie die Arbeitsmarktordnung, die auf den ersten Blick den Staat nichts kosten, die aber von immenser allokativer und distributiver Bedeutung sind und die bei der Darstellung der Expansion des Sozialstaates nicht vernachlässigt werden dürfen. Drittens wollen wir die Relevanz der Sozialpolitik an ihren aktuellen Problemen aufzeigen.

1.1.2 Finanzieller Umfang

Die Entwicklung der Sozialausgaben wird deutlich, wenn wir das sogenannte Sozialbudget betrachten, in dem die Einnahmen und Ausgaben im Sozialbereich aufgestellt sind.

Angaben zum Sozialbudget findet man im Statistischen Jahrbuch und im Sozialbericht der Deutschen Bundesregierung. In der Abbildung 1.1. sind die wichtigsten Sozialausgaben im Sozialbudget dargestellt.

Wenn man die Entwicklung der Gesamtausgaben verfolgt, so stellt man fest, dass sich diese in der Bundesrepublik von 1980 bis 1999 fast verdreifacht haben, so dass vieles für die These der Expansion des Sozialstaates spricht. Will man den Stellenwert dieses Zahlengebäudes bestimmen, so kann man zum einen die zeitliche Entwicklung dieser Größen untersuchen oder sie zum anderen anhand von Querschnittsvergleichen mit der Situation in anderen Industriestaaten vergleichen. Bei der Analyse der zeitlichen Entwicklung der Sozialausgaben fallen die sehr starken Steigerungen bei den Ausgaben der Gesetzlichen Krankenversicherung, bei der man auch von der Kostenexplosion im Gesundheitswesen spricht, sowie den anderen wichtigen Zweigen der Sozialen Sicherung, insbesondere der Renten- und der Arbeitslosenversicherung, auf. Hinzu kommt als jüngster Zweig der Sozialen Sicherung die Pflegeversicherung, die erst 1995 eingeführt worden ist.

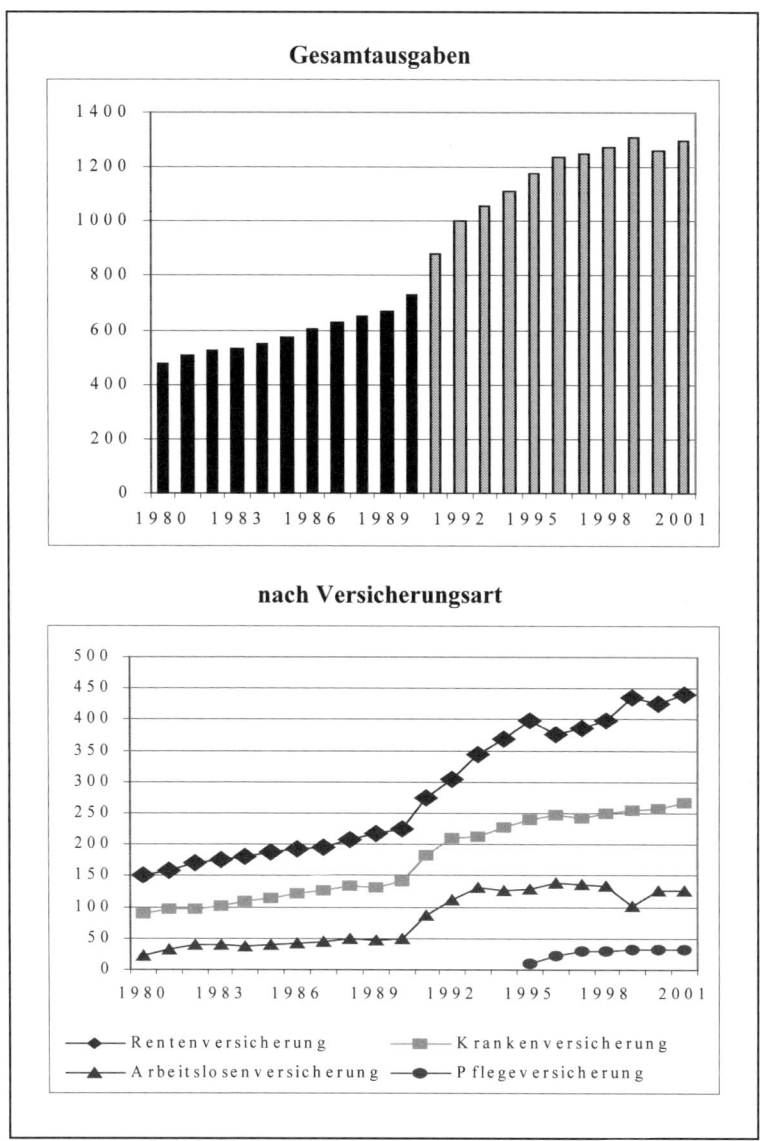

Abb. 1.1.: Sozialausgaben der Bundesrepublik Deutschland in Mrd. DM,
ab 1991 Gesamtdeutschland, Quelle: Statistisches Jahrbuch / Gutachten
des Sachverständigenrates bis 2002

Aus der Abbildung 1.2. wird ersichtlich, dass die Sozialhilfeausgaben in den letzten Jahren dramatisch gestiegen sind. Auf die Ursachen dieser Entwicklung, wie Anstieg der Ausgaben für Pflegefälle, hohe Arbeitslosigkeit in den siebziger und achtziger Jahren, verstärkte Inanspruchnahme durch Sozialhilfeberechtigte, werden wir noch ausführlich eingehen. Gerade die Entwicklung der Sozialausgaben gibt Anlass, von einer Expansion des Sozialstaates zu sprechen.

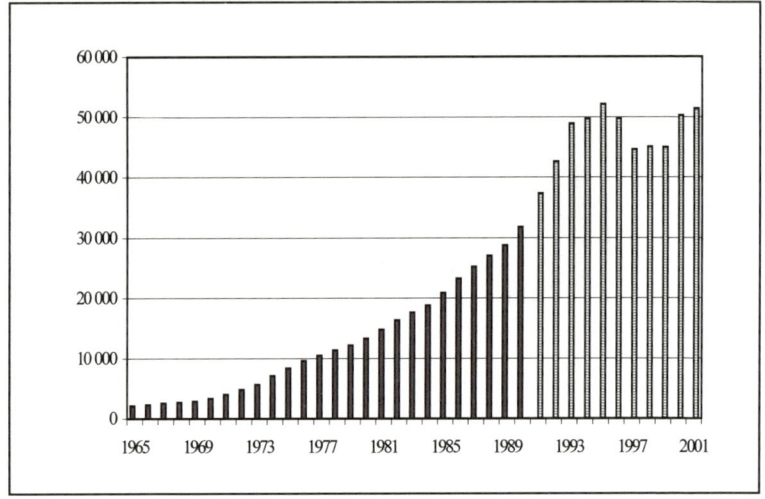

Abb. 1.2.: Ausgaben für Sozialhilfe in Mio. DM, ab 1991 Gesamtdeutschland, Quelle: Statistisches Jahrbuch / Gutachten des Sachverständigenrates bis 2002

Dass die Sozialausgaben in den letzten Jahrzehnten angestiegen sind, ist offensichtlich. Von einer Expansion des Sozialstaates kann man aber nur sprechen, wenn die Sozialausgaben relativ (d. h. im Verhältnis zu einer sinnvollen Bezugsgröße) gestiegen sind. Eine inflationsbedingte Aufblähung der Sozialausgaben rechtfertigt z. B. nicht die These der Expansion des Sozialstaates.

Überzeugender ist es, wenn wir die Expansionsthese daran prüfen, in welchem Verhältnis sich die Sozialausgaben zum Bruttosozialprodukt oder einem anderen Indikator für die Leistungsfähigkeit einer Volkswirtschaft entwickelt haben. Das Verhältnis vom Gesamtleistungsvolumen des Sozialbudgets zum Bruttoinlandsprodukt zu Marktpreisen nennen wir die Sozialquote (genauer: Sozialleistungsquote).

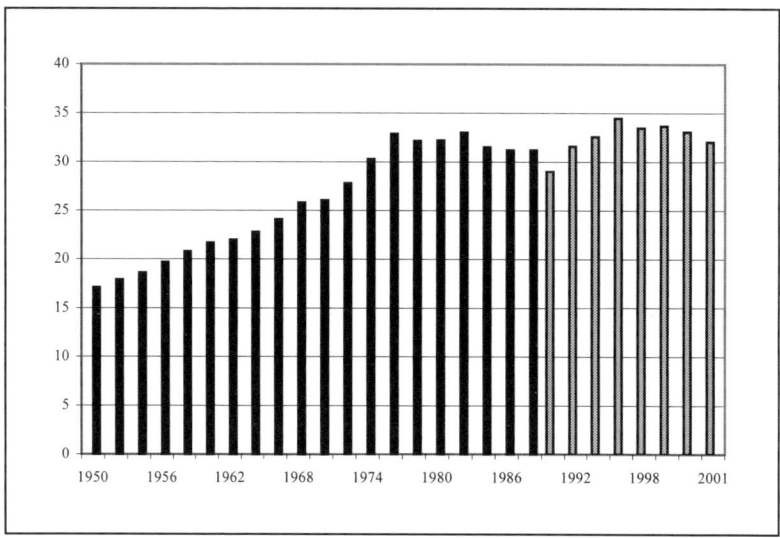

Abb. 1.3.: Sozialleistungsquote der Bundesrepublik Deutschland, ab 1990
Gesamtdeutschland, Quelle: Statistisches Jahrbuch / Gutachten des Sach-
verständigenrates

Der Anstieg der Sozialquote von 17,1 % in 1950 über den Spitzenwert von
über 33 % in 1975 bis zur Abschwächung auf unter 30 % in 1989 sowie
der Wiederanstieg nach 1990, der aber auch vereinigungsbedingt ist, da u.
a. ein erheblicher Transferbetrag von West nach Ost über das Sozialsystem
und nicht über Steuern finanziert wurde, bestätigt zunächst die Expansionsthese.

Ist nun diese annähernde Verdopplung der Sozialquote so dramatisch und
besorgniserregend, wie dies konservative Kritiker des Wohlfahrtsstaates
betonen? Wenn man diese Entwicklung beurteilen will, muss man sich
fragen, ob diese von den Bürgern erwünscht ist. Hier finden wir zwei recht
konträre Auffassungen. Die erste ist die, dass die Expansion des Sozialstaates gesellschaftlich erwünscht ist, da die Nachfrage nach Sicherheit
gestiegen sei, so dass z. B. die Leistungen der Rentenversicherung steigen
müssen, da unsere Gesellschaft immer älter wird und z. B. die Gesundheitsausgaben aufgrund des technischen Fortschritts und des geringen
Anstiegs der Arbeitsproduktivität überproportional angehoben werden
müssen. Die Gegenposition weist auf den Missbrauch im sozialen Sicherungssystem hin, dass Medikamente nutzlos in Milliardenhöhe verschwendet werden, dass es oft nur zu einer unnötigen Umverteilung kommt, bei

der Zahler und Empfänger im Wesentlichen identisch sind, die aber mit einem hohen, unnötigen Ressourcenverbrauch verbunden ist, da von ihr Fehlanreize ausgehen und zu ihrer Realisierung ein immenser Verwaltungsaufwand nötig ist. Schließlich wird darauf verwiesen, dass sich unser politisches System zu einer Gefälligkeitsdemokratie entwickelt, in der Partikularinteressen nicht aus sozialpolitischer Motivation, sondern um die Unterstützung für den nächsten Wahlsieg zu gewinnen, bedient werden.

Weiter ist bei der Interpretation zu prüfen, ob diese Expansion ein rein bundesrepublikanisches Phänomen ist oder ob wir diese in allen Industriestaaten feststellen können. Gerade unter dem Aspekt der Belastung der Unternehmen und ihrer internationalen Wettbewerbsfähigkeit ist dies zu untersuchen.

Anhand eines Querschnittsvergleichs, wie er in der Abbildung 1.4. wiedergegeben ist, wird deutlich, dass die Sozialausgaben in den betrachteten Ländern immens divergieren.

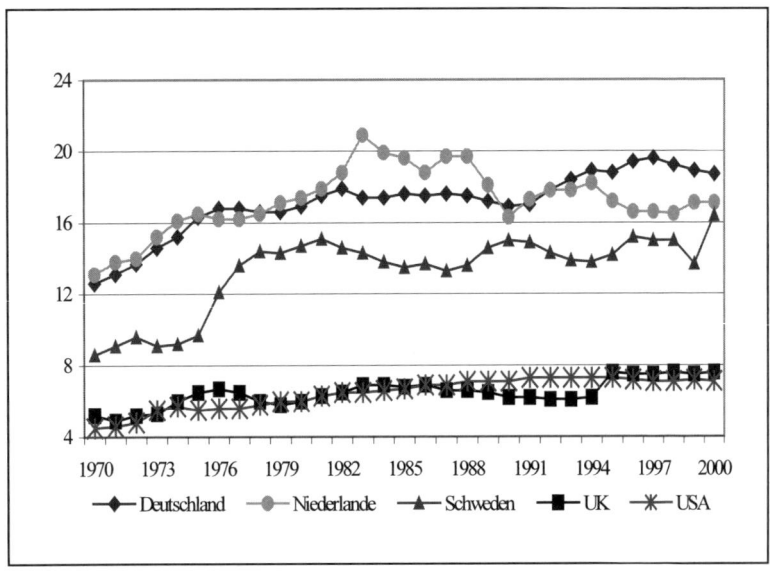

Abb. 1.4.: Sozialabgabenquote in % des BIP zu Marktpreisen, Quelle:
Europäische Kommission, Generaldirektion Wirtschaft und Finanzen
(Hrsg.) 2001: Europäische Wirtschaft

In der Abbildung 1.4. sind die Sozialabgabenquoten der betrachteten Länder dargestellt. Unter der Sozialabgabenquote verstehen wir die Sozialversicherungsbeiträge in Prozent des Bruttoinlandsprodukts.

Die Sozialabgabenquote Großbritanniens hat im Durchschnitt mit 7 % den niedrigsten Wert und ist halb so hoch wie die des Spitzenreiters Niederlande mit ungefähr 19 %.

Besagt dies nun, dass die internationale Wettbewerbsfähigkeit Großbritanniens wesentlich günstiger als die der Niederlande ist? Mitnichten. Wir müssen berücksichtigen, dass wir in Europa zwei unterschiedliche Finanzierungssysteme der Sozialen Sicherung haben: Zum einen den in Deutschland realisierten Bismarck-Plan, bei dem in einer Sozialversicherung von der Solidargemeinschaft der Versicherten über Versicherungsbeiträge (Arbeitnehmer/Arbeitgeber) die Sozialausgaben finanziert werden.

Zum anderen existiert in den skandinavischen Staaten sowie in Großbritannien ein System der Sozialen Sicherung, das auf dem Beveridge-Plan aufbaut. Bei diesem System hat jeder Bürger Anspruch auf staatliche Hilfe und der Staat finanziert seine Leistungen über sein Steuersystem.

Je stärker die Steuerfinanzierung ist, desto niedriger ist bei gleichem Sozialleistungsumfang die Sozialabgabenquote. Da es für ein Unternehmen kostenmäßig egal ist, ob es über Steuern oder Sozialabgaben, das Sozialsystem finanziert, ist es deshalb sinnvoll, die Abgabenquote, das prozentuale Verhältnis von Steuern und Sozialversicherungsbeiträgen zu dem Bruttoinlandsprodukt, zu betrachten, wobei berücksichtigt werden muss, wie viel der Arbeitgeber und der Arbeitnehmer tatsächlich zu tragen haben.

Bei der Abgabenquote (Abbildung 1.5.) ist der Abstand zwischen Großbritannien (circa 37 %) und den Niederlanden (ungefähr 45,0 %) geringer. Auffallend ist aber, dass auch bei den Abgabequoten eine große Varianz zwischen den Ländern existiert. Während Japan eine Abgabenquote von nur 26,9 % hat, liegt sie in Schweden in den letzten Jahren bei über 50 %, so dass dort mehr als die Hälfte der Güter und Dienstleistungen an den Staat bzw. die sozialpolitischen Institutionen fließt.

Trotz einer hohen Abgabenquote hat es aber Schweden erreicht, dass seine Arbeitslosenquote im Vergleich zu den anderen Ländern relativ niedrig war.

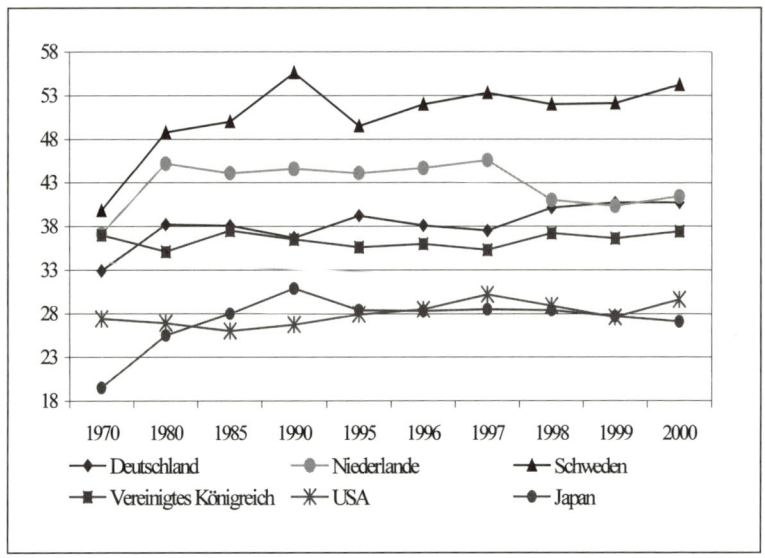

Abb. 1.5.: Abgabenquote in % des BIP zu Marktpreisen, Quelle: Bundesfinanzministerium, Finanzbericht 2002

Man darf aber beim Vergleich der Abgabenquoten nicht allein auf die jeweilige Höhe der Quote achten, sondern muss auch berücksichtigen, wer diese Abgaben letztlich trägt. Am Bismarckschen System wird kritisiert, dass es ein sehr stark arbeitsorientiertes System ist. Ansprüche erzielt nur derjenige, der eine günstige Erwerbsbiografie hatte, also ausreichend lange und gut verdient hat.

Wichtiger ist unter dem Aspekt der Abgabenlast, dass im Bismarckschen System der Faktor Arbeit durch Sozialversicherungsbeiträge belastet wird, was zu einer Substitution des Faktors Arbeit durch den Faktor Kapital führt, so dass sich durch dieses Finanzierungssystem die Beschäftigungssituation auf dem Arbeitsmarkt verschlechtert. Gerade die aktuelle Diskussion über die hohen Lohnnebenkosten zeigt die Relevanz des Themas auf.

Die internationale Wettbewerbsfähigkeit eines Landes ist auch bei hoher Abgabenquote durchaus gegeben, wenn die Abgaben nicht für konsumtive, sondern für Infrastrukturmaßnahmen, Bildungsprojekte, eine erfolgreiche aktive Arbeitsmarktpolitik usw. verwandt werden. Sozialabgaben können andererseits für eine verfehlte Sicherung von Arbeitsplätzen, nämlich für gesamtwirtschaftlich unerwünschte Erhaltungssubventionen in Form von Rationalisierungsschutzmaßnahmen ausgegeben werden und so die Flexibilität und Wettbewerbsfähigkeit eines Landes weiter reduzieren, oder aber sie können für Umschulungs-, Fortbildungsmaßnahmen usw. eingesetzt werden, um den Strukturwandel zu unterstützen und die Dynamik und die Leistungsfähigkeit einer Volkswirtschaft zu erhöhen. Die absolute Höhe der Abgabenquote sagt zu diesem wichtigen Aspekt relativ wenig aus.

Der erste Überblick anhand des Zahlenmaterials der Sozialpolitik macht aber deutlich, dass trotz aller Vorsicht, die bei der Interpretation und dem Vergleich von Statistiken angebracht ist, nicht nur in der Bundesrepublik die sozialpolitischen Aktivitäten einen immensen Teil des Bruttosozialprodukts in Anspruch nehmen. Die Zahlen verdeutlichen die Relevanz, die der Sozialpolitik in allen Industriestaaten zukommt, auch wenn die Ausgestaltung der institutionellen Regelungen von Land zu Land recht verschieden ist.

Noch deutlicher wird die Relevanz der Sozialpolitik in der Bundesrepublik, wenn wir die Zahl der Personen betrachten, die von der Sozialpolitik direkt oder indirekt betroffen sind. Mehr als 90 % der Bevölkerung sind z. B. durch die Gesetzliche Krankenversicherung und die Gesetzliche Rentenversicherung als Mitglied versichert bzw. als Familienmitglied mitversichert.

1.1.3 Aktuelle Probleme der Sozialpolitik

Eine der wichtigsten Aufgaben der Sozialpolitik liegt in der Verhinderung der Entstehung bzw. im Abbau von Arbeitslosigkeit. Wir wollen an dieser Stelle nicht auf die umstrittene Frage eingehen, wie unfreiwillige Arbeitslosigkeit definiert wird. Unumstritten ist, dass die negative Entwicklung der Beschäftigung in den letzten Jahrzehnten für die Sozialpolitik ein Übel darstellt.

Betrachten wir die Abbildung 1.6., so stellen wir fest, dass nach 1969 die Arbeitslosigkeit stark angestiegen ist und sie sich in den letzten drei Jahrzehnten auf einem immer höheren Niveau stabilisiert hat.

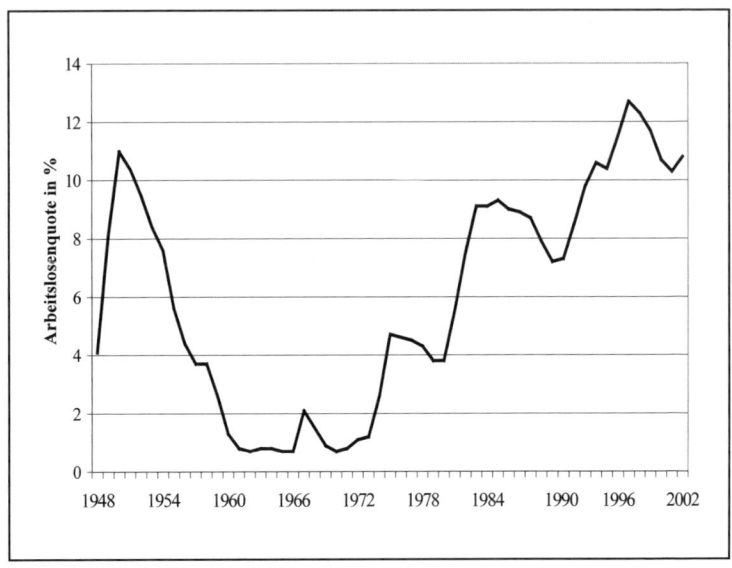

Abb. 1.6.: Arbeitslosigkeit in der Bundesrepublik Deutschland (ab 1990 Gesamtdeutschland), Quelle: Bundesanstalt für Arbeit

Für eine ursachenorientierte Sozialpolitik, die nicht nur über die Zahlung von Arbeitslosengeld und -hilfe bzw. Sozialhilfe die finanziellen Nachteile für die Betroffenen mildern will, sondern die versucht, die Entstehung von Arbeitslosigkeit zu verhindern bzw. sie abzubauen, ist es wichtig, die Ursachen dieses hohen Niveaus der Arbeitslosigkeit zu bestimmen.

In der Diskussion haben sich folgende Thesen als wichtigste Erklärungsansätze herauskristallisiert:

1. Die Lohnverhandlungen in 1969 und den folgenden Jahren haben zu einer enormen Kostenexplosion bei dem Faktor Arbeit geführt. Z. B. wurden 1969 im Öffentlichen Dienst Lohnsteigerungen von 13 % vereinbart.

2. Durch den ersten Ölpreisschock von 1973 wurden die Angebotsbedingungen weiter verschlechtert. Für die Gewerkschaften war der Ölpreisschock Anlass, kompensatorische Lohnerhöhungen zu fordern, um den durch die Ölpreissteigerungen bewirkten Kaufkraftverlust zu kompensieren.

3. Die Situation wurde durch die Geldpolitik der Deutschen Bundesbank von der Nachfrageseite her verschärft. Um die Preisstabilität zu si-

chern, betrieb die Bundesbank eine restriktive Geldpolitik. Sie war nicht bereit, die durch das Verhalten der Tarifparteien bewirkten Inflationsimpulse durch eine Ausweitung der Geldmenge zum Tragen kommen zu lassen.

Die bis jetzt angeführten Argumente beziehen sich auf den Beginn des Anstiegs der Arbeitslosigkeit Anfang der siebziger Jahre. Zu erklären bleibt noch der permanente Anstieg der Arbeitslosigkeit und sein treppenförmiger Verlauf.

Bezüglich der permanenten Zunahme der Arbeitslosigkeit existieren sich zum Teil diametral widersprechende Begründungen.

1. Eurosklerose: Ursache der Arbeitslosigkeit ist insbesondere die Inflexibilität des Arbeitsmarktes, die in den letzten Jahren in Europa immer mehr an Bedeutung gewonnen hat.

   Während in den USA der Arbeitsmarkt auf einen Nachfragerückgang flexibel mit Lohnsenkungen reagiert, passt sich der europäische Arbeitsmarkt rein mengenmäßig mit einem Rückgang der Beschäftigung an. Aus Verteilungsgesichtspunkten kommt es zu keinen Lohnsenkungen. Darüber hinaus wird auf die Vielzahl von arbeitsrechtlichen Regelungen wie Mitbestimmung, Kündigungsschutz, Sozialplan und Abfindungen hingewiesen, die die Flexibilität des Arbeitsmarktes weiter reduzieren.

2. Verfehlte Wirtschaftspolitik, Staatsversagen: Der ersten These wird entgegengehalten, dass die institutionellen Starrheiten wohl größer als in den USA seien, dass sie aber in den letzten Jahren nicht zugenommen haben, so dass sie den permanenten Anstieg nicht erklären können. Ursache der Entwicklung sei im Wesentlichen die verfehlte Geld- und Fiskalpolitik der Europäischen Länder, die einen kontinuierlichen Wechsel von der keynesianischen Nachfrage- zur monetaristischen Angebotpolitik vollzogen hätten. Insbesondere sei es aufgrund der inflationären Tendenzen der siebziger Jahre zu einem Paradigmawechsel in der Globalsteuerung gekommen. Hinzu kommen die restriktiven Verschuldungsvorgaben des Vertrags von Maastricht für die Mitgliedschaft in der Europäischen Währungsunion. Hätten die Staaten nach dieser These nicht bei ihrer Nachfragepolitik versagt, so hätte die Arbeitslosigkeit nicht so immens zugenommen.

Völlig anders argumentiert eine andere Sicht des Staatsversagens. Nach dieser ist die Ursache der hohen Arbeitslosigkeit der starke Interventionismus der europäischen Regierungen, die nicht nur den Arbeitsmarkt stark regulieren, sondern die auch durch die hohe Besteuerung die Unternehmen und die höheren Einkommensbezieher zu einem Abbau von Real- und Humankapitalinvestitionen zwingen und die mit langwierigen Genehmigungsverfahren und hohen Auflagen Investoren abschrecken und mit zu hohen konsumtiven Ausgaben gerade im Sozialbereich eine Fehlallokation bewirken.

3. Technologischer Wandel: Nach dieser These geht den Industriestaaten die Arbeit aus. Mit steigender Produktivität werden immer weniger Arbeitskräfte benötigt. Soll es nicht zu Entlassungen kommen, benötigen wir eine Umverteilung von Arbeit, z. B. in Form der Arbeitszeitverkürzung und des Vorruhestands. Diese Argumentation ist aber zweifelhaft. Sie setzt Sättigungstendenzen im Nachfragebereich voraus. Anderenfalls könnte die gestiegene Produktivität zu einer höheren Produktion genutzt und Arbeitslosigkeit vermieden werden. Gerade im Dienstleistungsbereich existiert durchaus eine hohe Nachfrage.

4. Globalisierung: Besonders populär ist auch die These, dass mit der starken Intensivierung des internationalen Handels die Industriestaaten unter einem starken Wettbewerbsdruck kommen und es gerade im Bereich der weniger qualifizierten Arbeitskräfte zu Entlassungen kommt. Selbst Lohnsenkungen könnten in diesem Fall nicht helfen, da sie nur zu einer ruinösen Spirale weltweiter Lohnsenkungen führen und die Löhne unter das Existenzminimum in den Industriestaaten senken. Dabei werden aber zum einen die immensen Nachfragesteigerungen, die die Globalisierung bewirkt, übersehen, die einen Prozess der permanenten Lohnsenkung verhindern. Zum anderen vernachlässigt man die enormen Wohlfahrtsgewinne der Liberalisierung des internationalen Handels, die die nicht zu vernachlässigenden Umverteilungseffekte (Lohnsenkungen und Entlassungen in nicht mehr wettbewerbsfähigen Branchen) mehr als kompensieren. Hier stellt sich eine neue Aufgabe der Sozialpolitik: diese Kompensation effizient zu gestalten.

Die hohe Arbeitslosigkeit wirkt sich aber nicht nur auf die Finanzierung der Arbeitslosigkeit aus, sondern trifft alle sozialen Sicherungssysteme, da die Bemessungsgrundlage für die Beiträge in allen Versicherungszweigen die Lohnsumme ist. Je ungünstiger sich diese Größe aufgrund der Arbeitslosigkeit entwickelt, um so stärker ist die finanzielle Grundlage der sozialen Sicherungssysteme gefährdet.

Neben dem Problem der Arbeitslosigkeit stellen die zukünftigen Schwierigkeiten der Rentenversicherung einen weiteren Dauerbrenner in der sozialpolitischen Diskussion dar. Während heute zirka 3,8 Erwerbstätige die Rente für einen Rentner finanzieren müssen, kann sich dieses Verhältnis in den nächsten Jahrzehnten im Extremfall so verschlechtern, dass 2030 2,1 Erwerbstätige die Rente eines Rentners finanzieren müssen. Musste bisher ein Beschäftigter 263,16 Euro als Beitrag zur Rentenversicherung zahlen, um eine Rente von 1 000 Euro zu finanzieren, kann es u. U. dazu kommen, dass er in 2030 zur Aufrechterhaltung des Rentenniveaus 476,19 Euro zahlen muss.

Verschärft wird der Konflikt zwischen der Erwerbsbevölkerung und der Rentnergeneration noch dadurch, dass aufgrund der gestiegenen Lebenserwartungen die Anzahl der Pflegefälle kontinuierlich steigt. Dabei sinkt in den traditionellen sozialen Institutionen wie der Familie die Bereitschaft, Pflege zu leisten. Es vergrößert sich in der Zukunft die Kluft zwischen Angebot und Nachfrage an Pflegeleistungen. Dass durch finanzielle Transfers dieses Problem nicht alleine gelöst werden kann, ist offensichtlich, wenn man sich vor Augen hält, dass die monatlichen Ausgaben für einen Pflegeplatz in einem Pflegeheim schon heute bei über 2 500 Euro monatlich liegen und so das durchschnittliche Renteneinkommen und die finanziellen Leistungen der sozialen Pflegeversicherung einer Erwerbsperson wesentlich übersteigen.

Diese einführenden Problemskizzen machen deutlich, wie aktuell Sozialpolitik auch heute ist, wie dies auch die aktuelle Diskussion zur Reform des Gesundheitswesens zeigt.

1.2 Definition der Sozialpolitik

Es gibt Definitionen der Sozialpolitik wie Sand am Meer. Deshalb soll hier weder versucht werden, eine neue Definition zu entwerfen, noch soll mehr oder weniger willkürlich eine aus dem großem Arsenal an Definitionen herausgegriffen werden. Vielmehr sollen hier die wesentlichen Gemeinsamkeiten der unterschiedlichen Definitionen der Sozialpolitik herausgearbeitet werden.

In den Begriffsbestimmungen der Sozialpolitik findet man *normative* und *positive* Aspekte. Zum einen beinhalten sie Vorstellungen, wie Sozialpolitik betrieben werden soll, also normative Aussagen und zum anderen, welche Sozialpolitik tatsächlich betrieben wird, also deskriptive Aussagen. Unter normativen Aussagen verstehen wir Sollaussagen; sie dienen zur Bewertung gesellschaftlicher Zustände. Hingegen dienen deskriptive (positive) Aussagen zur Erklärung und Prognose gesellschaftlicher Zustände. Beide Elemente müssen eine allgcmeine Definition der Sozialpolitik beinhalten. Zum einen muss sie Kriterien aufzeigen, anhand derer wir sozialpolitische Maßnahmen beurteilen können. Wir benötigen also die Ziele der Sozialpolitik, d. h. normative Vorgaben. Zum anderen müssen wir wissen, wie wir diese Ziele realisieren können. Wir müssen also die Instrumente der Sozialpolitik und die Auswirkungen des Instrumenteneinsatzes auf die Ziele kennen. Dazu benötigen wir die empirische Analyse. Dabei verstehen wir unter Instrumenten die Größen (Variablen), die erstens Einfluss auf die Ziele haben und die zweitens von dem jeweiligen Entscheidungsträger kontrolliert (beeinflusst) werden können.

Wichtig ist für unsere Unterscheidung zwischen normativer und deskriptiver Theorie, dass wir im Bereich der deskriptiven Theorie ein Kriterium besitzen, mit dem wir im Prinzip wahre von falschen Aussagen abgrenzen können. In der Realität und insbesondere in der Wirtschaftspolitik stellen wir leider immer wieder fest, dass konkurrierende Konzepte angeboten werden, die auf ganz verschiedenen Theorien aufbauen. Wir können nicht per se sagen, welche Theorie am Besten die Realität erklärt. Nach Popper können wir aber zumindest im wissenschaftlichen Forschungsprozess falsche Theorien einigermaßen gut identifizieren und dann aus dem Menü der bewährten Theorien selektieren. Wir identifizieren falsche Theorien dadurch – und das ist das entscheidende Selektionskriterium –, dass wir das Modell mit der Realität konfrontieren. Können wir mit einer Theorie nur unzureichend ein Phänomen erklären und ist die Prognosekraft eines Modells unzureichend, dann lehnen wir diese Theorie ab. Mit diesem Selektionsverfahren versuchen wir, uns immer mehr an die Wahrheit anzunähern, indem wir uns auf die bewährten Theorien konzentrieren.

Ein entsprechendes Selektionskriterium fehlt uns im normativen Bereich. Wir können nicht sagen, was die richtigen Ziele der Sozialpolitik sind. Natürlich können wir im Rahmen empirischer Untersuchungen bestimmen, welche Ziele in einer Gesellschaft verfolgt werden. Diese sind für die praktische Sozialpolitik sehr wichtig. Sie reichen aber nicht zur Bestimmung der Ziele der Sozialpolitik aus. Sozialpolitik darf sich nicht allein darauf beschränken, vorgegebene Wertvorstellungen einer Gesellschaft zu verwirklichen. Sie muss auch diese selbst hinterfragen und einer kritischen Analyse zugänglich machen, sonst würden Politikberater reine Erfüllungsgehilfen zur Realisierung der herrschenden Meinung. Insbesondere muss in der Sozialpolitik dafür gesorgt werden, dass im demokratischen Entscheidungsprozess die Zielvorstellungen von Minderheiten ausreichend berücksichtigt werden. Um die Instrumente der Sozialpolitik bestimmen zu können, ist es weiter notwendig zu wissen, wer die Akteure, die Träger der Sozialpolitik sind. Denn für die Sozialpolitik sind nur die Größen Instrumente, die von den Trägern der Sozialpolitik gesteuert werden können. Um die wesentlichen Elemente des Begriffs Sozialpolitik herauszuarbeiten, wollen wir uns diesen drei Definitionsbestandteilen der Sozialpolitik: den Zielen, Instrumenten und Trägern näher zuwenden.

1.2.1 Ziele der Sozialpolitik

Die drei grundlegenden Ziele der Sozialpolitik sind die Verwirklichung von Gerechtigkeit, Sicherheit und Freiheit, wobei das Freiheitsziel in der sozialpolitischen Debatte der letzten Jahrzehnte an Bedeutung gewonnen hat.

Es besteht in unserer Gesellschaft durchaus allgemeiner Konsens, dass diese drei Ziele angestrebt werden sollen. Unterschiedliche Meinungen treten aber dann auf, wenn es um die Klärung und Interpretation dieser Begriffe geht. Um erst gar nicht dem Mythos zu erliegen, in unserer Gesellschaft gebe es sehr homogene Wertvorstellungen, ist es sinnvoll, die drei Ziele der Sozialpolitik zu präzisieren und mögliche Konfliktfelder bei ihrer Interpretation aufzuzeigen.

Wenden wir uns zuerst dem Freiheitsziel zu. Hier ist es sinnvoll, zwischen formaler und materialer Freiheit zu unterscheiden. Bei der formalen Freiheit geht es um die durch den Rechtsstaat eingeräumten Freiheiten, wie Gewerbefreiheit, freie Wahl des Arbeitsplatzes, Tarifautonomie, um nur einige für die Sozialpolitik wichtige Freiheitsrechte zu nennen. Viele Liberale, wie von Hayek, beschränken sich auf diese formalen Freiheiten. Eine konträre Position dazu beziehen viele Sozialpolitiker. Sie weisen mit Recht darauf hin, dass Individuen ihre Freiheitsrechte ganz unterschiedlich nutzen können. Einkommen, Vermögen, Bildung usw. beeinflussen grundlegend die Möglichkeiten, den eigenen formalen Handlungsspielraum zu nutzen. Das Recht der freien Wahl des Arbeitsplatzes hat für einen Arbeitslosen einen geringen Wert, wenn eine hohe Arbeitslosigkeit herrscht.

Ziel der Sozialpolitik muss sein, die materiellen Voraussetzungen dafür zu schaffen, dass eine Person nicht nur ein Höchstmaß an formaler Freiheit genießt, sondern dass dazu auch die gesellschaftlichen Voraussetzungen geschaffen werden, diesen Freiheitsspielraum faktisch nutzen zu können. Bei der materialen Freiheit, die man besser nach Rawls als den Wert der Freiheit bezeichnen soll, geht es letztlich um die Frage der Gerechtigkeit. Denn es muss u. a. bestimmt werden, wie das Einkommen usw. verteilt sein müssen, damit wir einen ausreichenden Wert der Freiheit erhalten. Nun ist die Bestimmung der Gerechtigkeit eine der schwierigsten Aufgaben der Sozialpolitik. Verstehen wir Gerechtigkeit rein formal als die Gleichbehandlung gleicher Tatbestände, wie dies das Universalitätsprinzip verlangt, so werden wir sofort mit dem Problem konfrontiert, zu sagen, was eine Gleichbehandlung ist und wie man gleiche Tatbestände interpretiert. Man benötigt also Beurteilungskriterien. In der Diskussion stehen dabei die Kriterien Bedürftigkeit, Mühe/Leid und Leistung. Alle drei müssen bei Gerechtigkeitsfragen berücksichtigt werden. Jedes einzelne ist für sich allein aber unzureichend. Alle drei Kriterien werden in der Sozialpolitik als Beurteilungskriterien herangezogen, wenn auch in unterschiedlichen Bereichen. Den Schwerpunkt der Gerechtigkeitsdiskussion bildet dabei die Gestaltung der Einkommensverteilung.

Das Bedürftigkeitskriterium ist für die Sozialpolitik von zentraler Bedeutung, wenn es um die Gewährung von Sozialhilfe und Arbeitslosenhilfe bzw. Arbeitslosengeld II geht. Voraussetzung für die Gewährung dieser Hilfen ist das Vorliegen von Bedürftigkeit. Die Aufgabe der Sozialhilfe als letzte Sicherungseinrichtung ist es, den Individuen das Existenzminimum zu gewährleisten. Auch wenn das Ziel der Sicherung des Existenzminimums allgemein akzeptiert wird, so treten bei der Interpretation des Bedürftigkeitskriteriums, nämlich bei der Bestimmung der Höhe des Existenzminimums, erhebliche Meinungsverschiedenheiten auf.

Die Sozialpolitik versteht Gerechtigkeit aber nicht ausschließlich im Sinne von Bedürftigkeit. Auch das Kriterium der Mühe und des Leides findet Anwendung, wenn es um die Frage geht, wie wir die Opfer des Krieges gerecht behandeln wollen. So wird z. B. die Kriegsopferversorgung mit diesem Kriterium begründet. Viele Kritiker des Sozialstaates übersehen, dass sich die Sozialpolitik nicht ausschließlich nach diesen beiden Kriterien ausrichtet und dass das dritte, das marktwirtschaftliche Kriterium des Leistungsprinzips, von grundlegender Bedeutung für die Sozialpolitik ist. Dieses Kriterium kommt sowohl in der Renten- als auch in der Arbeitslosenversicherung zum Tragen. So bestimmt sich die Höhe der Rentenbezüge nach den individuellen Beiträgen. Je höher die Beitragszahlungen, desto höher die Rentenansprüche. D. h., wer viel für das finanzielle Aufkommen der Rentenversicherung geleistet hat, soll auch entsprechend hohe Ansprüche haben. In der Arbeitslosenversicherung findet das Leistungskriterium Anwendung, indem sich die Höhe des Arbeitslosengeldes nach dem Arbeitseinkommen, d. h. nach den vom Arbeitseinkommen abhängigen Beiträgen ausrichtet. Man könnte nun vermuten, dass es eine Schwäche der Sozialpolitik ist, nicht das "beste" Kriterium der Gerechtigkeit auszuwählen und konsequent als einheitlichen Maßstab der Sozialpolitik zu verwenden. Diesem Einwand ist dahingehend zu entgegnen, dass es gerade eine Stärke der Sozialpolitik ist, auf ein universelles Gerechtigkeitskriterium zu verzichten.

Aus der Erkenntnis heraus, dass wir nicht wissen, was letztlich Gerechtigkeit ist und was ein universelles Gerechtigkeitskriterium beinhaltet, müssen wir in der praktischen Sozialpolitik versuchen, für Teilbereiche spezifische Lösungen zu finden und diese sukzessive aufgrund unserer Erfahrung zu verbessern.

Auch wenn wir in der Lage sind, unsere Vorstellungen von Gerechtigkeit schrittweise zu präzisieren und vielleicht zu verbessern, so wäre es dennoch utopisch, zu erwarten, ein allgemein akzeptiertes, operationales Gerechtigkeitskonzept zu finden. Wenn unsere Gerechtigkeitsüberlegungen auch immer vage sein werden, so kann dies aber nicht Anlass sein, auf Gerechtigkeitsüberlegungen völlig zu verzichten. Würde man sich dieses gerade von Kritikern der Sozialpolitik vorgetragene Argument zu eigen machen, dann müsste man generell auf gesamtwirtschaftliche Ziele ausgerichtete Wirtschaftspolitik verzichten. Denn alle Ziele der Wirtschaftspolitik, auch das unter Ökonomen am meisten favorisierte der Effizienz, sind mit den gleichen Schwierigkeiten konfrontiert, wie das Ziel der Gerechtigkeit. Wichtig ist aber, dass man sich immer der Unvollkommenheit unserer Gerechtigkeitskriterien bewusst ist.

Neben den beiden Zielen Freiheit und Gerechtigkeit ist das Ziel der Sicherheit das dritte grundlegende Ziel der Sozialpolitik. Unter vollkommener Sicherheit wollen wir Situationen verstehen, in denen unsere Erwartungen sich immer erfüllen. Da wir in keiner deterministischen Welt leben, können wir nur versuchen, die Risiken, die Abweichungen von unseren Erwartungen, so weit wie möglich zu verringern. Von besonderer Bedeutung für die Sozialpolitik sind die Risiken der Krankheit und der Pflegebedürftigkeit, unzureichende Erwerbsmöglichkeiten aufgrund des Alters, Arbeitslosigkeit und das Risiko eines Unfalls. Für jedes dieser Risiken haben wir eine eigene Versicherung eingerichtet. Aufgabe einer Versicherung ist es, soweit wie möglich die Wahrscheinlichkeit des Eintritts eines Schadensfalles (wie Arbeitslosigkeit) zu reduzieren und die negativen sozialen Auswirkungen so weit wie möglich, z. B. durch finanzielle Leistungen, zu verringern.

1.2.2 Zielkonflikte

Bei der Realisierung dieser drei Ziele der Sozialpolitik darf man nicht die einzelnen Ziele isoliert betrachten und versuchen, jedes einzelne so weit wie möglich zu realisieren. Zwischen den einzelnen Zielen existieren Interdependenzen, die wir auch Zielbeziehungen nennen. Sie müssen bei einer rationalen Sozialpolitik berücksichtigt werden. Zwischen Zielen kann in der Realität Neutralität, Harmonie oder ein Konflikt bestehen, wie dies in Abbildung 1.7. dargestellt ist.

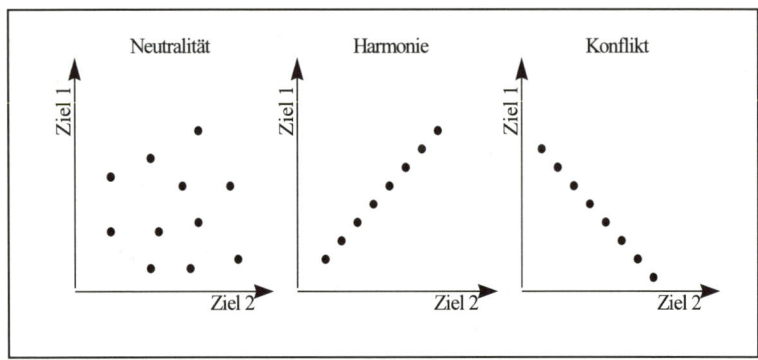

Abb. 1.7.: Zielbeziehungen

Unter Neutralität wollen wir verstehen, dass sich empirisch keine Beziehung zwischen zwei Zielen bestimmen lässt. Die Verfolgung eines Zieles hat keinen Einfluss auf den Zielerreichungsgrad des anderen. Von Harmonie sprechen wir, wenn sich bei der Realisierung eines Zieles das andere gleich mit realisieren lässt. Von Zielkonflikten sprechen wir, wenn wir ein Ziel nur auf Kosten eines anderen verwirklichen können.

Betrachten wir die Ziele der Sozialpolitik, so wäre es ideal, wenn nur Zielharmonien vorliegen würden; dann könnten wir uns auf ein Ziel konzentrieren und würden damit automatisch die anderen sozialpolitischen Ziele verwirklichen. Die sozialpolitische Realität zeigt aber, dass jede Zielrealisierung mit Kosten verbunden ist und dass die Beziehungen zwischen den Zielen der Sozialpolitik komplex sind.

Wenden wir uns den möglichen Zielbeziehungen in der Sozialpolitik zu und betrachten wir das Paar Gerechtigkeit und Sicherheit. Zwischen beiden können durchaus Konflikte bestehen.

Es gibt eine Vielzahl von arbeitsrechtlichen Regelungen, durch die die Arbeitsplatzsicherheit erhöht wird, die aber mit dem Ziel der Gerechtigkeit durchaus im Konflikt stehen. Kündigungsschutzbestimmungen für ältere Arbeitnehmer und werdende Mütter (besser Mutterschutzbestimmungen) erhöhen deren Sicherheit und sind deshalb sozialpolitisch erwünscht. Diese Maßnahmen führen aber dazu, dass das Ziel der Gerechtigkeit verletzt wird und es zu Diskriminierung kommen kann. Z. B. führt der Kündigungsschutz für ältere Arbeitnehmer dazu, dass sich die Wiedereinstellungschancen älterer Arbeitnehmer, die z. B. aufgrund der Insolvenz ihres Unternehmens arbeitslos geworden sind, drastisch verschlechtern. Die Bereitschaft, ältere Arbeitnehmer einzustellen, denen man nicht kündigen kann, ist bei den Unternehmen gering.

Je besser der Kündigungsschutz für werdende Mütter ist und je höher die damit einhergehenden betrieblichen Kosten (Einstellung von Ersatzarbeitskräften, die oft gar nicht bereit sind, nur für einige Monate einzuspringen, die nicht so produktiv sind und erst ausgebildet werden müssen) sind, desto mehr werden Frauen bei der Einstellungspolitik diskriminiert. Will man die Situation der erwerbstätigen jungen Frauen verbessern, muss es Aufgabe der Sozialpolitik sein, dafür zu sorgen, dass die anfallenden Kosten von den staatlichen Instanzen oder der Solidargemeinschaft der Versicherten getragen und nicht auf die Betriebe überwälzt werden.

Von Kritikern des Wohlfahrtsstaates wird besonders der Konflikt zwischen den Zielen Gerechtigkeit und Freiheit betont. Es wird darauf hingewiesen, dass eine Besteuerung des Einkommens, um eine gerechte Einkommensverteilung zu verwirklichen, die Freiheit der Individuen einschränkt. Um eine bestimmte, als gerecht zu bezeichnende Einkommensverteilung zu verwirklichen, muss nämlich der Staat ständig die sich im Markt vollziehenden freiwilligen Tauschakte korrigieren und unter Umständen sogar verbieten. Es ist aber zu prüfen, ob man Freiheit, besser Freiheitsrechte, allein auf die Kategorie des ökonomischen Handlungsspielraumes reduzieren sollte. Durch die Besteuerung wird natürlich das verfügbare Einkommen direkt oder indirekt verringert. Es werden damit nicht die grundlegenden Freiheitsrechte beschränkt, wohl aber der Wert der Freiheit, d. h. die Möglichkeit der Nutzung von Freiheitsrechten, da z. B. die Einkommens- und Machtverteilung die Chancen, Freiheiten zu nutzen, wesentlich beeinflusst.

Konflikte zwischen dem Ziel der Freiheit und dem der Gerechtigkeit treten auf, wenn Grundrechte eingeschränkt werden sollen, um das Ziel der Gerechtigkeit zu verwirklichen. Typisch ist hierfür die „umgekehrte Diskriminierung". Bei ihr wird z. B. das Recht auf Bildung bei denjenigen, die besonders privilegiert sind, zu Gunsten diskriminierter Gruppen eingeschränkt, um so eine Besserstellung der Diskriminierten zu gewährleisten. Realisiert werden kann dies durch Quotenregelungen, die etwa zur Folge haben, dass Qualifiziertere zugunsten weniger Qualifizierter, die aber einer diskriminierten Gruppe angehören, auf ein Studium verzichten müssen.

Auch zwischen den Zielen Sicherheit und Freiheit können Konflikte auftreten. Zu erinnern sei nur an die Einführung der gesetzlichen Renten-, Kranken- und Arbeitslosenversicherung, die sämtlich Zwangseinrichtungen darstellen und so die Konsumentensouveränität auf dem Versicherungsmarkt einschränken. Auch viele arbeitsrechtliche Regelungen, die unter Sicherheitsüberlegungen eingeführt wurden, z. B. Verbot der Nachtarbeit, Arbeitszeitregelungen usw., schränken den Freiheitsspielraum der Arbeitnehmer ein.

Diese kurzen Überlegungen machen deutlich, wie schwierig eine rationale Sozialpolitik zu bewerkstelligen ist. Sozialpolitik muss immer die Auswirkungen auf alle Ziele simultan berücksichtigen. Dabei darf sie sich aber nicht auf die originären Ziele der Sozialpolitik beschränken; sie muss insbesondere die Auswirkungen auf die Leistungsfähigkeit, d.h. auf die Effizienz eines Wirtschaftssystems berücksichtigen.

Gerade Sozialpolitiker verfallen leicht der Illusion, dass es nur um die gerechte Aufteilung von Gütern und Dienstleistungen ginge und übersehen dabei zu leicht die Rückwirkungen, die von einer Umverteilung auf die Leistungsbereitschaft und damit auf die Produktion ausgehen.

Andererseits sehen sehr viele Kritiker des Wohlfahrtsstaates nur die negativen allokativen Effekte der Sozialpolitik, wenn es um Verteilungsfragen geht.

Wie komplex die Beziehung zwischen Sozialpolitik und Produktion ist, wird deutlich, wenn wir die empirische Beziehung betrachten, wie sie Schmidt (1989) skizziert hat (Abb. 1.8).

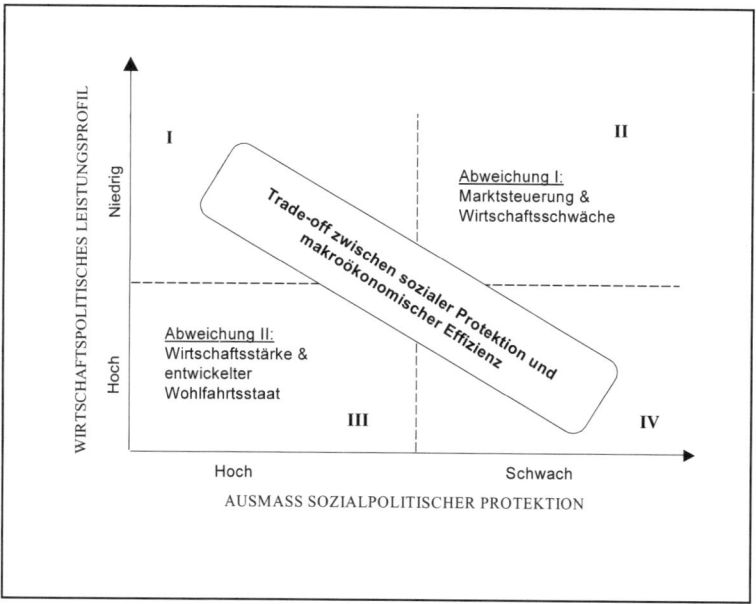

Abb. 1.8.: Empirischer Zusammenhang zwischen Effizienz und Sozialer Sicherung, Quelle: Schmidt, (1989), S. 154

Schmidt differenziert vier Konstellationen:

- Länder mit hohem Sozialleistungsniveau und Wirtschaftsschwäche (Feld I)

- Solche mit hohem Sicherungsniveau und wirtschaftspolitischer Dynamik (Feld III)

- Niedrigem Sozialniveau und geringer wirtschaftlicher Effizienz (Feld II)

- bzw. hoher Effizienz (Feld IV).

Die Felder I und IV beinhalten den klassischen trade-off zwischen Sozial-staat und ökonomischer Effizienz, während die Felder II und III eine Harmonie beinhalten. Schmidt zeigt in seinem Überblick über die empirischen Arbeiten zu dieser Zielbeziehung auf, dass keine eindeutigen signifikante Schätzungen existieren und dass die Felder II und III nicht schwach besetzt sind. Man muss aber vorsichtig sein, daraus eine Harmonie beider Ziele zu folgern.

Sieht man von all den Messproblemen ab, die bei Ländervergleichen auf-treten, so muss immer noch die Kausalitätsfrage geklärt werden. Denn am empirischen Material kann man nicht eindeutig bestimmen, was Ursache und was Folge ist. Einerseits kann man argumentieren, dass das Wirt-schaftswachstum die Sozialquote determiniert. Arme Länder mit geringem Wirtschaftswachstum können sich überhaupt nicht den Luxus umfangrei-cher Sozialleistungen erlauben, wohl aber reiche expandierende Staaten, in denen Umverteilungen über das wirtschaftliche Wachstum realisiert wer-den, d. h. alle trotz Umverteilung absolut besser gestellt werden können.

Andererseits kann man argumentieren, ein intaktes Sozialsystem ermög-licht überhaupt erst die optimale Entfaltung der Produktivkräfte. Z. B. sind die hohen Wachstumsraten in der Bundesrepublik in der Nachkriegszeit auch darauf zurückzuführen, dass eine soziale Marktwirtschaft geschaffen wurde, die notwendige Strukturanpassungen sozial abfederte und so den Widerstand gegen die Einführung der Marktwirtschaft abbaute.

Des Weiteren kann ein Strukturbruch vorliegen, der recht wahrscheinlich ist, wenn sowohl Industriestaaten als auch Entwicklungsländer in die Un-tersuchung aufgenommen werden. Denn dann ist es möglich, dass nur eine Scheinharmonie vorliegt, dass aber, z. B. in den Feldern II (Entwicklungs-länder) und III (Industriestaaten) isoliert betrachtet, durchaus ein trade-off vorliegt.

Um die Beziehungen zwischen den Zielen der Sozialpolitik und dem Ziel der wirtschaftlichen Effizienz eingehender zu analysieren, ist es sinnvoll, die Beziehungen der einzelnen Ziele der Sozialpolitik mit dem ökonomi-schen Ziel der Effizienz zu untersuchen. Dabei wollen wir rein pragmatisch unter dem Ziel der Effizienz die vier Ziele des Stabilitäts- und Wachstums-gesetzes, also Preisniveaustabilität, außenwirtschaftliches Gleichgewicht, Vollbeschäftigung und angemessenes und stetiges Wachstum verstehen.

Unser Hauptaugenmerk wollen wir aber auf die beiden letzten Ziele richten, da bei ihnen der Einfluss der Sozialpolitik besonders bedeutsam ist.

Betrachten wir zuerst das Paar Sicherheit und Effizienz. Konflikte zwischen beiden Zielen werden deutlich, wenn wir die unterschiedlichen Regelungen auf dem Arbeitsmarkt betrachten. Durch sie wird oft die Sicherheit des Arbeitsplatzes zumindest kurzfristig erhöht, aber langfristig die volkswirtschaftliche Effizienz beeinträchtigt und damit die Sicherheit des Arbeitsplatzes in Frage gestellt. Rationalisierungsschutzabkommen, die überholte Produktionsstrukturen konservieren und die Flexibilität des Arbeitsmarktes einschränken, sind hier zu nennen. Völlig anders stellt sich die Beziehung dar, wenn wir z. B. die aktive Arbeitsmarktpolitik betrachten, wie sie in Schweden und Dänemark betrieben wird. Dort hat man nicht versucht, über eine konservierende Struktur- und Tarifpolitik die notwendigen Anpassungsprozesse zu verhindern. Vielmehr war man bestrebt, durch Umschulungen, Fortbildung usw. den Anpassungsprozeß zu erleichtern und damit sozialer zu gestalten. Die auch relativ günstige Arbeitslosenrate Dänemarks im Vergleich zu anderen Industriestaaten spricht dafür, dass eine effizienzorientierte Politik durchaus mit dem Sicherheitsziel harmonieren kann. Dies sehen wir auch bei vielen Maßnahmen im Bereich des betrieblichen Unfallschutzes. Sie erhöhen die Arbeitsproduktivität und die Sicherheit der Arbeitnehmer. Auch die betrieblichen Bildungsinvestitionen wirken sich sowohl positiv auf die Sicherheit des Arbeitsplatzes als auch auf die Produktivität und damit auf den Wohlstand aus. Je erfolgreicher die Sozialpolitik ist, die Sicherheit der Arbeitnehmer auch bei gravierenden Strukturumwandlungen zu gewährleisten, desto größer ist die Bereitschaft in der Gesellschaft, den technischen Fortschritt zu akzeptieren und zu realisieren. Wohl verstandene Sozialpolitik als Absicherung gegen Lebensrisiken beeinflusst positiv die Bildungs-, Anpassungs- und Risikobereitschaft in einer Gesellschaft.

Dass Sozialpolitik auch unter Effizienzgesichtspunkten durchaus verfehlt sein kann, lässt sich leicht im Bereich des Wohnungsmarktes zeigen. Die Zielsetzung des sozialpolitischen Anliegens ist es, durch eine Preisbindung zu hohe Mieten zu verhindern, um insbesondere für die Bedürftigen eine ausreichende Versorgung mit billigem Wohnraum zu sichern. Dass hier Sozialpolitik durchaus kontraproduktiv sein kann, lässt sich an der Abbildung 1.9. verdeutlichen.

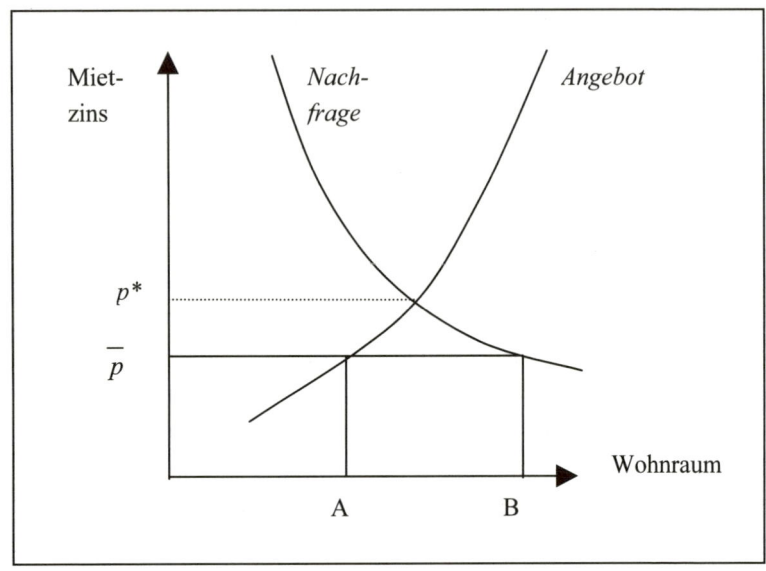

Abb. 1.9.: Mietpreisbindung

Eine Senkung des Gleichgewichtsmietzins von p^*, der für einen Ausgleich von Angebot und Nachfrage sorgt, auf den niedrigeren Wert $\overline{p}$ bedingt, dass ein Nachfrageüberhang in Höhe von $\overline{AB}$ entsteht. Bei dem niedrigeren Preis $\overline{p}$ werden die Anbieter weniger Wohnraum zur Verfügung stellen. Hingegen zieht der niedrige Mietzins mehr Nachfrage nach sich.

Dieser Nachfrageüberhang hat zur Folge, dass sich auf dem Wohnungsmarkt Schlangen von Bewerbern um Wohnraum bilden und so aufgrund der Knappheit die Anbieter über Marktmacht verfügen. Diese Marktmacht können sie zum einen dazu nutzen, die Nachfrager auszubeuten, indem sie von einem potentiellen Mieter verlangen, zu hohe Renovierungskosten und Abstandszahlungen zu übernehmen. Zum anderen können sie die Rationierung auf dem Wohnungsmarkt zur Diskriminierung der Bewerber nutzen. Lehnen sie Familien mit vielen Kindern, Ausländer und Arbeitslose ab, können sie diese ohne Einnahmeverlust benachteiligen, indem sie nur diejenigen Nachfrager berücksichtigen, die ihnen besonders genehm sind.

Die künstliche Verknappung des Wohnraumangebots hat zur Folge, dass sie sich auch negativ auf die Mobilität des Faktors Arbeit auswirkt. Man ist dann weniger bereit, wegen eines angebotenen neuen Arbeitsplatzes umzuziehen, wenn man befürchtet, sich in eine lange Warteschlange einreihen zu müssen und die Wahrscheinlichkeit, eine günstige Wohnung zu bekommen, relativ gering ist. Dieses Immobilitätsproblem verschärft sich noch, wenn eine Mietzinsbindung nur für den Wohnungsaltbestand gültig ist. Dann ist die Bereitschaft, aus dem geschützten Bereich in den unregulierten zu wechseln, gering. Dies hat insbesondere zur Folge, dass alte Personen, die in relativ großen Wohnungen wohnen und die gerne kleinere hätten, da die Kinder nicht mehr mit ihnen zusammen wohnen, in diesen bleiben. Ein Wechsel in eine kleinere aber teurere Wohnung lohnt sich nicht, so dass sich die Wohnraumknappheit aufgrund dieser Fehlallokation noch verschärft.

Eine Regulierung des Wohnungsmarktes über eine Mietzinsbindung führt langfristig zu einer weiteren Verknappung des Wohnungsangebotes. Da durch den niedrigen Mietzins $\underline{p}$ die Rendite im Wohnungsbau sinkt, führt dies zu einem veränderten Investitions- und Anlageverhalten. Investoren werden sich auf rentierlichere Projekte konzentrieren und es kommt zu einem Rückgang im Wohnungsbau, was zu einer weiteren Verknappung führt, so dass sich die Angebotsfunktion in Abb. 1.9. nach links verschiebt und der Gleichgewichtspreis entsprechend steigt und sich der Abstand zwischen dem Gleichgewichtspreis und dem Höchstpreis weiter vergrößert.

Welches Fazit können wir aus diesem Fallbeispiel sozialpolitischer Aktivitäten ziehen? Viele sozialpolitische Maßnahmen beruhen durchaus auf guten Absichten (billiger Wohnraum für sozial Schwache), sie führen aber oft zu sozialpolitisch kontraproduktiven Ergebnissen (Ausbeutung, Diskriminierung, Rationierung). Aufgabe einer rationalen Sozialpolitik muss es deshalb sein, dieses Dilemma zu lösen und ein sozialpolitisches Handlungsprogramm anzubieten, das ein optimales Niveau der Zielerfüllung ermöglicht.

Besonders wird von Ökonomen der Konflikt zwischen Gerechtigkeit und Effizienz betont. Dabei wird auf den Leistungsabfall hingewiesen, der durch eine Besteuerung bewirkt wird, um Umverteilungsmaßnahmen zu finanzieren. In diesem Zusammenhang sprechen wir von dem Phänomen des excess burden, das wir am Beispiel des Arbeitsangebots in Abbildung 1.10. darstellen wollen.

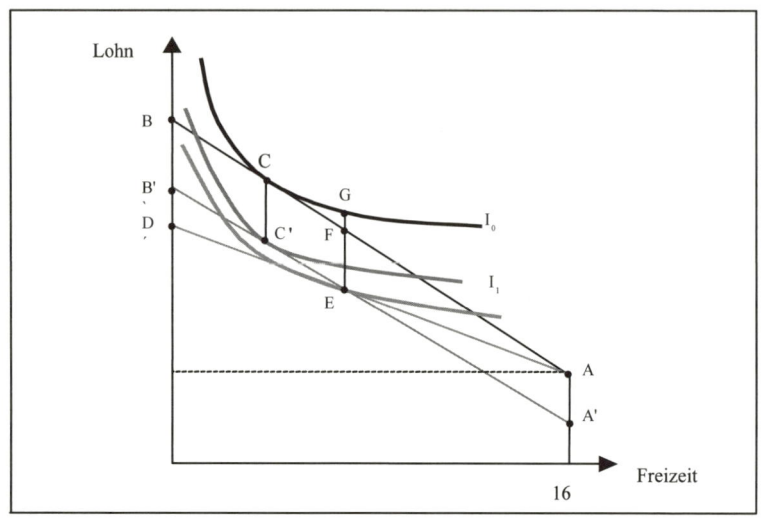

Abb. 1.10.: excess burden am Beispiel des Arbeitsangebots

Gehen wir von einem Arbeitnehmer aus, der 8 Stunden Schlaf benötigt. Dann kann er die restliche Zeit des Tages zwischen Arbeit und Freizeit aufteilen. Verzichtet er darauf zu arbeiten, so erhält er ein Einkommen in Höhe von A, sei es in Form von Vermögenseinkünften, staatlichen Transfers usw. Wenn er arbeitet, erzielt er einen Stundenlohn W, so dass die Strecke $\overline{AB}$ die Lohneinkommenskurve mit der Steigung $-W$ angibt. Steigt der Lohnsatz, so dreht sich die Strecke $\overline{AB}$ im Punkt A nach oben, wenn er fällt, dreht sie sich entsprechend nach unten.

Die Indifferenzkurve I_0 bestimmt mit dem Punkt C die optimale Aufteilung zwischen Freizeit und Arbeit. Wird nun eine lineare Einkommensteuer in Höhe von x % eingeführt, so dreht sich die Lohneinkommensgerade nach unten (Strecke $\overline{AD}$). Das neue Haushaltsgleichgewicht liegt bei E, so dass das Arbeitsangebot aufgrund der Besteuerung zurückgeht, da die Opportunitätskosten der Freizeit durch die Besteuerung gesunken sind. Durch die Besteuerung wird ein Steueraufkommen $\overline{EF}$ realisiert. Das Steueraufkommen $\overline{EF}$ ist aber geringer als die Nutzeneinbuße $\overline{EG}$ des Besteuerten. Die Strecke $\overline{FG}$ stellt den excess burden dar, der auf die Disincentives der Besteuerung zurückzuführen ist. Würde man die relativen Preise nicht beeinflussen und stattdessen eine Kopfsteuer einführen, die keine allokativen Verzerrungen zur Folge hätte, so würde sich die Einkommensstrecke von $\overline{AB}$ nach $\overline{A'B'}$ verschieben und – bei einem Einkommenseffekt von Null – das optimale Arbeitsangebot nicht verändert (siehe C'). Das gleiche Steueraufkommen wie bei einer prozentualen Besteuerung würde erreicht, aber die Bürger könnten in C' ein höheres Nutzenniveau als in E erreichen.

Es gibt neben der Besteuerung weitere sozialpolitische Aktivitäten, die zu allokativen Verzerrungen führen. Zu denken ist dabei auch an die Mindestlohngesetzgebung, die die Beschäftigung wenig qualifizierter Arbeitskräfte verhindert, sowie an Sozialhilferegelsätze, die keinen Anreiz bieten, Arbeit aufzunehmen, da bei Sozialhilfeempfängern in einem gewissen Bereich jede zusätzlich verdiente Mark zu 100 % auf die Sozialhilfe angerechnet wird.

Ob aber generell ein Konflikt zwischen beiden Zielen besteht, bedarf einer eingehenden Prüfung. Insbesondere ist zu untersuchen, welches Gerechtigkeitskriterium man der Analyse zugrundelegt. Wie schon erwähnt, kommen in der Sozialpolitik unterschiedliche Gerechtigkeitskriterien zur Anwendung. Je stärker sich die Sozialpolitik an dem Kriterium der Leistungsgerechtigkeit ausrichtet, desto mehr harmonieren natürlich diese beiden Ziele. Aber auch bei einem anderen Gerechtigkeitskriterium als dem der Leistungsgerechtigkeit kann durchaus eine positive Beziehung mit dem Effizienzziel bestehen.

Gehen wir von dem Faktum aus, dass Gesellschaften ihr Wirtschaftssystem nicht nur anhand des Effizienzkriteriums, sondern auch am Kriterium der Gerechtigkeit beurteilen, so ist die Legitimität und Akzeptanz einer Wirtschaftsordnung um so größer, je gerechter das jeweilige System für die Gesellschaft ist. Die Legitimität eines Systems erhöht die Stabilität eines Systems. Eigentumsrechte werden nicht in Frage gestellt, auf die Rechtsordnung ist Verlass und die politische Stabilität ist gewährleistet, so dass sich ein günstiges Investitionsklima entwickelt und das wirtschaftliche Wachstum forciert wird.

Wesentlich positiver wird die Beziehung der Ziele Freiheit und Effizienz von Ökonomen beurteilt, sind doch Freiheiten wie Gewerbefreiheit, freie Wahl des Arbeitsplatzes usw. unabdingbar, um gute Marktergebnisse zu realisieren. Die Mitbestimmungsdiskussion zeigt aber, dass Freiheit und Effizienz durchaus nicht unbedingt harmonieren müssen. Mitbestimmung der Arbeitnehmer weitet ihre Verfügungsrechte aus und ermöglicht ihnen so u. U. mehr Selbstbestimmung am Arbeitsplatz. Kritiker der Mitbestimmung bezweifeln aber, dass Mitbestimmung überhaupt zu mehr Freiheit bei den Arbeitnehmern führt und weisen auf die negativen allokativen Effekte der Mitbestimmung hin. Sie betonen, dass die Mitbestimmung nur die Macht der Gewerkschaften erhöht, die nicht immer nur die Interessen ihrer Mitglieder verfolgen.

1.2.3 Philosophische Reflexionen der Ziele der Sozialpolitik

Bis jetzt haben wir untersucht, welche empirischen Beziehungen zwischen den drei Zielen der Sozialpolitik bestehen. Wir können nicht alle Ziele gleichzeitig realisieren; wir müssen deshalb abwägen, inwieweit wir ein Ziel auf Kosten eines anderen Zieles verfolgen. Wir müssen also bestimmen, wie wichtig die einzelnen Ziele der Sozialpolitik sind.

Eine Bewertung der Ziele könnte man dadurch vornehmen, dass man eine Befragung der Bürger vornimmt und diese Rangordnung als Maßstab der Sozialpolitik verwendet. Da die Sozialpolitik auch eine gestaltende Funktion hat und die Gesellschaft auf Fehlentwicklungen und bisher unzureichend berücksichtigte Wertvorstellungen aufmerksam machen soll, kann sie sich aber nicht auf eine empirische Bestimmung des gesellschaftlichen Zielsystems beschränken, ganz davon abgesehen, dass es kein allgemein akzeptiertes Zielsystem, sondern nur konkurrierende Vorstellungen in einer pluralistischen Gesellschaft gibt.

Eine Konzeption zu einer rationalen Bestimmung der Ziele der Sozialpolitik bietet Rawls an. Um seine Position besser darzustellen, ist es sinnvoll, zuerst die Konzeption der Utilitaristen zu erläutern, deren Grundannahmen von Rawls heftig kritisiert werden und denen er seine eigene Konzeption der Gerechtigkeit gegenüberstellt.

1.2.3.1 Utilitaristisches Konzept der Wohlfahrtsmaximierung

Bei den Utilitaristen – zu erwähnen sind u. a. Bentham und J. St. Mill – liegen keine expliziten Gerechtigkeitsvorstellungen vor. Ihre primäre Zielsetzung ist die Realisierung der wirtschaftlichen Effizienz im Sinne der Wohlfahrtsmaximierung einer Gesellschaft. Diese Konzeption wird von Bentham mit der Maxime: „Das größte Glück der größten Zahl" umrissen. Diese Maxime kann man in der Form der Maximierung der Nutzensumme einer Gesellschaft darstellen. Dabei gehen die Utilitaristen von folgenden Annahmen aus:

1. Es sei eine Zahl n von Mitgliedern einer Gesellschaft gegeben.

2. Jedes Individuum verfügt über eine eindeutige individuelle Nutzen-funktion und es wird ein interpersoneller Nutzenvergleich als möglich angesehen.

3. Es existiert deshalb eine additive Wohlfahrtsfunktion $\sum\limits_{i=1}^{n} U_i$, bei der die Nutzen gleich gewichtet werden und alle Individuen den gleichen Stellenwert haben. Dies war in der Zeit des Ständestaates durchaus eine revolutionäre Annahme.

4. Darüber hinaus wird unterstellt, dass alle Nutzenfunktionen identisch sind, also $U_i = U_j$ für alle i, j .

5. Des Weiteren wird von der Annahme abnehmenden Grenznutzens ausgegangen, d. h. eine konkave Nutzenfunktion unterstellt.

6. Zusätzlich wird von einem gegebenen Volkseinkommen Y ausge-gangen, das wohlfahrtsmaximierend in der Form max $\sum\limits_{i=1}^{n} U(Y_i)$ unter der Nebenbedingung $\sum Y_i = Y$ mit $Y_i \geq 0$ für alle i verteilt werden soll.

Um das Wohlfahrtsoptimum zu bestimmen, verwenden wir den Lagran-geansatz mit $L = \sum\limits_{i=1}^{n} U(Y_i) - \lambda(\sum Y_i - Y)$ und erhalten die Bedingung erster Ordnung

$$\frac{\partial U}{\partial Y_i} - \lambda = 0 \text{ für } i = 1,...,n .$$

Daraus folgt: $\dfrac{\partial U}{\partial Y_i} = \dfrac{\partial U}{\partial Y_j}$ für alle i, j .

Da wir eine konkave Nutzenfunktion unterstellen, folgt daraus, dass $Y_i = Y_j$ für alle i, j, was wir graphisch am Beispiel zweier Individuen in Abbildung 1.11. dargestellt haben.

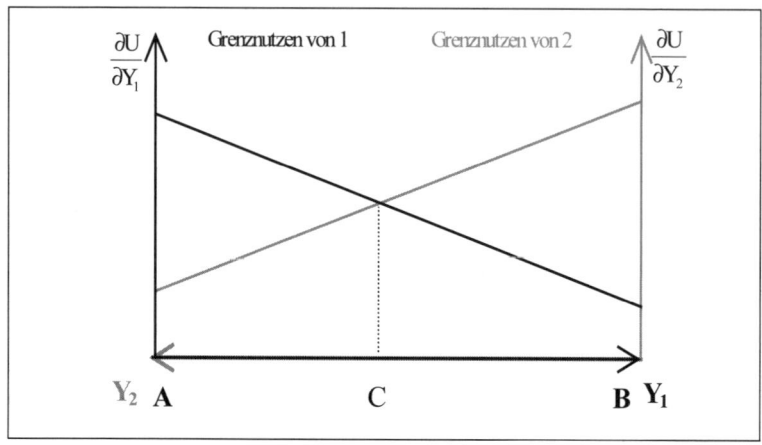

Abb. 1.11.: Ausgleich der Grenznutzen

Auf der Abszisse haben wir die Verteilung von Y dargestellt. Die Strecke $\overline{AB}$ bildet das ganze Einkommen ab. Im Punkt A besitzt Individuum 1 nichts, in C ½ Y und in B das gesamte Y. Umgekehrt besitzt Individuum 2 in A alles, also Y, in C den gleichen Anteil wie Individuum 2 und in B nichts. Aufgrund der Konkavität und der Identität der Nutzenfunktionen existiert nur eine Verteilung, nämlich die bei C, bei der die Grenznutzen gleich sind, so dass die Wohlfahrt maximiert wird. Aber für die Utilitaristen hat diese egalitäre Verteilung keinen Wert an sich, sondern sie ist nur ein Mittel zur Wohlfahrtsmaximierung.

Die abgeleitete egalitäre Einkommensverteilung fand geringe Akzeptanz bei den Ökonomen. Ihre Kritik bezieht sich dabei im Wesentlichen auf die gemachten Annahmen, die zu einer egalitären Verteilung führen.

1. Es wurde kritisiert, dass die Anzahl der n Gesellschaftsmitglieder nicht problematisiert wird. Müssen wir nicht konsequent den Nutzen aller Menschen dieser Welt berücksichtigen und den Nutzen der Weltbevölkerung maximieren? Wie lassen sich in diesem Ansatz die Interessen der zukünftigen Generationen berücksichtigen?

2. Kritisiert wurde auch die Annahme identischer Nutzenfunktionen, zeigen doch etwa die Unterschiede im Konsum- und Freizeitverhalten, dass diese Annahme kontrafaktisch ist.

3. Soll wirklich allen Individuen der gleiche Wert zugeordnet werden, oder ist es sinnvoll, Leistungsträger zu bevorzugen und den durch

Krankheit u. a. schlechter Gestellten kompensatorisch ein höheres Gewicht zuzuordnen?

4. Die möglichen Kosten der Umverteilung werden in doppelter Hinsicht nicht berücksichtigt. Zum einen werden die nicht unerheblichen Verwaltungskosten der Umverteilung vernachlässigt, zum anderen bleiben die Disincentiveffekte der Umverteilung unberücksichtigt, auf die wir bei den Ausführungen zum excess burden hingewiesen haben. Denn wenn sowieso alle das gleiche Einkommen erhalten, warum soll man sich an der Produktion von Y beteiligen, was mit Freizeitverlust, Mühe und Leid u. U. verbunden ist. Wir können deshalb nicht von einem gegebenen Volkseinkommen Y als einem Kuchen ausgehen, der nur noch gerecht verteilt werden muss. Vielmehr gibt es in vielen Situationen einen trade-off zwischen ökonomischer Effizenz und Gerechtigkeit, bei dem wir zwischen beiden Zielen abwägen müssen.

5. Der fundamentalste Kritikpunkt an den Utilitaristen kommt von Rawls, der den Utilitaristen eine kollektivistische Ausrichtung vorwirft, da sie das Individuum kollektiven Interessen unterwerfen. Das Individuum wird instrumentalisiert. Es geht nicht um den Nutzen des Einzelnen, sondern sein Nutzen wird dem der Gesellschaft untergeordnet. Rawls Gegenposition soll nun dargestellt werden.

1.2.3.2 Rawls´sches Gerechtigkeitskonzept

Rawls fragt, auf welch ein gesellschaftliches System sich vernünftige Menschen einstimmig einigen würden, wenn sie nicht wüssten, welche gesellschaftliche Position sie in der Zukunft einnehmen. Bei diesem vertragstheoretischen Ansatz konzentriert Rawls seine Analyse auf die Frage, wie die sogenannten Grundgüter einer Gesellschaft verteilt werden sollen. Grundgüter sind für Rawls "Rechte, Freiheiten, Chancen sowie Einkommen und Vermögen". Sie stellen für ihn kollektives Eigentum dar, das auf fairer Weise verteilt werden soll.

Es geht um die Frage, welche Regeln und Institutionen eine gerechte, faire Verteilung der Grundgüter gewährleisten. Für Rawls sind Regeln und Institutionen gerecht, wenn sie einstimmig im Zustand der absoluten Ungewissheit über die eigene zukünftige gesellschaftliche Position von den Betroffenen gewählt werden. Von zentraler Bedeutung für Rawls ist die Situation des Nicht-Wissens, der sogenannte Urzustand. Sie garantiert unpersönliche Entscheidungen und führt so zu einer Realisierung des Universalitätsprinzips. Ein einstimmig verabschiedeter Gesellschaftsvertrag hat natürlich für Rawls nur einen rein hypothetischen Charakter. Er stellt für ihn nur einen Referenzpunkt für die rationale Diskussion von Gerechtigkeitsfragen dar. Dabei ist kennzeichnend für den Urzustand, dass bei ihm alle Individuen gleich sind. Rawls nimmt an, dass die Gesellschaftsmitglieder sich so entscheiden, als ob ihre Feinde ihnen ihren zukünftigen Platz in der Gesellschaft zuweisen würden. Nach Ansicht von Rawls werden sich die Gesellschaftsmitglieder für folgende zwei Grundsätze einstimmig aussprechen.

1. Der erste Grundsatz verlangt Gleichheit der Grundrechte und Grundpflichten. Nach diesem Grundsatz sollen alle Individuen die gleichen Freiheitsrechte wie Rede- und Wahlrecht erhalten. Insbesondere beinhaltet dieser Grundsatz das Verbot von Diskriminierung.

2. Der zweite Grundsatz beinhaltet, dass soziale und wirtschaftliche Ungleichheiten nur dann akzeptiert werden, wenn sie die am schlechtesten Gestellten besser stellen. Dieser Grundsatz wird auch als das Maximin-Kriterium, Differenz- oder auch Unterschiedsprinzip bezeichnet, der in seinen Grundzügen erläutert werden soll.

Wichtig für die Argumentation von Rawls ist, dass der erste Grundsatz dem zweiten lexikographisch vorgeordnet ist. Es besteht so ein trade-off Verbot zwischen ihnen. Dies besagt u. a., dass die Freiheit nicht eingeschränkt werden darf, um eine gerechte Einkommensverteilung zu realisieren.

Zur Illustration des Maximin-Kriteriums betrachten wir zwei Individuen mit den Nutzen, U_1, U_2. Rawls geht im Gegensatz zu den Utilitaristen nicht von einem gegebenen, zu verteilenden Volkseinkommen aus, sondern berücksichtigt explizit den Zusammenhang zwischen Produktion und Verteilung. Dieser Zusammenhang wird durch die Nutzenmöglichkeitskurve NN' in Abbildung 1.12. dargestellt. Diese Kurve erhalten wir dadurch, dass wir jedem Nutzenniveau U_1 den maximal möglichen Nutzen U_2 zuordnen. Der Verlauf dieser Kurve hängt von den Nutzenfunktionen der beiden Individuen, der Produktionsfunktion und der Ressourcenausstattung ab. Ohne dies ausreichend zu begründen, unterstellt Rawls erst einen steigenden und dann einen fallenden Verlauf der Nutzenmöglichkeitskurve. Bis zum Punkt G liegt eine Harmonie in der Verteilung vor. Wächst der

Nutzen von Individuum 1, so auch der von Individuum 2. Welche der Punkte auf der Nutzenmöglichkeitskurve sind NN' nun gesellschaftlich erwünscht?

Die Verteilungen zwischen M und N' auf der Kurve NN' stellen die Menge der Paretooptima dar. Die Utilitaristen würden sich für die paretooptimale Verteilung S aussprechen, bei der die Nutzensumme $U_1 + U_2$ maximiert wird. Wer sich für eine Gleichverteilung ausspricht, würde hingegen den Punkt G auswählen, der nicht paretooptimal ist, so dass wir hier einen Konflikt zwischen Gerechtigkeit (Gleichverteilung) und Effizienz haben. Rechts von G ist Individuum 2 das bessergestellte. Die Besserstellung des 2. Individuums ist nach dem Differenzprinzip solange akzeptabel bis der Punkt M' erreicht ist, da mit der Besserstellung des zweiten Individuums sich auch das erste Individuum verbessert. Der Punkt M' ist aber nicht paretooptimal, wenn die Kurve NN' im Bereich zwischen M' und M horizontal verläuft. Da aber das 1. Individuum indifferent zwischen M' und M ist, schlägt Sen (1977) vor, statt M' die paretooptimale Verteilung M zu wählen, so dass das modifizierte Maximin-Kriterium zu einer paretooptimalen Verteilung führt.

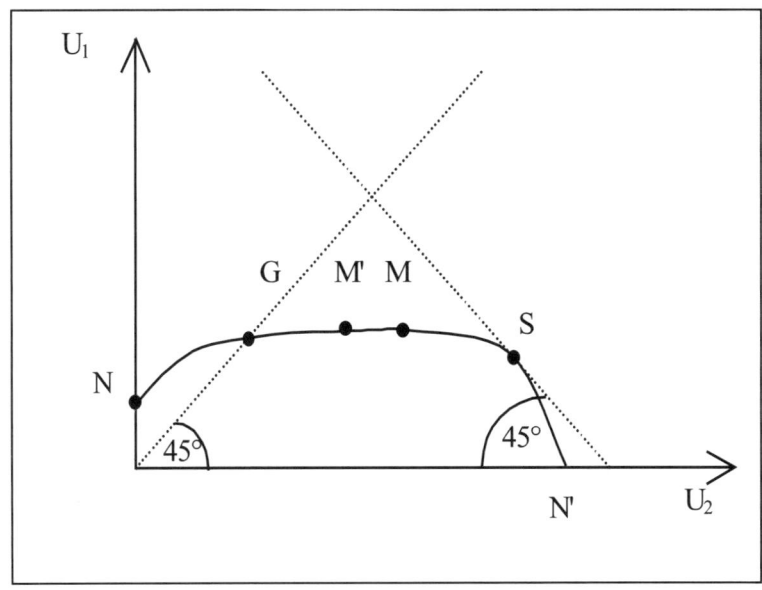

Abb. 1.12.: Rawls' Gerechtigkeitskriterium

Es gibt eine Vielzahl von Kritikpunkten an Rawls Überlegungen, von denen die wichtigsten kurz erläutert werden sollen.

1. Auch Rawls benötigt einen interpersonellen Nutzenvergleich, um den am schlechtesten Gestellten zu identifizieren.

2. Nur extrem risikoaverse Individuen werden sich im Urzustand für das Differenzprinzip aussprechen, da sie befürchten, die am schlechtesten Gestellten zu sein.

3. Auch die Rawls'sche Konzeption instrumentalisiert die Menschen, da die Opfer der Bessergestellten für die am schlechtesten Gestellten nicht zählen. Dies kann anhand zweier Verteilungen verdeutlicht werden. Nach dem Differenzprinzip ist z. B. die Verteilung (500, 100 000 000) schlechter als (501, 502), obwohl der Nutzen von Individuum 1 nur um eine Nutzeneinheit steigt, hingegen der von Individuum 2 um 99 999 498 sinkt.

1.2.3.3 Kritik von Nozick und von von Hayek am Konzept der sozialen Gerechtigkeit

Neben dieser mehr systemimmanenten Kritik der Utilitaristen sollen zwei fundamentale Gegenpositionen zu Rawls, nämlich die von Nozick und die von von Hayek, skizziert werden, die gerade für sozialpolitische Fragestellungen von eminenter Bedeutung sind.

Nozick kritisiert an Rawls, dass er nur ein zustandsbezogenes Gerechtigkeitskriterium verwendet, dass er nur fragt, wie zu einem gegebenen Zeitpunkt die Grundgüter verteilt werden sollen. Für die Gerechtigkeitsüberlegungen von Nozick ist aber entscheidend, wie die jeweilige Verteilung zustande gekommen ist. Dabei differenziert er zwischen einer gerechten Aneignung und einer gerechten Übertragung. Aufbauend auf den Überlegungen von Locke geht es Nozick bei der gerechten Aneignung um den Fall, dass für ein Gut überhaupt keine Eigentumsrechte bestehen. Was aber in der jeweiligen Situation eine gerechte Aneignung ist, wird von Nozick nicht ausreichend definiert. Dies gilt auch für das zweite Kriterium der gerechten Übertragung. Besonders problematisch ist sein drittes Kriterium, das der Korrektur ungerechter Aneignungen und Übertragungen. Insbesondere bleibt offen, wer diese Korrekturen vornehmen soll. Würde man seine historischen Kriterien konsequent anwenden, so müsste man die Gerechtigkeitsüberprüfung über die ganze Vergangenheit hinweg vornehmen, ein sinnloses und unrealisierbares Unterfangen. Da man in der Kette von Aneignung und Übertragung niemals ausschließen kann, dass ein Glied nicht ganz dem Gerechtigkeitsprinzip Rechnung getragen hat, führt das Korrekturkriterium zu ständigen Auseinandersetzungen bei der Bestimmung einer gerechten Verteilung.

Während bei Rawls der Ausgangspunkt der Gesellschaftsvertrag ist, geht Nozick davon aus, dass eine Gesellschaft sich aus dem Geflecht von bilateralen Verträgen herausbildet und es auf freiwilliger Basis nur zur Entstehung eines Minimalstaates kommt. Grundlegende Aufgabe dieses Minimalstaates ist es, die Grundrechte der Bürger zu schützen. Sozialpolitische Aufgaben, insbesondere eine Umverteilung von Reich zu Arm, wie sie Rawls aus seiner Gesellschaftsvertragskonzeption ableitet, sind für Nozick nicht akzeptabel. Für ihn ist jede Besteuerung zur Realisierung einer Umverteilung Diebstahl, der gegen den Willen der Bürger durch Zwang durchgesetzt werden muss.

Der wohl bekannteste und auch brillanteste Kritiker des Konzeptes der sozialen Gerechtigkeit ist von Hayek. Von Hayek wendet sich nicht gegen den Begriff der Gerechtigkeit selbst. In seiner Verfassungstheorie spricht sich von Hayek explizit für Gerechtigkeit – verstanden als „Regeln des gerechten Verhaltens" – aus. Insbesondere fordert er, um Willkür auszuschließen, dass Regeln allgemein gehalten sein sollen, also dem Rawls'schen Konzept der unpersönlichen Entscheidung genügen sollen. Fragen der Gerechtigkeit stellen sich für von Hayek auf der Ebene der Rechtsordnung.

Was aber von Hayek ablehnt, das ist das Konzept der sozialen Gerechtigkeit. Mit Recht weist er darauf hin, dass mit diesem Begriff oft nur reine Partikularinteressen verfolgt werden. Eine Handlung kann nach Ansicht von Hayek nur dann als gerecht bzw. ungerecht bezeichnet werden, wenn jemand für die entsprechende Handlung verantwortlich ist. Für Marktergebnisse und damit auch für die auf Märkten realisierte Einkommensverteilung ist kein Marktteilnehmer persönlich verantwortlich. Die Entlohnung der Produktionsfaktoren ergibt sich aus einem sozialen Prozess, der weder geplant noch intendiert ist. Für von Hayek stellt der Marktprozess ein Spiel, eine Katallaxie, dar. Wer an diesem Spiel teilnimmt, muss sich seinen Regeln unterwerfen und sich den durch die akzeptierten Regeln bedingten Marktergebnissen unterwerfen. So wie ein Lottospieler nicht argumentieren kann, dass es ungerecht sei, dass er nicht der Millionengewinner geworden sei, so müsse er auch für ihn ungünstige Marktergebnisse akzeptieren.

Von Hayek ist zuzustimmen, dass man die Frage der sozialen Gerechtigkeit nicht an einzelnen, singulären Marktergebnissen festmachen soll. Damit ist aber mitnichten die Frage der sozialen Gerechtigkeit obsolet. Sie stellt sich nur auf einer anderen Ebene; nicht auf der singulärer Ereignisse, sondern auf der Ebene der Regeln selbst. Marktwirtschaftliche Regeln stellen ja keine natürliche Ordnung dar, worauf besonders die Kathedersozialisten bei ihrer Kritik am Manchesterliberalismus hingewiesen haben. Marktregeln als Gegenstand der Ordnungspolitik sind z. B. über das Haftungsrecht, die Eigentumsordnung sowie die Wettbewerbsgesetzgebung gestaltbar.

Bei der Auswahl und Konkretisierung von Marktregeln können durchaus soziale Gesichtspunkte zum Tragen kommen. Und es ist das gute Recht jeder Gesellschaft, sich ein Wirtschaftssystem aufzubauen, das den gesellschaftlich akzeptierten Normen entspricht. Es wäre auch unklug, sich für ein Wirtschaftssystem auszusprechen, das den grundlegenden gesellschaftlichen Normen nicht entspricht und dessen Überlebensfähigkeit aufgrund unzureichender Akzeptanz gefährdet ist.

Wenn es um die Auswahl von gerechten Regeln für ein marktwirtschaftliches System geht, so wird man die Regeln nicht allein anhand einzelner mehr oder weniger zufälliger Ergebnisse beurteilen. Vielmehr wird man sich fragen, ob die Regeln nicht systematisch zu unerwünschten Ergebnissen führen. Natürlich wird man ein Spiel nicht als unfair bezeichnen können, wenn man einmal verliert. Unfair ist aber ein Regelwerk, wenn die Gewinnchancen ungleich verteilt sind. Auch wenn die Fairness von Regeln an den durchschnittlichen (typischen) Ergebnissen festgemacht wird, so ist für die Beurteilung von Regeln auch die Gesamtheit der singulären Ergebnisse, das individuelle Schicksal, für die Sozialpolitik nicht bedeutungslos. Man kann im Sinne sozialer Gerechtigkeit durchaus ein Regelwerk vorsehen, das krasse Einkommensverluste von vornherein ausschließt, wie dies z. B. mit der Institution der Sozialhilfe zu realisieren versucht wird.

So bedenkenswert die Kritikpunkte von Nozick und von von Hayek am Konzept der sozialen Gerechtigkeit sind, sie zeigen nur Schwächen konkreter Konzepte auf und müssen uns veranlassen, nach Verbesserungsmöglichkeiten zu suchen.

Andererseits ist es nicht legitim, mit dem Argument der Unvollkommenheit eines Gerechtigkeitskonzeptes die Forderung nach Gerechtigkeit rundweg abzulehnen. Dies ist auch schon von daher problematisch, dass wir kein Ziel isoliert betrachten dürfen, sondern es immer in Verbindung mit den anderen gesellschaftlichen Zielen bewerten müssen. Erst wenn wir abwägen, was wir bereit sind, bei anderen Zielen aufzugeben, um das anvisierte Ziel zu verwirklichen, können wir feststellen, welchen Stellenwert wir ihm zuordnen.

1.2.3.4 Unmöglichkeitstheorem von Fishkin

Im Kontext multipler Zielvorgaben zeigt Fishkin auf, dass es unmöglich ist, ein ideales Prinzip von Gerechtigkeit zu verwirklichen. Bei seiner Analyse geht Fishkin von vier Kriterien zur Umschreibung von Gerechtigkeit aus:

- Gesamtwohlfahrt,

- Anzahl der Zustimmenden,

- Gleichheit – gemessen durch die Varianz der Einkommensverteilung,

- Rawls'sches Maximin-Kriterium.

Anhand dieser vier Kriterien sollen konkrete gesellschaftliche Handlungsalternativen bewertet werden. Alle vier Kriterien sind unumstritten wichtige Beurteilungskriterien, aber sie widersprechen sich bei der Beurteilung gesellschaftlicher Alternativen. Dies verdeutlicht Fishkin anhand folgender Thesen:

1. Das Gleichheitsprinzip kann im Widerspruch zum Maximin-Kriterium, dem der höchsten Anzahl von Zustimmungen sowie der Forderung der Maximierung der Gesamtwohlfahrt stehen, wobei wir – ohne dies hier zu problematisieren – unterstellen, dass eine kardinale Nutzenmessung, z. B. in Form marginaler Zahlungsbereitschaften, möglich ist. Betrachten wir dazu zwei gesellschaftliche Alternativen A und B, einer Gesellschaft mit 7 Personen, wobei Alternative A durch die Einkommensverteilung

$$A = (10,20,30,40,50,50,70),$$

hingegen B durch

$$B = (2,2,2,2,2,2,2)$$

gekennzeichnet sind.

Nach dem Gleichheitsprinzip ist die Alternative B der Alternative A vorzuziehen, die anderen drei Bewertungskriterien sprechen aber eindeutig für eine Präferierung der Alternative A.

2. Das utilitaristische Prinzip der Maximierung der Gesamtwohlfahrt verletzt ebenfalls die anderen drei Kriterien. Betrachten wir dazu die beiden Verteilungen A und B mit:

$$A = (10,20,30,40,50,60,70)$$

und

$$B = (11,15,15,20,20,30,100).$$

Das Prinzip der Wohlfahrtsmaximierung bedingt die Realisierung der Alternative B, die durch eine immense Einkommensungleichheit gekennzeichnet ist und die nach den anderen drei Kriterien eindeutig inferior zur Alternative A ist.

3. Das Rawls´sche Maximin-Kriterium verletzt ebenfalls die anderen Kriterien. Dies verdeutlichen die beiden Alternativen

$$A = (10,20,30,40,50,60,70)$$

mit der Einkommenssumme 280 sowie der Varianz von 400 und der Standardabweichung von 20 Einheiten, sowie

$$B = (0,5,5,45,55,65,95)$$

mit der Einkommenssumme 221 sowie der Varianz von 846,45 und der Standardabweichung von 29,09 Einheiten.

4. Auch das Ziel der Maximierung der Zahl der Zustimmenden ist mit den anderen drei Kriterien nicht immer kompatibel. Dazu müssen wir nur die Alternative

$$A = (10,20,30,40,50,60,70)$$

mit der Alternative

$$B = (0,5,5,45,55,65,95)$$

mit der Einkommenssumme 270 sowie der Varianz von 921,14 und der Standardabweichung von 30,35 Einheiten vergleichen.

Beim direkten Vergleich der Alternativen würde sich eine Mehrheit von 4 Akteuren für B entscheiden, auch wenn B das Maximin-Kriterium verletzt und zu keiner Wohlfahrtsmaximierung sowie zu keiner Minimierung von Einkommensunterschieden führt. Diese Überlegungen von Fishkin sollten uns deutlich machen, wie schwierig es ist, anhand von an und für sich plausiblen Beurteilungskriterien zu sozialpolitischen Beurteilungen zu kommen. Es sollte für alle Theoretiker und Praktiker der Sozialpolitik, aber auch für seine Kritiker Anlass sein, keine dogmatische Position bei der Frage der wahren Ziele der Sozialpolitik einzunehmen.

1.2.4 Instrumente der Sozialpolitik

Ziele der Sozialpolitik zu konzipieren, ist nur dann sinnvoll, wenn man Instrumente zur Verfügung stellt, mit denen die Ziele verwirklicht werden können. Wir bezeichnen solche Variablen als Instrumente, die zum einen den Realisierungsgrad eines Zieles beeinflussen und die zum anderen Kontrollvariablen für den jeweiligen Träger der Sozialpolitik darstellen, d. h. von ihm gesteuert werden können. Unbeeinflussbare Variable, wie Klimaschwankungen, stellen keine Instrumente dar. Bei den Instrumenten können wir zwischen ordnungspolitischen und ablaufpolitischen Instrumenten differenzieren. Besonders den ordnungspolitischen Instrumenten, bei denen es um die Gestaltung der Rechts-, Wirtschafts- und Sozialverfassung geht, kommt im Bereich der Sozialpolitik eine grundlegende Bedeutung zu. Zu denken ist hier an die ordnungspolitische Gestaltung des Arbeitsmarktes durch die Einführung der Koalitionsfreiheit, der Mitbestimmung, des Kündigungsschutzes für Arbeitnehmer usw.

Bedeutsam sind auch die ordnungspolitischen Regelungen des Wohnungsmarktes z. B. in Form der Mietgesetzgebung. Besonders umstritten sind auch die ordnungspolitischen Regelungen auf dem Versicherungsmarkt. Hier geht es z. B. um die Frage, ob private den staatlichen Versicherungen vorgezogen werden sollen und inwieweit bei privaten Versicherungen eine staatliche Aufsicht von Nöten ist.

Während ordnungspolitische Maßnahmen die Rahmenbedingungen einer Wirtschaft festlegen sollen und von der Grundausrichtung langfristig angelegt sind (Konstanz der Wirtschaftspolitik im Sinne Euckens), sind die ablaufpolitischen Instrumente wesentlich punktueller und kurzfristiger Natur. Sie werden oft als Instrumente zum sofortigen Gegensteuern angesehen. Klassisches ablaufpolitisches Instrument ist die Einnahmen- und Ausgabengestaltung des Bundes, der Länder und Gemeinden sowie der Sozialversicherungen. Für den Ausgabenbereich sind hier z. B. Änderungen des Regelsatzes der Sozialhilfe, Anpassung der Rentenbezüge, Änderung des Wohn- und Kindergeldes sowie auf der Einnahmenseite Variation der Sozialversicherungsbeiträge, sowie der Steuersätze u. a. anzuführen.

Gerade unter der Zielsetzung der Verteilungsgerechtigkeit kommt dem sozialpolitischen Instrumentenbereich der Lohnpolitik eine zentrale Bedeutung zu. Im Bereich der Lohnpolitik stellt sich für den Staat aber das Problem, dass er diesen Bereich nicht allein kontrollieren kann, d. h. die Lohnpolitik kein originäres Instrument darstellt. Aufgrund der Tarifautonomie kann der Staat nur indirekt auf diese Einfluss nehmen, sei es über seine Tarifpolitik im öffentlichen Dienst, durch die Androhung wirtschaftspolitischer Sanktionen zur Disziplinierung der Tarifparteien sowie durch seine Steuer- und Transferpolitik, mit der er die Nettoeinkommen beeinflussen kann.

1.2.5 Träger der Sozialpolitik

Mit der Diskussion der Möglichkeiten des Staates, lohnpolitischen Einfluss zu nehmen, haben wir die Frage der Träger der Sozialpolitik angesprochen. Ausgehend von der obrigkeitsstaatlichen Sozialpolitik Bismarcks wurden traditioneller Weise die staatlichen Instanzen als die Träger der Sozialpolitik angesehen. Dies ist auch darauf zurückzuführen, dass die Sozialpolitik in Deutschland in ihren Anfängen instrumental als Disziplinierungsinstrument der Gewerkschaften und der Sozialdemokratie verstanden wurde. Heute dominiert hingegen ein Pluralismus von Trägern der Sozialpolitik. So sind die Einrichtungen der gesetzlichen Sozialversicherungen öffentlich-rechtliche Körperschaften, in deren Kontrollorganen Arbeitgeber und Arbeitnehmer Sitz und Stimmrecht haben. Des Weiteren existieren neben den staatlichen sozialen Einrichtungen kirchliche und gemeinnützige Verbände, die Träger sozialer Einrichtungen sind. Darüber hinaus haben autonome Selbsthilfeeinrichtungen eine große Bedeutung im sozialen Bereich gewonnen.

Die wichtigsten Verbände sind die Arbeiterwohlfahrt, das Deutsche Rote Kreuz, der Deutsche Caritasverband, das Diakonische Werk, der Paritätische Wohlfahrtsverband und die Zentrale Wohlfahrtsstelle der Juden in Deutschland. Wie wirtschaftlich bedeutsam dieser Dienstleistungsbereich ist, zeigt sich darin, dass bei diesen Organisationen mehr als eine Million Personen hauptamtlich und mehr als drei Millionen ehrenamtlich tätig sind.

Besonders durch die Kommunitaristen, die die Zentralisierungs-, Entmündigungs-, Verrechtlichungs- und Monetarisierungstendenzen in der Sozialpolitik ablehnen, haben die kleinen Selbsthilfeeinrichtungen, wie die Familie, die kommunale Gemeinschaft (Nachbarschaft) an Stellenwert gewonnen. Die Kommunitaristen betonen zum einen die Selbstverantwortung als auch die soziale Verpflichtung des Einzelnen gegenüber der Gemeinschaft.

Des Weiteren stellen wir eine Verlagerung von Kompetenzen auf die Ebene der Europäischen Union fest. Nach dem Vertrag von Maastricht gilt das Subsidiaritätsprinzip, nach dem Sozialpolitik primär nationalstaatliche Aufgabe ist. Entsprechend finden wir eine große Vielfalt bei der Ausgestaltung nationaler Sozialsysteme. Bewusst hat man in der EU auf eine Harmonisierung der Sozialsysteme verzichtet. Bei einer Harmonisierung hätte man sich entweder an den Sozialstandards der Länder mit den höchsten Sozialleistungen orientieren können, was die wirtschaftlich nicht so fortgeschrittenen Länder nicht hätten finanzieren können, oder man hätte die niedrigsten Sozialstandards als Extrem gewählt, was für viele einen Sozialabbau zur Konsequenz gehabt hätte.

Stattdessen setzt die EU auf den Wettbewerb der Sozialsysteme und strebt eine Koordination der Sozialsysteme an. Diese Koordination beinhaltet, die Sozialsysteme in der EU kompatibel zu machen, um insbesondere die Freizügigkeit der Arbeitnehmer zu ermöglichen. Dabei geht es u. a. um die Übertragung von Ansprüchen aus der Sozialversicherung, wenn ein Arbeitnehmer in ein anderes nationales Sicherungssystem wechselt.

Darüber hinaus soll durch die Koordination eine Diskriminierung von Arbeitnehmern aus anderen EU-Ländern unterbunden werden. Hier kommt der Verordnung 1408/71 der Kommission eine zentrale Bedeutung zu.

Weiter wird über den Europäischen Sozialfonds aktiv die nationalstaatliche Sozialpolitik durch die Gemeinschaft unterstützt. Insbesondere im Bereich der Beschäftigungspolitik hat die Kommission durch den Vertrag von Amsterdam an Einfluss gewonnen.

Bedeutsam für die nationalstaatliche Sozialpolitik ist auch die Rechtssprechung des Europäischen Gerichtshofs. Der Europäische Gerichtshof vertritt insbesondere die Auffassung, dass die nationale Sozialpolitik der Europäischen Wettbewerbspolitik im Prinzip untergeordnet ist. So dürfen im Allgemeinen nationalstaatliche sozialpolitische Regelungen nicht die vier Grundfreiheiten des Gemeinsamen Marktes verletzten, d. h. der nationalstaatlichen Sozialpolitik werden so Grenzen durch die EU gesetzt.

1.3 Prinzipien der Sozialpolitik

1.3.1 Solidarität

Die Diskussion der Ziele der Sozialpolitik hat gezeigt, dass sie sehr abstrakt formuliert und aus ihnen – insbesondere wenn Zielkonflikte vorliegen – nicht ohne weiteres konkrete Handlungsanweisungen abzuleiten sind. Um eine Richtschnur für das Handeln der sozialpolitischen Instanzen vorzugeben, hat man die Prinzipien der Sozialpolitik entwickelt, die nicht auf einem so hohen Abstraktionsniveau wie die Ziele angesiedelt sind.

Das wohl grundlegendste Prinzip der Sozialpolitik ist das der Solidarität. Nach ihm ist man als ein soziales Wesen nicht nur für sich selbst, sondern auch für die anderen Mitglieder einer Gemeinschaft verantwortlich. Während man auf Märkten seine Entscheidungen aus der Perspektive der eigenen Vorteilhaftigkeit trifft, sollen die sozialpolitischen Institutionen so gestaltet werden, dass auch die Auswirkungen eigenen Verhaltens auf andere und umgekehrt berücksichtigt werden, was natürlich ein hohes Informationsniveau bei solidarischem Verhalten verlangt. Nur in einer durch Solidarität gekennzeichneten Gesellschaft stellt sich die Frage der sozialen Gerechtigkeit. So sprechen wir von der Solidargemeinschaft der Sozialversicherten. Damit soll zum Ausdruck gebracht werden, dass alle für jeden Einzelnen einstehen und dass die Leistungen und Kosten der Versicherung dabei gerecht verteilt werden müssen. Gerechtigkeit wird in einer Solidargemeinschaft nicht uneingeschränkt im Sinne der Leistungsgerechtigkeit verstanden. So werden in der gesetzlichen Krankenversicherung die Beiträge nicht nach der Morbidität der Versicherungsnehmer wie in einer privaten Krankenkasse berechnet, sondern nach dem Prinzip der Leistungsfähigkeit. In einer privaten Krankenversicherung sind die Kranken in mehrerer Hinsicht schlechter als Gesunde gestellt, da sie Einbußen sowohl in ihrer Lebensqualität als auch bei ihrem Nettoeinkommen aufgrund hoher Krankenversicherungsbeiträge und eines eventuellen Leistungsabfalls, der ihr Arbeitseinkommen schmälert und ihre Beschäftigungschancen verschlechtert, hinnehmen müssen. In der gesetzlichen Krankenversicherung wird zumindest der Einkommensnachteil durch die Beitragsgestaltung zum Teil ausgeglichen.

Dieser Gesichtspunkt eines solidarischen Ausgleichs in der Krankenversicherung ist von besonderer Bedeutung, wenn wir die Vor- und Nachteile der Selbstbeteiligung diskutieren werden. Dabei werden wir prüfen, welche effizienzsteigernden Effekte von diesem Instrument ausgehen und welche verteilungspolitischen Konsequenzen sich daraus ergeben.

Das Solidaritätsprinzip verlangt nicht nur Leistungen der Solidargemeinschaft für den Einzelnen. Es ist in dem Sinne auf Reziprozität angelegt, dass auch der einzelne seinen Beitrag für die Solidargemeinschaft erbringt. Damit ist das so eminent wichtige Problem der diskriminierenden Inanspruchnahme der Solidargemeinschaft gemeint. Es geht dabei um die ungerechtfertigte Inanspruchnahme der Solidargemeinschaft, indem man z. B. "blau macht", oder sich beim Arbeitsamt arbeitslos meldet, ohne letztlich bereit zu sein, eine zumutbare Arbeit anzunehmen.

Bei der Frage der Solidarität müssen wir zwischen der Intention zur Solidarität und solidarischem Handeln differenzieren. Für die Sozialpolitik sind nicht die gutgemeinten Absichten, sondern die sozialpolitisch relevanten Ergebnisse ausschlaggebend. Für die ergebnisorientierte Sozialpolitik ist letztlich nicht entscheidend, aus welchen Beweggründen sich jemand solidarisch verhält. Dies ist eine moralische Fragestellung. Z. B. ist es nicht entscheidend, ob ein Unternehmen aus christlich/humanitären Beweggründen oder einer langfristig orientierten effizienten Personalpolitik (Eigennutzen) ein vorbildliches betriebliches Sozialsystem aufbaut.

Da, wie Nell-Breuning betont, Liebe und Solidarität ein knappes Gut sind, sollte die Sozialpolitik nicht allein an das moralische Verantwortungsgefühl des Einzelnen appellieren, sondern versuchen, Institutionen zu schaffen, in denen jeder sich auch aus Eigennutz solidarisch verhält.

1.3.2 Subsidiarität

Während das Solidaritätsprinzip die Verpflichtung des Einzelnen bzw. der Gemeinschaft beinhaltet, für andere einzutreten, stellt das Subsidiaritätsprinzips eine Präzisierung und Strukturierung des Solidaritätsprinzips dar. Es beinhaltet eine natürliche Rangordnung bezüglich solidarischen Verhaltens. Dieses Prinzip ist Ausfluss des durch die Zunftordnung geprägten ständestaatlichen Denkens der katholischen Soziallehre, wie sie ihren Niederschlag in der Sozialenzyklika Quadragesimo anno von 1932 fand. Als Alternative zu einer auf Egoismus aufbauenden kapitalistischen Wirtschaftsordnung fordert das Subsidiaritätsprinzip solidarisches Verhalten in abgestufter Form.

Zuerst appelliert dieses Prinzip an die Eigenverantwortung jedes Einzelnen. Bevor er die Solidargemeinschaft in Anspruch nimmt, soll er versuchen, aus eigener Kraft seine Schwierigkeiten zu beheben. Das Subsidiaritätsprinzip verlangt dabei – worauf besonders Nell-Breuning hinweist – Hilfe zur Selbsthilfe. Die Hilfe anderer ist nicht erst dann gefordert, wenn soziale Missstände den Einzelnen überwältigen, sondern Hilfe für den Einzelnen muss der Vermeidung von Missständen dienen. Diese Hilfe soll dabei zuerst von der Familie, dem kleinsten Sozialverband, gewährt werden. Erst wenn die Hilfe der Familie als Kernbestand einer Gesellschaft dazu nicht in der Lage bzw. überfordert ist, soll die nächst höhere Einheit, die Kommune, helfend zur Seite treten, sodann die nächst höhere, das Land.

Niederschlag findet dieses Prinzip sowohl bei der Regelung der familiären Pflichten im § 1601 des BGB als auch im Bereich der Sozial- und Arbeitslosenhilfe sowie beim Arbeitslosengeld II. Bei der Sozialhilfe hat der einzelne nur Anspruch auf Leistungen, wenn er bedürftig ist und seine Eltern bzw. Kinder nicht in der Lage sind, ausreichend Hilfe zu gewähren.

Auch wenn man die Begründung des Subsidiaritätsprinzips im Sinne einer gottgewollten natürlichen Rangordnung nicht akzeptiert, so sprechen doch zwei grundlegende ökonomische Überlegungen für seine Anwendung.

Unter dem Gesichtspunkt der Informationsbeschaffung und -verarbeitung ist der Familienverband am besten in der Lage, dem einzelnen Familienangehörigen zu helfen. Man kennt seine Besonderheiten, seine spezifischen Schwächen und Stärken und man ist so in der günstigen Situation, den Einzelnen gezielt auf seine individuellen Bedürfnisse hin zu unterstützen.

Der zweite Gesichtspunkt betrifft die Motivation, die Bereitschaft zu helfen. Ein intakter Familienverband ist im Idealfall gekennzeichnet durch intensive soziale Beziehungen, durch ein Klima wechselseitigen Vertrauens sowie durch hohes Verantwortungsgefühl gegenüber den anderen Familienangehörigen.

Dies bedingt Solidarität. Hingegen sind die Beziehungen des Einzelnen zur Kommune viel anonymer. Man kennt sich nicht und es existiert auch kein wechselseitiges Vertrauensverhältnis. Man appelliert nicht an das Verantwortungsgefühl einer Instanz, sondern man klagt Rechtsansprüche ein.

Während einerseits sowohl der Informations- als auch der Motivationsaspekt für das Subsidiaritätsprinzip sprechen, so gibt es andererseits zwei grundlegende ökonomische Überlegungen, die zu einer Relativierung führen.

Mit guten Gründen fordert insbesondere die "Neue Institutionenökonomik", dass derjenige, der entscheidet, auch für die Konsequenzen seiner Entscheidungen einstehen muss. Diese Forderung wird aber bei der Form der heutigen Ausgestaltung der Rechte und Pflichten im Familienverband systematisch durchbrochen. Während z. B. im Familienrecht die Entscheidungsbefugnisse der Kinder systematisch ausgeweitet wurden, kam es zu keiner entsprechenden Einschränkung der Pflichten der Eltern. Sie müssen für ihre Kinder einstehen, auch wenn sie keine faktischen Befugnisse ihnen gegenüber besitzen.

Darüber hinaus widerspricht das Subsidiaritätsprinzip dem Verursacherprinzip. Nach diesem Prinzip soll der Verursacher eines Schadens auch für die gesellschaftlichen Kosten aufkommen. Das Subsidiaritätsprinzip fordert aber generell, dass der Familienverband auch für die Schäden aufkommen muss, für die er in keiner Weise verantwortlich ist. Kommt es z. B. durch eine verfehlte Tarifpolitik zur klassischen Arbeitslosigkeit, so müssen nicht die Verursacher, die Tarifparteien, für den Schaden aufkommen, sondern die Familienangehörigen, die zur Finanzierung von Arbeitslosen- bzw. Sozialhilfe oder dem Arbeitslosengeld II herangezogen werden.

1.3.3 Versicherungsprinzip

Während das Solidaritätsprinzip auf dem Gedanken beruht, Leistungen für andere ohne direkte Gegenleistung zu erbringen, verlangt das Versicherungsprinzip nicht diese altruistische Einstellung. Kennzeichnend für das Versicherungsprinzip, das auch Äquivalenzprinzip genannt wird, ist das Leistungsprinzip. Leistungen werden dabei, wie es für Märkte charakteristisch ist, nur gegen Leistungen getauscht. Auch heute ist das marktorientierte Versicherungsprinzip ein Kennzeichen der Sozialversicherung. In der gesetzlichen Rentenversicherung bestimmt sich die Höhe der Rente, d.h. der Leistung der Versicherung, durch die Höhe und Dauer der Beiträge, die Leistung des Versicherten. Eine Anwendung des Versicherungsprinzips finden wir, wenn auch eingeschränkt, bei der Gewährung von Kranken- und Arbeitslosengeld. Es ist aber kennzeichnend für die Sozialversicherung, dass das Versicherungsprinzip in vielen Bereichen vom Solidaritätsprinzip überlagert wird. Würden wir das Versicherungsprinzip in der Sozialversicherung konsequent anwenden, dann wäre es überlegenswert, den Bereich der Sozialversicherung rein marktwirtschaftlich zu gestalten. Angebot und Nachfrage würden den Leistungsaustausch zwischen Versicherung und Versicherungsnehmer bestimmen und der Wettbewerb würde für die Durchsetzung des Versicherungsprinzips ohne staatliche Eingriffe sorgen.

1.3.4 Selbstverantwortung

Während die bis jetzt behandelten Prinzipien der Konkretisierung der Ziele Sicherheit und Gerechtigkeit dienten, gewinnt das Prinzip der Selbstverantwortung unter dem Freiheitsaspekt seinen Stellenwert. Besonders von liberalen Kritikern des Wohlfahrtsstaates wird die eminente Bedeutung dieses Prinzips betont und auf mögliche Konflikte mit den anderen Prinzipien hingewiesen. Es wird argumentiert, dass der Sozialstaat vielleicht zu mehr Sicherheit – und eventuell auch Gerechtigkeit – führe, dies aber zur Entmündigung der Staatsbürger führe.

Mit dem Prinzip der Selbstverantwortung, das eine Realisierung von „so viel Freiheit wie möglich" und Abbau von Fremdbestimmung beinhaltet, werden zwei Ebenen angesprochen: die individuelle und die kollektive Ebene. Bei der kollektiven Ebene geht es um den organisatorischen Aufbau der sozialpolitischen Einrichtungen, z. B. um die Forderung, dass die Solidargemeinschaft der Versicherten autonom über die für sie relevanten Versicherungsfragen entscheidet. Dementsprechend sind die einzelnen Zweige der Sozialversicherung der Bundesrepublik als öffentlich-rechtliche Körperschaften eingerichtet, in denen die Kontrollorgane im Wesentlichen von den Beitragszahlern – also Arbeitgebern und Arbeitnehmern – mitbesetzt werden. Die Realität zeigt aber, dass das Selbstverwaltungsprinzip im Bereich der Sozialversicherung gravierend eingeschränkt ist. Erstens ist der Handlungsspielraum der Kontrollorgane minimal. Entscheidende Fragen im Bereich der Sozialversicherung werden nicht von der Solidargemeinschaft, sondern von Externen, der Legislative, entschieden. Zweitens ist die legitimatorische Basis der Kontrollorgane gering. Dies ist auf die geringe Wahlbeteiligung bei den Sozialwahlen und auf die Einrichtung von Friedenswahlen zurückzuführen, bei denen die vorschlagsberechtigten Institutionen nur so viele Kandidaten vorschlagen, wie gewählt werden müssen, so dass auf eine Sozialwahl verzichtet werden kann.

Auf der individuellen Ebene des Prinzips der Selbstverantwortung geht es um die Verwirklichung der grundlegenden Forderung des normativen Individualismus, dass jedes Individuum am besten für sich selbst entscheiden kann. Nicht anonyme Institutionen sollen für den Einzelnen bestimmen, was für ihn gut ist. Das weiß das einzelne Individuum selbst am besten. Ausfluss des Prinzips der individuellen Selbstbestimmung ist die Regelung, dass soziale Leistungen primär in Geldform gezahlt werden sollen, damit der einzelne selbst entscheidet, wie er diese Mittel verwendet. Eingeschränkt wird dieses Prinzip aber z. B. bei der gesetzlichen Krankenkasse, bei der der Patient nur Anspruch auf die Bereitstellung von vom Arzt verschriebenen Leistungen (Medikamente, stationäre Versorgung usw.) hat, oder bei der Sozialhilfe, bei der versucht wird, über Sachleistungen bzw. durch die Vergabe von Gutscheinen Missbrauch einzuschränken.

1.4 Grundlegende Literatur zur Sozialpolitik

Badelt, Ch., Österle, A. (1998): Grundzüge der Sozialpolitik, Allgemeiner Teil, Wien.

Bäcker, G. Bispinck, R., Hofemann, R., Naegele, G. (2000): Sozialpolitik und Soziale Lage in Deutschland, Bd. 1 u. 2, 3. Aufl., Wiesbaden.

Börsch-Supan, A. (1997): Sozialpolitik, in: J von Hagen, J. J. Welfens, A. Börsch-Supan (Hrsg.), Springers Handbuch der Volkswirtschaftslehre 2 – Wirtschaftspolitik und Weltwirtschaft, Berlin und Heidelberg, S.181 - 234.

Boettcher, E. (Hrsg.) (1957): Sozialpolitik und Sozialreform, Tübingen.

Bundesministerium für Arbeit und Sozialordnung (Hrsg.) (1997): Übersicht über das Sozialrecht, 4. Aufl., Bonn.

Bundesministerium für Arbeit und Sozialordnung (v. Jg.): Sozialbericht, Bonn.

Eekhoff, J. (1998): Beschäftigung und soziale Sicherung, 2. Aufl., Tübingen, S. 122 - 211.

Frerich, J. (1996): Sozialpolitik. Das Sozialleistungssystem der Bundesrepublik Deutschland, 3. Aufl., München u. Wien.

Gahlen, B. u. a. (Hrsg.) (1990): Theorie und Politik der Sozialversicherung, Tübingen.

Külp, B., Schreiber, W. (1971): Soziale Sicherheit, Köln u. Berlin.

Lampert, H., Althammer, J. (2001): Lehrbuch der Sozialpolitik, 6. Aufl., Berlin u. a.

Maydell, B. von, Kannengießer, W. (Hrsg.) (1988): Handbuch der Sozialpolitik, Pfullingen.

Ott, N. (2003): Sozialpolitik, in: D. Bender u. a., Vahlens Kompendium der Wirtschaftstheorie und Wirtschaftspolitik, Bd. 2, 8. Aufl., München, S. 487 - 543.

1.5 Wichtige sozialpolitische Zeitschriften

Gesundheits- und Sozialpolitik

Sozialer Fortschritt

Soziale Sicherheit

Zeitschrift für Sozialreform

1.6 Literatur zum 1. Kapitel

Fishkin, J. S. (1987): Ideals Without an Ideal: Justice, Democracy and Liberty in Liberal Theory, in: P. Koslowski (Hrsg.), Individual Liberty and Democratic Decision-Making, Tübingen, S. 7 - 30.

Hayek, F. A. von (1981): Recht, Gesetzgebung und Freiheit, Bd. 2: Die Illusion der sozialen Gerechtigkeit, Landsberg am Lech.

Nozick, R. (o.J.): Anarchie, Staat, Utopia, München.

Rawls, J. (1979): Eine Theorie der Gerechtigkeit, Frankfurt.

Ribhegge, H. (1991): Zur Relevanz der Rawlsschen Gerechtigkeitstheorie für die Wirtschaftspolitik, in: Zeitschrift für Wirtschaftspolitik, Bd. 40, S. 239 - 260.

Schmidt, M. G. (1989): Vom wirtschaftlichen Wert der Sozialpolitik – Die Perspektive der vergleichenden Politikforschung, in: G. Votruba (Hrsg.), Der wirtschaftliche Wert der Sozialpolitik, Berlin, S. 151 - 169.

Sen, A. K. (1977): Rawls versus Bentham: Eine axiomatische Untersuchung des reinen Verteilungsproblems, in: O. Höffe (Hrsg.), Über John Rawls′ Theorie der Gerechtigkeit, Frankfurt, S. 283 - 295.

2. Grundlagen der Sozialen Sicherung

2.1 Formen der Sicherung

Eines der drei grundlegenden Ziele der Sozialpolitik ist das der Sicherheit. Im Folgenden wollen wir uns fragen, wie wir dieses Ziel realisieren können. Dabei wollen wir unter Sicherheit einen umfassenden Abbau von Risiken verstehen. Sicherheit können wir auf zwei Wegen realisieren. Zum einen können wir die Eintrittswahrscheinlichkeit für ein Risiko reduzieren. Durch präventive Maßnahmen können wir das Individuum schützen. Zu denken ist hier an Arbeitsschutzvorschriften, Gesundheitsvorsorge oder auch qualifizierte Ausbildung, um Arbeitnehmer vor Arbeitslosigkeit zu schützen.

Leider ist es aber nicht immer möglich, den Eintritt des Schadenfalls völlig zu vermeiden. Dann kann man die Sicherheit des Betroffenen dadurch erhöhen, dass man die negativen Auswirkungen des Schadens ausgleicht. Dies geschieht zumeist durch Zahlungen im Schadensfall oder durch die Gewährung von Sachleistungen.

Bei den Risiken ist u. a. an den Verlust der Erwerbstätigkeit und -fähigkeit, Krankheit, Tod des Ernährers und Arbeitslosigkeit zu denken. Die Zielsetzung der Sozialpolitik, Risiken abzubauen, hat im Zeitablauf immer mehr an Bedeutung gewonnen. Mit steigendem Einkommen nimmt die Nachfrage nach Sicherheit zu. Es liegt hier eine hohe Einkommenselastizität der Nachfrage nach dem Gut Sicherheit vor. Dies zeigt sich nicht nur bei der Expansion im Bereich der sozialen Sicherheit, sondern auch im Bereich des privaten Versicherungswesens, der ebenfalls stark expandiert. Anders stellt sich die Situation für die Entwicklungsländer dar. In ihnen existieren hohe existentielle Risiken. Da aber für die Menschen in den Entwicklungsländern aufgrund des niedrigen Pro-Kopf-Einkommens die Befriedigung des Gegenwartskonsums meist unaufschiebbar ist, sind sie nicht in der Lage, Vorsorge zu treffen, um zukünftige Risiken zu vermeiden bzw. abzudecken.

Betrachten wir die Möglichkeiten, die sich zur Produktion des Gutes Sicherheit anbieten, so können wir, siehe Übersicht 2.1., zwischen privater Vorsorge und Sozialer Sicherung unterscheiden. Während die private Vorsorge auf der Initiative des einzelnen Bürgers beruht, kennzeichnet die Soziale Sicherung ein Zwangselement: Z. B. müssen die Bürger Steuern zahlen, um soziale Leistungen zu finanzieren, sie sind i. A. Pflichtmitglied in der Gesetzlichen Sozialversicherung. Soziale Sicherung ist im Gegensatz zur privaten Vorsorge eine staatliche Angelegenheit, bei der aufgrund des Zwangselementes der Staat nicht so sehr auf die persönlichen Präferenzen der Betroffenen Rücksicht nehmen muss. Der Unterschied zwischen privater Vorsorge und Sozialer Sicherung liegt aber nicht darin, dass die Soziale Sicherung eine kollektive, die private Vorsorge hingegen eine individuelle Form der Sicherung darstellt.

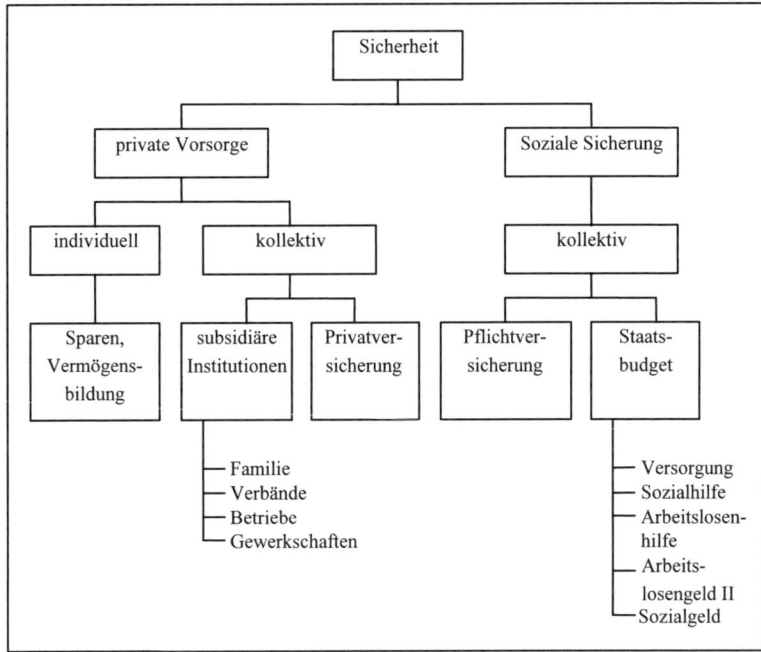

Abb. 2.1.: Übersicht über Formen der Realisierung von Sicherheit

Private Vorsorge kann sowohl auf individuelle als auch auf kollektive Weise realisiert werden. Das einzelne Individuum kann durch Vermögensbildung und durch Sparen Rücklagen bilden, um zukünftige Verluste auszugleichen und so einen intertemporal optimalen Konsumstrom zu realisieren. Auf der kollektiven Ebene existiert ein breites Spektrum von Vorsorgemöglichkeiten. Zu nennen sind hier die subsidiären Institutionen: die Familie, als älteste Form eines kollektiven Sicherungssystems, dann die karitativen Verbände, die Betriebe sowie die Einrichtungen der Gewerkschaften mit ihren Unterstützungskassen. Ein weiterer Zweig der privaten Vorsorge auf kollektiver Ebene sind die privaten Versicherungen, die in den letzten Jahrzehnten immer mehr an Bedeutung gewonnen haben und die sich als eine Alternative zum staatlichen System der Sozialen Sicherung verstehen. Kennzeichnend sowohl für die Privatversicherung als auch für die staatliche Pflichtversicherung ist die Gefahrengemeinschaft, d.h. die Regelung, dass die Versicherungsleistungen durch die Prämien (Beiträge der Versicherten) finanziert werden.

Dies ist anders bei der Einrichtung der Versorgung und der Sozialhilfe sowie Arbeitslosenhilfe und dem Arbeitslosengeld II. Diese werden über den Haushalt des Bundes bzw. den der Kommunen finanziert. Im Folgenden sollen die Unterschiede der skizzierten sozialen Sicherheitseinrichtungen detaillierter dargestellt werden.

2.1.1 Individuelle Vorsorge

Die Vermögensakkumulation durch individuelle Ersparnisbildung ist für jede Volkswirtschaft von zentraler Bedeutung: Nicht nur unter dem Aspekt der Vorsorgebildung, sondern auch unter dem Aspekt des wirtschaftlichen Wachstums, sei es in Form von Real- oder Humankapitalbildung. Die Variante der Vorsorge ermöglicht dem Einzelnen eine hohe Dispositionsfreiheit. Er kann sein Budget nach seinen eigenen individuellen Bedürfnissen ausrichten. Individuelle Vorsorge ist besonders für Personen, die durch hohe Eigenverantwortung gekennzeichnet sind, vorteilhaft. Man verlässt sich nicht auf andere und ist auch nicht auf andere angewiesen.

Aber auf die individuelle Vorsorge allein zu setzen, ist mit immensen Nachteilen verbunden. So ist es für den einzelnen schwierig, ein optimales Vermögensportefeuille aufzubauen. Probleme wie Unteilbarkeit, Informationsdefizite usw. erschweren die Realisierung eines optimalen Portefeuilles. Darüber hinaus befindet sich ein allein agierendes Individuum bei seiner Vorsorge in einem Dilemma. Auf der einen Seite möchte es sein Vermögen langfristig anlegen, um eine hohe Rendite zu erzielen, auf der anderen Seite benötigt es kurzfristige Anlagen, um einen hohen Liquiditätsgrad zu erzielen, damit es in unerwarteten Notsituationen über ausreichende Liquidität verfügt. Dieser Konflikt stellt sich aber nur auf der Ebene eines einzelnen. Wenn wir die Wohlfahrtseffekte der Versicherung darstellen, werden wir zeigen, dass dieses Problem auf der kollektiven Ebene nicht so bedeutsam ist.

Individuelle Vorsorge kann nicht exakt auf das tatsächliche Lebensalter ausgerichtet werden. Man spricht auch vom Risiko der überlangen Lebensdauer (Langlebigkeitsrisiko). Da das tatsächliche Lebensalter unbekannt ist, muss sich ein Individuum auf seine statistische Lebenserwartung (mit einem entsprechenden Risikoaufschlag) ausrichten. Lebt er länger als erwartet, so kommt es zur Unterversicherung und umgekehrt.

Das wohl gravierendste Problem rein individueller Vorsorge liegt im frühzeitigen Eintritt des Risikos in der Ansparphase. Besonders bei geringen Einkommen ist die Ansparphase sehr lang, und unter Umständen ist der Einzelne, z. B. ein von Kindheit an Behinderter, gar nicht in der Lage, individuell Vorsorge zu leisten.

2.1.2 Subsidiäre Institutionen

Auch wenn die rein individuelle Vorsorge nicht besonders effizient ist, so kann dies dennoch kein Anlass sein, die individuelle Vorsorge durch die Soziale Sicherung des Staates vollständig zu ersetzen. Es existiert ein breites Spektrum privater kollektiver Sicherung als Alternative zu einer kollektiven staatlichen Zwangsversicherung. Die historisch gesehen älteste und auch heute noch bedeutendste Institution auf diesem Gebiet ist die Familie. So interpretieren Kotlikoff und Spivak die Familie nicht als eine auf gegenseitigem Altruismus aufbauende Institution, sondern als eine reine Versicherung. Familienmitglieder schließen einen impliziten Vertrag ab, deren Durchsetzung durch das Vertrauensverhältnis in der Familie garantiert wird. Durch die Versicherungsgemeinschaft Familie wird das Langlebigkeitsrisiko abgesichert und den Angehörigen durch intrafamiliale Transfers ein kontinuierlicher Konsum ermöglicht. Der implizite Vertrag beinhaltet, dass die Kinder bei frühem Tod der Eltern erben und sie als Gegenleistung bei unerwartet hohem Alter die Eltern unterstützen. Die besonderen Vorzüge der Familie haben wir schon angesprochen, als wir uns mit dem Subsidiaritätsprinzip beschäftigt hatten und darauf hingewiesen haben, dass eine intakte Familie ein hohes Vertrauenspotential und Verantwortungsgefühl besitzt. Gegen eine ausschließliche Sicherung über den Familienverband spricht seine Erosion. Jede dritte Ehe wird in der

Bundesrepublik geschieden. Die hohe Leistungsfähigkeit der Familie ist oft nur dadurch gewährleistet, dass die Ehefrau einseitig auf berufliche Karriere usw. verzichtet und die schweren Aufgaben der Pflege und Erziehung auf sich nimmt. Es ist aber zu bezweifeln, dass diese einseitige Rollenteilung im Prozess der Emanzipation aufrechterhalten werden kann, und dass die Männer bereit sind, kompensatorisch die Aufgaben der Frauen zu übernehmen.

Hingegen betonen, insbesondere Sozialromantiker, welche enormen Sicherheitsleistungen die Familie in der Vergangenheit, insbesondere vor der industriellen Revolution erbracht haben. Die Stilisierung der Familie als ein Hort harmonischer Beziehungen hat nie der Realität entsprochen. Konflikte in der Familie waren nie die Ausnahme, insbesondere dann nicht, wenn individuelles Fehlverhalten einzelner Familienmitglieder die Familie existentiell gefährdete. Die hohe Kindersterblichkeit gab den Eltern vor und zu Beginn der industriellen Revolution überhaupt nicht die Chance, sich mit den eigenen Kindern so zu identifizieren, wie es heute für eine Kleinfamilie kennzeichnend ist.

Akzeptiert man aber die These – und dies bestätigen die konfliktreichen Auseinandersetzungen, z. B. bei der Hofübergabe an die nächste Generation –, dass auch in den Familienverbänden immense Interessenkonflikte vorliegen können, so ist die Versorgung über die Familie nicht unproblematisch. Dort existiert eine starke soziale Kontrolle, die durchaus zur Entmündigung des zu Versorgenden führen kann. Gerade im Bereich der familiären Pflege von pflegebedürftigen Älteren finden wir solche Phänomene. Ist man bei großen sozialen Versorgungssystemen auf die Hilfe eines mehr oder weniger anonymen Systems angewiesen, so ist man in einem nicht mehr intakten Familienverband auf Gedeih und Verderb den Launen der Familienangehörigen ausgeliefert. Hinzu kommt, dass der Familienverband meist zu klein und jeder einzelne mit ähnlichen Risiken konfrontiert ist, so dass ein Risikoaustausch und -ausgleich in der Familie nur beschränkt stattfinden kann.

Dieses Problem der zu kleinen Gefahrengemeinschaft ist nicht so gravierend, wenn wir größere Solidargemeinschaften, wie karitative Einrichtungen, Betriebe und Gewerkschaften betrachten, die unterschiedliche Aufgaben der Sozialen Sicherung übernommen haben. Bei den karitativen Einrichtungen gibt es – wie schon im 1. Kapitel erwähnt – ein reichliches Angebot. Auch wenn die Zahl der in karitativen Einrichtungen Beschäftigten sehr hoch ist (größter privater Arbeitgeber in der Bundesrepublik), so ist dennoch ihre Bedeutung gesunken, da die karitativen Einrichtungen im Wesentlichen durch den Staat finanziert werden, der finanzielle Eigenanteil der Träger stark zurückgegangen ist und durch Rechtsvorschriften der eigene Handlungsspielraum dieser Einrichtungen abgebaut wurde. Dennoch sollte man einen sehr wichtigen Leistungsfaktor karitativer Einrichtungen nicht übersehen: das Ehrenamt. Gerade in den karitativen Einrichtungen bietet sich die Chance für den Einzelnen, sich unentgeltlich für andere einzusetzen. Ständen diese unentgeltlich zu nutzenden Ressourcen nicht zur Verfügung, käme eine immense Kostenbelastung auf das System zu.

Mit dem Beginn der Industrialisierung und der zunehmenden Bedeutung der Fabrik für die Sicherung des Lebensunterhaltes hat die betriebliche Sozialpolitik einen wichtigen Stellenwert als soziale Sicherungseinheit gewonnen. Dabei waren sowohl patriarchalische Denkvorstellungen – Verantwortung des Patrons gegenüber seinen untergebenen Beschäftigten –, altruistische Motive, als auch das ökonomische Kalkül, den Arbeitnehmer an den Betrieb zu binden, von Bedeutung.

Dabei ist das Spektrum betrieblicher Sozialpolitik weit gespannt. Es reicht von der Einrichtung betrieblicher Horte und Kindergärten, über die Schaffung von Betriebswohnungen bis zur Betriebskrankenkasse und betrieblichen Alterssicherung. Die betrieblichen Sozialleistungen werden meist als freiwillige Leistungen gewährt. Dies besagt aber nicht, dass diese freiwilligen Leistungen in z. B. konjunkturell angespannten Situationen ohne weiteres vom Arbeitgeber einseitig wieder zurückgeführt werden können. Zum einen versuchen die Gewerkschaften über Tarifvereinbarungen, die freiwilligen Leistungen für verbindlich zu erklären, zum anderen besagt die Arbeitsrechtssprechung, dass u. U. freiwillige Leistungen nach einer gewissen Zeit als normale Leistungen interpretiert und so nicht einseitig gestrichen werden können. Dies führt zu einem Sperrklinkeneffekt in der betrieblichen Sozialpolitik und lässt die Unternehmen vorsichtig bei freiwilligen Leistungen werden, da gewährte Leistungen faktisch nur unter großen Schwierigkeiten revidiert werden können.

Nicht nur die Arbeitgeber, sondern auch die Arbeitnehmer haben eigene Sicherungseinrichtungen geschaffen. Mit der Auflösung der Zunftordnung in der industriellen Revolution haben sich die Arbeitnehmer – und hierbei in erster Linie die besonders qualifizierten – in Gewervereinen zusammengeschlossen und eigene kollektive Sicherungseinrichtungen, wie Kranken- und Arbeitslosenversicherungen, eingerichtet. Insbesondere die englischen Gewerkschaften waren bei der Bildung gewerkschaftlicher Sicherungseinrichtungen aktiv. Diese Einrichtungen hatten aber nicht nur eine reine Sicherungsfunktion für die Mitglieder. Durch diese Einrichtungen waren die Gewerkschaften auch in der Lage, selektive Anreize im Sinne Olsons zu schaffen und so die Mitglieder stärker an die Organisation zu binden. Dies stärkte nicht nur die Stabilität der Gewerkvereine, sondern verbesserte auch die Macht und die Verhandlungsposition der Gewerkschaften in den Tarifverhandlungen mit den Arbeitgebern.

Dies war u.a. Anlass für den Staat, alternative Sicherungseinrichtungen zu schaffen, um die kollektive Macht der Arbeitnehmer zu schwächen. Schon zu Beginn der Industrialisierung führten viele Kommunen eigene Versicherungen ein, um die Kosten im Bereich der Armenfürsorge zu verringern. Durch die Vorschrift, dass für jeden Arbeitnehmer die Mitgliedschaft in kommunalen Versicherungen obligatorisch war, gelang es den Kommunen und insbesondere Bismarck mit seiner Sozialpolitik, die Attraktivität der privaten, freiwilligen und auf Gegenseitigkeit beruhenden Sicherungseinrichtungen der Arbeitnehmer zu reduzieren.

2.1.3 Versorgung

Während die private Vorsorge auf der Eigeninitiative derjenigen beruht, die Sicherheit nachfragen, ist die Soziale Sicherung durch den Staat dadurch gekennzeichnet, dass sie den Einzelnen verpflichtet, Leistungen – sei es über obligatorische Versicherungsbeiträge, sei es über Steuern – für die Ausgaben im Bereich der Sozialen Sicherung des Staates zu erbringen.

Der Staat verwendet einen Teil seines Budgets, das er nicht nur über Steuern, sondern auch in großem Umfang über seine Verschuldung finanziert, zur Sozialen Sicherung in Form der Versorgung. Kennzeichnend für die staatliche Versorgung ist ihre starke Verrechtlichung. Der Staat (bzw. Länder und Kommunen) räumt sogenannten Versorgungsberechtigten einen Rechtsanspruch auf öffentliche Mittel im Falle des Eintritts gesetzlich bestimmter Tatbestände ein. Z. B. haben Beamte, einen rechtlichen Anspruch auf eine Pension, deren Hinterbliebenen einen Anspruch auf eine Hinterbliebenenversorgung. Versorgungseinrichtungen gibt es aber nicht nur allein für Beamte. Es gibt z. B. Sonderversorgungen für Kriegsopfer und deren Hinterbliebene, die im Krieg für den Staat besondere Opfer auf sich genommen haben.

Bei der Versorgung werden eindeutig fixierte Leistungen gewährt, die über das staatliche Budget und nicht solidarisch von der Gefahrengemeinschaft über Beiträge finanziert werden. Insbesondere gilt für die Versorgung nicht das Äquivalenzprinzip, nach dem nur derjenige Anspruch auf finanzielle Leistungen hat, der auch entsprechende finanzielle Beiträge zur Finanzierung erbracht hat.

Beamte erwerben durch ihr Dienstverhältnis Pensionsansprüche, ohne irgendeinen Beitrag in die Pensionskasse eingezahlt zu haben. Seit 1999 werden sie marginal an der Finanzierung beteiligt. Die Versorgung ist aber nicht nur Reflex des Treueverhältnisses des Beamten zum Staat. Es stellt gerade in den nordischen Staaten und auch in Großbritannien in Form der Staatsbürgerversorgung einen Eckpfeiler der Sozialen Sicherung dar. Bei der Staatsbürgerversorgung hat unter bestimmten Bedingungen jeder Bürger einen Rechtsanspruch auf eine staatliche Versorgung, die jedem ein Mindesteinkommen garantieren soll. Gerade in der Bundesrepublik wird in den letzten Jahren von fast allen Parteien diskutiert, ob es nicht sinnvoll sei, die das Existenzminimum garantierende Sicherungseinrichtung der Sozialhilfe durch eine Grundversorgung zu ersetzen. Wir werden später im Rahmen der Darstellung der Reformvorschläge zur Rentenversicherung (siehe das 3. Kapitel) auf diese Diskussion eingehen. Zuvor ist es aber notwendig, zu definieren, was wir unter der Sozialhilfe verstehen.

2.1.4 Arbeitslosen- und Sozialhilfe sowie Arbeitslosengeld II und Sozialgeld

Wie die Versorgung wird die Sozialhilfe durch allgemeine Haushaltsmittel und hier von den Kommunen finanziert. Es besteht aber nur ein Rechtsanspruch dem Grunde nach. Dies besagt, dass jeder Sozialhilfeberechtigte wohl einen Rechtsanspruch auf Hilfe hat, dass aber eine Einzelprüfung durch die Sozialhilfestelle vorgenommen wird. Der Träger hat die besonderen, individuellen Aspekte zu prüfen. Sozialhilfe wird entweder als Hilfe zum Lebensunterhalt zur allgemeinen Existenzsicherung oder in besonderen Lebenslagen wie z. B. im Pflegefall gewährt.

Während bei der Versorgung ein eindeutig bestimmter Versorgungsanspruch definiert ist, kennzeichnet die Sozialhilfe die Bedürftigkeitsprüfung. Anspruch auf Sozialhilfe hat nur der, der seine Bedürftigkeit nachweisen kann. Die Bedürftigkeitsprüfung bezieht sich dabei nicht nur auf die Prüfung der Einkommens-, sondern auch der Vermögenssituation des Antragstellers. Bei der Bedürftigkeitsprüfung wird auch berücksichtigt, inwieweit Familienangehörige in gerader Linie in der Lage sind, Unterhalt zu leisten. Nach § 1601 des BGB sind Familienangehörige in gerader Linie zum Unterhalt verpflichtet. Besonders umstritten ist die Vorschrift des Sozialhilfegesetzes, dass bei eheähnlichen Lebensgemeinschaften das Einkommen des Lebensgefährten bei der Bedürftigkeitsprüfung berücksichtigt wird.

Dass bei der Bedürftigkeitsprüfung auch das Einkommen der Eltern bzw. der Kinder berücksichtigt wird, ist Ausfluss des Subsidiaritätsprinzips. Dies besagt, dass zuerst die kleinste Solidargemeinschaft, die Familie, solidarisch eingreifen soll, bevor die nächsthöhere soziale Einheit, die Kommune, subsidiär Hilfe leistet, wenn die Familie dazu nicht in der Lage ist. Neben dem Subsidiaritäts- kennzeichnet das Solidaritätsprinzip die Sozialhilfe. Auch wenn ein Individuum nur geringe oder sogar keine Leistungen für die Gesellschaft erbracht hat, so soll doch durch die Sozialhilfe das Existenzminimum gesichert werden.

Aus dieser Sicht wird die Sozialhilfe als die letzte Sicherungseinrichtung verstanden. Greifen alle anderen Sicherungseinrichtungen nicht mehr, so soll die Sozialhilfe ergänzend einspringen und dem Einzelnen nicht nur das physische, sondern auch ein soziokulturelles Existenzminimum sichern. Sozialhilfeempfänger, die mit einem bedürftigen Erwerbsfähigen in einer Bedarfsgemeinschaft zusammenleben, erhalten ab dem 1.1.2005 Sozialgeld.

Analog ist die Arbeitslosenhilfe und das Arbeitslosengeld II aufgebaut. Auf sie hat man im Prinzip Anspruch, wenn die Ansprüche aus der Arbeitslosenversicherung ausgelaufen sind. Für die Arbeitslosenhilfe und das Arbeitslosengeld II gilt wie bei der Sozialhilfe die Bedürftigkeitsprüfung. Während die Sozialhilfe von den Kommunen getragen wird, übernimmt der Bund die Kosten der Arbeitslosenhilfe und des Arbeitslosengeld II, indem er dem jeweiligen Träger, die Ausgaben erstattet.

2.1.5 Versicherung

Die wohl wichtigste Einrichtung im Bereich der Sozialen Sicherung stellt die Versicherung als eine kollektive Einrichtung dar. Eine Versicherung kann als eine Privatversicherung oder als eine staatliche Pflichtversicherung betrieben werden. Bevor wir die Unterschiede zwischen diesen beiden Alternativen einer Versicherung herausarbeiten, sollen die Kennzeichen und die Funktionsweise einer Versicherung skizziert werden.

Versicherungen beinhalten eine vertragliche Beziehung zum Schutz vor Risiken zwischen der Versicherung und dem Versicherungsnehmer. Danach muss die Versicherung eine wohldefinierte Leistung beim Eintritt des Schadensfalls erbringen. Hingegen verpflichtet sich der Versicherungsnehmer zur Zahlung von Versicherungsbeiträgen, den sog. Versicherungsprämien. Ordnungsprinzip einer Versicherung ist das Versicherungs- oder Äquivalenzprinzip (do ut des). Nach diesem Prinzip soll der Barwert aller zu erwartender Einzahlungen dem Barwert der notwendigen Verwaltungskosten und den erwarteten von der Versicherung im Schadensfall zu erbringenden Leistungen entsprechen.

2.2 Wohlfahrtseffekte der Versicherung

2.2.1 Wohlfahrtssteigerung durch Poolen von Risiken

Worin liegen die Vorteile einer Versicherung? Durch eine Versicherung können wir bei risikoaversen Versicherungsnehmern Wohlfahrtssteigerungen verwirklichen. Durch das Poolen von Risiken in einer Versicherung ist im Allgemeinen eine Wohlfahrtssteigerung möglich, wenn sich eine große Grundgesamtheit von Versicherungsnehmern (Risiken) zusammengeschlossen hat. Durch die geschickte Auswahl und Zusammensetzung der Versicherungsnehmer kann die Versicherung die Risikoverteilung positiv beeinflussen und damit eine Wohlfahrtssteigerung bewirken.

Zum einen kann sie gegenläufige Risiken, die stark korrelieren, zusammenfassen. Betrachten wir dazu zwei identische Unternehmen, die sich allein dadurch unterscheiden, dass das eine Unternehmen einen prozyklischen, das andere einen antizyklischen Absatz hat. Der Konjunkturverlauf sei rein zufallsbedingt. Dies bedeutet, dass beide Unternehmen mit einem Absatzrisiko konfrontiert sind. Da aber die Absatzchancen beider Unternehmen annahmegemäß gegenläufig sind, ist der aggregierte Gesamtabsatz konstant und mit keinem Risiko behaftet. Würden die beiden Unternehmen fusionieren, so wäre ihr Absatzrisiko bei flexibler Produktion (keine Umstellungskosten) null. Auch eine Versicherung kann eine Versicherungspolice anbieten, die beiden Unternehmen eine Absatzgarantie gibt. Sie muss nur eine Police anbieten, bei der die Versicherungsnehmer als Beitrag den Erlös des Unternehmens einzahlen, der über dem erwarteten langfristigen Absatz liegt. Setzen sie weniger als erwartet ab, so müssen sie keine Prämie zahlen, sondern erhalten als Versicherungsleistung die Erlösdifferenz zwischen erwartetem und realisiertem Absatz ausgezahlt.

In der Realität haben wir natürlich nicht absolut gegenläufige Risiken, bei denen statistisch formuliert eine Korrelation von -1 vorliegt. Aber z. B. bei saisonaler Arbeitslosigkeit haben wir durchaus einen hohen Grad an Gegenläufigkeit, die eine Arbeitslosenversicherung wohlfahrtssteigernd nutzen kann.

Wenn z. B. n Arbeitskräfte um einen Arbeitsplatz konkurrieren, aber nur einer diesen erhalten kann, ist bei gleichqualifizierten Arbeitskräften die Wahrscheinlichkeit, eine Beschäftigung zu bekommen, $\frac{1}{n}$ Für eine Arbeitslosenversicherung liegt aber bei diesem simplen Arbeitsplatzwettbewerbsmodell kein Risiko vor. Für sie ist das Ergebnis vollkommen determiniert. Mit der Wahrscheinlichkeit von 1 werden $n-1$ Arbeitnehmer arbeitslos und genau einer beschäftigt, so dass eine Arbeitslosenversicherung exakt ihr Risiko kalkulieren kann, das gleich null ist.

Es gibt aber durchaus Versicherungsfälle, die voneinander vollkommen bzw. annähernd stochastisch unabhängig sind. Z. B. ist die Wahrscheinlichkeit, in Berlin einen Autounfall zu erleiden, unabhängig von der Unfallhäufigkeit in München, sieht man von gleichen Witterungsbedingungen u. Ä. ab.

Bei stochastisch unabhängigen Risiken können wir ebenfalls durch die Einrichtung einer Versicherung eine Wohlfahrtssteigerung bewirken, indem wir die Risiken zusammenlegen. Stellen wir uns dazu eine Million Spieler vor, die das Angebot bekommen haben, einen idealen Würfel zu werfen, und die Augenzahl in Euro ausgezahlt bekommen. Für jeden Einzelnen ergibt sich bei seinem Wurf das Risiko, den Euro-Betrag zwischen 1 und 6 mit der Wahrscheinlichkeit $\frac{1}{6}$ zu erhalten. Würden sich aber alle Spieler zu einer Versicherungsgemeinschaft zusammenschließen und den Erlös fair teilen, so ist ihr gemeinsames Risiko annähernd null.

Sie werden als Gefahrengemeinschaft mit der Wahrscheinlichkeit von annähernd *1* den gemeinsamen Betrag von 3,5 Millionen Euro erhalten. Jeder würde mit fast absoluter Sicherheit 3,5 Euro bekommen. Aufgrund des Gesetzes der großen Zahl konvergiert die Wahrscheinlichkeit, den Erwartungswert zu realisieren, gegen eins.

Das Gesetz der großen Zahl ist z. B. für die Kalkulationen der Rentenversicherung von grundlegender Bedeutung. Die Lebenserwartung der männlichen Bevölkerung der Bundesrepublik liegt z. Zt. bei 74 Jahren. Die Wahrscheinlichkeit, dass ein bestimmter Mann genau 74 Jahre alt wird, ist annähernd null. Die Rentenversicherung orientiert sich aber bei ihren Berechnungen nicht an Einzelschicksalen, sondern an Durchschnittswerten. Diese sind für die Versicherungen anhand von Sterbetafeln relativ exakt berechenbar und ermöglichen es, die durchschnittlichen Lebenserwartungen exakt zu bestimmen.

2.2.2 Wohlfahrtssteigerung durch Risikotausch

Eine zentrale Aussage der Mikroökonomik ist, dass auf dem Gütermarkt keine antagonistischen Beziehungen zwischen Anbietern und Nachfragern bestehen und dass durch Tausch im allgemeinen beide Seiten besser gestellt werden können. Anhand des Edgeworth-Diagramms lässt sich für den Zwei-Personen-Zwei-Güter-Fall leicht nachweisen, dass sich z. B. zwei Individuen mit identischer Güterausstattung, aber unterschiedlichen Präferenzen durch einen Gütertausch besser stellen können. Diese fundamentale ökonomische Einsicht können wir auf den Markt für das Gut Sicherheit übertragen, auf dem Sicherheit gegen eine Geldzahlung (Prämie) erworben werden kann. Ein Tausch des Gutes Sicherheit ist nur dann sinnvoll, wenn die Tauschpartner im Ausgangszustand unterschiedliche marginale Zahlungsbereitschaften besitzen, sie also unterschiedliche Risikoneigungen haben. Im Allgemeinen unterstellen wir, dass Unternehmen – wie dies z. B. Knight angenommen hat – risikoneutraler als Arbeitnehmer sind. Die Unternehmer erhalten deshalb ein mit Risiko behaftetes Residualeinkommen, die Arbeitnehmer hingegen ein fixes Kontrakteinkommen.

Im Folgenden wollen wir analog unterstellen, dass die Versicherungen risikoneutral, hingegen die Versicherungsnehmer risikoavers sind.

Was verstehen wir unter diesen Begriffen? Es gibt dazu verschiedene Definitionen.

Z. B. kann man die Risikoneigung anhand einer Funktion F darstellen, die von dem Erwartungswert $E(.)$ sowie der Varianz $Var(.)$ der Zufallsvariablen abhängt. Risikoneutralität besagt, dass

$$F(E(A),Var(A)) = F(E(B),Var(B))$$

für beliebige Zufallsvariable A und B ist, wenn $E(A) = E(B)$ ist. Dies besagt, dass sich eine risikoneutrale Person nur an der erwarteten Auszahlung und nicht am jeweiligen Risiko orientiert. Entsprechend ist die erste Ableitung der Funktion F nach der Varianz gleich null. Risikoaversion hingegen impliziert ein negatives Vorzeichen bezüglich der Ableitung nach der Varianz, Risikoneigung ein positives.

Im Folgenden wollen wir ein anderes Konzept verwenden, das von von Neumann und Morgenstern entwickelt wurde. Hier wird die Risikoneigung über die Neumann-Morgenstern-Nutzenfunktion gemessen.

Gegeben sei die Alternative A mit n unterschiedlichen Umweltzuständen, und es seien a_i die jeweiligen Auszahlungen (Geldbeträge), wenn der i-te Zustand realisiert wird, sowie w_i die Wahrscheinlichkeiten, dass der i-te Zustand realisiert wird. Wir unterstellen hier eine diskrete Verteilung und für die w_i gilt: $0 \le w_i \le 1$. Entsprechend lässt sich A darstellen als $A = (w_1, a_1; w_2, a_2; ...; w_n, a_n)$.

Der Wert der Alternative A ist dann definiert als der erwartete Nutzen

$$E(U(A)) := \sum_{i=1}^{n} w_i U(a_i).$$ Entscheidend für die Definition der Risikoneigung ist der Verlauf der Nutzenfunktion U, bei der wir im Gegensatz zu der für den Güterraum definierten Nutzenfunktion der Mikroökonomik von kardinaler Nutzenmessung ausgehen. Die Nutzenfunktion U kann linear verlaufen, dann sprechen wir von Risikoneutralität. Denn dann orientiert sich ein Versicherungsnehmer nur an dem Nutzen der erwarteten Auszahlung $U(E(A))$; die Varianz ist hingegen entscheidungsirrelevant. Hat die Nutzenfunktion die lineare Form $U(x) = f + gx$ dann gilt nämlich:

$$E(U(A)) = \sum_{i=1}^{n} w_i U(a_i) = \sum_{i=1}^{n} w_i (f + ga_i) =$$

$$\sum_{i=1}^{n} w_i f + g \cdot \sum_{i=1}^{n} w_i a_i = U(E(A)).$$

Verläuft die Nutzenfunktion hingegen konvex, so spricht man von risikogeneigten Personen; verläuft sie konkav, liegt Risikoaversion vor.

Bei risikoaversen Wirtschaftssubjekten ergibt sich aus der Konkavität der Nutzenfunktion, dass $E(U(A)) < U(E(A))$ ist, wie dies in Abbildung 2.2. deutlich wird. Dabei sei vereinfachend $A = \left(\frac{1}{2}, 500; \frac{1}{2}, 1000\right)$. Stellen wir uns z.B. vor, dass Eltern ihr Kind zum bestandenen Diplom belohnen wollen. Sie bieten ihm das Werfen einer Münze an, wobei das Kind bei Kopf 500 Euro und bei Zahl 1 000 Euro gewinnen soll. Dieses Glücksspiel bewertet der Begünstigte, da sein Einsatz null ist, genau mit $E(U(A))$. Ein risikoneutraler Anbieter (hier die Eltern) ist indifferent zwischen den Alternativen des Werfens der Münze zu den obigen Konditionen und eines Geschenkes von 750 Euro mit der Wahrscheinlichkeit 1. In diesem Fall würde es sich hingegen für einen risikoaversen Empfänger (das Kind) lohnen, seine Option „zu würfeln" gegen eine sichere Auszahlung bei seinen risikoneutralen Eltern zu tauschen. In diesem Fall könnte er eine erwartete Nutzensteigerung in Höhe von $U(E(A)) - E(U(A))$ verwirklichen.

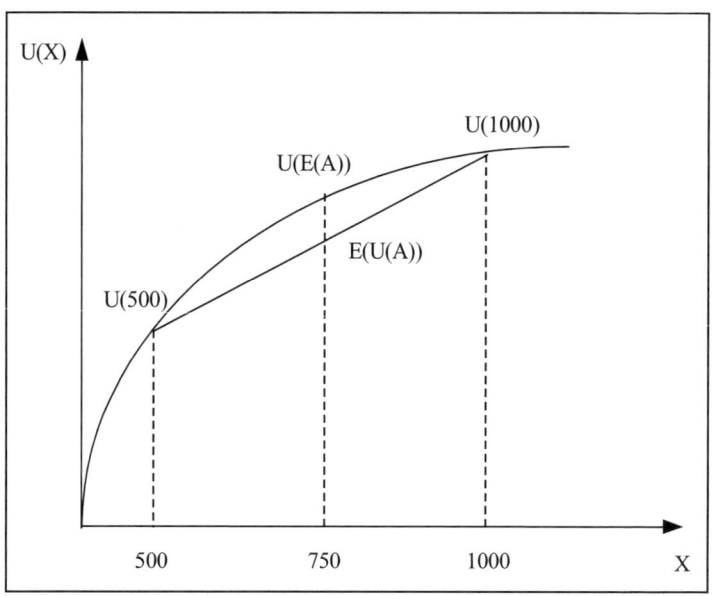

Abb. 2.2.: Risikoaversion

Gibt er einen Teil seiner erwarteten Nutzensteigerung an die risikoneutralen Eltern ab, so stellen sich durch den Tausch beide Seiten besser, es wird durch den Risikotausch – wie auf dem Gütermarkt – eine paretosuperiore Lösung verwirklicht.

Wir können durch den Tausch von Risiken eine Wohlfahrtssteigerung in einer Gesellschaft bewirken, ohne dass dazu wirtschaftliches Wachstum nötig ist. Dies erreichen wir allein – wie in der Allokationstheorie – durch Tausch und zwar durch den von Risiken anstelle von Gütern. Wir müssen nur einen risikoneutralen Tauschpartner finden.

Offen bleibt aber noch, wie wir diesen Tausch realisieren wollen. Für diese ordnungspolitische Frage gibt es zwei grundlegend unterschiedliche Antworten. Zum einen können wir die optimale Allokation von Risiken über private Versicherungen verwirklichen. Kennzeichnend für private Versicherungen ist, dass sie auf Freiwilligkeit beruhen. Zum anderen können wir über eine staatliche Versicherung die Allokation der Risiken beeinflussen. Staatliche Versicherungen beruhen im Gegensatz zu den privaten auf Zwang. Während im privaten Sektor der Kreis der Versicherungsnehmer offen ist, wird in der staatlichen Versicherung der Kreis der Versicherungsnehmer im allgemeinen per Gesetz definiert.

Welche Konsequenzen sich aus den unterschiedlichen Regelungen der privaten und staatlichen Versicherung ergeben, werden wir im Abschnitt 2.6 ausführlich analysieren.

2.3 Funktionsbedingungen einer Versicherung

Wir hatten oben darauf hingewiesen, welche Wohlfahrtssteigerungen durch die Verwirklichung einer Versicherung realisiert werden können. Nun kann man aber nicht alle Probleme der Sozialen Sicherung über Versicherungen, insbesondere private Versicherungen, lösen. So wie ein funktionsfähiger Markt gewisse Funktionsbedingungen voraussetzt, wie eine Rechtsordnung mit exakt definierten Eigentumsrechten sowie eine ausreichende Anzahl von Anbietern und Nachfragern, gilt dies auch für eine funktionsfähige Versicherung. Folgende Funktionsbedingungen werden in der Literatur angeführt.

Kriterium der Zufälligkeit

Das zu versichernde Risiko muss zufällig und unbeeinflussbar sein. Ob z. B. jemand erkrankt, ist in Abhängigkeit von seiner jeweiligen genetischen Disposition zufallsabhängig. Dennoch können wir durch unser Verhalten unser Krankheitsrisiko verändern. Indem wir z. B. gefährliche Sportarten betreiben, übermäßig Alkohol trinken, rauchen, uns schlecht ernähren usw., beeinflussen wir unser Gesundheitsrisiko. Damit wird unser Morbiditätsrisiko eine Größe, die nicht nur vom Zufall abhängt, sondern auch von unserem Verhalten beeinflusst wird. Zum Beispiel scheitert eine Heiratsversicherung, da die Wahrscheinlichkeit zu heiraten, im Wesentlichen durch das Verhalten des Versicherungsnehmers beeinflusst wird. Wir werden im Abschnitt 2.4.7 unter dem Stichwort moral hazard diesen Aspekt vertiefen.

Aber auch Risiken, die absolut sicher sind, kann man nicht versichern. Wissen wir mit absoluter Sicherheit aufgrund einer Genanalyse, dass eine bestimmte Krankheit in einem exakt vorhersehbaren Zeitpunkt eintritt, so ist dieses Risiko, das eine Gewissheit darstellt, nicht versicherbar. Entsprechend werden bei privaten Krankenversicherungen Leistungen für zum Zeitpunkt des Versicherungsabschluss bekannte Krankheiten im Allgemeinen vertraglich ausgeschlossen.

Eindeutigkeit des Leistungsumfanges der Versicherung im Schadensfall

Wenn wir uns gegen das Risiko Krankheit versichern, muss exakt vertraglich geregelt werden, was unter Krankheit zu verstehen ist und welche Leistungen die Versicherung im Krankheitsfall zu erbringen hat. Gerade die Bestimmung des Vorliegens einer Krankheit ist mit immensen Schwierigkeiten verbunden. Liegt z. B. eine Krankheit vor, wenn das Gebiss nicht den Idealvorstellungen entspricht, wenn die sportliche Hochleistungsfähigkeit eingeschränkt ist usw.? Die Diskussion um die kostenlose Verschreibung von life-style-Medikamenten wie Viagra zeigt die Brisanz des Themas auf. Da das Phänomen Krankheit nicht abstrakt definierbar ist, entscheidet letztlich eine „neutrale Instanz", der Arzt, ob eine Krankheit vorliegt. Des Weiteren ist im Versicherungsvertrag zu regeln, welche Leistungen im jeweiligen Krankheitsfall von der Versicherung zu erbringen sind. Zum Beispiel könnte man die Position vertreten, dass alle denkbaren Therapiemöglichkeiten von der Versicherung erbracht bzw. bezahlt werden müssen, um einen maximalen Gesundheitszustand zu garantieren. Abgesehen davon, dass dieses universale Leistungsversprechen nicht finanzierbar ist, ist es auch nicht eindeutig. Wir wissen ja bei Vertragsabschluß nicht, über welche zusätzlichen Therapiemöglichkeiten wir in Zukunft aufgrund des technischen Fortschritts verfügen. Um eine Eindeutigkeit des Leistungsumfanges zu gewährleisten, gehen die Versicherungen keine Blankoverpflichtung ein, sondern versuchen, über vertragliche Regelungen den Leistungsumfang exakt zu definieren. Insbesondere versucht der Staat, durch gesetzliche Vorgaben eine Begrenzung im Leistungsumfang zu erreichen.

Schätzbarkeit des Risikos

Um eine Versicherung abzuschließen, muss der Schadensfall nicht nur zufallsbedingt sein, es müssen auch Wahrscheinlichkeiten für den Eintritt des Schadens bestimmbar sein. Z. B. verfügen wir über Sterbetafeln, die uns relativ genau angeben, wie hoch die Überlebenswahrscheinlichkeit jeder Altersstufe ist, so dass die Lebensversicherungen exakt ihr Risiko berechnen können. Hingegen ergeben sich bei der Arbeitslosenversicherung immense Kalkulationsschwierigkeiten. Wir kennen nicht die exakten Wahrscheinlichkeiten für die jeweiligen Arbeitslosenraten im wirtschaftlichen Ablauf. Dies ist zum einen darauf zurückzuführen, dass wir über keine allgemein akzeptierte stochastische Konjunkturtheorie verfügen, was sich in den oft stark divergierenden Konjunkturprognosen niederschlägt. Darüber hinaus ist zu fragen, ob wir überhaupt objektive Wahrscheinlichkeiten bestimmen können. Denn die Arbeitslosenrate wird durch das strategische Verhalten einer Vielzahl von Akteuren beeinflusst. Zu denken ist hier an die Fiskalpolitik des Staates, die Geldpolitik der Notenbank sowie an die Lohnpolitik der Tarifparteien und auch an die Politik des Auslands. Sie alle beeinflussen das wirtschaftliche Geschehen, und sie verhalten sich meist strategisch, so dass ihr Verhalten eher mit spieltheoretischen Modellen als einem stochastischen Wirtschaftsmodell dargestellt werden kann.

Unabhängigkeit der Risiken

Wir hatten oben ausgeführt, dass wir aufgrund des Gesetzes der großen Zahl durch die Zusammenfassung von Risiken die Varianz des Gesamtrisikos reduzieren und so einen positiven Wohlfahrtseffekt über eine Versicherung realisieren können, mit der die Unsicherheit für den Einzelnen verringert wird.

Nun gibt es aber Risiken, die auf kumulativen Prozessen aufbauen, so dass Risiken sich wechselseitig verstärken und insbesondere nicht mehr stochastisch unabhängig sind. Dies gilt z. B. für das Risiko, arbeitslos zu werden. Arbeitslosigkeit ist meist nicht gleich verteilt, sondern oft regional konzentriert. Dies gilt auch für Naturkatastrophen, wie z. B. Erdbeben oder Hochwasser. Die Wahrscheinlichkeit, dass ein Versicherungsnehmer ein

Schadensfall wird, ist in diesen Fällen nicht mehr unabhängig vom Schadensfall anderer in der Region Versicherter. Wir haben hier eine starke räumliche Korrelation der Risiken. Es existieren aber nicht nur räumliche Korrelationen von Risiken. Bei stark abhängigen Risiken, die im Schadensfall aufgrund ihrer Häufigkeit zu enormen Versicherungsschäden führen, weigern sich viele Versicherungen, das Risiko zu versichern. Versicherungen für diese Schadensfälle sind nur dann noch tragbar, wenn Rückversicherungen möglich sind. Bci Rückversicherungen beteiligen sich weitere Versicherungen an der Abdeckung des Risikos. Eine Rückversicherung ermöglicht es, dass das Risiko auf mehrere Schultern verteilt wird. Da z. B. Naturkatastrophen, sieht man von den befürchteten Klimaveränderungen ab, weltweit noch stochastisch unabhängig sind, ermöglicht die Rückversicherung das Poolen von stochastisch unabhängigen Risiken. Aber bei diesen immensen Schadensfällen ist der Pool der Risiken oft zu klein, so dass das Gesetz der großen Zahl nicht zum Tragen kommt.

Des Weiteren können Risiken zeitlich von einander abhängig sein. Eine solche Autokorrelation findet man z. B. beim Risiko der Arbeitslosigkeit. Je länger jemand arbeitslos ist, um so größer ist die Wahrscheinlichkeit, weiter arbeitslos zu bleiben. Ein ähnliches Phänomen finden wir in der Krankenkasse in Form der chronischen Erkrankungen. Auf 20 % der Versicherten, die chronisch Kranken, konzentrieren sich ungefähr 80 % der Ausgaben. Chronisch Kranke sind immens schwer zu versichern. Ist die chronische Krankheit bekannt, so liegt – wie oben angeführt – kein versicherbares Risiko mehr vor, da die Kosten deterministischer Natur sind. Private Versicherungen werden die chronische Erkrankung nicht absichern. Tritt die chronische Erkrankung nach Versicherungsabschluss ein, so sind zwei Fälle zu unterscheiden. Ist die Vertragsdauer zeitlich beschränkt, so werden die Versicherungen mit Vertragsablauf den Vertrag kündigen und neue Konditionen verlangen, so dass sich chronisch Kranke nur zu sehr hohen Prämien weiter versichern können. Ist die Vertragsdauer hingegen zeitlich unbeschränkt und den Versicherungen untersagt – wie dies im deutschen Versicherungsrecht der Fall ist – aufgrund von kostenträchtigen Erkrankungen den Vertrag zu kündigen bzw. die Prämien an den erhöhten Schadensfall anzupassen, so können die chronisch Erkrankten ihre Versicherung nicht wechseln, wenn die Versicherungen keine adäquaten übertragbaren Rückstellungen für jeden einzelnen Versicherten vornehmen. Bei chronisch Kranken versagt dann der Wettbewerb zwischen den Versicherten aufgrund der unzureichenden Beweglichkeit in der Nachfrage.

Größe des Einzelrisikos

Je größer das Einzelrisiko ist, um so unattraktiver wird für eine Versicherung der Abschluss eines Versicherungsvertrages. Zum Beispiel ist es für Aidskranke, deren Behandlung immense Kosten verschlingt, fast ausgeschlossen, eine private Krankenversicherung abzuschließen, wenn sie nicht bereit und in der Lage sind, eine entsprechend hohe Police zu bezahlen. Würde man die Genehmigung der Errichtung von Atomkraftwerken davon abhängig machen, dass sich der Betreiber zu 100 % gegen alle Risiken abdeckt, so würde keine Genehmigung erteilt, da sich alle Versicherungen weigern, das exorbitant hohe Risiko abzudecken. Bei extrem großen Risiken ist das Gesetz der großen Zahl irrelevant, wenn man nur wenige extrem große Risiken mit vielen stochastisch unabhängigen kleinen Risiken poolt.

Ausreichende Risikoaversion

Für risikoneutrale und insbesondere risikogeneigte Wirtschaftssubjekte lohnt sich keine Versicherung. Inwieweit in unserer Gesellschaft die Individuen risikoavers sind, ist eine empirische Frage, wobei von Interesse ist, inwieweit die Risikoneigung einkommensabhängig ist. Viele empirische Untersuchungen zeigen aber auf, dass die Individuen risikoavers sind. Aber auch für risikoaverse Individuen lohnt sich eine Versicherung nur, wenn die Kosten der Versicherung nicht zu hoch sind. Würde eine Versicherung nur faire Verträge in dem Sinne anbieten, dass die Prämie nur die erwarteten Leistungen der Versicherung abdeckt, dann lohnt sich – wie später noch gezeigt wird – immer der Abschluss einer Versicherung für ein risikoaverses Individuum. Aber Versicherungen müssen nicht nur Kosten für ihre Versicherungsleistungen bei ihrer Prämienkalkulation berücksichtigen, sondern es fallen auch Verwaltungskosten an: Kosten der Anbahnung eines Vertrages (Auswahl, Beurteilung des Versicherungsnehmers), der Aushandlung und Formulierung des Vertrages, sowie seiner Durchführung und Überwachung. Dies sind Kosten, die von der Neuen Institutionenökonomik als Transaktionskosten bezeichnet werden und die gerade auf dem Versicherungsmarkt von enormer Bedeutung sind.

Transaktionskosten sind um so bedeutsamer, je komplexer der Vertragsgegenstand ist, je geringer der Informationsstand der Beteiligten und je eigennütziger die Vertragspartner sind. Dies sind – wie wir noch sehen werden – Phänomene, die gerade für den Versicherungsmarkt von Relevanz sind.

Bezüglich der Relation von Versicherungskosten und Risikoaversion ist noch darauf hinzuweisen, dass Individuen ihre eigene Risikoaversion bei ihren Entscheidungen unterschätzen. So wird in der Theorie meritorischer Güter argumentiert, dass viele Individuen ihre Nachfrage nach zukünftigen Versicherungsleistungen systematisch unterschätzen und so eine suboptimale Nachfrage nach Versicherungsleistungen existiert, die zu einer zu niedrigen Vorsorge führt.

Ausreichendes Vermögen bzw. Einkommen des Versicherungsnehmers

Selbst wenn eine hohe Risikoaversion bei den Individuen vorliegt, so werden sie oft keine Versicherung abschließen. Denn die Nachfrage bestimmt sich nicht allein über die Präferenzen, sondern auch über die Zahlungsbereitschaft und, was besonders wichtig ist, über die Zahlungsfähigkeit der Individuen. Diese kann z. B. deshalb extrem niedrig sein, weil die Individuen über kein ausreichendes Einkommen bzw. Vermögen verfügen, um die Versicherungsprämie zu bezahlen. Dies gilt insbesondere für Individuen, die aufgrund irgendwelcher Handicaps gar nicht erwerbstätig werden können und so über kein ausreichendes Einkommen verfügen, um eine Versicherung abzuschließen, und die oft gerade aufgrund ihres Handicaps mit starken Risiken konfrontiert sind.

2.4 Marktversagen des Versicherungsmarktes

Wir hatten im letzten Abschnitt darauf hingewiesen, dass Sicherheit sowohl über eine private als auch über eine staatliche Versicherung verwirklicht werden kann. Um zu prüfen, welche Institution besser geeignet ist, das Gut Sicherheit zu produzieren, wollen wir auf die Überlegungen der „Theorie des Marktversagens" zurückgreifen und diese auf die Analyse des Versicherungsmarktes übertragen.

Betrachten wir das Versicherungswesen der Bundesrepublik, so stellen wir fest, dass dieser Markt sehr reguliert ist. So existieren staatliche Zwangsversicherungen wie die gesetzliche Kranken-, Renten- sowie die Arbeitslosenversicherung und die soziale Pflegeversicherung. Die Bundesanstalt für Finanzdienstleistungsaufsicht (BAFin) kontrolliert die privaten Versicherungen. Des Weiteren fällt der Bereich des privaten Versicherungswesens in den Ausnahmebereich des Gesetzes gegen Wettbewerbsbeschränkungen (GWB). Die gesetzlichen Sozialversicherungen werden vom Bundesversicherungsamt in Bonn überwacht und beaufsichtigt.

Ist diese Regulierung der privaten und staatlichen Versicherungen nur Resultat einer rationalen Wirtschaftspolitik oder das des Einflusses von pressure groups, für die die Regulierung ein Mittel zur Absicherung ihrer Marktmacht und der damit einhergehenden hohen Gewinne ist?

In der Literatur findet man eine Vielzahl von Argumenten, mit denen Marktversagen im Versicherungsbereich begründet wird. Diese sollen kurz skizziert werden, um zu prüfen, inwieweit sie eine staatliche Zwangsversicherung rechtfertigen.

2.4.1 Kapazitätsproblem

Als Begründung für eine Regulierung wird darauf hingewiesen, dass bei Versicherungen gerade in der Aufbauphase eine geringe sachliche Ausstattung benötigt werde, so dass keine Markteintrittsbarrieren bestehen. Es käme so zu einem Überangebot von Versicherungen und zu unausgelasteten Kapazitäten. Dies würde die Versicherungen auf diesem Käufermarkt veranlassen, in einen ruinösen Preiswettbewerb zu treten, um eine bessere Auslastung zu erzielen.

Macht man sich diese Argumentation zu eigen, so kann man damit dennoch nicht eine staatliche Versicherung per se rechtfertigen. Zum einen kann man das Marktzutrittsproblem über Zulassungsvorschriften lösen, wie sie auf fast allen Versicherungsmärkten vorhanden sind. Darüber hinaus könnte man mittels einer gewissen Preisregulierung einen ruinösen Preiswettbewerb ausschalten.

Generell ist zu fragen, inwieweit das Kapazitätsproblem überhaupt für den Versicherungsmarkt relevant ist. Betrachtet man z. B. den privaten Krankenversicherungsbereich, so sind dort weltweit keine ruinösen Preisstrategien festzustellen. Auch die These, dass geringe Fixkosten zu einer Überbesetzung auf der Anbieterseite führt, ist problematisch. Nach der Theorie der contestable markets werden auf einem Markt ohne Markteintrittsbarrieren Newcomer nur auf den Markt kommen, wenn sie einen positiven Gewinn erwarten, der aber gerade von der behaupteten ruinösen Konkurrenz ausgeschlossen wird.

Zu beweisen bleibt insbesondere, ob auf dem Versicherungsmarkt tatsächlich keine Markteintrittsbarrieren existieren. Vieles spricht für sehr hohe Markteintrittsbarrieren. Versicherungsunternehmen müssen über eine ausreichende Reputation verfügen, um Kunden an sich zu binden. Dies verlangt einen hohen Werbeetat, ein Team von Versicherungsvertretern, die Kunden aquirieren usw., so dass man durchaus von relativ hohen Fixkosten und Markteintrittsbarrieren ausgehen kann.

2.4.2 Konkursrisiko von Versicherungen

Versicherungen sollen den Versicherungsnehmer nicht nur vor Risiken schützen, sie stellen selbst für den Versicherungsnehmer ein Risiko dar. Während staatliche Versicherungen nur unter extremen Bedingungen zahlungsunfähig werden und ihre Leistungen völlig einstellen müssen, unterliegen private Versicherungen dem Risiko, dass sie aus welchen Gründen auch immer, in Insolvenz gehen können. Dass diese Gefahr durchaus bedeutsam ist, haben viele private Versicherungsnehmer erlebt, denen durch Inflation und Krieg fast alle ihre Versicherungsansprüche verloren gingen.

Besteht so für den Versicherungsnehmer ein hohes Konkursrisiko einer Versicherung, so wird dies von ihm bei seinen Versicherungsentscheidungen mit einkalkuliert, und es kommt so – im Gegensatz zu staatlichen Versicherungen – zu einer zu geringen Nachfrage nach Versicherungen, so dass die Wohlfahrtseffekte der Versicherung nicht voll zum Tragen kommen.

Mit diesem Argument ist aber noch nicht die Überlegenheit einer staatlichen Zwangsversicherung nachgewiesen worden. Durch entsprechende Kontroll- und Überwachungsinstitutionen ist auch der private Sektor in der Lage, das Konkursrisiko privater Versicherungen erheblich zu senken. Insbesondere ist hier auf die Bildung eines Garantiefonds zu denken, wie er im Bereich des Kreditwesens geschaffen wurde, oder an eine Auffanggesellschaft, wie sie aufgrund von Fehlspekulationen einiger Lebensversicherungen Ende 2002 im Versicherungsbereich aufgebaut wurde. Darüber hinaus könnten die Versicherungen zur wechselseitigen Kontrolle einen Verein auf Gegenseitigkeit bilden, um riskante Versicherungsgeschäfte auszuschließen, sofern dies nicht schon durch die Bundesanstalt geleistet wird.

Man darf aber das Sicherheitsargument nicht isoliert betrachten, sondern muss – um rational zu entscheiden – auch die gesellschaftlichen Opportunitätskosten mit in das Kalkül aufnehmen. Z. B. kann man mit einem Garantiefonds das Konkursrisiko für die Versicherungsnehmer reduzieren. Andererseits fördert ein Garantiefonds risikoreiches Verhalten bei den

Versicherungen, da sie ja im Notfall auf die Finanzreserven des Garantie-fonds zurückgreifen können, wie dies die Erfahrungen mit dem Garantie-fonds der Genossenschaftsbanken gezeigt haben. Deshalb bedarf ein funktionsfähiger Garantiefonds umfassender Kontroll- und Überwachungs-einrichtungen, um Fehlverhalten einzelner Versicherungen auszuschließen.

Diese Kontrollinstitutionen bewirken erhebliche Transaktionskosten, die gegen den Vorteil höherer Sicherheit abgewogen werden müssen. Hier stellt sich das grundlegende Problem, dass man auch bei den Versicherun-gen zwischen den Zielen Sicherheit und Effizienz abwägen muss. Risiko-behaftete Anlagen beinhalten oft eine hohe erwartete Rendite, die aber sehr unsicher ist. Würde man nur auf Sicherheit abstellen, so würde man auf manche rentierliche Investition verzichten, was sogar langfristig die Si-cherheit und im Extremfall die Überlebensfähigkeit einer Institution in Frage stellt. Dies gilt auch für staatliche Versicherungen, die oft zu stark auf das Ziel der Sicherheit ausgerichtet sind, weil dies von der Anreizstruk-tur in staatlichen Organisationen den Interessen der Staatsbediensteten entgegenkommt. Risikobereitschaft, Nutzen von Gewinnchancen, Aufspü-ren von Marktnischen, Abbau organisatorischer Ineffizienzen sind nun mal nicht das Kennzeichen von Verwaltungen, die mehr durch Kontinuität als durch Dynamik charakterisiert sind.

2.4.3 Transparenzproblem

Eine optimale Allokation von Versicherungen setzt voraus, dass die Versi-cherungsnehmer in der Lage sind, die breite Palette von Versicherungsan-geboten beurteilen zu können. Erschwerend kommt hinzu, dass viele Ver-sicherungen nicht nur aus Effizienzaspekten eine starke Produktdifferen-zierung vornehmen, sondern auch, um die Marktübersicht der Versiche-rungsnehmer zu reduzieren und um so leichter ungünstige Versicherungen zu verkaufen.

Auch dieses Problem ist ohne staatliche Zwangsversicherung in den Griff zu bekommen, indem man die Aufsicht im Versicherungsbereich ver-schärft. Unter marktwirtschaftlichen Gesichtspunkten ist aber ein anderer Lösungsvorschlag überzeugender: obligatorische Musterbedingungen in Form von Standardverträgen. Bei diesem Vorschlag sollen alle Versiche-rungen verpflichtet werden, einen relativ einfachen Standardvertrag anzu-bieten, anhand dessen der Versicherungsnehmer die unterschiedlichen Versicherungsprämien vergleichen kann. Um seine individuellen Versicherungsvorstellungen zu realisieren, kann dann der einzelne Versicherungsnehmer anhand des Versicherungskatalogs seiner Versicherung mit dieser seine optimale Versicherung aushandeln. Dabei kann er, um seinen Informationsstand zu verbessern, auf die Unterstützung von Versicherungsmaklern und Verbraucherberatungseinrichtungen zurückgreifen, die über die nötigen Informationen verfügen und so den Versicherungsnehmer ausreichend informieren können.

2.4.4 Kalkulationsproblem

Versicherungsverträge sind langfristige Verträge per excellence. Von daher beinhalten sie für die Vertragsparteien einen sehr langen Planungshorizont, der sich bei Lebensversicherungen oft auf 30 bis 40 Jahre beläuft. Würden wir in einer Arrow-Debreu-Welt leben, wären solche langfristigen Versicherungsverträge nicht nur unproblematisch, sie wären auch effizient. In einer solchen Welt die modell-theoretisch in ihren Grundzügen von den beiden Nobelpreisträgern für Ökonomie Arrow und Debreu entwickelt wurde, kennen die Vertragspartner alle zukünftigen Umweltzustände und die Wahrscheinlichkeiten ihres Eintritts, sie haben keine Informations- und Kalkulationsrestriktionen, können sich also vollkommen rational verhalten. Darüber hinaus existieren auf dem Markt viele Anbieter und Nachfrager, so dass strategisches Verhalten bei der Vertragsgestaltung ausgeschlossen ist.

In dieser Arrow-Debreu-Welt kann man über sogenannte Konditionalverträge – und das sind letztlich Versicherungsverträge – das Problem des Risikos paretooptimal lösen. Konditionalverträge sind sogenannte „wenn, dann"-Verträge. Bei ihnen wird eine Leistungspflicht an den Eintritt eines Ereignisses gebunden. Solche Verträge sind kennzeichnend für Versicherungsverträge. Bei ihnen verpflichtet sich eine Versicherung zu einer vereinbarten Leistung für den Fall, dass ein Schaden eingetreten ist.

Leider sind in der Realität die restriktiven Annahmen der Arrow-Debreu-Welt nicht annähernd gegeben. Wir sind nicht vollständig informiert, ein Aspekt, den wir unter dem Punkt 2.5.2 vertiefen, wir kennen nicht alle möglichen Umweltzustände und die Wahrscheinlichkeiten ihres Eintritts. All dies führt zu Kalkulationsschwierigkeiten beim Versicherungsabschluss. Z. B. möchte sich ein Versicherungsnehmer gegen das Inflationsrisiko schützen. Auch wenn er die zukünftige Entwertung des Geldwertes nicht kennt, so kann sich der Versicherungsnehmer über Gleitklauseln, also eine Indexbindung schützen, sofern die Versicherung bereit ist, das Inflationsrisiko auf sich zu nehmen. Oft aber gibt es solch erhebliche Kalkulationsschwierigkeiten, dass man auf eine umfassende Versicherung verzichtet und eine zweitbeste Lösung anstrebt und die unkalkulierbaren Risiken ausschließt. So gehen die meisten privaten Krankenkassen vor, die nicht bereit sind, z. B. bei Herzkranken alle Risiken zu versichern.

2.4.5 Natürliches Monopol

Versicherungen stellen natürliche Monopole dar, und eine rein marktliche Lösung führt aus dieser Sicht des Markversagens zu ineffizienten Lösungen. Ein natürliches Monopol liegt vor, wenn bei der jeweiligen Nachfrage die Kostenkurve subadditiv ist, d. h. ein einziger Anbieter die Nachfrage kostengünstiger befriedigen kann als mehrere Anbieter. Eine subadditive Kostenfunktion ist gegeben, wenn die Durchschnittskostenkurve (DKK) streng monoton fallend verläuft. Als Begründung für die Existenz eines natürlichen Monopols im Versicherungsbereich wird auf sinkende Durchschnittskosten bei der Informationsverarbeitung hingewiesen. Je mehr Personen in einer Versicherung versichert sind, desto leichter und kostengünstiger können sie in Gefahrenklassen eingeordnet, ihre Risiken abgeschätzt, Wahrscheinlichkeiten kalkuliert werden. Darüber hinaus wird darauf hingewiesen, dass mit wachsender Gefahrengemeinschaft eine bessere Risikodiversifikation möglich wird. Des Weiteren gewinnt das Gesetz der großen Zahl beim Poolen von Risiken mit zunehmender Mitgliederzahl (Grundgesamtheit) an Gewicht.

Führen diese Einflussfaktoren zur Existenz eines natürlichen Monopols, so erhalten wir die in Abb. 2.3. dargestellten Kostenverläufe.

Unterstellen wir, dass sich aufgrund der Existenz eines natürlichen Monopols nur eine private Versicherung als Monopolist durchgesetzt hat. Als Monopolist würde die Versicherung die Cournot-Lösung (siehe Abb. 2.3.) wählen, die bei x_c liegt und die suboptimal ist, da nicht die paretooptimale Versicherungsmenge x_0 angeboten wird. Die Menge x_0 ist optimal, da bei diesem Versicherungsvolumen die Grenzkostenkurve (GKK) die Preis-Absatz-Funktion (PAF) schneidet, so dass die gesellschaftlichen Kosten der gesellschaftlichen Wertschätzung entsprechen. Die Frage, die sich bei dieser Konstellation ergibt, ist die, ob das Monopol mit seiner Preispolitik stabil ist.

Die Theorie der contestable markets weist darauf hin, dass die hohen Gewinne Newcomer anziehen, die durch Preisunterbietung die ganze Nachfrage vom Monopolisten abziehen können. Dieser Prozess der Preisunterbietung kann, sofern keine Markteintritts- und Marktaustrittsbarrieren existieren, dazu führen, dass der potentielle Wettbewerb der Newcomer zu einer Preissenkung auf den Preis p_R mit dem Versicherungsangebot x_R führt, bei dem der Monopolist keinen Gewinn mehr macht und nur einen Preis realisiert, der den Durchschnittskosten entspricht. In diesem gewinnlosen Zustand werden auch keine Newcomer in den Markt eintreten, da sie bei einer Preisunterbietung unter x_R keinen Gewinn realisieren können. Liegt also ausreichender Wettbewerb vor, so würde der potentielle

Wettbewerb dafür sorgen, dass ein Monopolist seine Versicherungsleistung so weit ausdehnen muss, bis er gerade noch seine Kosten deckt. Man spricht dann von Ramsey-Optimalität bzw. einer second-best-Lösung, da der Output x_R das effizienteste Angebot ist, bei dem noch alle Kosten gedeckt sind.

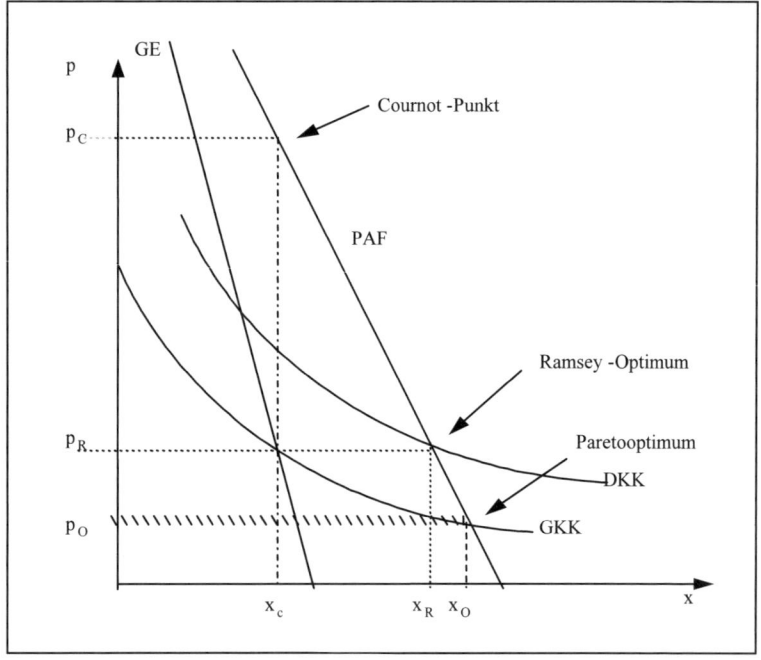

Abb. 2.3.: Natürliches Monopol

Diese Lösung würde sich aber nur einstellen, wenn tatsächlich keine Markteintritts- und -austrittsbarrieren existieren würden. Dies ist aber, wie die obigen Ausführungen gezeigt haben, auf Versicherungsmärkten im Allgemeinen nicht der Fall. Neue Versicherungen müssen sich erst Reputation am Markt erwerben, was mit hohen Kosten verbunden ist, so dass sie als Newcomer mit höheren Kosten als der etablierte Monopolist konfrontiert sind. Des Weiteren ist der Marktaustritt für eine Versicherung nicht kostenlos zu bewerkstelligen.

Darüber hinaus ist die Ramsey-Lösung nicht paretooptimal. Auf einem Markt liegt erst dann Paretooptimalität vor, wenn die Grenzkosten dem Preis entsprechen, wie dies bei dem Versicherungsangebot von x_0 in Abb. 2.3. der Fall ist. Gesellschaftlich sinnvoll ist eine Ausweitung der Versicherungsleistungen solange, wie die Grenzkosten niedriger bzw. gleich der Zahlungsbereitschaft der Nachfrager (repräsentiert durch die Preis-Absatz-Kurve) sind. Würde aber eine private Versicherung das paretooptimale Niveau x_0 anbieten, so müsste sie permanente Verluste in Kauf nehmen und würde bankrott gehen. Um dies auszuschließen, würde es sich unter allokativen Gesichtspunkten anbieten, dass der Staat das unausweichliche Defizit der privaten Versicherung übernimmt. Eine andere Lösung wäre die, dass der Staat die Versicherungsleistung selbst anbietet. Wichtig ist in diesem Zusammenhang darauf hinzuweisen, dass ein Defizit eines natürlichen Monopols nicht zwingend ein Zeichen für Ineffizienz eines staatlichen Unternehmens ist. Bevor man ein solches pauschales Urteil abgibt, muss man prüfen, worauf das Defizit zurückzuführen ist. Ist es auf eine Ausweitung des Angebots von x_R auf x_0 oder auf eine Verschiebung der Durchschnittskostenkurve nach außen aufgrund innerorganisatorischer Ineffizienz des staatlichen Unternehmens zurückzuführen?

Die bisherigen Ausführungen machten schon deutlich, dass aus der Existenz eines natürlichen Monopols nicht zwingend ableitbar ist, dass wir deshalb eine staatliche Versicherung benötigen. In der Realität finden wir eine Vielzahl von konkurrierenden Versicherungen, die stabil und effizient sind. Insbesondere können wir nicht feststellen, dass wir auf dem Versicherungsmarkt eine Tendenz zum Monopol haben. Vielmehr haben wir in vielen Versicherungsbranchen einen harten Wettbewerb vieler Anbieter. Von daher ist zu prüfen, ob der These sinkender Durchschnittskostenverläufe empirische Evidenz zukommt. Denn sowohl das Argument der optimalen Diversifikation von Risiken als auch das des Poolens von stochastisch unabhängigen Risiken durch große Versicherungsgemeinschaften impliziert kein natürliches Monopol. Vielmehr können auch kleine Versicherungen durch Rückversicherungen diese Skaleneffekte realisieren, ohne ihre Kleinheit aufzugeben. Hinzu kommt, dass mit zunehmender Größe einer Versicherung die allgemeinen Verwaltungskosten stark ansteigen werden, da das Unternehmen unübersichtlicher wird, die Kontrollkosten steigen und die Anreize zu effizientem Verhalten nicht mehr so wirksam ausgestaltet werden können.

2.4.6 Adverse Selection

Liegt ein Informationsdefizit bei den Versicherungspartnern vor, so ist besonders der Fall interessant, bei dem sich die Informationsstände der Beteiligten ungleich verteilen, also eine Informationsasymmetrie vorliegt. Bisher haben wir Informationsdefizite primär aus der Sicht des Versicherungsnehmers gesehen, der z. B. nur unzureichend in der Lage ist, das für ihn günstigste Versicherungsangebot auszuwählen.

Im Folgenden wollen wir ein Informationsdefizit der Versicherung behandeln. In vielen Situationen kennen die Versicherten ihr eigenes Risiko präziser als die Versicherung. Sie sind z. B. viel besser als die Versicherung über ihre Krankheitsanfälligkeit informiert, und sie wissen wesentlich genauer, wie sie sich nach dem Abschluss der Versicherung verhalten werden; ob sie z. B., nachdem sie den Anspruch auf Arbeitslosengeld erworben haben, eher bereit sind, Arbeitslosigkeit in Kauf zu nehmen. Bei dem Phänomen der Informationsasymmetrie ergeben sich so zwei Probleme: Erstens die Ex-ante-Problematik, dass die Versicherung nicht exakt zwischen guten und schlechten Risiken differenzieren kann, und zweitens die Ex-post-Problematik, dass die Versicherung nicht antizipieren kann, ob die Versicherungsnehmer nach Versicherungsabschluss die Versicherung zu ihren Gunsten gezielt ausnutzen.

Die Ex-ante-Problematik wird als die der adverse selection bezeichnet. Um dieses Phänomen an einem einfachen Beispiel zu erläutern, nehmen wir an, dass alle Arbeitnehmer im gleichen Umfang risikoavers sind, dass die Wahrscheinlichkeit, arbeitslos zu werden, aber ungleich verteilt ist, dass es also gute Risiken, gut ausgebildete, als auch schlechte Risiken, schlecht ausgebildete Arbeitnehmer, gibt. Des Weiteren unterstellen wir, dass eine Arbeitslosenversicherung nicht zwischen den guten und den schlechten Risiken unterscheiden, also nicht die guten Risiken selektieren kann.

Unter der Annahme, dass alle Arbeitnehmer der Versicherung beitreten, kalkuliert zunächst die Versicherung, dass ein Arbeitnehmer im Durchschnitt eine Woche lang arbeitslos sein kann, und bietet eine entsprechend faire Versicherung an. Für die Personen, die nur ein geringes Risiko haben, arbeitslos zu werden, ist die Versicherung trotz ihres Schutzes nicht attraktiv, sie werden freiwillig keine Arbeitslosenversicherung bei diesem Angebot abschließen. Dies bedeutet, dass ein Großteil der guten Risiken der Versicherung nicht beitritt und sich für die Versicherung deshalb eine neue, schlechtere Durchschnittsarbeitslosigkeit von z. B. zwei Wochen für die noch bei ihr Versicherten ergibt.

Um nicht Insolvenz zu machen, muss die Versicherung aufgrund der ungünstigeren Versichertenstruktur ihre Beiträge anheben, so dass sie für die in der Versicherung eingetretenen relativ guten Risiken, für die die Versicherung aber nur marginale Vorteile mit sich bringt, nun auch unattraktiv wird und sie diese Versicherung kündigen. Dies führt zu einer weiteren Verschlechterung der Risikostruktur der Versicherung, da nicht nur die ganz guten, sondern später nach weiteren Prämienanhebungen auch immer mehr weniger gute Risiken abwandern. Es kommt, da die Versicherung auf den Austritt der guten Risiken mit einer weiteren Erhöhung der Beiträge reagieren muss, zu einer sukzessiven Abwanderung von relativ guten Risiken, bis nur noch eine kleine homogene Gruppe der schlechtesten Risiken übrig bleibt. Oft ist diese Gruppe der schlechtesten Risiken so klein, dass es sich für die Versicherung nicht lohnt, eine auf diese Gruppe ausgerichtete Versicherung anzubieten, so dass der Versicherungsmarkt in sich zusammenbricht.

Ursache für diese Entwicklung ist, dass die Versicherung aufgrund ihrer Informationsdefizite nicht für jede Gefahrenklasse eine faire Versicherung anbieten kann. Könnte sie einen nach Gefahrenklassen spezifizierten Beitrag anbieten, käme es nicht zur Abwanderung der guten Risiken und der Versicherungsmarkt würde nicht zusammenbrechen. Bei einer fairen Beitragsdifferenzierung gibt es für eine Versicherung keine guten und schlechten Risiken.

Nun stellt aber das Informationsdefizit kein Datum für die Versicherung dar. Zum Beispiel kann eine Versicherung über Test-Untersuchungen usw. eine – wenn auch nicht exakte – Zuordnung in die Risikoklassen vornehmen. Darüber hinaus kann die Versicherung ihr Informationsdefizit dadurch abbauen, dass sie von dem Versicherungsnehmer verlangt, dass er sich selbst korrekt in die Gefahrenklasse einordnet und bei bewusster Fehleinschätzung der Versicherungsschutz erlischt. Dies setzt natürlich voraus, dass nach Schadenseintritt die Versicherung in der Lage ist, die wahre Gefahrenklasse des Versicherungsnehmers zu identifizieren.

2.4.7 Moral Hazard

Informationsasymmetrien treten bei einer Versicherung nicht nur beim Versicherungsabschluss, sondern auch ex post, also nach dem Versicherungsabschluss auf. Da Versicherungsverträge nicht alle Modalitäten abdecken oft einen Interpretationsspielraum beinhalten und das tatsächliche Verhalten des Versicherungsnehmers nicht hundertprozentig kontrolliert werden kann, besteht für die Versicherungsnehmer der Anreiz, eine Versicherung abzuschließen, um diese auszunutzen. Solches Verhalten finden wir in der Feuer-, Arbeitslosen-, Kranken- und Unfallversicherung, um nur einige Versicherungen zu nennen, in denen dieses Phänomen des moral hazard besonders relevant ist. So verzichten Unternehmen z. B. auf kostspielige Unfallvermeidungsmaßnahmen und verlangen trotz ihrer Unfallträchtigkeit lange Arbeitszeiten von ihren Arbeitnehmern, da das Unfallrisiko durch die Versicherung abgedeckt ist.

Arbeitnehmer sind nicht bereit – um die Rentabilität des Unternehmens zu sichern –, Lohnkonzessionen zu machen und nehmen das Risiko der Arbeitslosigkeit in Kauf, da ihre Arbeitslosigkeit durch die Arbeitslosenversicherung ausreichend abgedeckt ist. Bei vielen Versicherungsnehmern setzt sich mit der Dauer der Zahlung der Versicherungsbeträge die Einstellung durch, dass man, nachdem man immer nur in die Versicherung eingezahlt hat, einen gewissen Anspruch auf die Inanspruchnahme der Leistungen der Versicherung hat. Diese Einstellung wird verstärkt, wenn sich das Gefühl einstellt, dass sich die anderen Versicherungsnehmer genauso verhalten und man selbst nicht der „Dumme" sein will.

Aber auch dem Phänomen des moral hazard sind die Versicherungen nicht völlig hilflos ausgeliefert. Dadurch, dass sie eine Selbstbeteiligung im Fall des Eintritts des Schadenfalls einführen, wird die Attraktivität des moral hazard reduziert. Wenn z. B. die Krankenversicherten einen immer höheren Anteil an den Kosten für die Medikamente zahlen müssen, werden sie Wert darauf legen, billige Medikamente verschrieben zu bekommen, wenn diese die gleiche Wirksamkeit wie teurere Produkte haben.

Eine weitere Möglichkeit, um moral hazard einzuschränken, liegt in der Erfahrungstarifierung. Nimmt jemand eine Versicherung besonders häufig in Anspruch, so wird er damit im Nachhinein bestraft, dass er einen höheren Tarif als der bezahlen muss, der nur im geringen Umfang die Versicherung in Anspruch genommen hat. Dieses Verfahren wird in der Bundesrepublik bei der privaten Autohaftpflichtversicherung sowie der gesetzlichen Unfallversicherung angewandt. Das Problem, das sich bei der Erfahrungstarifierung stellt, ist die Schwierigkeit, exakt zwischen zufallsbedingter häufiger und beabsichtigter häufiger Inanspruchnahme der Versicherung zu differenzieren.

Fassen wir die bis jetzt angestellten Überlegungen zusammen, so können wir feststellen, dass der Versicherungsmarkt in keiner Weise den Idealbedingungen des Modells der vollständigen Konkurrenz gerecht wird. Dies besagt aber nicht, dass daraus zwingend abzuleiten ist, dass staatliche Versicherungen die aufgezeigten Ineffizienzen besser lösen. Vielmehr reicht es u. U. aus, mit partiellen Regulierungsvorschriften die Defizite einzudämmen.

2.5 Die Instabilität des Versicherungsmarktes

2.5.1 Angebot und Nachfrage auf einem Versicherungsmarkt mit vollständiger Information

In den beiden vorletzten Abschnitten sind wir ausführlich auf das Phänomen der Informationsasymmetrie eingegangen. Wir wollen in diesem Abschnitt die dort angestellten Überlegungen vertiefen. Zunächst wollen wir das Versicherungsangebot und die -nachfrage für den Fall vollkommener Information ableiten und dann die Konsequenzen aufzeigen, die sich daraus ergeben, dass bei den Versicherungen ein Informationsdefizit existiert, das zur adverse selection führt.

Wir betrachten einen Versicherungsnehmer, der z. B. eine Arbeitslosenversicherung abschließen will. Unabhängig von seinem Beschäftigungsstand erzielt er Kapitaleinkünfte pro Periode in Höhe von k. Wenn er arbeitet, erhält er einen Lohn in Höhe von L. Ist er arbeitslos, so erzielt er keinen Lohn. Soll nun der Arbeitnehmer eine Arbeitslosenversicherung abschließen und wenn ja, wie umfassend soll die Versicherung sein? Arbeitet er, erhält er den Betrag $L + k$. Bei Arbeitslosigkeit bekommt er nur den Betrag k , sofern er keine Versicherung abschließt, wie dies in Abb. 2.4. im Punkte A gegeben ist.

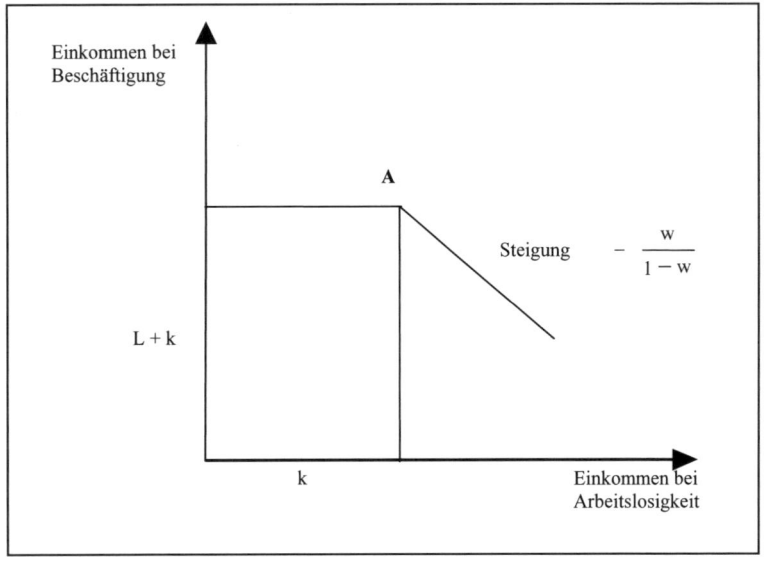

Abb. 2.4.: Angebotsfunktion der Versicherung

Des Weiteren weiß der Versicherungsnehmer, dass er mit der Wahrscheinlichkeit w arbeitslos und mit der von $1 - w$ beschäftigt sein wird. Angenommen eine Versicherung bietet als Arbeitslosengeld den Betrag b an, d. h. im Falle der Arbeitslosigkeit würde der Versicherte den Betrag $k + b$ erhalten. Welche Prämie muss die Versicherung verlangen? Schließt die Versicherung einen Vertrag ab, so sind die erwarteten Kosten im Schadensfall. $w \cdot b$. Um diese Kosten zu decken, muss die Versicherung eine Prämie verlangen, die die Kosten deckt. Es sei z der prozentuale Anteil des Lohnes, den die Versicherung im Falle einer Beschäftigung vom Versicherungsnehmer verlangt, dann sind die erwarteten Einnahmen $(1 - w)z \cdot L$.

Verlangen die Versicherungen eine Versicherungsprämie, die genau die erwarteten Kosten deckt, so nennt man sie eine aktuarisch faire Prämie. Sie erfüllt das Äquivalenzprinzip, und für sie gilt in unserem Beispiel:

$$(1 - w)z \cdot L = w \cdot b .$$

Schließt jemand eine solche faire Versicherung ab, so verfügt er im Fall der Beschäftigung über den Betrag $(L + k) - z \cdot L$ sowie in dem der Arbeitslosigkeit über $k + b$.

Es stellt sich nun für den Versicherungsnehmer die Frage, welches Versicherungsniveau b für ihn optimal ist, wenn die Versicherung einen fairen Vertrag anbietet. Würde der Versicherungsnehmer keinen Vertrag abschließen, so wäre $b = 0 = z$ und es würde in Abb. 2.4. der Punkt A realisiert. Bei seiner Kalkulation muss der Versicherungsnehmer berücksichtigen, dass mit zunehmendem b auch die Prämie z steigt, denn es gilt für eine faire Versicherung $(1 - w)z \cdot L = w \cdot b$ bzw.

$$z \cdot L = \frac{w \cdot b}{1 - w} \quad , \text{ so dass gilt:}$$

$$L + k - z \cdot L = L + k - \frac{w}{1 - w} \cdot b.$$

Dies ist das Nettoeinkommen, über das der Versicherungsnehmer in Abhängigkeit von der Versicherungsleistung b verfügt. Entsprechend gibt die in Abb. 2.4. durch A mit der Steigung $\frac{-w}{1 - w}$ verlaufende Gerade die möglichen fairen Verträge an, die eine Versicherung anbietet. Welcher Vertrag bzw. welches b ist nun für einen potentiellen Versicherungsnehmer optimal?

Anhand seines erwarteten Nutzens kann ein Versicherungsnehmer seinen optimalen Versicherungsvertrag bestimmen. Es seien $x = k + b$ das Einkommen bei Arbeitslosigkeit und $y = L(1 - z) + k$ das bei Beschäftigung. Dann ist der entsprechende Nutzen einer Versicherung mit der Prämie z und der Leistung b im Schadensfall:

$$EU = (1 - w)U(y) + wU(x).$$

Um die Angebote einer Versicherung ordnen zu können, leiten wir die jeweiligen Indifferenzkurven eines Versicherten ab, die dadurch definiert sind, dass sie jeweils diejenigen Verträge umfassen, die dem Versicherungsnehmer den gleichen erwarteten Nutzen stiften, für die also gilt:

$$EU = (1 - w)U(y) + wU(x) = konstant.$$

Dann folgt:

$$(1-w)\frac{\partial U}{\partial y}dy + w\frac{\partial U}{\partial x}dx = 0 \, ,$$

so dass gilt:

$$\frac{dy}{dx} = -\frac{w}{1-w}\frac{\frac{\partial U}{\partial x}}{\frac{\partial U}{\partial y}} \, .$$

Die Grenzrate der Substitution des erwarteten Nutzens ergibt sich aus dem Verhältnis der Wahrscheinlichkeiten w zu $1-w$ multipliziert mit der Grenzrate der Substitution des Nutzens. Die Grenzrate der Substitution des Nutzens spiegelt die Risikoneigung des Versicherungsnehmers wider. Die Risikoneigung ist völlig unabhängig von den Konditionen des Versicherungsvertrages und den ihm zugrundeliegenden Wahrscheinlichkeiten. Ändern sich die Wahrscheinlichkeiten $(w,1-w)$, so drehen sich aber die Indifferenzkurven.

Während in der Theorie des Haushalts die Indifferenzkurven eindeutig den Güterraum ordnen, gilt dies nicht in entsprechender Form für die betrachteten Indifferenzkurven, die sich mit einer Veränderung der zugrundegelegten Wahrscheinlichkeit drehen.

Wäre der Versicherungsnehmer risikoneutral, so würden seine Indifferenzkurven linear mit der Steigung $-\frac{w}{1-w}$ verlaufen.

Man kann nun leicht bestimmen, welche Wahrscheinlichkeitsannahmen der jeweiligen Indifferenzkurve zugrunde liegen. Dazu muss man nur den Fall $x = y$ betrachten. In diesem Fall ist das Individuum in der guten Situation einkommensmäßig genauso gestellt wie in der schlechten. Es erhält das gleiche Einkommen in beiden Situationen, so dass eine Vollversicherung vorliegt. Solche Kombinationen liegen auf der 45°-Achse in Abb. 2.5. Alle Punkte auf der 45°-Achse stellen eine Vollversicherung dar. Im Allgemeinen bieten Versicherungen maximal Vollversicherungen an, um dem Versicherungsnehmer keine Anreize zu geben, den Schadensfall bewusst herbeizuführen. Meist verbietet auch die staatliche Aufsicht eine Überversicherung. (Um dies bei der Abbildung zu berücksichtigen, haben wir die Angebotsfunktion der Versicherung von A aus nicht voll bis zum

Schnittpunkt mit der D -Achse durchgezogen). Bei diesen Versicherungen mit $x = y$ gilt für die Grenzrate der Substitution des erwarteten Nutzens:

$$\frac{dy}{dx} = -\frac{w}{1-w}\frac{\frac{\partial U}{\partial x}}{\frac{\partial U}{\partial y}} = -\frac{w}{1-w} \qquad \text{für } x = y .$$

Auf den Punkten der 45°-Achse kann man also ablesen, welche Wahrscheinlichkeit der Indifferenzkurve zugrunde liegt. Aus dieser Eigenschaft der Indifferenzkurve können wir eine zentrale Aussage für Versicherungen ableiten:

Bieten Versicherungen faire Versicherungsverträge an, so werden bei vollständiger Information risikoaverse Wirtschaftssubjekte unabhängig von der Stärke ihrer Risikoaversion immer eine Vollversicherung abschließen und den Punkt B in Abb. 2.5. realisieren. Formal erkennt man die Optimalität von B daran, dass die Grenzrate der Substitution des erwarteten Nutzens mit der Steigung der Angebotsfunktion der Versicherung übereinstimmt.

Dieser Sachverhalt lässt sich leicht ökonomisch erklären. Eine risikoneutrale Versicherung ist indifferent gegenüber allen fairen Versicherungen, da sie alle den gleichen erwarteten Gewinn von null ermöglichen. Die fairen Versicherungen werden durch die durch A verlaufende Gerade repräsentiert. Die erwartete Auszahlung einer fairen Versicherung ist natürlich für einen Versicherungsnehmer ebenfalls null. Bei allen Versicherungen, die auf der 45°- Linie liegen, ist das Risiko null, da Vollversicherungen vorliegen. Von daher wird ein risikoaversiver Versicherungsnehmer von allen ihm zur Verfügung stehenden fairen Versicherungen diejenige mit dem geringsten Risiko auswählen, d. h. den Punkt A realisieren.

Nur wenn Versicherungen faire Versicherungen anbieten, werden risikoaverse Versicherungsnehmer eine Vollversicherung abschließen. In der Realität stellen wir aber fest, dass fast ausschließlich unvollständige Risikoabdeckungen in den Versicherungen vereinbart werden. Nach unseren Überlegungen kann für den Fall der vollständigen Information dies nur daran liegen, dass die Versicherungen keine fairen Verträge anbieten. Hierfür gibt es im Wesentlichen zwei Gründe. Der eine Grund ist die Marktmacht von Versicherungen. Versicherungen wollen Monopolrenten am Markt erzielen. Liegt unzureichender Wettbewerb vor, so sind sie auch in der Lage, diese durchzusetzen. Dass die Versicherungen durchaus einen gewissen monopolistischen Spielraum besitzen, zeigten unsere Überlegungen zum natürlichen Monopol, dessen Relevanz aber auch nicht überbewertet werden sollte. Von Bedeutung ist in diesem Zusammenhang die staatliche Regulierung im Bereich des Versicherungswesens. Durch die Zulassungsvorschriften (Genehmigungspflicht usw.) der Bundesanstalt für Finanzdienstleistungsaufsicht haben die etablierten Versicherungen einen monopolistischen Spielraum. Es ist abzuwarten, inwieweit die entsprechenden Vorschriften der Europäischen Gemeinschaft hier eine Verbesserung der Wettbewerbssituation schaffen.

Dass auf Versicherungsmärkten faire Versicherungen die Ausnahme sind, ist nicht primär auf die Existenz von Marktmacht zurückzuführen, denn unter den Versicherungen herrscht durchaus ein intensiver Wettbewerb, sondern auf die Existenz von Transaktionskosten sowie von Informationsasymmetrien.

Die Anbahnung, Formulierung, Durchführung und Überwachung von Versicherungsverträgen ist mit Kosten verbunden, die wir bisher vernachlässigt haben. Diese Transaktionskosten werden die Versicherungen bei der Kalkulation der Prämien mitberücksichtigen. Je höher die Transaktionskosten sind, um so unattraktiver wird auch für einen risikoaversen Versicherungsnehmer der Abschluss einer Versicherung. Es kann sein, dass er aufgrund der hohen Transaktionskosten ganz auf den Abschluss einer Versicherung verzichtet. Kommt es aber zum Vertragsabschluß, so kann eine Vollversicherung für den Versicherungsnehmer trotz der Existenz von Transaktionskosten durchaus weiter optimal sein. Dies hängt im Wesentlichen vom Verlauf der Transaktionskostenkurve ab. Stellen die Transaktionskosten reine Fixkosten dar, wie dies in Abb. 2.5. dargestellt wird, so sind zwei Fälle zu unterscheiden:

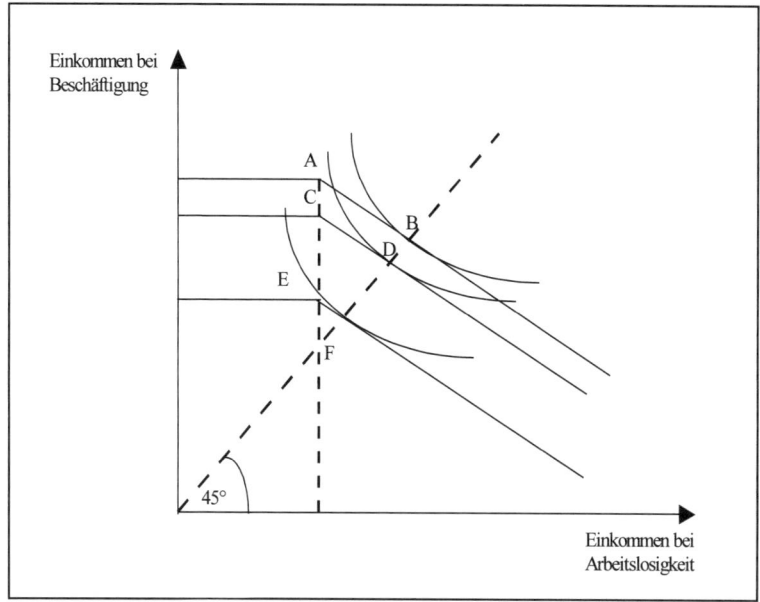

Abb. 2.5.: Fixe Transaktionskosten einer Versicherung

Die fixen Transaktionskosten betragen $\overline{AC}$. In diesem Fall ist eine Vollversicherung, repräsentiert durch den Punkt D, für das Individuum optimal und besser als die Situation ohne Versicherung, repräsentiert durch den Punkt A. Sind aber die Transaktionskosten höher, und belaufen sie sich z. B. auf $\overline{AE}$, so lohnt es sich für einen Versicherungsnehmer nicht, eine Versicherung abzuschließen.

Existieren allerdings variable Transaktionskosten, die von der Höhe der Versicherungsleistung b abhängig sind, so ist eine Vollversicherung im Allgemeinen nicht mehr optimal, da sich die Angebotskurve der Versicherung gedreht hat, wie dies in Abb. 2.6. dargestellt ist. Im Punkt D, der nicht auf der 45°-Linie liegt, ist keine Vollversicherung gegeben. Für den Versicherungsnehmer ist eine Teilversicherung optimal.

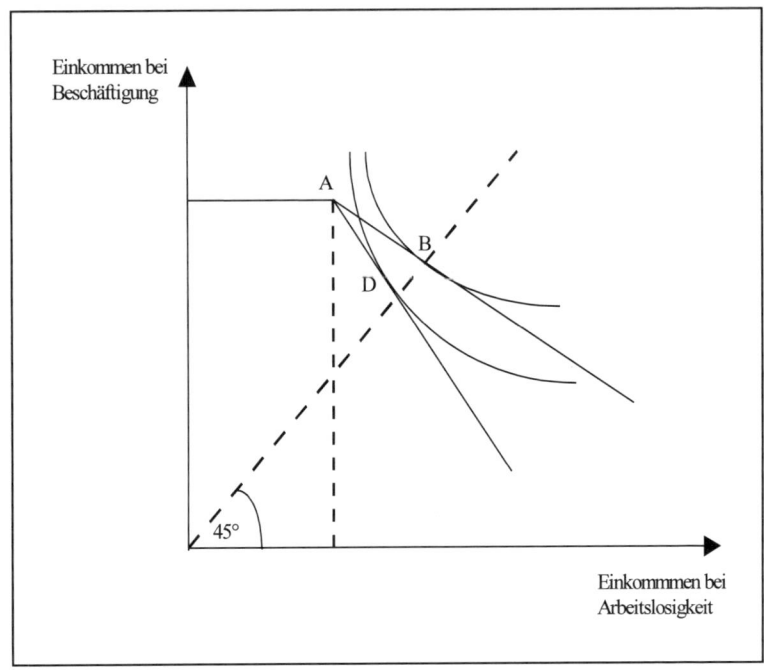

Abb. 2.6.: Variable Transaktionskosten einer Versicherung

Nun wissen wir relativ wenig über den Verlauf der Transaktionskostenkurve. Dies ist im Wesentlichen darauf zurückzuführen, dass Transaktionskosten nur schwer quantifizierbar sind und ein operationales Verfahren der Messung von Transaktionskosten von der Neuen Institutionenökonomik bisher nicht geliefert worden ist. Sie verwendet das Transaktionskostenkonzept mehr für komparative Analysen, bei denen eine ordinale Messung reicht.

Selbst wenn die Versicherungen faire Verträge anbieten, scheitern sie am Problem der Informationsasymmetrie, das zu moral hazard und adverse selection führt. Liegt z. B. moral hazard vor, dann können die Versicherungen nicht die zukünftigen Wahrscheinlichkeiten des Risikofalls bestimmen, da diese verhaltensabhängig sind und von Versichertem zu Versichertem unterschiedlich sein können, so dass eine faire Prämie für den einzelnen Versicherungnehmer gar nicht kalkuliert werden kann. Die Versicherungen müssen sich dann oft bei ihrer Kalkulation am durchschnittlichen moral hazard-Verhalten der Versicherten orientieren. Dies hat zur Folge, dass Versicherte mit geringer Neigung und Anreiz zum moral hazard aufgrund ihrer geringeren Schadenshäufigkeit unfaire Versicherungen angeboten bekommen und von daher kein Interesse an einem vollen Versicherungsschutz haben.

Sie sind auch aus einem anderen Grund nicht an einem vollen Versicherungsschutz interessiert. Schlechte Risiken mit großer Bereitschaft zum moral hazard sind besonders an einem vollen Versicherungsschutz interessiert, um ihre Versicherung so weit wie möglich ausnutzen zu können. Dies ist bei Versicherten mit niedriger moral hazard-Neigung per definitionem nicht gegeben. Fragen nun Individuen Versicherungen mit nicht vollständigem Versicherungsschutz nach, so signalisieren sie damit, dass sie gute Risiken darstellen. Wenn nur gute Risiken mit geringer moral hazard-Neigung solche Versicherung abschließen, so erhalten die guten Risiken so einen fairen Versicherungsvertrag. Versicherungen können dadurch, dass sie Versicherungen mit vollem Versicherungsschutz und entsprechend hohen Prämien anbieten sowie solche mit geringerem Versicherungsschutz und niedrigeren Prämien, die guten Risiken selektieren – man spricht von Screening-Verfahren –, worauf wir später noch eingehen werden.

Selbst wenn die Versicherungen perfekte Verträge anbieten könnten, die jedes moral hazard-Verhalten ausschließen, so müssen sie aufgrund der unzureichenden Identifikation der guten bzw. schlechten Risiken eine Mischkalkulation anbieten, so dass für die guten Risiken die Versicherung unfair ist, sie u. U. keine Versicherung abschließen und es zum Phänomen der adverse selection kommt. Dieses Phänomen bedingt eine Instabilität des Versicherungsmarktes, die bei extremer Beweglichkeit in der Nachfrage dazu führen kann, dass der Versicherungsmarkt in sich zusammenbricht.

2.5.2 Informationsasymmetrien

Um die Instabilität eines Versicherungsmarktes bei unvollkommener Information darzustellen, gehen wir von zwei Klassen von Versicherungsnehmern aus. Eine Klasse von guten Risiken, für die die Eintrittswahrscheinlichkeit des Schadenfalls gering ist. Entsprechend verläuft für diese Klasse die Angebotskurve einer Versicherung für faire Versicherungsverträge relativ flach, da die jeweiligen Prämien relativ gering sind. In Abb. 2.7. stellt der Strahl $\overline{AC}$ das Spektrum der möglichen fairen Versicherungsverträge für die guten Risiken dar.

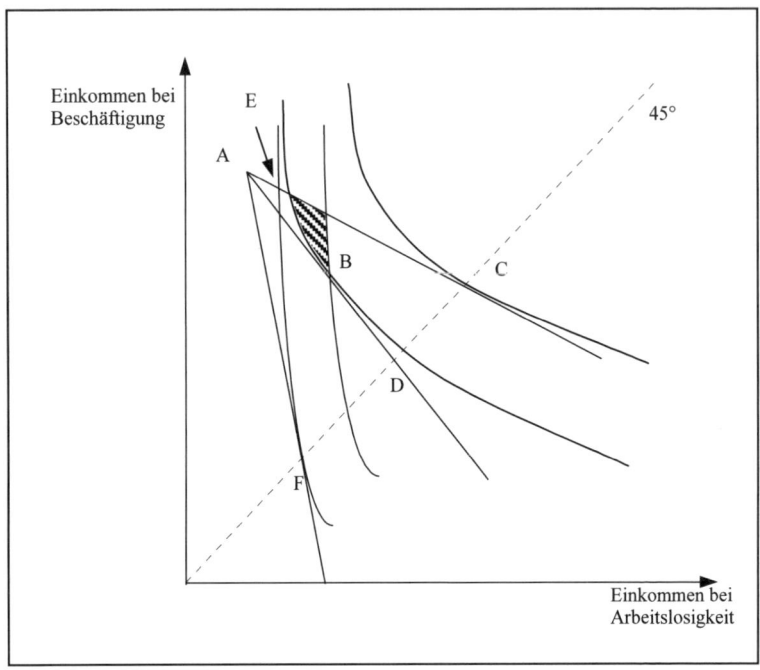

Abb. 2.7.: Versicherungsmarkt mit unvollkommener Information (Instabilität des Versicherungsmarktes)

Der Punkt A stellt die Situation dar, bei der eine 100 %-Selbstbeteiligung, also keine Versicherung vorliegt. Der Punkt C stellt die Situation eines Versicherungsvertrages mit vollkommenem Versicherungsschutz dar. Gäbe es nur gute Risiken, dann würde der Punkt C realisiert. Des Weiteren nehmen wir an, dass eine Klasse von schlechten Risiken existiert. Diese zu versichern, ist natürlich wesentlich teurer.

Für die schlechten Risiken stellt der Strahl $\overline{AF}$ das Angebot an fairen Verträgen dar. Müssen die schlechten Risiken zwischen den fairen Versicherungsverträgen ihrer Klasse auswählen, so würden sie sich für F, also für Versicherungen mit vollständigem Schutz, entscheiden. In der betrachteten Abbildung haben wir zwei Systeme von Indifferenzkurven. Zum einen das System der Indifferenzkurven für die guten Risiken. Dieses Indifferenzkurvensystem ist dadurch zu identifizieren, dass wir die Steigerungen der Indifferenzkurven auf der 45°-Achse betrachten. In diesen Punkten ist die Steigung relativ geringer als die der schlechten Risiken.

Ist w_g die Wahrscheinlichkeit des Schadenfalls für die guten Risiken und w_s die der schlechten (mit $w_s > w_g$) so ist die Steigung der Indifferenzkurven der guten Risiken auf der 45°-Achse, wie oben gezeigt $= \dfrac{-w_g}{1 - w_g}$ und die der schlechten $\dfrac{-w_s}{1 - w_s}$, so dass beide Indifferenzkurvensysteme leicht zu identifizieren sind. Und dieses Ergebnis ist relativ robust, da das Ergebnis unabhängig von den Unterschieden in der Risikoaversion der beiden Gruppen ist. Da wir konvexe Indifferenzkurven unterstellen, nehmen wir an, dass beide Gruppen risikoavers sind.

Des Weiteren nehmen wir an, dass eine Versicherung nicht zwischen guten und schlechten Risiken unterscheiden kann. Würden alle guten und schlechten Risiken versichert, so könnte unter dieser Prämisse die Versicherung eine kostendeckende Mischkalkulation vornehmen. Bei einer solchen Kalkulation würde eine Versicherung ein Angebot auf der Strecke $\overline{AD}$ vornehmen, die die gewinnlosen Angebote darstellt. Die Steigung dieser Strecke hängt von dem relativen Anteil der guten und schlechten Risiken ab. Zusätzlich gehen wir von einer Wettbewerbssituation auf dem Versicherungsmarkt aus.

Nehmen wir an, eine Versicherung würde nur einen Versicherungsvertrag anbieten, der keine volle Risikoabdeckung beinhaltet und der durch den Punkt B repräsentiert wird. B ist sowohl für die guten als auch für die schlechten Risiken nicht optimal. Die schlechten Risiken möchten zumindest eine Vollversicherung in D abschließen. Da die schlechten Risiken durch die guten mitfinanziert werden, haben die schlechten Risiken aufgrund der für sie günstigen Prämienbedingungen einen Anreiz, sich überzuversichern und einen Punkt rechts von D auf dem Strahl, der über die Strecke $\overline{AD}$ hinausgeht, zu realisieren. Hingegen würden sich die guten Risiken bei einem Wechsel von B nach D und über D hinaus schlechter stellen. Sie präferieren alle Versicherungsangebote, die oberhalb ihrer durch B verlaufenden Indifferenzkurve liegen. Da in B eine Tangentiallösung vorliegt, ist unter den gegebenen Umständen der unvollständige Versicherungsschutz für die guten Risiken optimal. Für die guten Risiken ist aber jeder Vertrag auf der Strecke $\overline{AB}$ unfair, da sie zur Finanzierung der schlechten Risiken eine zu hohe Prämie zahlen müssen. Dies ist auch der Grund dafür, dass die guten Risiken unter diesen Konditionen eine

Vollversicherung als wenig attraktiv ansehen. Ihr Interesse muss es sein, eine Versicherung zu finden, die sie zum einen besser als in B stellt, die aber andererseits für die schlechten Risiken schlechter als die Ausgangsversicherung in B ist.

Bietet nun eine Versicherung den Vertrag B an, so ziehen alle guten Risiken einen Vertrag im schwarzen Bereich oberhalb von B vor, auch wenn er noch weniger die Risiken abdeckt. Hingegen würden die schlechten Risiken weiter bei der alten Versicherung bleiben, weil sie durch den Wechsel in den schwarzen Bereich schlechter gestellt würden. Dies hat zur Folge, dass die guten und schlechten Risiken getrennt werden. Die guten Risiken sind in der neuen, die schlechten Risiken in der alten Versicherung. Durch die Abwanderung der guten Risiken ist aber der alten Versicherung die Geschäftsgrundlage entzogen worden. Sie muss ihre Mischkalkulation aufgeben, da sie ja nur noch schlechte Risiken in ihrem Pool hat. Entsprechend wird sie ein Angebot auf der Grundlage, „nur schlechte Risiken zu versichern", machen und einen Punkt auf der Strecke $\overline{AF}$ realisieren, der eine volle Absicherung beinhaltet. Die Klasse der schlechten Risiken wird entsprechend den Punkt F auswählen. Aber auch dieses Paar von Versicherungsverträgen beinhaltet kein stabiles Gleichgewicht. Die schlechten Risiken ziehen jeden Versicherungsvertrag im schwarzen Bereich der Vollversicherung F vor. Sie werden also auch von der alten Versicherung zur neuen Versicherung abwandern. Würde dieser Prozess eintreten, so würde die neue Versicherung Verluste machen, da sie nun gute und schlechte Risiken versichert hat.

Um eine Abwanderung der schlechten Risiken weg von F zu verhindern, müsste sie ihre Konditionen verschlechtern und z. B. den durch E repräsentierten Versicherungsvertrag anbieten. Zwischen E und F sind die schlechten Risiken indifferent, so dass nur die guten Risiken in der neuen Versicherung versichert wären.

Aber auch das Paar E und F von Versicherungsverträgen stellt kein stabiles Gleichgewicht dar. Würde eine weitere Versicherung den ursprünglichen Versicherungsvertrag B anbieten, so würden alle Risiken dieser neuen Versicherung beitreten, bei der eine Mischkalkulation vorgenommen wird, da sich die schlechten Risiken beim Übergang von F bzw. E nach B und die guten bei dem von E nach B besser stellen. Wie aber oben gezeigt wurde, stellt B kein stabiles Gleichgewicht dar. Wir sehen so, dass bei Informationsasymmetrien der Versicherungsmarkt instabil ist, so dass wir mit diesem Argument staatliche Eingriffe rechtfertigen können. Diese Instabilität ist um so größer, je höher die Beweglichkeit in der Nachfrage ist, d. h. je schneller die Versicherungsnehmer ihren Versicherungsvertrag auflösen können und je sensibler sie auf Unterschiede in den Versicherungskonditionen reagieren.

Beide Voraussetzungen sind nur eingeschränkt gegeben. Zum einen versuchen die Versicherungen durch lange Kündigungsfristen die Beweglichkeit in der Nachfrage einzuschränken. Zum anderen existieren, wie oben aufgezeigt, bei den Versicherungsnehmern erhebliche Informationsdefizite, so dass sie die Attraktivität unterschiedlicher Versicherungsangebote nur eingeschränkt vergleichen können.

2.6 Vor- und Nachteile einer Zwangsversicherung

In diesem Artikel wollen wir systematisch die Unterschiede zwischen einer privaten auf Freiwilligkeit aufbauenden Versicherung und einer staatlichen Zwangsversicherung herausarbeiten und die Argumente, die für und gegen den jeweiligen Versicherungstyp sprechen, diskutieren.

Gerade von Liberalen wird als pro für eine private Versicherung deren Freiwilligkeit betont. Dahinter steht die generelle Kritik am Sozialstaat, dass dieser die individuelle Freiheit beschränkt und schon von daher abzulehnen sei. Dagegen ist einzuwenden, dass dabei mehr der Aspekt der formalen Freiheit betont wird. Z. B. stellt natürlich die Versicherungspflicht in der Arbeitslosenversicherung eine formale Beschränkung der Wahlmöglichkeiten des Arbeitnehmers dar. Andererseits sind die Leistungen der Arbeitslosenversicherung eine wichtige Voraussetzung dafür, dass ein Arbeitsloser auch seine Rechte der freien Wahl des Arbeitsplatzes verwirklichen kann und nicht finanziell gezwungen ist, jedes noch so unattraktive Arbeitsangebot anzunehmen.

Des Weiteren spricht für eine staatliche Sicherung, dass in ihr auch die schlechten Risiken aufgenommen werden, die keine private Versicherung bereit ist aufzunehmen. Zum Beispiel weigern sich viele Krankenversicherungen, Aidskranke zu versichern. Personen mit angeborenen Schäden können sich ebenfalls oft nicht ausreichend versichern. Dieses Argument ist aber zu relativieren. Um diese Risiken abzudecken, benötigen wir nicht unbedingt eine staatliche Zwangsversicherung. Es würde schon ausreichen, wenn wir ein Kontrahierungsgebot bei den privaten Versicherungen vorsehen würden. Und dies gilt ganz allgemein für die Argumentation, aus dem Marktversagen im Versicherungsbereich die Überlegenheit einer staatlichen Zwangsversicherung abzuleiten. Marktversagen auf Versicherungsmärkten lässt sich oft effizient mittels privater Versicherungen lösen, die z. B. mittels Kontrahierungszwang, Versicherungspflicht usw. sinnvoll reguliert werden.

Schwer zu realisieren ist aber eine private Versicherung, wenn eine wesentliche Funktionsbedingung für eine Versicherung nicht erfüllt ist, wie die der Zufälligkeit und der Kalkulierbarkeit von Risiken. Zum Beispiel scheitert eine private Arbeitslosenversicherung daran, dass wir über keine bewährte Konjunkturtheorie verfügen, die uns präzise stochastische Angaben über die Entwicklung der Arbeitslosigkeit gibt. Des Weiteren wird die Entwicklung der Arbeitslosigkeit durch das Verhalten der Tarifparteien, die Geldpolitik der Bundesbank als auch durch die Wirtschaftspolitik des Bundes und der Länder beeinflusst. Eine private Arbeitslosenversicherung kann weder diese Institutionen disziplinieren noch sie wegen ihres stabilitätswidrigen Verhaltens in Regress nehmen. Bei einer staatlichen Arbeitslosenversicherung stellt sich die Situation durchaus anders dar. Der Bund muss zum einen für die Defizite der Bundesagentur für Arbeit aufkommen. Darüber hinaus verfügt er über ein breites Spektrum von Instrumenten, mit denen er direkt oder indirekt das Verhalten der für den Arbeitsmarkt relevanten Akteure beeinflussen kann, sei es über das schwache Instrumentarium der konzertierten Aktion, wie sie im Stabilitäts- und Wachstumsgesetz vorgesehen ist, oder sei es über die Besteuerung von stabilitätswidrigen Lohnsteigerungen sowie eine kompensatorische Fiskalpolitik, um negative Beschäftigungseffekte einer zu restriktiven Geldpolitik der Europäischen Zentralbank auszugleichen. Des Weiteren wird als Argument für eine staatliche Zwangsversicherung der meritorische Charakter des Gutes Versicherung angeführt. Danach würden sich die Individuen z. B. aufgrund der Minderschätzung zukünftiger Leistungen einer Versicherung nur unzureichend versichern und sich bei ihrer Versicherungsentscheidung nicht an ihren wahren Präferenzen ausrichten. Auch dieses Argument überzeugt nicht. Um dieses Problem zu lösen, reicht eine einfache Versicherungspflicht. Sodann muss geprüft werden, ob z. B. die Zwangsversicherten nicht über Kompensationsstrategien verfügen, mit denen sie den angestrebten Versicherungseffekt aushebeln können. Z. B. könnte man theoretisch den Sicherungseffekt einer Altersversicherung dadurch aufheben, dass man seine Versicherung beleiht und damit die gesetzlich vorgeschriebenen Versicherungsbeiträge finanziert. Des Weiteren ist zu fragen, ob die staatlichen Instanzen wesentlich besser die wahren Bedürfnisse der Bürger bestimmen können, wenn man das Konzept des wohlmeinenden Diktators aufgibt und berücksichtigt, dass sich die Politiker im politischen Wettbewerb an kurzfristigen Erfolgen ausrichten.

Als weiterer Vorteil einer staatlichen Zwangsversicherung wird angeführt, dass mit ihr Gerechtigkeitsüberlegungen verwirklicht werden können. Eine private Versicherung, die Gerechtigkeitsüberlegungen zum Tragen kommen lässt und so vom Äquivalenzprinzip abweicht, kann langfristig am Markt nicht überleben. Denn die guten Risiken, die durch „gerechte" Tarife schlechter gestellt werden, wandern ab und schlechte Risiken würden sich in einer solchen Versicherung besonders günstig stellen und dort übermäßig vertreten sein. Gerechte Tarife, die nicht mit dem Äquivalenzprinzip übereinstimmen, führen zum Phänomen der adversen Selektion. Würde z. B. eine private Krankenversicherung Familienangehörige kostenlos mitversichern, um so aus Gerechtigkeitsüberlegungen einen Beitrag zum Familienlastenausgleich zu leisten, würde sie zu guter Letzt nur noch Familien mit vielen Kindern versichern, da die Alleinstehenden und Familien mit wenigen mitversicherten Angehörigen längst in billigere Versicherungen abgewandert wären. Um keine permanenten Verluste in Kauf zu nehmen, muss die Versicherung ihre Prämien anheben, und das Äquivalenzprinzip kommt wieder zur Geltung. Auf einem funktionsfähigen Versicherungsmarkt kann eine an Gerechtigkeitsvorstellungen ausgerichtete Versicherung wohl überleben, aber nur dadurch, dass sie sich letztlich so wie jede am Äquivalenzprinzip ausgerichtete Versicherung verhält. Durch die Beweglichkeit in der Nachfrage wird eine Unterordnung des Gerechtigkeitsprinzips unter das Äquivalenzprinzip erzwungen, da nur faire Verträge überlebensfähig sind. Das ökonomische Gesetz setzt sich durch.

Dieser Mechanismus kommt bei einer staatlichen Zwangsversicherung nicht zum Tragen, da der Staat durch das Instrument der Zwangsversicherung die Beweglichkeit in der Nachfrage völlig zum Erliegen bringen kann und auch die Höhe der individuellen Versicherungsbeiträge determinieren kann. Z. B. realisiert der Staat in der Krankenversicherung seine Gerechtigkeitsvorstellungen dahingehend, dass er die Beiträge zur Krankenversicherung vom jeweiligen Einkommen abhängig macht und so systematisch vom Äquivalenzprinzip abweicht. Denn die Leistungen der Krankenversicherung (sieht man vom Krankengeld ab) sind im Wesentlichen durch die Morbidität und nicht durch die Höhe des Einkommens determiniert. Es muss aber kritisch gefragt werden, ob der Staat gerade im Bereich der Versicherungen seine Umverteilungsziele realisieren sollte und ob es nicht bessere staatliche Instrumente gibt, eine gerechte Verteilung zu verwirklichen. Und vieles spricht dafür, dass über die Steuergestaltung, insbesondere die Einkommensteuer, Gerechtigkeitsüberlegungen wesentlich besser verwirklicht werden können. In der gesetzlichen Sozialversicherung wird die Leistungsfähigkeit des Pflichtversicherten allein an seinem Lohneinkommen bestimmt. Das Lohneinkommen spiegelt aber nur sehr unvollkommen die individuelle Leistungsfähigkeit wider. Sinnvoller wäre es, alle Einkunftsarten als Bemessungsgrundlage für die Realisierung von Gerechtigkeitsvorstellungen, wie bei der Einkommensteuer zu berücksichtigen. Insbesondere ist zu prüfen, ob neben dem Einkommen auch das Vermögen eines Sozialversicherungspflichtigen zu berücksichtigen ist.

Die arbeitszentrierte Ausrichtung der Sozialen Sicherung war im letzten Jahrhundert durchaus gerechtfertigt. In dieser Phase konnte man unterstellen, dass ein Arbeitnehmer nur über eine Einkommensquelle, seine Arbeitskraft, verfügte. Dies gilt aber heute nicht mehr ohne weiteres für einen Arbeitnehmer, da er z. B. durchaus über ein beträchtliches Vermögen sowie sonstige Einkünfte verfügen kann. Bei der Darstellung der einzelnen Zweige der Sozialversicherung werden wir noch detailliert auf diesen Gerechtigkeitsaspekt eingehen.

Theoretisch müsste es bei ausreichender Beweglichkeit in der Nachfrage und bei Vorliegen eines Informationsdefizites der Versicherung zu adverse selection und damit zur Instabilität des Versicherungsmarktes kommen. Dieses Instabilitätsproblem stellt sich nicht für eine staatliche Zwangsversicherung. Dadurch, dass die staatliche Versicherung eine Zwangsversicherung ist und dem Einzelnen vorschreiben kann, welcher Versicherung der einzelne beitreten muss, kann die Beweglichkeit der Nachfrage auf ein Minimum reduziert werden und so die Stabilität der Versicherung gesichert werden. Private Versicherungen versuchen das Problem des adverse selection dadurch zu lösen, dass sie u. U. unter Inkaufnahme hoher Informationskosten versuchen, die einzelnen Versicherungsnehmer so exakt wie möglich der jeweiligen Gefahrenklasse zuzuordnen und so faire Versicherungen annähernd zu verwirklichen. Diese Strategie kann aber dazu führen, dass die Informationsbeschaffungskosten steigen und zu einer so starken Erhöhung der Versicherungskosten führen, dass es für viele Versicherungsnehmer nicht mehr attraktiv ist, überhaupt eine Versicherung abzuschließen. Dieses Dilemma stellt sich nicht für eine staatliche Versicherung. Sie kann ohne großen Aufwand bei der Informationsbeschaffung einen relativ einfachen standardisierten Versicherungsvertrag anbieten, den alle Versicherungspflichtigen akzeptieren müssen. Dieser Einsparung an Informationskosten einer staatlichen Versicherung steht aber entgegen, dass sie mit ihrem standardisierten Angebot nicht den Präferenzen der Versicherungsnehmer gerecht wird.

Da das standardisierte Angebot für die guten Risiken keinen fairen Vertrag beinhaltet, wollen diese bei der für sie zu hohen Versicherungsprämie keine Versicherung mit vollem Versicherungsschutz abschließen. Für sie ist die obligatorische standardisierte Versicherung suboptimal und ineffizient. Des Weiteren ist z. B. für die Altersversicherung das Problem des adverse selection relativ irrelevant, da die Versicherungsnehmer im jungen Alter nicht besser als ihre Versicherung darüber informiert sind, wie hoch ihre Lebenserwartungen sind.

Eine staatliche Zwangsversicherung kann nicht nur Informationskosten, sondern auch sogenannte Vertragsanbahnungskosten einsparen. Da die Versicherten Zwangsmitglieder sind, müssen diese von einem Beitritt nicht überzeugt werden. Man benötigt keine teuren Vertreter, die bei privaten Versicherungen bis zu 20 % des Prämienaufkommens erhalten, um die Kunden zu akquirieren. Mit einer solchen Monopolversicherung gehen andererseits all die allokativen Nachteile wie marktwidrige Prämien, zu hohe Verwaltungskosten usw. einher, da ein entsprechender disziplinierender Wettbewerbsdruck fehlt. Lässt man Wettbewerb zu, so muss man auch die unvermeidlichen Transaktionskosten in Kauf nehmen. Nur wenn man aufzeigen kann, dass Wettbewerb auf Versicherungsmärkten disfunktional ist, überzeugt das Argument höherer Transaktionskosten. Im Allgemeinen muss man aber die Vorteile des Wettbewerbs gegen die damit verbundenen Transaktionskosten abwägen. Von daher ist es durchaus problematisch, sich generell für eine Monopollösung auszusprechen, wie dies z. B. zur Zeit im Bereich der Gesetzlichen Krankenkassen diskutiert wird, wo der Wettbewerb – worauf wir später eingehen werden – schon erheblich eingeschränkt und nicht besonders effizient ist.

Staatliche Zwangsversicherungen können vielleicht das Problem des moral hazard besser als private Versicherungen lösen, da den staatlichen Instanzen oft mehr Kontrollmittel zur Verfügung stehen bzw. staatliche Kontrollen eher als die von privaten Versicherungen gesellschaftlich akzeptiert werden. Dieses Argument gilt besonders, wenn es um Kontrollen geht, die die Privatsphäre eines Versicherten betreffen. Z. B. kann eine private Arbeitslosenversicherung wesentlich schlechter Schwarzarbeit aufdecken als staatliche Instanzen. Den Agenturen für Arbeit wird leichter das Recht eingeräumt, im Verdachtsfall Baustellen zu kontrollieren, um zu prüfen, ob Illegale, Arbeitslose oder Nichtversicherte usw. beschäftigt werden.

Solche Kontrollrechte wird man in einem Rechtsstaat privaten Versicherungen nicht ohne weiteres einräumen. Von daher kann man der These mit gewissen Einschränkungen zustimmen, dass bei staatlichen Versicherungen niedrigere Transaktionskosten auftreten und sie von daher effizienter sind. Andererseits muss man sehen – und das zeigt z. B. die Arbeitslosenversicherung –, dass das Interesse der staatlichen Instanzen an der Aufdeckung von moral hazard oft gering ist.

Eng mit dem Hinweis auf das moral hazard-Verhalten der Versicherungsnehmer ist die These verwandt, dass durch die staatliche Zwangsversicherung das sogenannte free rider-Verhalten gegenüber dem Staat besser verhindert werden kann. Damit ist gemeint, dass Personen, die bewusst auf eine Versicherung verzichten, sich darauf verlassen können, dass im Schadensfall der Staat helfend einspringt, wenn durch die private Regulierung des Schadenfalls das Existenzminimum gefährdet ist. Gerade für die Personen, die nur über ein geringes Einkommen verfügen, ist es attraktiv, auf eine Versicherung zu verzichten und sich auf die staatliche Sozialhilfe zu verlassen. Um diese Ausbeutung des Staates zu verhindern, würde aber eine Versicherungspflicht als Alternative ausreichen.

Des Weiteren wird darauf hingewiesen, dass Versicherungen externe Effekte beinhalten, die von den Versicherungsnehmern nur unzureichend in ihrem Versicherungskalkül berücksichtigt werden. Es kommt so zu einem suboptimalen Versicherungsniveau. So führt eine Krankenversicherung, die kostenlos Schutzimpfungen anbietet, dazu, dass die Seuchengefahr zurückgeht. Eine Arbeitslosenversicherung führt zu einer Stabilisierung der effektiven Nachfrage. Dies sind Externalitäten, auf die wir später noch bei den einzelnen Versicherungen eingehen werden.

In diesem Zusammenhang wird zusätzlich darauf hingewiesen, dass die Sozialversicherung die gesellschaftliche Stabilität und damit den sozialen Frieden erhöht. Dadurch, dass durch die Sozialversicherung den Versicherungsnehmern eine relative Einkommenssicherheit gewährt wird, erhöht sich die Akzeptanz der sozialen Marktwirtschaft. Je höher die Akzeptanz eines Systems ist, um so gesicherter sind die Eigentumsrechte und um so höher ist die Investitionsbereitschaft der Unternehmer und damit das wirtschaftliche Wachstum, was wiederum die Finanzierung der Sozialausgaben erleichtert.

Akzeptiert man die These, dass die Sozialversicherung positive externe Effekte bewirkt, so hat man aber damit noch nicht zwingend die Notwendigkeit einer staatlichen Zwangsversicherung abgeleitet. Aus der Allokationstheorie wissen wir, dass Ge- und Verbote beim Vorliegen von Externalitäten ein Instrumentarium zur Realisierung eines Paretooptimums sind. Als Alternative bietet sich aber auch eine Pigousteuer an, bei der die Versicherungsnehmer eine Steuererleichterung in Höhe der paretorirrelevanten externen Effekte bekommen. Durch die Berücksichtigung von Sonderausgaben für Versicherungen in der Einkommensteuererklärung könnte man so das Externalitätenproblem lösen, ohne auf eine staatliche Zwangsversicherung zurückgreifen zu müssen.

Gegen die bis jetzt angeführten Argumente für eine staatliche Zwangsversicherung wird von Kritikern des Sozialstaates angeführt, dass das staatliche Zwangsversicherungssystem Wettbewerb verhindert, da zum einen die Versicherungen staatlich geschützte Monopole darstellen und sie zum anderen keinen Anreiz zur Effizienz haben, da ihnen der Gewinnanreiz fehlt und sie vom Staat kostendeckende Preise garantiert bekommen. Dies führe zu hohen Kosten und zur Ressourcenverschwendung.

Sodann werden dynamische Ineffizienzen in Form geringerer Anpassungsflexibilität und zu niedrigen technischen Fortschritts als Kritikpunkte angeführt. Dem kann entgegengehalten werden, dass auch im staatlichen Versicherungsbereich Wettbewerb realisiert werden kann, wie dies die Reformen im Bereich der Gesetzlichen Krankenversicherung zeigen. Dort werden den Versicherungsnehmern Wahlmöglichkeiten zwischen den Versicherungen eingeräumt. Schließlich kann man auch bei den gesetzlichen Versicherungen Anreize zu effizientem Verhalten setzen, indem man z. B. sparsames Verhalten honoriert.

Des Weiteren ist im privaten Versicherungsbereich der Wettbewerb oft unzureichend. Dies gilt besonders für die privaten Krankenversicherungen, wo es nur einen intensiven Wettbewerb um Neueintretende gibt, aber keinen im Altbestand der Versicherungen. Dies ist u. a. darauf zurückzuführen, dass es keine Portabilität der Rückstellungen beim Versicherungswechsel gibt.

Abschließend ist zu sagen, dass die einseitige Gegenüberstellung von privaten und gesetzlichen Versicherungen eincn unnötigen Alternativenradikalismus darstellt. Es geht in der Realität meist nicht um ein Entweder-Oder, sondern um effiziente Ausgestaltung von Institutionen, die alle mehr oder weniger reguliert sind und sich oft nur partiell in ihrer Struktur unterscheiden. Von daher sollte man sich mehr auf die jeweilig existierenden Institutionen konzentrieren, deren institutionelle Schwächen aufzeigen und beheben, wie dies in den nachfolgenden Kapiteln geschehen soll.

2.7 Literatur zum 2. Kapitel

Atkinson, A. B. (1994): Private and Social Insurance, and the Contributory Principle, in: N. Barr, D. Whynes (eds.), Current Issues in the Economics of Welfare, London, 2. ed., S. 30 - 37.

Berthold, N. (1988): Marktversagen, staatliche Intervention und Organisationsformen Sozialer Sicherung, in: G. Rolf u. a. (Hrsg.), Sozialvertrag und Sicherung, Frankfurt, S. 339 - 369.

Finsinger, J. (1989): Zur Liberalisierung des Preiswettbewerbs in der Versicherungswirtschaft, in: H. St. Seidenfus (Hrsg.), Deregulierung – eine Herausforderung an die Wirtschafts- und Sozialpolitik in der Marktwirtschaft, Berlin, S. 129 - 148.

Kotlikoff, L. J., Spivak, A. (1981): The Family as an Incomplete Annuities Market, in: Journal of Political Economy, Vol. 89, S. 372 - 391.

Schönbäck, W. (1988): Subjektive Unsicherheit als Gegenstand staatlicher Intervention, in: G. Rolf u. a. (Hrsg.), Sozialvertrag und Sicherung, Frankfurt, S. 45 - 63.

Ungern-Sternberg, Th. von (2002): Wir brauchen Monopolversicherungen gegen Elementarschäden, in: Wirtschaftsdienst, 82. Jg., S. 579 - 582.

Vaubel, R. (1983): Die soziale Sicherung aus ökonomischer Sicht, in: H. Siebert (Hrsg.), Perspektiven der deutschen Wirtschaftspolitik, Stuttgart u. a., S. 151 - 165.

Zohlnhöfer, W., Eggerstedt, H. (1989): Deregulierung in der deutschen Versicherungswirtschaft: Die Liberalisierung des Bedingungswettbewerbs, in: H. St. Seidenfus (Hrsg.), Deregulierung – eine Herausforderung an die Wirtschafts- und Sozialpolitik in der Marktwirtschaft, Berlin, S. 115 - 128.

Zweifel, P., Eisen, R. (2000): Versicherungsökonomie, Berlin u. a.

3. Gesetzliche Rentenversicherung (SGB VI)

3.1 Beweggründe für soziale Reformen im Industrialisierungsprozess

3.1.1 Sozialpolitik aus Einsichtsgründen

Wie fast alle sozialpolitischen Institutionen ist auch die Ausgestaltung der Gesetzlichen Rentenversicherung der Bundesrepublik nur nachvollziehbar, wenn man sie aus der historischen Perspektive betrachtet. Schon 1889 wurde mit dem Gesetz über die Invaliditäts- und Alterssicherung, das im Wesentlichen von von Bismarck initiiert war, die grundlegende Struktur der heutigen Rentenversicherung geschaffen.

Ausgangspunkt der sozialversicherungspolitischen Aktivitäten im Deutschen Reich war die Kaiserliche Botschaft vom 17. November 1881, in der sich der Staat als verantwortlich für die sozial Schwachen betrachtete und die auch als "Magna Charta der Sozialversicherung" bezeichnet wird.

In ihr wurde zum Ausdruck gebracht, „dass die Heilung der sozialen Schäden nicht ausschließlich im Wege der Repression sozialdemokratischer Ausschreitungen, sondern gleichmäßig auf dem der positiven Förderung des Wohles der Arbeiter zu suchen sein werde".

Wie kam es zum sozialpolitischen Engagement des Staates zum Ende des vorletzten Jahrhunderts, lag doch bis zu diesem Zeitpunkt die Betreuung der sozial Schwachen im Wesentlichen in den Händen der Fürsorgeeinrichtungen, insbesondere der Kirchen und Kommunen? Die sozialpolitischen Reformen von Bismarcks können nicht monokausal begründet werden. Es gibt eine Vielzahl von Thesen, die zur Erklärung dieser Entwicklung angeführt werden.

Jede Sozialpolitik fußt auf normativen Überlegungen, die sie zu ihrer Legitimierung benötigt. Während zu Beginn der Industrialisierung die wirtschaftliche Entwicklung und die sozialen Hierarchien als von Gott gegeben und als unumstößlich angesehen wurden, änderte sich diese Einstellung mit der Aufklärung. Mit Aufkommen des Rationalismus setzte sich die Auffassung durch, dass auch gesellschaftliche Prozesse gezielt beeinflusst werden können und – was für die Sozialpolitik von besonderer Bedeutung war – dass man für diese Entwicklungen mitverantwortlich ist, d. h. man mit Verpflichtungen konfrontiert wird. Während noch unter den Vorstellungen von Malthus Armut und Elend als unvermeidbares Schicksal angesehen wurden, zeigten die Überlegungen der Sozialisten Utopien eines radikalen Gesellschaftswandels auf. Hinzu kamen die naturrechtlichen Überlegungen der Aufklärung, nach denen jedes Individuum unveräußerbare Individualrechte hat, für deren Sicherung der Staat verantwortlich sei. Die Verwirklichung der Individualrechte verlangte demnach nicht nur einen starken Rechtsstaat (siehe Verbot der Kinderarbeit, Abschaffung der Leibeigenschaft, Einführung der Gewerbefreiheit und Aufhebung des Zunftwesens usw.), sondern auch eine materielle Absicherung der sozial Schwachen.

3.1.2 Materielle Lage

Wie bitter nötig eine materielle Absicherung der sozial Schwachen war, schildert Engels in seinem Werk „Die Lage der arbeitenden Klasse in England", in dem er die gravierenden Fehlentwicklungen der frühen Industrialisierungsphase aufzeigte. Sie war gekennzeichnet durch den starken Konflikt zwischen Kapital und Arbeit. Gerade die neu entstandene Arbeiterklasse, die mit Hungerlöhnen, unzureichender Versorgung mit Wohnraum sowie mit hoher Arbeitslosigkeit konfrontiert war, benötigte Hilfe. Denn die alten Sicherungseinrichtungen, die, wie das Zunftwesen, die Familie „im ganzen Haus" als auch die kirchlichen und kommunalen Hilfseinrichtungen, stark patriarchalisch ausgerichtet waren, befanden sich in einem starken Erosionsprozess. Durch die Landflucht der Mägde und Knechte wurden die Großgrundbesitzer aus ihrer Verantwortung entlassen, und es kam zur Pauperisierung in den Städten.

3.1.3 Gewerkschaftliche Organisation

Die Arbeitnehmer nahmen die für sie ungünstige wirtschaftliche Entwicklung nicht als Schicksal hin, wie dies das Eherne Lohngesetz von Lasalle u. a. besagte. Sie begannen sich zu organisieren. Zuerst bildeten die aus dem Zunftwesen kommenden Gesellen ihre Gewerkvereine, die ersten Gewerkschaften. Mit der Bildung der Gewerkschaften wollten sie die

Macht des Kapitals auf dem Arbeitsmarkt brechen und höhere Löhne durchsetzen, die über dem Existenzminimum lagen. Die Arbeitnehmer organisierten sich aber nicht nur auf dem Arbeitsmarkt. Sie gründeten darüber hinaus Konsumgenossenschaften, um die Macht der Unternehmer auf dem Gütermarkt zu brechen. Darüber hinaus gründeten sie ihre auf Gegenseitigkeit aufbauenden Arbeitslosen- und Krankenversicherungen. All diese Entwicklungen waren für die herrschende Klasse eine existentielle Gefährdung, waren doch die Gewerkschaften nicht auf Reformen, sondern auf eine Zerstörung des Kapitalismus aus. Je gefestigter aber die Gewerkschaften wurden, um so leichter wurde es ihnen möglich, ihre Ziele zu verwirklichen. Aufgabe der staatlichen Sozialpolitik war es deshalb, die Organisationen der Gewerkschaften zu schwächen. Dies gelang zum Teil dadurch, dass man die gewerkschaftlichen Versicherungen verbot und alternative obligatorische staatliche Sicherungseinrichtungen anbot, die für viele Arbeitnehmer besonders attraktiv waren, da sie staatlich subventioniert wurden.

3.1.4 Politischer Druck

Die Arbeitnehmer waren nicht nur im wirtschaftlichen Bereich aktiv und erfolgreich, sondern sie gewannen auch im politischen Bereich an Einfluss. Der von der Arbeiterschaft getragenen Sozialdemokratie gelang es, bei den Wahlen erheblichen Stimmenzuwachs zu realisieren. Der Staat versuchte diesem Einfluss der Sozialdemokratie dadurch zu begegnen, dass er mit dem Sozialistengesetz von 1878 diese Partei verbot. Es gelang ihm aber nicht, diese Bewegung völlig zu unterdrücken und zu zerschlagen. Ganz im Gegenteil, die Sozialdemokratie war auch im Untergrund erfolgreich. Daraufhin änderte von Bismarck die Strategie. Anstelle des Verbots versuchte von Bismarck, mittels sozialer Reformen das Los der Arbeiterschaft zu verbessern und so die Attraktivität sozialistischer Strömungen zu unterlaufen.

Diese Sozialpolitik von Bismarcks wurde mit Recht als die „Politik des Zuckerbrots zur Peitsche" bezeichnet. Sie war primär gegen die Sozialdemokratie gerichtet. Von Bismarck betrachte die Sozialpolitik als Mittel zum Zweck, als ein Instrument, um einen Keil zwischen die Arbeiterschaft und die Sozialdemokratie zu schlagen. Diese Instrumentalisierung der Sozialpolitik wurde durch die antikapitalistische Einstellung der Sozialisten erleichtert. Für viele Sozialisten hätten sozialpolitische Reformen nur den Untergang des Kapitalismus hinauszögert. Entsprechend wurden alle wichtigen sozialpolitischen Gesetze in der von Bismarck-Ära ohne Zustimmung der SPD verabschiedet. Dies gilt für die Krankenversicherung von 1883 sowie die Unfallversicherung von 1884 und die Rentenversicherung von 1889. Erst die Arbeitslosenversicherung von 1927 wurde aufgrund der Initiative der SPD verwirklicht.

3.2 Aufbau der Gesetzlichen Rentenversicherung

Fast alle gesetzlichen Regelungen zu den einzelnen Zweigen der Gesetzlichen Sozialversicherung findet man in den Sozialgesetzbüchern. Im SGB I, dem ersten Buch, findet man die allgemeinen Regelungen der Sozialen Sicherung. Im SGB IV sind die gemeinsamen Vorschriften für die Sozialversicherung zusammengefasst. Das SGB X beschäftigt sich mit den Verwaltungsverfahren, dem Schutz von Sozialdaten, der Zusammenarbeit der Leistungsträger und ihrer Beziehung zu Dritten. Für jeden Zweig der Gesetzlichen Sozialversicherung gibt es ein entsprechendes Buch, in dem man die spezifischen Regelungen findet. Im SGB III, das anstelle des Arbeitsförderungsgesetzes (AFG) verabschiedet worden ist, findet man die Regelungen zur Arbeitslosenversicherung. Die Vorschriften der Gesetzlichen Krankenversicherung sind im V. Buch, die der sozialen Pflegeversicherung im XI. Buch, und die der Rentenversicherung im SGB VI zusammengefasst. Hinzu kommen in 2005 die Grundsicherung für Arbeitsuchende als II. und die Sozialhilfe als XII. Buch.

3.2.1 Personeller Umfang der GRV

Kennzeichnend für den personellen Umfang der Gesetzlichen Rentenversicherung ist, dass Personen, die gegen Arbeitsentgelt oder zu ihrer Berufsausbildung beschäftigt sind, in der Gesetzlichen Rentenversicherung (GRV) versicherungspflichtig sind. Insbesondere sind alle Arbeiter, Angestellte und Handwerker unabhängig von der Höhe ihres Einkommens pflichtversichert. Selbständig Tätige, wie Lehrer, Erzieher, Pflegepersonen, die keinen versicherungspflichtigen Arbeitnehmer beschäftigen, Hebammen, Hausgewerbetreibende, die faktisch der Status der Scheinselbständigkeit kennzeichnet, sind ebenfalls versicherungspflichtig. Darüber können bestimmte Personenkreise auf Antrag versicherungspflichtig werden. Des Weiteren können sich nicht Versicherungspflichtige freiwillig versichern.

Beamte, Richter, Soldaten auf Zeit und Berufssoldaten u. a. sind versicherungsfrei. Vorübergehend und geringfügig Beschäftigte mit einer Beschäftigung von weniger als 15 Stunden in der Woche und einem Monatsarbeitsentgelt von weniger als 325 Euro, ab 1.4.2003 von 400 Euro sind ebenfalls versicherungsfrei.

3.2.2 Organisation der GRV

Die Gesetzliche Rentenversicherung ist ständestaatlich aufgebaut. Dies kann man nur aus der historischen Entwicklung heraus erklären. Insbesondere wird die organisatorische Trennung zwischen Arbeitern und Angestellten der Entwicklung auf dem Arbeitsmarkt nicht gerecht.

Zum einen existiert die Rentenversicherung der Arbeiter. Sie ist regional in Landesversicherungsanstalten (LVA) aufgeteilt. Zum anderen sind die Angestellten in der Rentenversicherungsanstalt der Angestellten (BfA) versichert. Darüber hinaus gibt es für die Bergleute die Knappschaftsversicherung, die Rentenversicherung der Handwerker sowie die Rentenversicherung der Landwirte. Letztere kann man nur eingeschränkt als eine Versicherung bezeichnen. Sie wird stark subventioniert und ist mehr als ein Instrument der Agrarpolitik zur Förderung der Landwirtschaft zu verstehen.

Die Versicherungsanstalten sind Körperschaften des öffentlichen Rechts. Ihre Kontrollgremien sind paritätisch von den Arbeitgebern und den Arbeitnehmern besetzt. Es liegt also eine Selbstverwaltung der Rentenanstalten vor. Von echter Selbstverwaltung durch die Versicherten kann man aber nur in eingeschränkter Form sprechen. Die Beteiligung der Versicherten an den Sozialwahlen, bei denen die Mitglieder der Kontrollgremien gewählt werden, ist auf Seiten der Versicherten gering. Des Weiteren ist der Entscheidungsspielraum der gewählten Gremien minimal. Sie dürfen weder autonom die Beitragssätze zur Gesetzlichen Rentenversicherung noch die Leistungen festlegen. Diese Rechte liegen allein beim Gesetzgeber, dem Parlament.

3.2.3 Leistungen der GRV

Grundlegende Aufgabe der Rentenversicherung ist die Abdeckung des Risikos des Alters. Nun stellt aber der Tatbestand, alt zu werden, kein wirkliches Risiko dar. Nicht das Alter wird versichert, sondern es wird der Einkommensausfall im Alter abgesichert, der auf die unzureichende Erwerbsfähigkeit im Alter zurückzuführen ist. Man spricht auch von der Lohnersatzfunktion der Rente. Dieser Einkommensausfall ist aber – insbesondere aufgrund der gesetzlichen Regelungen zum Ruhestand – relativ sicher und vorhersehbar. Originäres Risiko ist vielmehr der Zeitraum der Länge des Einkommensausfalls, der von der individuellen Lebenserwartung abhängt.

Zu Einkommensausfällen kann es aber auch schon vor dem Zeitpunkt der Verrentung, z. B. aufgrund von Arbeitsunfähigkeit kommen, so dass die Rentenversicherung auch in früheren Jahren das Risiko des Lohnausfalls abdecken muss. Im einzelnen sieht das Sozialgesetzbuch VI (Gesetzliche Rentenversicherung), das zuletzt 1989 mit der Rentenreform 1992 grundlegend geändert und mit der Einführung der Riester-Rente 2001 (Beginn 2002) wesentlich erweitert wurde, folgende Leistungen im einzelnen vor:

Der Rentenversicherung kommt nicht nur eine Lohnersatzfunktion zu, sondern sie soll auch einen durch Arbeitsunfähigkeit bedingten Einkommensausfall verhindern bzw. im nachhinein beseitigen.

Entsprechend sieht das Sozialgesetzbuch im 2. Unterabschnitt des II. Kapitels des VI. Sozialgesetzbuches eine Vielzahl von Rehabilitationsmaßnahmen im Bereich der medizinischen und berufsfördernden Leistungen vor, die einen Vorrang vor den Rentenleistungen haben. Zur finanziellen Absicherung bei Rehabilitation erhalten die Versicherten ein Übergangsgeld, das sich für Versicherte mit einem Kind bei medizinischen Leistungen auf 90 %, bei berufsfördernden Leistungen auf 80 % des regelmäßigen Arbeitsentgelts und Arbeitseinkommens (Regelentgelt) beläuft, das aber nicht höher als das Nettoentgelt sein darf.

Der größte Ausgabenposten der Gesetzlichen Rentenversicherung sind die Ausgaben für Renten. Es gibt ganz unterschiedliche Rentenarten, von denen die bekannteste die Regelaltersrente ist. Auf sie hat jeder Versicherte, der das 65. Lebensjahr vollendet hat und die allgemeine Wartezeit von 5 Jahren erfüllt hat, Anspruch.

Ein Großteil der Versicherten lässt sich aber schon vor der Vollendung des 65. Lebensjahres verrenten. So können langjährige Versicherte schon mit dem 63. Lebensjahr Rente beziehen und eine Altersrente für langjährige Versicherte erhalten, wenn sie eine Wartezeit von 35 Jahren erfüllt haben.

Noch früher – nämlich mit Vollendung des 60. Lebensjahres – können Schwerbehinderte und Erwerbsunfähige in Rente gehen, wenn sie eine Wartezeit von 35 Jahren erfüllt haben.

Mit der Vollendung des 60. Lebensjahres können auch Arbeitslose in Rente gehen, wenn sie innerhalb der letzten 1 $^1/_2$ Jahre vor Beginn der Rente insgesamt 52 Wochen arbeitslos waren und u. a. eine Wartezeit von 15 Jahren erfüllt haben.

Die 60-Jahr-Regelung gilt auch für Frauen, wenn sie nach dem 40. Lebensjahr mehr als 10 Jahre Pflichtbeitragszeiten und eine Wartezeit von 15 Jahren erfüllt haben.

Aber auch vor Erreichung des 60. Lebensjahres wird eine Rente gewährt, wenn der Fall der Erwerbsunfähigkeit vorliegt. Diese wird bis zur Vollendung des 65. Lebensjahres gezahlt. Bei den bis jetzt angeführten Rentenarten existieren noch spezielle Regelungen für Bergleute.

Die dritte Klasse von Renten ist die, die wegen Todes geleistet wird. Anzuführen sind hier die Witwen- oder Witwerrente im Falle des Todes des Versicherten (des Ehepartners), auf die ein Anspruch besteht, sofern der Versicherte die allgemeine Wartezeit erfüllt hat. Dabei wird zwischen der großen Witwen-/Witwerrente (im Falle eines Kindes unter 18 Jahren, oder wenn Witwer- bzw. Witwerin älter als 45 Jahre oder berufs- bzw. erwerbsunfähig sind) bzw. der kleinen Witwen-/Witwerrente unterschieden, wobei im letzteren Fall der Rentenanspruch geringer ausfällt.

Darüber hinaus haben geschiedene Versicherte bis zur Vollendung des 65. Lebensjahres Anspruch auf Erziehungsrente, wenn 1. ihr geschiedener Ehepartner gestorben ist, 2. sie ihr eigenes Kind oder ein Kind des geschiedenen Ehegatten erziehen und sie 3. nicht wieder geheiratet haben sowie 4. bis zum Tode des Ehepartners die allgemeine Wartezeit erfüllt haben.

Des Weiteren haben Kinder nach dem Tod mindestens eines Elternteils Anspruch auf eine Waisenrente. Die Rentenversicherung erbringt auch noch sogenannte Zusatzleistungen. Darunter werden u. a. die Zuschüsse zur Kranken- und Pflegeversicherung verstanden. Dabei übernimmt die Rentenversicherung bei der Kranken- und Pflegeversicherung 50 % der tatsächlichen Beitragsaufwendungen für in der Krankenversicherung pflichtversicherte Rentner. Ab dem 1.4.2004 tragen die Rentner den vollen Beitrag zur Pflegeversicherung.

Eine Erneuerung stellt das Rentensplitting dar, nach dem Ehepartner bestimmen können, die in der Ehe gemeinsam erworbenen Rentenansprüche hälftig zu teilen. Die so erworbenen Rentenansprüche unterliegen nicht wie bei der Hinterbliebenenversorgung der Einkommensanrechnung und entfallen auch nicht bei einer Wiederverheiratung. Da Frauen im Allgemeinen geringere eigene Rentenansprüche als ihre Partner haben, führt das Rentensplitting regelmäßig zu höheren eigenständigen Rentenansprüchen der Frauen.

3.2.4 Finanzierung der GRV

Die immensen Ausgaben der Rentenversicherung werden durch Beiträge, Zuschüsse des Bundes sowie aus Zinserträgen finanziert.

Dabei sind die Beiträge der wichtigste Einnahmenposten. Sie werden zu gleichen Teilen vom Arbeitgeber und vom Arbeitnehmer getragen. Die Höhe der Beiträge eines Mitgliedes der GRV bestimmt sich über den Beitragssatz und die Beitragsbemessungsgrenze. Der Beitragssatz gibt an, wie viel Prozent seines Arbeitsentgeltes, das die Beitragsbemessungsgrundlage darstellt, in die Rentenversicherung eingezahlt werden muss. Dieser Beitragssatz ist in den letzten Jahrzehnten ständig gestiegen, wie dies in Tabelle 3.1. deutlich wird.

Ein konstanter Beitragssatz sorgt für eine Dynamik im Beitragsaufkommen der Rentenversicherungsanstalt. Steigt das nominale Sozialprodukt, so steigt auch – sofern die Lohnquote konstant bleibt – das Beitragsaufkommen. Von daher ist die Rentenversicherung inflationsgeschützt und partizipiert am realen Wachstum einer Volkswirtschaft.

Darüber hinaus sorgt der Anstieg der Beitragsbemessungsgrenze, wie er in Tabelle 3.2. dargestellt ist, für ein höheres Beitragsaufkommen. Die Beitragsbemessungsgrenze betrug bis Ende 2002 das 1,8-fache des Durchschnittseinkommens und seit 2003 das 2-fache.

Die Beitragsbemessungsgrenze gibt an, welches Arbeitsentgelt maximal bei der Bestimmung der Rentenversicherungsbeiträge berücksichtigt wird. Ein Arbeitnehmer muss maximal den Beitragssatz von X % multipliziert mit der Beitragsbemessungsgrenze an die Rentenversicherung leisten. Einkommen, die die Beitragsbemessungsgrenze übersteigen, bleiben in der GRV unberücksichtigt. Darüber hinaus mussten Arbeitnehmer, die nur eine geringfügige Beschäftigung hatten, bis 1999 keine Beiträge zur Rentenversicherung leisten. Geringfügige Beschäftigung liegt vor, wenn das Einkommen unter einer Grenze liegt, die von Jahr zu Jahr neu bestimmt wird.

Die Geringfügigkeitsgrenze, die in Ostdeutschland aufgrund der schlechteren Einkommenssituation niedriger als in Westdeutschland ist, ist in Tabelle 3.3. dargestellt.

Jahr	ArV/AnV	KnRV
1957-1967	14	23,5
1968	15	23,5
1969	16	23,5
1970-1972	17	23,5
1973-1980	18	23,5
1981	18,5	24
1982-1983 (31.8)	18	23,5
1983 (1.9)	18,5	24
1984	18,5	24,25
1985	18,7	24,45
1985(1.6.)-1986	19,2	24,95
1987-1991 (31.3.)	18,7	24,45
1991 (1.4.)-1992	17,7	23,45
1993	17,5	23,25
1994	19,2	25,5
1995	18,6	24,7
1996	19,2	25,5
1997	20,3	26,9
1998	20,3	26,9
1999 (ab 1.4.)	19,5	25,9
2000	19,3	25,6
2001	19,1	25,4
2002	19,1	25,4
2003	19,5	25,9
2004	19,5	25,9

AnV – Angestelltenversicherung, ArV – Arbeiterrentenversicherung, KnRV – Knappschaftliche Rentenversicherung

Bei Arv/AnV zahlen Arbeitnehmer und Arbeitgeber je die Hälfte, bei der KnRV zahlen sie unterschiedlich hohe Beitragsanteile.

Tab. 3.1.: Beitragssätze in Prozent des Bruttoarbeitsentgelts, Quelle: Statistisches Bundesamt / BfA

Gesamtdeutschland			Neue Bundesländer		
Jahr	**ArV/AnV**	**Kn RV**	**Jahr**	**ArV/AnV**	**Kn RV**
1957	750	1 000			
1960	850	1 000			
1965	1 200	1 500			
1970	1 800	2 100			
1975	2 800	3 400			
1980	4 200	5 100			
1985	5 400	6 700			
1990	6 300	7 800	1991	3 000	3 000
1991	6 500	8 000	01.07.1991	3 400	3 400
1992	6 800	8 400	1992	4 800	5 900
1993	7 200	8 900	1993	5 300	6 500
1994	7 600	9 400	1994	5 900	7 300
1995	7 800	9 600	1995	6 400	7 800
1996	8 000	9 800	1996	6 800	8 400
1997	8 200	10 100	1997	7 100	8 700
1998	8 400	10 300	1998	7 000	8 600
1999	8 500	10 400	1999	7 200	8 800
2000	8 600	10 600	2000	7 100	8 700
2001	8 700	10 700	2001	7 300	9 000
2002	4 500	5 550	2002	3 750	4 650
2003	5 100	6 250	2003	4 250	5 250
2004	5 150	6 350	2004	4 350	5 350

AnV – Angestelltenversicherung
ArV – Arbeiterrentenversicherung
KnRV – Knappschaftliche Rentenversicherung

Tab. 3.2.: Beitragsbemessungsgrenzen in DM (ab 2002 in Euro) monatlich (jeweils zum 1. Januar), Quelle: Bundesministerium für Arbeit und Sozialordnung / BfA

	WEST	OST		WEST	OST
1990	470 DM	-	1996	590 DM	500 DM
1991					
(bis 30.6.)	480 DM	220 DM	1997	610 DM	520 DM
(nach 1.7.)	480 DM	250 DM			
1992	500 DM	300 DM	1998	620 DM	520 DM
1993	530 DM	390 DM	1999	630 DM	530 DM
1994	560 DM	440 DM	2003	400 Euro	400 Euro
1995	580 DM	470 DM	2004	400 Euro	400 Euro

*Tab. 3.3.: Geringfügigkeitsgrenze, Quelle: Bundesministerium für Arbeit
und Sozialordnung*

Während früher geringfügig Beschäftigte weder in der Renten- noch in der Krankenversicherung versichert waren, ist dies mit dem 630 DM-Gesetz von 1999 und mit der 400 Euro-Regelung von 2003 für Mini-Jobs grundlegend geändert worden. Heute muss der Arbeitgeber für Arbeitnehmer mit einem Entgelt bis zu 400 Euro pro Monat eine Pauschalabgabe in Höhe von 25 % des Entgelts zahlen. Diese Abgabe umfasst eine Zahlung von 12 % in die Renten-, von 11 % in die Krankenversicherung und eine 2 %-Pauschalsteuer mit Abgeltungswirkung. Durch diese Regelung erhalten die Beschäftigten einen vollen Krankenversicherungsschutz, aber nur einen eingeschränkten Rentenversicherungsanspruch. Um einen vollen Leistungsanspruch in der Rentenversicherung zu erhalten, kann der Arbeitnehmer freiwillig die 12 % Abgabe auf den regulären Beitragssatz aufstocken.für Mini-Jobs in privaten Haushalten gilt eine geringere Abgabenquote von 12 % (je 5 % für Renten- und Krankenversicherung und 2 % Pauschalsteuer). Um die Gesetzliche Krankenkasse nicht zu sehr zu belasten, zahlen Arbeitgeber den Pauschalbeitrag von 11 % für die Gesetzlichen Krankenkassen nur für die geringfügig Beschäftigten, die schon in der Gesetzlichen Krankenversicherung versichert (auch familienversichert) sind. Diese Regelung verhindert, dass Nichtversicherte durch minimale Zahlungen des Arbeitgebers einen Leistungsanspruch in der Gesetzlichen Krankenversicherung über einen Mini-Job erhalten.

Diese Regelung der Mini-Jobs gilt nicht nur für Beschäftigte, die nur eine geringfügige Beschäftigung aufnehmen, sondern auch für diejenigen, die eine sozialversicherungspflichtige Beschäftigung zusätzlich aufnehmen.

Ab einem Einkommen von 401 Euro sind eigentlich Arbeitnehmer voll versicherungspflichtig. Sie müssten Beiträge in die Arbeitslosen-, Renten-, Kranken- und Pflegeversicherung in Höhe von circa 21 % ihres Einkommens zahlen, was bei einem Einkommenszuwachs von 400 Euro auf 401 zu einer drastischen Reduzierung des verfügbaren Einkommens in Höhe von ungefähr 85 Euro führen würde. Um diese Niedriglohnschwelle zu beseitigen, die eine Ausweitung der Beschäftigung im Niedriglohnbereich blockiert, ist eine Gleitzone für den Bereich zwischen 400 Euro und 800 Euro eingeführt worden. Der Arbeitnehmerbeitrag steigt in diesem Bereich von circa 4 % auf den vollen Arbeitnehmerbeitrag von 21 %. Dies bedeutet, dass der gemeinsame Beitrag von Arbeitgeber und Arbeitnehmer in der Rentenversicherung von 12 % bei 400 Euro auf 19,5 % bei 800 Euro ansteigt.

In Abbildung 3.1. ist die Beziehung zwischen Entgelt und Beitragsleistungen aufgezeigt. Aus der Abbildung wird ersichtlich, dass die Aufkommensfunktion der GRV im Gegensatz zur Einkommensteuer ab der Beitragsbemessungsgrenze regressiv ist. Mit steigendem Einkommen sinkt der relative Anteil der Beiträge am Einkommen.

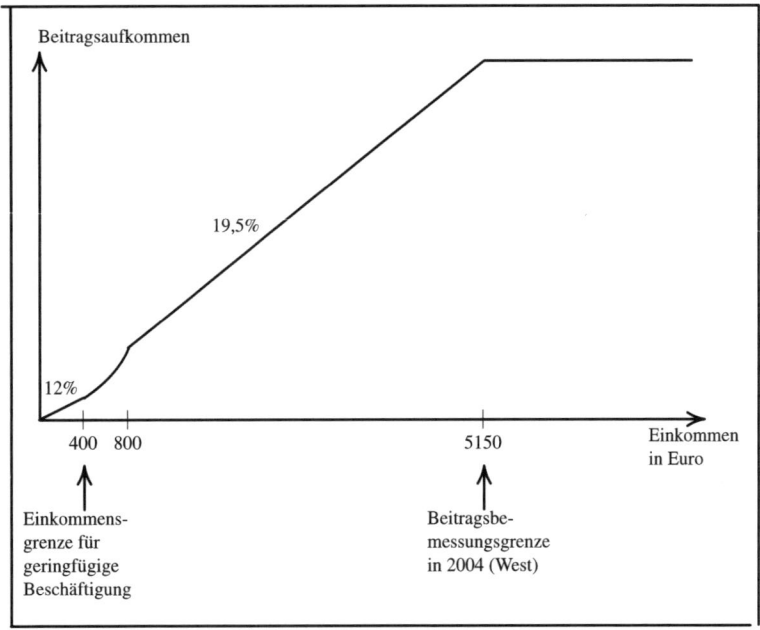

Abb. 3.1.:Beitragsaufkommen in der GRV

Die Summe der Einkommen, wobei die Einkommen oberhalb der Beitragsbemessungsgrenze nur bis zu dieser Grenze berücksichtigt werden, bildet die Grundlohnsumme, so dass das Beitragsaufkommen der Rentenversicherungsanstalt dem Produkt aus Grundlohnsumme multipliziert mit dem jeweiligen Beitragssatz entspricht. Von der grundlegenden Aufgabe der Rentenversicherung aus betrachtet, Sicherheit im Alter zu gewährleisten, ist der regressive Verlauf der Beitragsaufkommensfunktion relativ unproblematisch.

Völlig anders stellt sich die Situation dar, wenn die Rentenversicherung versicherungsfremde Leistungen, wie z. B. den Aufbau Ost finanzieren soll, die eigentlich vom Staat getragen werden sollten. Unter Verteilungsgesichtspunkten macht es einen erheblichen Unterschied, ob solche Leistungen über Rentenversicherungsbeiträge oder über Steuern finanziert werden. Je stärker eine beitragsbezogene Finanzierung gewählt wird, um so stärker sind die Arbeitnehmer mit einem Einkommen unter der Beitragsbemessungsgrenze finanziell betroffen. Beamte, Rentner, Selbständige werden überhaupt nicht zur Finanzierung herangezogen. Beschäftigte mit einem hohen Einkommen jenseits der Beitragsbemessungsgrenze tragen nur einen relativ geringen Anteil.

Kennzeichnend für die GRV ist das Umlageverfahren, das später noch ausführlich behandelt wird und für das gilt, dass die Einnahmen den Ausgaben der gleichen Periode entsprechen sollen. Anhand dieser Identität:

Einnahmen = Ausgaben

lässt sich der Beitragssatz als endogene Variable bestimmen.

Es seien:

BZ = Zahl der Beitragszahler
Ed = Durchschnittseinkommen der Beitragszahler
RB = Zahl der Rentenbezieher
Rd = Durchschnittsrente,

dann muss für den Beitragssatz s gelten, wenn wir von den spezifischen Regelungen für geringfügig Beschäftigte absehen:

$$Bz \cdot Ed \cdot s = RB \cdot Rd \quad \text{oder} \quad s = \frac{RB}{BZ} \cdot \frac{Rd}{Ed}.$$

Wir erhalten die fundamentale Beziehung:

Beitragssatz = Rentnerquote x Rentenniveau,

wobei die Rentnerquote das Verhältnis zwischen Rentnern und Beitragszahlern und das Rentenniveau das Verhältnis von Durchschnittsrente zu
Durchschnittseinkommen der Beitragszahler angeben. Soll bei sich än-
dernder Rentnerquote das Rentenniveau konstant gehalten werden, so muss
der Beitragssatz ständig korrigiert werden. Da in den nächsten Jahrzehnten
die Rentnerquote immens ansteigen wird, besteht ein erheblicher politischer Handlungsbedarf bei der Finanzierung der Renten.

Als weiteres Finanzierungsinstrument der GRV wurde der Bundeszuschuss
erwähnt. Da sich die GRV als eine Gefahrengemeinschaft versteht, sollten
prinzipiell die Ausgaben der GRV über Beiträge ihrer Mitglieder finanziert
werden und nicht durch systemwidrige Zuschüsse des Bundes. Eine Gefahrengemeinschaft ist aber nur dann funktionsfähig, wenn allein Mitglieder
dieser Gemeinschaft Leistungen erhalten, die dem Selbstverständnis dieser
Gemeinschaft entsprechen. Die GRV ist aber im Wesentlichen fremdbe-
stimmt. Nicht die Mitglieder entscheiden über die Aufgaben und Leistungen der GRV, sondern der Bundestag und -rat.

Und die politischen Instanzen bürden der GRV immer mehr Lasten auf, die
keine originäre Aufgaben einer Gefahrengemeinschaft sind. Von daher ist
es durchaus gerechtfertigt, dass die GRV über Bundeszuschüsse finanziert
wird, um ihre versicherungsfremden Leistungen zu finanzieren. Zu den
versicherungsfremden Leistungen gehören z. B.: Rente nach Mindesteinkommen, Anrechnung der Bundeswehrzeit bzw. Ausbildungszeiten und
auch – was umstritten ist – die Anrechnung von Kindererziehungszeiten.

Nun kann man aber eine große Diskrepanz feststellen. Einerseits sind die
Belastungen der GRV durch staatliche Vorgaben in den letzten Jahrzehnten
eher gestiegen, insbesondere durch die Leistungen der GRV für Ostdeutschland, andererseits, wie aus Tabelle 3.4. ersichtlich wird, sind die
Bundeszuschüsse in den letzten Jahren relativ gesunken.

Um das Aufkommen der Rentenversicherung zu stabilisieren und die
Renten sicherer zu machen, hat man für den Bundeszuschuss eine Regel-
bindung eingeführt. Bei einer Regelbindung wird der Zuschuss an die
Entwicklung bestimmter Indikatoren angebunden und der diskretionäre
Spielraum des Parlaments eingeschränkt. So soll sich der Bundeszuschuss
entsprechend der Änderungsrate der Bruttolohn- und -gehaltssumme ein-
schließlich der Veränderung des Beitragssatzes der GRV ändern. Des
Weiteren fließen der Rentenversicherung Mittel aus der ökologischen
Steuerreform zu.

Jahr	Einnahmen Insgesamt in Mio. DM	Beiträge in Mio. DM	Bundeszuschuss in Mio. DM	Bundeszuschuss in % d. ges. Einnahmen
1957	14 204	9 751	3 410	24,01
1960	18 744	11 841	4 100	21,87
1965	30 095	22 496	5 884	19,55
1970	51 330	42 388	7 159	13,95
1975	94 612	76 262	13 361	14,12
1980	135 036	111 205	21 127	15,65
1985	165 518	137 661	25 139	15,19
1990	212 444	174 916	29 697	13,98
1991	257 274	208 926	38 381	14,92
1992	278 680	225 863	46 446	16,67
1993	288 098	232 407	49 610	17,06
1994	319 493	256 662	58 416	18,28
1995	334 165	270 294	59 545	17,82
1996	351 146	282 616	63 233	17,72
1997	389 294	297 402	68 890	17,7
1998	397 163	297 827	82 308	20,72
1999	408 402	311 289	83 188	20,37
2000	417 976	317 167	82 964	19,85
2001	430 551	319 937	89 982	20,9

Tab. 3.4.: Bundeszuschüsse zur GRV, Quelle: Bundesministerium für Arbeit und Sozialordnung / eigene Berechnung

Als dritte Einnahmequelle sind die Zinseinnahmen der Rentenversicherungsanstalt zu nennen. Diese Zinseinkünfte sind aber relativ bedeutungslos, da die GRV nach dem Umlageverfahren aufgebaut ist und in diesem System keine Kapitalakkumulation vorgesehen ist. Die Rentenversicherung verfügt nur über eine sogenannte Schwankungsreserve, um asynchrone Verläufe der Einnahmen und Ausgaben auszugleichen. So ist vorgesehen, dass die GRV über eine Schwankungsreserve von einer Monatsausgabe verfügt. Leider ist es bis jetzt nicht gelungen, die Schwankungsreserven systematisch zu erhöhen, wie dies in Tabelle 3.5. deutlich wird, um Vorsorge zu treffen. Um die angespannte Einnahmesituation auszugleichen und um auf eine notwendige Erhöhung des Beitragssatzes zu verzichten, wurde in 2002 die Schwankungsreserve auf 80 %, ab 2003 auf 50 % und 2004 auf 20% einer Monatsausgabe reduziert.

Jahr	Jahresende (in Mio. DM)	Monatsausgaben
1975	42.979	7,4
1980	18.739	2,1
1985	11.197	1
1990	34.948	2,6
1991	42.789	2,6
1992	49.056	2,6
1993	38.697	1,9
1994	33.455	1,5
1995	21.962	0,9
1996	14.205	0,6
1997	14.267	0,6
1998	17.936	0,7
1999	26.566	1
2000	27.775	1
2001	27.000	0,9

Tab. 3.5.: Schwankungsreserve seit 1975, Quelle: Statistisches Bundesamt/ BmA

Stiegen in der Vergangenheit die Schwankungsreserven, so hat man diese entweder wie in den siebziger Jahren für eine Ausweitung des Leistungskataloges oder wie 1992 für Beitragssenkungen verwendet, um so die Akzeptanz der Erhöhung der Beiträge zur Arbeitslosenversicherung zu verbessern.

3.3 Bestimmung der individuellen Rente

Bis jetzt haben wir nur die unterschiedlichen Rentenarten im Leistungskatalog der GRV dargestellt, ohne auszuführen, wie sich die Höhe der individuellen Rente bestimmt. Durch die Rentenreform 1992 ist eine neue Formel zur Bestimmung der Rente verabschiedet worden, die sich aber inhaltlich nicht grundlegend von der bisherigen Formel unterscheidet. Der Monatsbetrag der Rente (*MR*) bestimmt sich nach als Produkt aus:

$$MR = PEP \cdot RF \cdot ARW$$

Dabei stellt *PEP* die persönlichen Entgeltpunkte dar, die sich bestimmen durch:

$$PEP = \sum EP \times ZF \,,$$

wobei *EP* die erworbenen Entgeltpunkte und *ZF* der Rentenzugangsfaktor sind. Die Entgeltpunkte sorgen dafür, dass Arbeitnehmer, die für lange Zeit Beiträge in die Rentenversicherung und die hohe Beiträge geleistet haben, eine entsprechend hohe Rente erhalten und dass das Äquivalenzprinzip annähernd erfüllt wird.

Man erhält nämlich Entgeltpunkte für:

1. Beitragszeiten,

2. beitragsfreie Zeiten,

3. Zuschläge für beitragsgeminderte Zeiten,

4. Zu- oder Abschläge aus einem durchgeführten Versorgungsausgleich.

Für die Beitragszeiten erhält der Versicherte Entgeltpunkte, die dem Verhältnis seines jeweiligen beitragspflichtigen Entgelts zum Durchschnittsentgelt aller Versicherten des entsprechenden Jahres entsprechen. Hat ein Versicherter in einem Jahr ein beitragspflichtiges Einkommen in Höhe des Durchschnittsentgelts, so erhält er für diese Zeit einen Entgeltpunkt. Mit den Entgeltpunkten wird der relative Abstand der individuellen Beiträge zu den Durchschnittsbeiträgen berücksichtigt.

Nicht in allen Fällen bestimmt sich die Höhe des Entgeltpunktes nach dem tatsächlichen Einkommen. Im Falle von Kindererziehungszeiten liegt sie bei eins. Dabei wurden nur die ersten drei Jahre der Kindererziehung berücksichtigt. Die Rentenreform 2001 sieht nun auch die Berücksichtigung der anschließenden sieben Jahre der Kindererziehung vor. Die Einkünfte erwerbstätiger Erziehender werden bei der Anrechnung in der GRV um 50 % bis zum Durchschnittseinkommen aufgewertet. Können Erziehende wegen der gleichzeitigen Erziehung von mindestens zwei Kindern, die jünger als zehn Jahre sind, nicht erwerbstätig sein, so erhalten sie pro Erziehungsjahr 1/3 Entgeltpunkte.

Auch die beitragsfreien Zeiten werden bei der Bestimmung der individuellen Rente berücksichtigt. Beitragsfreie Zeiten bestehen aus Anrechnungszeiten (Zeiten der Arbeitslosigkeit, Krankheit, Schwangerschaft, Besuch einer Schule, Fachhochschule usw. nach dem 16. Lebensjahr), Ersatzzeiten

(Zeiten des Militärdienstes) sowie Zurechnungszeiten, wobei letztere nur für die Bestimmung einer Rente wegen Erwerbsunfähigkeit von Bedeutung sind.

Für die beitragsfreien Zeiten bestimmt sich die Höhe der Entgeltpunkte nach der Gesamtleistungsbewertung. Beitragsfreie Zeiten werden nach dem Durchschnittswert an Entgeltpunkten der Beitragszeiten bemessen. Für Zeiten der Krankheit und Arbeitslosigkeit gilt aber nur eine begrenzte Gesamtleistungsbewertung. In diesen Fällen werden nur 80 % angerechnet. Für die Zeit einer schulischen Ausbildung usw. nur 75 %.

Unter beitragsgeminderten Zeiten versteht man die Monate, die aus Beitragszeiten als auch aus beitragsfreien Zeiten bestehen. Für beitragsgeminderte Zeiten gilt ebenfalls das Prinzip der Gesamtleistungsbewertung.

Bei den persönlichen Entgeltpunkten werden darüber hinaus Zuschläge bzw. Abschläge zu einem durchgeführten Versorgungsausgleich vorgenommen. Es geht hier um den Fall einer Scheidung, bei der die beiden Partner als Zugewinngemeinschaft betrachtet und die gemeinsam erworbenen Entgeltpunkte aufgeteilt werden.

Die persönlichen Entgeltpunkte ergeben sich so als Produkt aus der Summe der Entgeltpunkte und dem Zugangsfaktor (ZF). Mit dem Zugangsfaktor wird der Zeitpunkt der Verrentung berücksichtigt. Versicherte, die vor dem 65. Lebensjahr in Rente gehen, sollen nach der Rentenreform 1992 eine niedrigere Rente erhalten, da sie im Durchschnitt länger Rente beziehen und eine geringere Zeit Beiträge gezahlt haben.

Entsprechend wird die Rente um 3,6 % multipliziert mit den Jahren, die man früher als das 65. Lebensjahr in Rente geht, gekürzt. Umgekehrt erhält man einen Zuschlag von 6 % pro Jahr, die man später in Rente geht.

In der obigen Formel stellt RF den Rentenartfaktor dar. Dieser gibt an, welche prozentuale Rente man bei den unterschiedlichen Rentenarten erhält. Dabei gestaltet sich die Gewichtung wie folgt:

Altersrente	1
Rente wegen teilweiser Erwerbsminderung	0,5
Rente wegen voller Erwerbsminderung	1,0
Erziehungsrente	1
große Witwen-/Witwerrente	0,55

kleine Witwen-/Witwerrente	0,25
Vollwaisenrente	0,2
Halbwaisenrente	0,1

Die Hinterbliebenenrente wird durch die Anrechnung von zwei persönlichen Entgeltpunkten erhöht, sofern der oder die Hinterbliebene ein Kind mindestens drei Jahre lang erzogen hat. Ab dem zweiten Kind halbieren sich die zu berücksichtigenden Entgeltpunkte. Die kleine Witwen- und Witwerrente wird nur 24 lang Monate gezahlt. Bei der Hinterbliebenenrente wird neben dem Erwerbs- und Erwerbsersatzeinkommen auch die Vermögenseinkommen angerechnet

Die Dynamisierung der Rente wird über die dritte Komponente der Rentenformel den aktuellen Rentenwert (ARW_t) realisiert. Dieser Wert wird jährlich aktualisiert, um die Rentner an der Einkommensentwicklung teilhaben zu lassen. Durch die Anbindung der Renten an die Einkommensentwicklung wird erreicht, dass die Renten inflationsgesichert sind und die Rentner an den Produktivitätssteigerungen teilhaben.

Der aktuelle Rentenwert für das Jahr t bestimmt sich wie folgt:

$$ARW_t = ARW_{t-1} \cdot \frac{BE_{t-1}}{BE_{t-2}} \cdot \frac{100\% - AVA_{t-1} - RVB_{t-1}}{100\% - AVA_{t-2} - RVB_{t-2}}.$$

Dabei stellen ARW den aktuellen Rentenwert in der Rentenformel, BE das durchschnittliche versicherungspflichtige Bruttoeinkommen, AVA den Altersvorsorgeanteil und RVB den Rentenversicherungsbeitrag dar.

Vor der Rentenreform 1992 wurden die Renten allein an die Entwicklung der Bruttoeinkommen angepasst. Das hatte zur Folge, dass Belastungen der Erwerbstätigen durch zusätzliche Sozialabgaben und Steuern unberücksichtigt blieben. Während seit 1992 für die Anpassung des aktuellen Rentenwertes das Nettoprinzip galt, wurde dieses ab 2002 durch das modifizierte Bruttoprinzip ersetzt. Danach passt sich der aktuelle Rentenwert nun in Abhängigkeit von der Änderung des durchschnittlichen Bruttoeinkommens sowie der Änderung des Rentenversicherungsbeitrages in der GRV und der stufenweisen Anhebung des Altersvorsorgeanteils in der privaten kapitalgedeckten Alterssicherung an, der im nächsten Abschnitt erläutert wird.

Da im Einführungsjahr der Riester-Rente der Altersvorsorgeanteil 1 % beträgt und dieser alle zwei Jahre um 1 % bis 2008 auf 4 % steigt, führt die Berücksichtigung dieses Faktors dazu, dass in dieser Zeitspanne der Zuwachs des aktuellen Rentenwertes um 4 % gemindert wird, so dass das Rentenniveau entsprechend sinkt. Ab dem Jahr 2011 wird die Anpassungsformel dahingehend modifiziert, dass Änderungen von AVA und RVB nicht mehr zum Basiswert von 100 %, sondern nur noch zum Basiswert von 90 % berücksichtigt werden. Dies führt zu einer weiteren Reduzierung des Rentenniveaus, da ab 2011 mit steigenden Beitragssätzen gerechnet wird und eine Reduzierung des Basiswertes diese Steigerung stärker berücksichtigt. Es hat sich aber schnell gezeigt, dass die Reform von zu optimistischen Annahmen, insbesondere über die Entwicklung des Arbeitsmarktes, ausging, so dass eine Stabilisierung des Beitragssatzes nicht gesichert ist. Deshalb hat für 2004 die Bundesregierung die Rentenanpassung ausgesetzt.

Die Berechnungsformel für den aktuellen Rentenwert ist aber nicht unproblematisch. Zum einen wird mit dieser Formel stabilitätswidriges Verhalten der Tarifparteien belohnt. Kommt es zu hohen Lohnsteigerungen, so partizipieren daran die Rentner über höhere Renten. Dieser Effekt hat sich z. B. stark in den enormen Rentensteigerungen in den neuen Bundesländern niedergeschlagen, in denen die Renten wesentlich schneller als die Produktion gestiegen sind

Zum anderen berücksichtigt die Formel nicht die Entwicklung auf dem Arbeitsmarkt. Geht z. B. die Beschäftigung zurück und werden die Arbeitnehmer mit der geringsten Produktivität arbeitslos, so steigt ceteris paribus das Durchschnittseinkommen der noch Beschäftigten. Damit steigen auch die Renten, ohne dass sich die Produktivität verbessert hat.

Darüber hinaus wird kritisiert, dass die Formel keine demographische Komponente enthält und nicht die zusätzlichen Lasten berücksichtigt, die sich aus der Alterung der Gesellschaft ergeben.

3.4 Riester-Rente

3.4.1 Reform der Gesetzlichen Rentenversicherung

Mit dem im März 2001 verabschiedeten nicht seitens des Bundesrates zustimmungspflichtigen Altersvermögensergänzungsgesetz, das in erster Linie Änderungen des SGB VI beinhaltet, sowie mit dem im Mai 2001 verabschiedeten zustimmungspflichtigen Altersvermögensgesetz, das im Wesentlichen das Einkommensteuergesetz betrifft, wurde in folgenden Punkten ein Paradigmenwechsel in der Altersvorsorge eingeleitet.

Während bisher eine Stabilisierung des Rentenniveaus im Vordergrund stand, zieht die Rentenreform 2001, die nach dem für sie zuständigen Arbeits- und Sozialminister Riester-Rentenreform bezeichnet wird, auf eine Stabilisierung des Beitragssatzes in der GRV ab. Intention der Reform ist es, dass der Beitragssatz 20 % bis 2020 und 23 % bis 2030 nicht überschreitet. Um dies zu bewerkstelligen, wird ein Rückgang des Rentenniveaus auf 68 % in Kauf genommen. Zur Kompensation des Rückgangs im Rentenniveau sieht die Reform als weiteren Paradigmenwechsel mit dem Einstieg in eine kapitalgedeckte private Alterssicherung (Riester-Rente) vor, die aber nicht obligatorisch ist. Mit ihr soll aufgrund einer höheren Rendite im Kapitaldeckungsverfahren ein insgesamt höheres Rentenniveau realisiert werden, das 70 % übersteigt.

3.4.2 Individuelle Altersvorsorge

Bei der kapitalgedeckten Altersvorsorge, deren Höhe jeder Einzelne selbst bestimmen kann, wird zwischen der individuellen und der betrieblichen Vorsorge differenziert. Bei der individuellen Vorsorge entscheidet der Versicherte über die Art der Versicherung. Hingegen ist bei der betrieblichen Altersvorsorge, die u. U. auf tarifvertraglichen Übereinkünften aufbaut, der Arbeitgeber an der Vorsorge mitbeteiligt. Des Weiteren ist die Förderung durch den Staat in beiden Systemen unterschiedlich und bei der individuellen Förderung werden nur sogenannte zertifizierte Anlagen gefördert.

Förderberechtigt sind alle Pflichtmitglieder der GRV sowie Beamte. Nicht gefördert werden Rentner und Pensionäre und Sozialhilfebezieher. Nicht jeder Vorsorgevertrag wird gefördert. Nur solche Verträge, die gewisse Mindestanforderungen erfüllen, werden gefördert. Diese müssen entsprechend vom Staat zertifiziert werden. Die Zertifizierungsbedingungen sind in Tabelle 3.6. dargestellt.

Die Auszahlungen dürfen nicht vor Beginn der Altersrente aus der gesetzlichen Rentenversicherung oder vor dem 60. Lebensjahr des Altersvorsorgesparers beginnen.

Die zusätzlichen Altersvorsorge-Einkünfte müssen lebenslang und kontinuierlich in Form einer Leibrente oder eines Auszahlungsplans mit Restkapitalverrentung fließen.

Der Vertragsanbieter muss für den Beginn der Auszahlungsphase wenigstens die eingezahlten Altersvorsorgebeiträge zusagen. Das angesammelte Kapital darf in der Ansparphase weder abgetreten noch übertragen werden.

Die Abschluss- und Vertriebskosten müssen über einen Zeitraum von mindestens zehn Jahren in gleichmäßigen Jahresraten verteilt werden, falls sie nicht als Prozentsatz von den Vorsorgebeiträgen abgezogen werden.

Der Anbieter von Altersvorsorgeprodukten hat dem Vorsorgesparer schriftliche Informationen über die Höhe und zeitliche Verteilung der Abschluss- und Vertriebskosten, die Verwaltungskosten und die Kosten im Falle eines Wechsels zu geben.

Tab. 3.6.: Zertifizierungskonditionen, Quelle: Sozialbericht 2001, S. 105

Danach dürfen u. a. die Vorsorgebeiträge nicht vor dem 60. Lebensjahr ausgezahlt werden, damit eine echte Alterssicherung aufgebaut wird. Die Vorsorge darf auch nicht als Einmaligzahlung – wie bei einer Kapitallebensversicherung üblich – an den Versicherten ausgezahlt werden. Vielmehr sieht der Gesetzgeber eine Leibrente vor, die kontinuierlich ausgezahlt wird und so das Langlebigkeitsrisiko abdeckt. Des Weiteren ist zu garantieren, dass mindestens die eingezahlten Beiträge später an den Versicherten wieder ausgezahlt werden. Damit soll das Ertragsrisiko auf den Anbieter des Altersvorsorgevertrages überwälzt und der Nominalwert der Einzahlungen gesichert werden.

Das Spektrum der möglichen Anlageformen ist relativ breit. So können Verträge u. a. mit Lebensversicherungsunternehmen, Pensionskassen, Kreditinstituten und Finanzdienstleistungsunternehmen geschlossen werden.

Zur Förderung des Wohneigentums ist eine Kapitalentnahme möglich. Es kann ein Betrag zwischen 10 000 und 50 000 Euro dem Vorsorgekapital in der Ansparphase zinslos und unversteuert entnommen werden. Spätestens im zweiten Jahr nach Erwerb des selbstgenutzten Wohneigentums muss eine Tilgung des Darlehens in gleichen Raten so vorgenommen werden, dass es bis zum 65. Lebensjahr voll getilgt ist. Wird die Tilgung nicht wie vereinbart verwirklicht, muss die gesamte Förderung unverzüglich zurückgezahlt werden.

Die Förderung erfolgt in Form einer Zulage oder über einen steuerlichen Sonderausgabenabzug. Dabei ist die Förderung über die Zulage zunächst vorrangig.

Die maximale Förderung bestimmt sich durch den Mindesteigenbetrag. Dieser bestimmt sich als prozentualer Anteil (Altersvorsorgeanteil) der für die GRV beitragspflichtigen Einkommen des Vorjahres. Der Anteil steigt stufenweise von 1 % in 2002 auf 4 % in 2008 an, wie dies in der Tabelle 3.7. ersichtlich wird.

Ist das Sparvolumen zuzüglich der Zulage niedriger als der Mindesteigenbetrag, so wird die Alterszulage entsprechend prozentual gekürzt. Die Zulage wird bei der Berechnung des Mindestbeitrages berücksichtigt. Der Antragsberechtigte muss nur den Differenzbetrag zwischen Mindesteigenbetrag und Zulage zahlen, um eine maximale Förderung zu realisieren. Sparbeiträge, die unter Einschluss der Zulage den Mindestbeitrag übersteigen, sind natürlich zulässig, haben aber keinen Einfluss auf die Förderung.

Die Rentenreform unterscheidet zwischen Grundzulage, die jeder Förderberechtigte und im Prinzip auch dessen Ehepartner erhalten kann, sowie eine Kinderzulage für deren Kinder, sofern sie für diese Kindergeld erhalten. Die Grundzulage steigt von 38 Euro in 2002 stufenweise auf 154 Euro in 2008 an, hingegen die Kinderzulage von 46 Euro auf 185 Euro in 2008 (siehe Übersicht). Hat z. B. im Jahre 2008 ein verheirateter Arbeitnehmer mit zwei Kindern ein sozialversicherungspflichtiges Einkommen von 30.000 Euro und hat seine Ehefrau kein sozialversicherungspflichtiges Einkommen, so beträgt der Mindesteigenbetrag 4 % von 30 000 Euro, also

1.200 Euro. Die entsprechende Zulage beträgt 2 x Grund- und Kinderzulage, so dass das Ehepaar 678 Euro = 2 x 154 Euro + 2 x 185 Euro Zulage erhält. In diesem Fall liegt der Eigenbetrag bei 1 200 Euro - 678 Euro = 522 Euro. Das System der Zulage ist also sehr günstig für kinderreiche Familien mit niedrigem Einkommen. Durch die Anrechnung der Zulage beim eigenen Sparbetrag wird dieser besonders gefördert, was im Extremfall zu exorbitanten Renditen bezüglich des Eigenanteils führen kann. Würde z. B. in unserem Beispiel das sozialversicherungspflichtige Einkommen nur bei 16 950 Euro liegen, so wäre der Eigenanteil gleich null und die Familie bekäme so ihre Altersvorsorge vom Staat geschenkt.

Förderung der privaten Altersvorsorge	2002	2003	2004	2005	2006	2007	2008
Mindesteigenbetrag bezogen auf das beitragspflichtige Vorjahreseinkommen	1 %	1 %	2 %	2 %	3 %	3 %	4 %
Grundzulage in Euro	38	38	76	76	114	114	154
Kinderzulage in Euro	46	46	92	92	138	138	185
Sockelbetrag ohne Kinderzulage in Euro	45	45	45	90	90	90	90
mit einer Kinderzulage in Euro	38	38	38	75	75	75	75
mit zwei Kinderzulagen in Euro	30	30	30	60	60	60	60
Höchstbeträge beim Sonderausgabenabzug in Euro	525	525	1 050	1 850	1 575	1 575	2 100

Tab. 3.7.: Förderung der privaten Altersvorsorge

Um dies zu verhindern, hat der Gesetzgeber einen familienabhängigen Sockelbetrag eingeführt, den eine Familie als Mindesteinzahlung vornehmen muss, der aber den Mindesteigenbeitrag nicht übersteigen darf. In unserem Beispiel beträgt der Sockelbeitrag 60 Euro. Die entsprechenden Beträge findet man in der obigen Tabelle.

Neben der Zulage kann eine Förderung über den Sonderausgabenabzug vorgenommen werden. Im Rahmen der Günstigerprüfung prüft das Finanzamt von Amts wegen, welche der beiden Förderarten die günstigere ist. Bei den Sonderausgaben kann der Zulageberechtigte seine Altersvorsorgebeiträge einschließlich der Zulage jährlich steuerfrei geltend machen. Ist die Steuerersparnis des Sonderausgabenabzuges höher als die Zulage, so erstattet das Finanzamt automatisch die Differenz zwischen der Steuerersparnis und der Zulage. Für den Sonderausgabenabzug gelten zeitlich gestaffelte Höchstbeträge (siehe Übersicht). Da für höhere Einkommensbezieher der Sonderabgabenabzug meist die günstigere Regelung darstellt, bedeutet sie für diesen Personenkreis eine nachgelagerte Besteuerung. Unabhängig ob eine Zulage oder Steuerersparnisse realisiert wurden, müssen die Leistungen aus der privaten Altersvorsorge später voll versteuert werden.

3.4.3 Betriebliche Altersvorsorge

Durch das Altersvermögensgesetz hat jeder Arbeitnehmer nun einen Rechtsanspruch auf eine betriebliche Alterssicherung. Bei ihr übersteigt die staatliche Förderung im Allgemeinen die der individuellen Altersvorsorge. Die betriebliche Altersvorsorge ist auch deshalb besonders attraktiv, da durch Kollektivverträge Transaktionskosten gespart und attraktivere Konditionen (Mengenrabatt) mit den Anbietern aufgrund von Marktmacht ausgehandelt werden können.

Mit dem Recht auf Entgeltumwandlung muss der Arbeitgeber auf Wunsch des Arbeitnehmers einen Teil des Gehaltes für die Altersvorsorge verwenden. Der Arbeitgeber ist dabei für die Anlage verantwortlich. Dabei kann der Betriebsrat anstelle der einzelnen Arbeitnehmer – sofern dies der jeweilige Tarifvertrag vorsieht – eine Betriebsvereinbarung mit dem Arbeitgeber abschließen.

Für den Arbeitgeber bieten sich drei Formen der Altersvorsorge an:

Erstens, die Direktversicherung: Bei ihr schließt der Arbeitgeber einen Gruppenversicherungsvertrag ab, bei dem die Beiträge vom Einkommen des Arbeitnehmers abgezweigt werden.

Zweitens, die Pensionskasse: Dies ist eine versicherungsähnliche Versorgungseinrichtung, bei der Arbeitgeber und Arbeitnehmer selbst Mitglied sind und Beiträge leisten. In ihr dürfen aber nur 35 % der Beiträge in Aktien angelegt werden.

Drittens, der Pensionsfonds: Bei ihm dürfen alle Mittel in Aktien angelegt werden. Bei dieser renditeträchtigen, aber risikoreichen Anlage haftet der Arbeitgeber für die Versorgungszusage. Zur ausreichenden Absicherung des Risikos muss ein Pensions-Sicherungs-Verein geschaffen werden, in dem die unterschiedlichen Unternehmensrisiken gepoolt sind.

Bei der Förderung der betrieblichen Altersvorsorge bieten sich dem Arbeitnehmer vier Optionen (siehe Tabelle 3.8.):

a)   Zulage
b)   Sonderausgabenabzug
c)   20 % Pauschalbesteuerung
d)   Steuer- und Beitragsfreiheit,

wobei die Steuer- und Sozialversicherungsbeitragsfreiheit für mittlere und höhere Einkommensbezieher besonders attraktiv ist. Die Fördermöglichkeit der Zulage und des Sonderausgabenabzuges entspricht der Förderung bei der individuellen Vorsorge.

Bei der Direktversicherung kann der Arbeitnehmer zwischen der Pauschalsteuer und der Förderung wie bei der individuellen Vorsorge (Riesterförderung) wählen.

Bei der Pensionskasse hat er die Wahl zwischen allen vier Optionen.

Beim Pensionsfonds muss er entweder die Steuer- und Beitragsfreiheit oder die individuelle Förderung (Riesterförderung) wählen.

Die Beitragsfreiheit der Entgeltumwandlung gilt aber nur bis 2008.

3.4.4 Beurteilung der Riester-Rente

Als besonders positiv wird an der Rentenreform herausgehoben, dass mit ihr endlich der Einstieg in ein kapitalgedecktes Alterssicherungssystem geschafft worden ist. Während in dem letzten Jahrzehnt die Frage der höheren Rendite des Kapitaldeckungsverfahrens auf starke empirische Evidenz beruhte, muss man heute sagen, dass das Kapitaldeckungsverfahren zu einer recht ungünstigen Situation eingeführt worden ist. Die Kurse sind – gerade auf dem neuen Markt – in den letzten Jahren dramatisch eingebrochen und die Instabilität der Renditen ist trotz gewisser Erholungstendenzen deutlich geworden. Von daher ist die Verwirklichung des kapitalgedeckten Einstiegs ein bemerkenswerter Erfolg politischem Durchsetzungsvermögens.

Durchführungsweg	Steuerfreiheit / steuerliche Behandlung	Beitragsfreiheit
Pensionsfonds	1) bis zu 4 % BBG der Rentenversicherung (2002: 2 160 €) oder/und 2) Altersvorsorgezulagen, Sonderausgabenabzug: Förderstufen 2002-2008	1) bis 4 % BBG der Rentenversicherung (2002: 2 160 €) oder/und 2) Beitragspflicht zumindest für Mindesteigenbeitrag
Pensionskasse	1) bis zu 4 % BBG der Rentenversicherung (2002: 2 160 €) 2) für zusätzliche Beiträge bis zu 1 752 € bzw. 2 148 € Pauschalbesteuerung mit 20 % Lohnsteuer zzgl. Kirchensteuer und Solidaritätszuschlag oder/und 3) Altersvorsorgezulagen, Sonderausgabenabzug: Förderstufen 2002-2008	1) bis 4 % der BBG der Rentenversicherung (2002: 2 160 €) 2) zusätzliche Beiträge bis zu 1 752 € bzw. 2 148 € oder/und 3) Beitragspflicht zumindest für Mindesteigenbeitrag
Direktversicherung	1) bis zu 1 752 € bzw. 2 148 € Pauschalbesteuerung mit 20 % Lohnsteuer zzgl. Kirchensteuer und Solidaritätszuschlag oder/und 2) Altersvorsorgezulagen, Sonderausgabenabzug: Förderstufen 2002-2008	1) bis zu 1 752 € bzw. 2 148 € oder/und 2) Beitragspflicht zumindest für Mindesteigenbeitrag
Direktzusage	Rückstellung beim Arbeitgeber / mangels Zufluss von Arbeitslohn beim Arbeitnehmer steuerfrei	bis zu 4 % BBG der Rentenversicherung (2002: 2 160 €)
Unterstützungskasse	Zuwendung des Arbeitgebers Betriebsausgabe, soweit auf Kassenvermögen begrenzt/ mangels Zufluss von Arbeitslohn beim Arbeitnehmer steuerfrei	bis zu 4 % BBG der Rentenversicherung (2002: 2 160 €)
Rückgedeckte Unterstützungskasse	Zuwendung des Arbeitgebers Betriebsausgabe / mangels Zufluss von Arbeitslohn beim Arbeitnehmer steuerfrei	bis zu 4% BBG der Rentenversicherung (2002: 2 160 €)

Tab. 3.8.: Steuer- und Beitragsfreiheit für Aufwand des Arbeitnehmers durch Entgeltumwandlung für betriebliche Altersversorgung bis 2008, Quelle: Sozialbericht der Bundesregierung 2001

Man soll das ungünstige Umfeld aber nicht nur negativ bewerten. Es sorgt dafür, dass illusionäre Erwartungen zum Kapitaldeckungsverfahren der Boden entzogen wird und es so nicht zu einer unnötigen Desillusionierung der Versicherten kommt. Man muss aber auch sehen, dass die realistischere

Betrachtung der Versicherten dazu führt, dass auf dieses neue Instrumentarium der Alterssicherung nur unzureichend zurückgegriffen wird und damit nur ein unzureichendes Rentenniveau in der Zukunft realisiert wird.

Bei der kapitalgedeckten Zusatzversicherung muss man auch sehen, dass es nicht nur um eine höhere Rendite als im Umlageverfahren geht, sondern – und dies ist ein tragendes Element der Mehrsäulentheorie – um eine Streuung von Risiken. Selbst wenn man sich die Meinung zu eigen macht, dass in the long run die Rendite im Kapitaldeckungsverfahren nicht wesentlich von der im Umlageverfahren abweicht, spricht dennoch das Argument der Risikostreuung u. U. für den Einstieg ins Kapitaldeckungsverfahren.

Auch unter dem Blickwinkel der Rechtsprechung des Bundesverfassungsgerichts zur Besteuerung der Pensionen ist die Rentenreform zu begrüßen. Mit ihr wurde ein konsequenter Einstieg in die nachgelagerte Besteuerung verwirklicht. Sie beinhaltet einen Verzicht auf die Besteuerung von Zinseinkünften sowie der Beiträge und bewirkt so eine konsequentere Ausrichtung der Besteuerung auf den Konsum über den ganzen Lebenszyklus hinweg, wodurch intertemporale allokative Verzerrungen vermieden werden.

Positiv zu bewerten sind auch die realisierten Reformen im Umlageverfahren selbst. Z. B. ermöglicht das Rentensplitting den Ehepartnern mehr Gestaltungsspielraum. Besonders positiv sind die Familienkomponenten der Reform zu bewerten. Dies gilt sowohl für die stärkere Honorierung der Kindererziehung als auch für den damit verbundenen Einstieg in eine eigenständige Alterssicherung der Frau.

Für die Familien besonders günstig wird sich die verstärkte Förderung über die Zulage in Abhängigkeit von der Kinderzahl bemerkbar machen. Familien mit vielen Kindern werden besonders durch die Reform gefördert. Dies gilt auch für Personen mit einem geringen Einkommen. Dass die Förderung der Altersvorsorge nicht unerheblich ist, zeigt der Sachverständigenrat auf, der von einem Fördervolumen von 7,3 Mrd. Euro in 2008 ausgeht.

Es bleibt aber kritisch zu fragen, ob diese Förderung ausreicht, dass gerade kinderreiche Familien, die oft an oder unter der Armutsgrenze liegen, sowie Personen mit geringem Einkommen diese Förderung auch tatsächlich in Anspruch nehmen. Die Reform wäre gescheitert, wenn nur Personen mit relativ hohem Einkommen die Förderung nutzen würden. Dies hätte zur Folge, dass in Zukunft die Geringverdienenden und kinderreichen Familien über ein systematisch niedrigeres Alterssicherungsniveau verfügen als die relativ gut Verdienenden, so dass sich faktisch die Förderung der Altersvorsorge als regressiv erweist. Der Verzicht auf eine obligatorische kapitalgedeckte Altersvorsorge stellt ein immenses Risiko dar. Man sollte relativ schnell reagieren, wenn man in den nächsten Jahren feststellt, dass unterproportional wenige Abschlüsse bei kinderreichen Familien und Geringverdienenden festzustellen sind. So hatten laut dem Deutschen Institut für Altersvorsorge Ende 2002 nur etwa 5 Mio. einen Vertrag abgeschlossen. Das sind nur 16 % der mehr als 30 Mio. Förderberechtigten. Aus dieser Perspektive der ausreichenden Alterssicherung ist es sehr problematisch, dass Sozialhilfeempfänger völlig aus der Förderung herausfallen.

Hinzu kommt, dass gerade die unteren Einkommensschichten als auch kinderreiche Familien viel eher mit dem Risiko der „schädlichen Verwendung" konfrontiert werden. Sind sie nicht in der Lage, ihren Versorgungsvertrag zu erfüllen, so müssen sie nämlich die bisherige Förderung des Staates zurückzahlen. Dieses Risiko ist besonders akut, wenn dieser Personenkreis seine Alterssicherung zur Finanzierung eigenen Wohnraumes verwendet.

„Schädliche Verwendung" liegt auch dann vor, wenn der Steuerpflichtige seinen Wohnsitz ins Ausland verlagert und so nicht mehr dem deutschen Steuersystem unterliegt. In diesem Fall ist aber u. U. eine Stundung dadurch möglich, dass der Steuerpflichtige 15 % seiner Erträge aus der kapitalgedeckten Alterssicherung an das Finanzamt abführt.

Ein grundlegendes Ziel der Reform wurde höchstens zum Teil erfüllt: die Beitragsstabilität. Richtig ist, dass die Lohnnebenkosten für die Arbeitgeber mit der kapitalgedeckten Altersvorsorge formal nicht erhöht worden sind, da die Finanzierung – sieht man von tarifvertraglichen Vereinbarungen bei der betrieblichen Altersvorsorge ab – allein bei den Arbeitnehmern liegt. Auch wenn diese nicht 4 %, sondern effektiv höchstens 3 % ihres Einkommens als zusätzlichen Sparbetrag aufbringen müssen, so erhöhen sich zumindest bei denjenigen, deren Einkommen unter der Beitragsbemessungsgrenze liegt, ihre finanziellen Altersvorsorgeaufwendungen um fast ein Drittel, was man nur euphemistisch als Belastungskonstanz bezeichnen kann. Dabei gehen wir von einem Beitragssatz von 19,1 % aus, den die Arbeitnehmer zu 50 % finanzieren. Unterstellt man, dass die Gewerkschaften diese zusätzliche Belastung der Arbeitnehmer mit ihrer Nettoreallohnorientierung bei den Tarifverhandlungen berücksichtigen werden, dann ist nicht zu erwarten, dass durch die Rentenreform die Arbeitgeber nicht lohnkostenmäßig belastet werden.

Die Reform macht auch eins deutlich, dass der Einstieg in das Kapitaldeckungsverfahren nicht kostenlos ist und nicht zu einer paretosuperioren Lösung führt. Denn wie die Berechnungen des Sachverständigenrates zeigen, ist gerade die ältere Generation der Verlierer der Reform. Ihr Rentenniveau wird reduziert und sie partizipieren nicht wie die jüngere Generation an den Beitragsentlastungen im entsprechenden Umfang. Gerade die Rentenreform macht den Konflikt zwischen Gerechtigkeit und Effizienz deutlich.

Ob das Rentenniveau tatsächlich nur auf 68 % im Umlageverfahren sinkt, hängt dabei wesentlich vom Berechnungsverfahren ab. Wählt man z. B. als Vergleichsmaßstab – und der ist gerade für die unteren Einkommensschichten und kinderreichen Familien relevant – die Situation, dass auf eine freiwillige Altersvorsorge verzichtet wird, dann sinkt das Rentenniveau auf 64 %.

Auch für Frauen ist der Einstieg in eine kapitalgedeckte Alterssicherung nicht so attraktiv, da sie aufgrund ihrer höheren Lebenserwartung ein größeres Langlebigkeitsrisiko haben, so dass eine private Alterssicherung auf Rentenbasis für sie teurer als für Männer wird.

Aus allokativer Sicht bleibt kritisch zu fragen, warum eigentlich eine staatliche Förderung der kapitalgedeckten Altersvorsorge notwendig ist, unterstellen doch die Anhänger des Kapitaldeckungsverfahrens eine höhere Rendite als im heutigen Umlageverfahren. Rechtfertigen könnte man den Transfer damit, dass wir im Umlageverfahren einen erheblichen Bundeszuschuss haben. Bedeutsamer sind hier aber allokative Verzerrungen in der Anlage des Vorsorgekapitals. So wird die betriebliche Altersvorsorge sehr stark gefördert, hingegen die Bildung von Wohneigentum, die klassische Form der Altersvorsorge, relativ diskriminiert.

Aus der Perspektive eines effizienten Portefeuilles ist auch die Zertifizierung kritisch zu hinterfragen, da sie den Handlungsspielraum des Versicherungsnehmers u. U. unnötig einschränkt. Die Zertifizierungsvorschriften präferieren sichere Anlagen und diskriminieren risiko- aber besonders ertragreiche Anlagen. Da die kapitalgedeckte Altersvorsorge eine Ergänzung zum relativ sicheren Umlageverfahren darstellt, sollte man durchaus riskante, renditeträchtige Anlagen zulassen.

Vielleicht schafft aber die Rentenreform nur die Illusion, die gravierenden Probleme der Alterung der Gesellschaft gelöst zu haben und verhindert so notwendige weitere Reformen. Dies gilt insbesondere bezüglich der Heraufsetzung des Renteneintrittsalters, die mittelfristig weiter zwingend notwendig sein wird. Nach Berechnungen des Sachverständigenrates würde die Heraufsetzung des Renteneintrittsalters bei der Rente wegen Alters um ein Jahr die Rentenversicherung um 0,8 % des Beitragssatzes entlasten und so einen erheblichen Effekt bewirken.

Was aber wenn die Reform scheitern würde, da wir mit einer extrem ungünstigen Entwicklung auf dem Kapitalmarkt konfrontiert werden? In diesem Fall gibt es immer noch eine Lösung, auf die gerade private Versicherungen mit einem gewissen Zynismus hinweisen. In dieser Situation muss man nur die in der kapitalgedeckten Altersvorsorge erworbenen, nun wertlosen Versorgungsansprüche in das Umlageverfahren überführen und so sozialisieren. Von daher stellt das Umlageverfahren den sicheren Anker für jede Reform in Richtung Kapitaldeckung dar. Das Umlageverfahren ist immer the last resort des Kapitaldeckungsverfahrens.

3.5 Umverteilungseffekte der gesetzlichen Rentenversicherung

Kennzeichnend für das System der gesetzlichen Rentenversicherung ist die Realisierung des Äquivalenzprinzips. Dennoch kommt es auch in der GRV zu Abweichungen von diesem Prinzip. Da sich die Mitglieder der GRV als Solidargemeinschaft verstehen, wird bei den Renten bewusst vom Äquivalenzprinzip abgewichen und eine Umverteilung vorgenommen, um gewisse Gerechtigkeitsüberlegungen (sozialer Ausgleich) zur Geltung kommen zu lassen.

Der wichtigste Umverteilungseffekt, der aber nicht dem Äquivalenzprinzip widerspricht, ist die intertemporale Umverteilung. Versicherte zahlen heute Beiträge und reduzieren so ihr verfügbares Einkommen, um später eine Rente beziehen zu können.

Bestimmen sich die Renten nach dem Äquivalenzprinzip, so bedingt diese intertemporale Umverteilung keine Veränderung der Einkommenssituation, da das Lebenseinkommen nicht verändert wird.

Das Äquivalenzprinzip wäre für einen Versicherten vollkommen erfüllt, wenn seine Beiträge eine Rendite erwirtschaften, die man bei langfristigen Anlagen auf dem Kapitalmarkt realisieren kann. Dies ist aber im Allgemeinen nicht der Fall. Insbesondere muss die heutige Generation – wie wir noch sehen werden – aufgrund der demographischen Entwicklung mit einer niedrigeren Verzinsung ihrer heutigen Beiträge rechnen. Dies hat zur Folge, dass zwischen den Generationen das Äquivalenzprinzip verletzt wird. Während die heutige Generation der Alten relativ gut gestellt ist, was sich z. B. anhand der Entwicklung des Rentenniveaus zeigt (siehe Abb. 3.2.), ist damit zu rechnen, dass in Zukunft das Rentenniveau wieder auf den Wert von 64 % sinken wird.

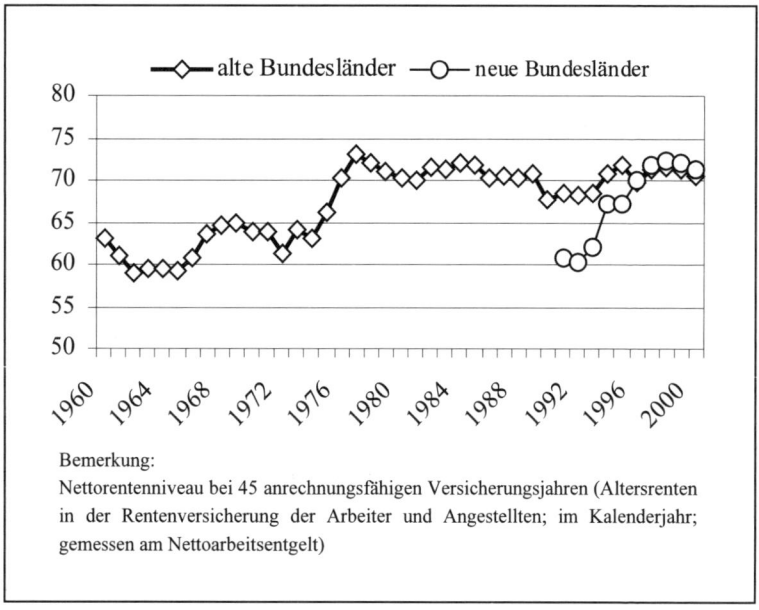

Bemerkung:
Nettorentenniveau bei 45 anrechnungsfähigen Versicherungsjahren (Altersrenten in der Rentenversicherung der Arbeiter und Angestellten; im Kalenderjahr; gemessen am Nettoarbeitsentgelt)

Abb. 3.2.: Entwicklung des Rentenniveaus, Quelle: Statistisches Bundesamt / Gutachten des Sachverständigenrates

Das Äquivalenzprinzip wird so nur eingeschränkt im Sinne einer Teilhabeäquivalenz verwirklicht. Damit soll gesagt werden, dass innerhalb einer Generation nur Kohortenäquivalenz gilt, bei der diejenigen relativ besser gestellt bleiben, die relativ mehr Beiträge geleistet haben. Wer z. B. immer

20 % höher Beiträge in die Rentenversicherung eingezahlt hat, erhält nach der Rentenformel aufgrund seiner höheren persönlichen Entgeltpunkte auch eine 20 % höhere Rente. Die Äquivalenz wird aber nicht mehr zwischen den Generationen aufrecht erhalten, da die Renditen zwischen den Generationen schwanken.

Es findet so innerhalb einer Generation in der GRV im Prinzip keine Umverteilung statt. Dennoch existiert in der GRV eine Vielzahl von zusätzlichen Regelungen, die eine interpersonelle Umverteilung innerhalb einer Generation bewirken.

Zum einen ist die Rente nach Mindesteinkommen zu erwähnen. Nach dem SGB VI erhalten Versicherte, die mindestens 35 Jahre lang versichert waren, für die Zeiten, in denen sie nur ein geringfügiges Arbeitsentgelt erzielt haben, eine Aufstockung ihrer Rente auf 75 % der Durchschnittsrente. Dadurch kommt es in der GRV zu einer Umverteilung von Reich zu Arm.

Zum anderen kommt es aber auch zu einer Umverteilung von Arm zu Reich. Durch die Anrechnung von bis zu 3 Hochschulausbildungsjahren mit maximal 75 % des Durchschnittsverdienstes erhalten diejenigen, die über eine bessere Ausbildung verfügen und im Allgemeinen später ein höheres Einkommen erzielen, eine höhere Rente als diejenigen, die nur eine relativ kurze oder überhaupt keine Ausbildung durchlaufen haben und damit oft ein geringeres Einkommen erzielen. Diese Regelung soll 2004 aufgehoben werden.

Darüber hinaus kommt es zu einer Umverteilung zwischen den Geschlechtern. Durch die Rentenreform 1992 ist dafür gesorgt, dass Männer und Frauen zum gleichen Zeitpunkt in Rente gehen können und so die Frauen den Vorteil verlieren, früher verrentet zu werden. Dennoch bietet die GRV für die Frauen eine höhere Rendite, da die durchschnittliche Lebenserwartung der Frauen sieben Jahre höher als die der Männer ist, so dass Frauen über einen längeren Zeitraum Rente beziehen können. Darüber hinaus ist durch die Einführung des Zugangsfaktors in der GRV die ungerechtfertigte Besserstellung derjenigen, die früher in Rente gehen, wohl eingeschränkt, aber nicht vollkommen aufgehoben worden, da die Abschläge keine versicherungsmathematischen Äquivalente darstellen und zu niedrig ausfallen.

Problematisch ist auch die familien-, besser: ehebedingte Umverteilung in der GRV. Kinder und der Ehepartner eines Versicherten haben Anspruch auf eine Rente wegen Todes eines Elternteiles bzw. des Ehepartners. Für diese zusätzlichen Rentenansprüche sind aber keine entsprechenden Beiträge geleistet worden, so dass eine Umverteilung zugunsten von Familien im Vergleich zu Alleinstehenden vorliegt. Diese Umverteilung ist familienpolitisch gerechtfertigt, wenn tatsächlich auch Kinder vorhanden sind, die der Garant des Generationenvertrages sind. Völlig anders stellt sich die Situation dar, wenn ein hinterbliebener Ehepartner ohne Kinder ebenfalls Rente wegen Todes des alleinverdienenden Versicherten beanspruchen kann.

Diese Umverteilung ist in keiner Weise gerechtfertigt, insbesondere dann, wenn die Partner bewusst auf Kinder verzichten. Da im Allgemeinen Partner mit geringem Einkommen gezwungen sind, beide zu arbeiten, können sie dieses Privileg nicht voll in Anspruch nehmen. Es kommt so zu einer Umverteilung von Arm zu Reich.

3.6 Kapitaldeckungs- versus Umlageverfahren

3.6.1 Abgrenzung von Kapitaldeckungs- und Umlageverfahren

Kennzeichnend ist für das Umlageverfahren, wie es in der Gesetzlichen Rentenversicherung verwirklicht wird, dass die Renten durch Beiträge finanziert werden. In jeder Periode sollen die Beiträge den Ausgaben entsprechen, so dass keine Vermögensansammlung stattfindet, sieht man von der Schwankungsreserve ab, die einen Ausgleichspuffer darstellt. Man bezeichnet das Umlageverfahren in der Literatur auch als ein pay-as-you-go system oder unfunded system.

Das Kapitaldeckungsverfahren in der Sozialen Sicherung ist dagegen wie eine private Versicherung aufgebaut. Für dieses Verfahren ist eine Vermögensakkumulation kennzeichnend. Im Idealfall entspricht das akkumulierte Vermögen der Versicherung dem Barwert der in der Zukunft zu leistenden Ausgaben. Man spricht deshalb auch von einem fully funded system.

Der grundlegende Unterschied tritt in der Anspar- bzw. Aufbauphase der beiden Versicherungssysteme auf, wie dies in Abbildung 3.3. deutlich wird.

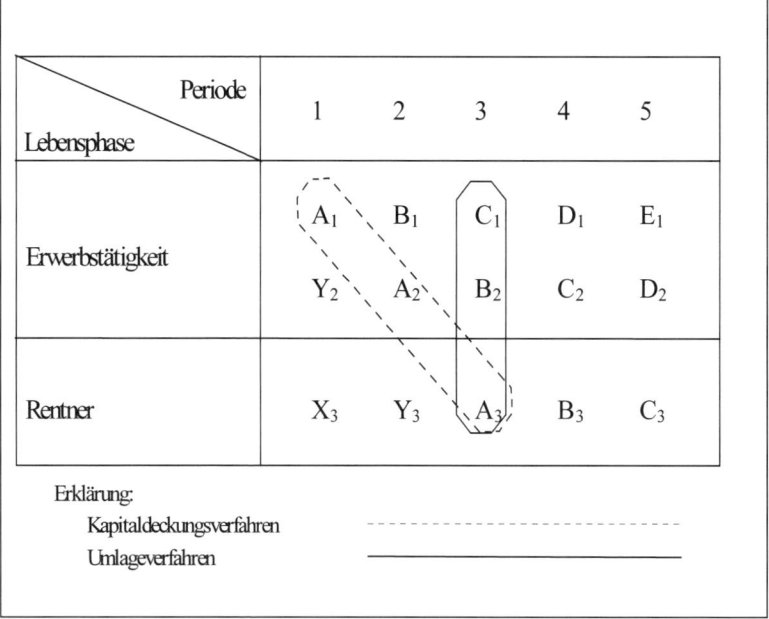

Abb. 3.3.: Darstellung Kapitaldeckungs- und Umlageverfahrens

Bei diesem Modell sich überlappender Generationen, das zuerst von Samuelson konzipiert worden ist, unterstellen wir vereinfachend, dass jedes Individuum drei Lebensphasen durchläuft. An zwei Perioden der Erwerbstätigkeit (z. B. 2 x 16 Jahre, wobei eine Periode 16 Jahre umfasst) schließt sich eine Periode der Verrentung an, in der nicht mehr gearbeitet, sondern eine Rente bezogen wird.

Individuen, die in der Periode 1 ins Erwerbsleben eintreten, durchlaufen so die beiden Phasen A_1 und A_2 der Erwerbstätigkeit und wechseln in der Periode 3 in die Phase A_3 der Verrentung. In jeder Periode haben wir drei unterschiedliche sich überlappende Generationen: Erwerbstätige in der ersten und in der zweiten Phase sowie Rentner.

Nehmen wir an, dass in der Periode 1 das Kapitaldeckungsverfahren eingeführt wird. Dann stellen die Perioden 1 und 2 die Ansparperioden dar, da in diesen Perioden nur Beiträge geleistet, also Vermögen akkumuliert wird. Erst in der dritten Periode werden die ersten verrentet, und die Versicherung muss Leistungen erbringen. Im Kapitaldeckungsverfahren kann nun die Versicherung ihre mit der dritten Periode beginnenden Ausgaben mittels der Beiträge von A_1, A_2 und B_1 als auch über die Zinserträge aus den aufgebrachten Vermögenswerten finanzieren. Würde das Kapitaldeckungsverfahren mit Ende der 5. Periode auslaufen, so würden natürlich D_1, D_2 und E_1 keine Beiträge leisten, aber die Versicherung könnte auf die akkumulierten Vermögensbestände zurückgreifen und so die Rentenansprüche von C_3 finanzieren.

Dieser Rückgriff auf Vermögenswerte ist im Umlagesystem per se ausgeschlossen. Im Umlageverfahren existiert keine Ansparphase. Es kann in jeder Phase sofort eingeführt werden. Um z. B. wie im Kapitaldeckungsverfahren Rentenansprüche des A_3 zu erfüllen, muss das Umlageverfahren erst in der dritten Periode eingeführt werden, da es sich über die Beiträge von C_1 und B_2 voll finanziert. Durch ihre Beiträge erhalten C_1 und B_2 Rentenansprüche gegenüber den nachfolgenden Generationen (Generationenvertrag). Dadurch, dass die erwerbstätige Generation heute Leistungen für die Altengeneration erbringt, erwirbt sie gegenüber den nachfolgenden Generationen einen Anspruch auf Leistungen. Dieser Generationenvertrag ist natürlich ein impliziter Vertrag, da die nachfolgenden Generationen noch nicht existieren und so keinen expliziten Vertrag unterschreiben können. Das Dilemma der nachfolgenden Generationen ist, dass die heutigen Generationen ihnen einseitig die Vertragskonditionen vorgeben können. Und es ist zu erwarten, dass die nachfolgenden Generationen nur dann den Vertrag akzeptieren werden, wenn sie ihn als fair ansehen.

Wichtige Gemeinsamkeit beider Verfahren ist der Tatbestand, dass bei beiden jedes Individuum erst Beiträge leistet und so für sich selbst Eigentumsrechte erwirbt, mit denen es seine Ausgaben in der Ruhestandsphase finanziert. Aber es existiert ein gravierender Unterschied. Bei der Einführung des Umlageverfahrens erhalten einige Individuen Rentenansprüche (vgl. die Diskussion um die Einführung der Pflegeversicherung), die überhaupt keine Beiträge geleistet haben. Denn es ist für das Umlageverfahren zwingend, dass in der Einführungsphase systematisch das Äquivalenzprinzip durchbrochen wird, was – wie wir noch zeigen werden – negative allokative Effekte haben kann.

3.6.2 Die politische Attraktivität des Umlageverfahrens

Der wesentliche politische Vorteil des Umlageverfahrens liegt darin, dass es keine Ansparphase benötigt und unverzüglich eingeführt werden kann, so dass die Politiker sich im politischen Wettbewerb die Früchte ihrer

Reformbemühungen unverzüglich zu eigen machen können. Dieser Vorteil des Umlageverfahrens hat sich gerade nach dem Zusammenbruch des „Dritten Reiches" gezeigt, bei dem alle Sicherungssysteme, insbesondere die privaten Vorsorgemaßnahmen ihre Funktionsfähigkeit verloren hatten. Durch das Umlageverfahren war es möglich, sofort den Alten eine ausreichende Alterssicherung nach Kriegsende zu gewährleisten. Die Attraktivität des Umlageverfahrens hat sich auch nach der deutschen Vereinigung herausgestellt. Das Versicherungssystem der DDR war im Prinzip ein auf einer Mindestversorgung aufbauendes Alterssicherungssystem, das mit der Vereinigung im Prinzip hinfällig war. Nach der Vereinigung musste man ein ganz neues System der Alterssicherung aufbauen. Und es gab natürlich die Option, ein reines Kapitaldeckungsverfahren in den neuen Bundesländern zu verwirklichen. Dieser Gedanke ist aber schnell fallen gelassen worden, als man sich klar wurde, welche West-Ost-Transfers mit einem solchen System verbunden gewesen wären. Hätte man das Kapitaldeckungsverfahren realisiert, so wäre überhaupt keine Alterssicherung für die Alten und die älteren Erwerbstätigen, deren Ansparphase zu kurz ist, geschaffen worden. Dieser Personenkreis wäre dann auf staatliche Hilfe angewiesen. Über mindestens ein Jahrzehnt hätte dieser über staatliche Transfers finanziert werden müssen. Um diese Transfers herunterzufahren, hat man sich statt dessen für das Umlageverfahren entschieden, damit sich die ostdeutsche Erwerbsbevölkerung an der Finanzierung der Alterssicherung dieses Personenkreises direkt beteiligt.

Die Kontroverse um Umlageverfahren versus Kapitaldeckungsverfahren betrifft nicht nur die Frage, welches Verfahren das bessere ist, sondern hat sich in der Diskussion auf die Auseinandersetzung zugespitzt, welches Verfahren der Herausforderung der Alterung unserer Gesellschaft am besten gewappnet ist. Bei der Diskussion der Vor- und Nachteile beider Versicherungssysteme müssen zwei Fragen auseinander gehalten werden. Die erste beschäftigt sich damit, ob es sinnvoller ist, in einer Volkswirtschaft das Kapitaldeckungsverfahren oder das Umlageverfahren einzuführen. Mit diesem Aspekt beschäftigt sich eine umfangreiche wissenschaftliche Literatur. Und es sollen dazu im Folgenden nur die wichtigsten Argumente dargestellt werden. Dieser Aspekt ist auch mehr von theoretischer Natur, weil sich schon fast alle Volkswirtschaften für ein System entschieden haben und die Frage der Einführung nicht auf der politischen Agenda steht. Selbst in den sozialistischen Reformländern steht eine Neueinführung eines Alterssystems nicht zur Debatte, da sie alle ihre sozialistischen

Altlasten der Alterssicherung übernehmen mussten und so keinen vollständigen Neubeginn wagen konnten.

Wirtschaftspolitisch wesentlich relevanter ist der zweite Aspekt, die Frage des Wechsels. Selbst wenn man nachweisen könnte, dass das Umlageverfahren nicht so effizient wie das Kapitaldeckungsverfahren ist, so kann man daraus nicht zwingend ableiten, dass ein Wechsel vom Umlageverfahren zum Kapitaldeckungsverfahren vorteilhaft ist, da die Kosten der Umstellung die zukünftigen Vorteile überkompensieren können. Beide Aspekte sollen nun erläutert werden.

3.6.3 Zur Realisierung des Kapitaldeckungsverfahrens

Anhänger des Umlageverfahrens weisen darauf hin, dass wohl auf individueller Ebene, nicht aber auf gesamtwirtschaftlicher Ebene das Kapitaldeckungsverfahren realisierbar sei. Dass diese These so nicht haltbar ist, zeigt die Empirie. Länder wie die Schweiz, Norwegen, Japan und zuletzt Chile mit seinen grundlegenden Reformen haben zu einem großen Teil das Kapitaldeckungsverfahren realisiert. Natürlich kann man das Kapitaldeckungsverfahren nicht in der naiven Weise verwirklichen, indem man heute Güter akkumuliert, die man später benötigt. Dies wäre unwirtschaftlich. Viele Güter verlieren im Zeitablauf an Wert, und die Lagerung von Konsumgütern verhindert entsprechende rentablere Investitionen. Darüber hinaus kennen wir nicht die zukünftigen Bedürfnisse. Ernster zu nehmen ist die These der Kritiker des Kapitaldeckungsverfahrens, dass das Kapitaldeckungsverfahren zu einer Kapitalakkumulation führt, die eine vollkommen illusorisch hohe Investitionsquote bedingen würde. So vertritt z. B. Dinkel die Auffassung, dass beim Kapitaldeckungsverfahren eine Kapitalakkumulation realisiert werden müsste, die den vorhandenen Kapitalstock übersteigen würde. Diese Argumentation ist umstritten. Es gibt überzeugende Berechnungen, nach denen der Kapitalbestand durchaus ausreicht, das Kapitaldeckungsverfahren zu verwirklichen. Darüber hinaus ist die Diskussion um die notwendige Größe des Kapitalbestandes völlig überflüssig. Das Kapitaldeckungsverfahren kann auch ohne jegliche Realkapitalbildung verwirklicht werden, d. h. es ist auch bei einer Investitionsquote von Null realisierbar. Beim Kapitaldeckungsverfahren geht es nämlich um die Ansammlung von Versorgungsvermögen.

Es kann theoretisch durch reine Konsumumschichtung ohne jegliche Realkapitalbildung verwirklicht werden. Zum Beispiel kann in Abbildung 3.3.

A_2 seine Rente dadurch absichern, dass er mit B_1 einen Vertrag abschließt und ihm seinen Rentenversicherungsbeitrag zur Verfügung stellt, über den B_1 völlig frei verfügen kann, und den B_1 z. B. vollständig für Konsumausgaben verwendet, so dass sich die gesamtwirtschaftliche Ersparnis auf Null beläuft.

B_1 verpflichtet sich, als Gegenleistung in der nächsten Periode die Rente des A_3 zu finanzieren und ihm den in Periode zwei zur Verfügung gestellten Betrag zuzüglich marktüblicher Zinsen in Periode drei zurückzuzahlen. Bei diesem Verfahren der Rentenfinanzierung kommt es zu keinen zusätzlichen Investitionen und nicht zu einer entsprechenden Realkapitalbildung. Im Kapitaldeckungsverfahren existiert nämlich nicht nur eine gesamtwirtschaftliche Anlageform, die der Realkapitalbildung, sondern es gibt eine breite Palette von Anlagemöglichkeiten: z. B. Geldvermögen, Kunstgegenstände, Kreditgewährung für konsumtive Ausgaben und – was besonders bedeutsam ist – Ankauf von Staatsschuldentitel sowie Kreditgewährung an das Ausland.

3.6.4 Die Sicherheit der Renten

Als weiteres Argument für das Kapitaldeckungsverfahren wird angeführt, dass das Kapitaldeckungsverfahren das sicherere Finanzierungsverfahren sei. Das Kapitaldeckungsverfahren sei viel solider, weil erst gespart und dann konsumiert werde. Hingegen sei das Umlageverfahren unsolide wie ein Kettenbriefsystem aufgebaut, bei dem man von der Hand in den Mund lebe. Die Frage der Sicherheit des jeweiligen Verfahrens bezieht sich auf zwei Aspekte. Zum einen ist zu untersuchen, ob das Kapitaldeckungsverfahren zu einer höheren realen Sparquote als das Umlageverfahren führt. Darauf werden wir später eingehen. Zum anderen ist zu prüfen, welche Versorgungsansprüche durch beide Systeme erworben werden und welche sicherer sind. Sowohl Umlage- als auch Kapitaldeckungsverfahren funktionieren nur dann, wenn die nachfolgenden Generationen bereit sind, zu produzieren und Konsumverzicht für die Älteren zu üben. Sowohl im Umlage- als auch im Kapitaldeckungsverfahren haben die Individuen Eigentumsrechte erworben, die sie im Alter für ihren Konsum verwenden wollen. Ob dieser Transformationsprozess realisiert werden kann, hängt von der Erfüllung des Generationenvertrages ab. Beide Systeme bedürfen des Generationenvertrages, wenn auch in unterschiedlicher Weise. Beim Umlageverfahren bedarf es des Versprechens des Staates, Beiträge zur

Rentenversicherung durch entsprechende Leistungen der Rentenversicherung zu honorieren. Beim Kapitaldeckungsverfahren bedarf es der Zusage des Staates, akkumulierte Vermögenswerte, insbesondere den Geldwert zu schützen. Beim Umlageverfahren kann sich die nachfolgende Generation durch eine Verringerung der Rentenzahlungen, beim Kapitaldeckungsverfahren durch Inflation oder drastische Besteuerung von Vermögenswerten ihrer Pflichten im Generationenvertrag entheben.

Oft wird darauf hingewiesen, dass das Kapitaldeckungsverfahren sicherer sei, da man bei ihm echte Eigentumsrechte, einklagbare Ansprüche, hingegen beim Umlageverfahren nur vage staatliche Zusagen, die man höchstens als „verdünnte" Eigentumsrechte bezeichnen kann, erwirbt. Sowohl beim Kapitaldeckungs- als auch beim Umlageverfahren besteht die Gefahr, dass verteilungspolitisch motivierte Eingriffe seitens des Staates vorgenommen werden. Bei dem Generationenvertrag muss der Frage eine besondere Aufmerksamkeit geschenkt werden, ob es immer eine nachwachsende Generation gibt, die in der Lage und bereit ist, ihre Verpflichtungen gegenüber den Alten zu erfüllen. Gibt es nämlich eine letzte Erwerbsgeneration oder rechnet man damit, dass eine zukünftige Generation z. B. aufgrund des Geburtenrückganges und der damit einhergehenden hohen Alterslastquote nicht mehr den Generationenvertrag einhalten wird, dann kann – und dies gilt sowohl für das Kapitaldeckungs- als auch das Umlageverfahren – eine gefährliche Kettenreaktion in Gang gesetzt werden, die zum Zusammenbruch jedes Sicherungssystems führt. Denn wenn man weiß, dass die Generation n aus dem Vertrag aussteigt, dann ist es auch für die Generation n-1 sinnlos, den Generationenvertrag einzuhalten. Die Auflösung des Generationenvertrages setzt sich dann rekursiv von Generation zu Generation fort, bis alle aus dem Vertrag ausgestiegen sind.

Während beim Umlageverfahren in der Periode n über politische Prozesse eine Aufkündigung des Generationenvertrages vollzogen wird, kommt es beim Kapitaldeckungsverfahren durch den Marktmechanismus zu einer Entwertung von früher akkumulierten Vermögenswerten, da es sich für kein Individuum in der letzten Periode mehr lohnt, Vermögenswerte durch einen Konsumverzicht zu erwerben. Deshalb ist es auch in der Periode n-1 für die Individuen nicht sinnvoll, Vermögen anzusammeln und Beiträge zur Kapitalversicherung zu leisten. Unter diesem Aspekt ist auch die These recht problematisch, dass beim Kapitaldeckungsverfahren per se ein intertemporales Gleichgewicht realisiert würde, das nach dem ersten Fundamentaltheorem der Wohlfahrtstheorie paretooptimal sei. Bei dieser Argumentation wird leider übersehen, dass in dem diesem Theorem zugrundeliegenden Arrow-Debreu-Modell von perfekten Verträgen ausgegangen wird, d. h., dass hier das zentrale Problem der Unsicherheit über die Vertragserfüllung, das für die Neue Institutionenökonomik von zentraler Bedeutung ist, negiert wird. Die Frage der Unsicherheit stellt sich beim Umlageverfahren auf der politischen, beim Kapitaldeckungsverfahren auf der marktlichen Ebene. Nun sind die Instabilitätsprobleme bei politischen Entscheidungsprozessen – gerade, wenn es um Verteilungsfragen geht – hinlänglich bekannt, so dass auf sie an dieser Stelle nicht eingegangen werden muss.

Im Kapitaldeckungsverfahren, sofern es privatwirtschaftlich organisiert ist, existieren nur bilaterale Vertragsbeziehungen zwischen dem Versicherten und einer privatwirtschaftlichen Versicherung. In diese Beziehung kann der Staat nur indirekt als Gesetzgeber eingreifen. Bei dem staatlichen Umlageverfahren ist hingegen der Staat Vertragspartner und er kann direkt in die Beziehung eingreifen. Diese Vertragsbeziehung zwischen Versichertem und staatlicher Einrichtung ist natürlich eine recht ungleiche Machtbeziehung, da der Staat über seine Gesetzgebung seine eigenen Vertragskonditionen verändern kann.

Darüber hinaus besteht nicht nur Unsicherheit darüber, ob der Generationenvertrag erfüllt wird oder nicht, sondern es existiert auch eine exogene Unsicherheit, die durch ökonomische Turbulenzen bewirkt wird. Die wirtschaftlichen Einbrüche in Südostasien in den letzten Jahren sind ein warnendes Beispiel. In kürzester Frist haben dort Vermögenswerte erheblich an Wert verloren. Dies gilt sogar für Immobilien, die von Anhängern des Kapitaldeckungsverfahrens als besonders attraktiv angesehen werden, da sie sehr wertbeständig seien. Aus dieser Perspektive gewinnt ein weiteres Argument an Relevanz. Beim Kapitaldeckungsverfahren werden über explizite Verträge ex ante die Risiken zugeordnet, die bei den üblichen Versicherungsverträgen fast ausschließlich die Versicherungsnehmer zu tragen haben. So müssen in Deutschland die Lebensversicherungen nur eine Mindestverzinsung garantieren, so dass die Versicherungsnehmer, also die Generation der Alten fast ausschließlich das Risiko auf dem Kapitalmarkt trägt. Hingegen kann im Umlageverfahren ex post der Staat bei exogenen Schocks die negativen Auswirkungen zwischen den Generationen im impliziten Generationenvertrag fair verteilen und eine einseitige

Risikozuordnung wie im Kapitaldeckungsverfahren vermeiden. Dies ist ein wesentlicher Vorteil des Umlageverfahrens, aber auch ein Risiko, da nicht gesichert ist, dass im politischen Prozess eine faire Zuordnung zwischen den Generationen vorgenommen wird.

Um die Unterschiede und Gemeinsamkeiten beider Verfahren klarer herauszustellen, wollen wir auf eine umstrittene These von Mackenroth eingehen.

3.6.5 Die realwirtschaftliche versus finanztechnische Betrachtung

Der zentrale Satz von Mackenroth, dass aller Sozialaufwand aus dem laufenden Volkseinkommen der jeweiligen Periode gedeckt werden muss, ist im Kern durchaus richtig. Realwirtschaftlich gilt immer das Umlageverfahren. Umlage- und Kapitaldeckungsverfahren sind aber zwei unterschiedliche finanztechnische Verfahren mit durchaus erheblichen allokativen Konsequenzen.

Der Satz von Mackenroth bedarf zweier gravierender Einschränkungen, die den Stellenwert seiner Argumentation erheblich einschränken. Zum einen können wir durch heutigen Kapitalexport unsere Rente im Alter finanzieren, indem wir im Alter unsere Ansprüche gegenüber dem Ausland geltend machen und Güter und Dienstleistungen importieren. Zum anderen können wir heute mehr investieren, damit sich unsere Produktionsmöglichkeiten verbessern, so dass wir im Alter auf Reinvestitionen verzichten und so auf unser größeres Bruttosozialprodukt zurückgreifen können.

Dass realwirtschaftlich immer das Umlageverfahren gültig ist, wird anhand der folgenden Parabel deutlich:

Auf der Insel Utopia haben die klugen Bürger ein Rentensystem in Form des Kapitaldeckungsverfahrens verwirklicht. Auf dieser Insel ist Inflation ein Fremdwort und die Bürger haben ein ausreichendes Geldvermögen zur Alterssicherung angesammelt. Eines Tages beschließt die aktive Erwerbsbevölkerung, mit dem Schiff aufs Festland zu fahren, um dort einmal ohne die Alten zu feiern. Bei ihrer Rückkehr kommen sie in einen Sturm und alle ertrinken. Auf der Insel herrscht große Trauer. Nach ein paar Tagen kehrt aber der Alltag wieder ein, und die Alten machen sich Gedanken um ihre Alterssicherung. Sie schauen nach, ob noch ausreichend genug Vermögen existiert. Nachdem sie dies festgestellt haben, machen sie sich keine Sorgen, bis sie feststellen, dass ohne die nachfolgende Generation nicht nur ihr Geld-, sondern auch ihr Realvermögen wertlos ist, da sie mit ihm keine Güter und Dienstleistungen erwerben und aufgrund ihres Alters produzieren können.

3.6.6 Der Effizienzvergleich

Selbst wenn das Kapitaldeckungsverfahren nicht unbedingt sicherer ist als das Umlageverfahren, so argumentieren doch viele Kritiker des Sozialstaates, dass das Kapitaldeckungsverfahren wesentlich effizienter sei. Anhänger des Umlageverfahrens weisen hingegen darauf hin, dass das Umlageverfahren effizienter sei, da es auf eine unnötige Vermögensakkumulation verzichtet. Effizienz wird hier im allokativen Sinne verstanden, d. h. ein System A ist effizienter als ein anderes System B, wenn es in jeder Periode bei gleichen Beiträgen eine mindestens gleiche Rente als das andere System gewährleistet und in mindestens einer Periode die Rente höher ist.

Eine höhere Rente erhält man im jeweiligen System, wenn die Rendite der Beiträge höher ist. Beim Kapitaldeckungsverfahren erhält man auf einem vollkommenen Kapitalmarkt den üblichen Zinssatz r für langfristige Anlagen. Dabei unterstellen wir in unserem Effizienzvergleich, dass ein deterministisches Modell sich überlappender Generationen vorliegt. D. h. bei allen Individuen ist die Lebenserwartung konstant. Vereinfachend nehmen wir darüber hinaus – in Abweichung von Abb. 3.3. – an, dass jedes Individuum zwei gleich lange Phasen durchläuft: die der Erwerbstätigkeit und die der Verrentung. Des Weiteren unterstellen wir, dass der Zinssatz r, die Wachstumsrate der Bevölkerung m sowie die Wachstumsrate des Durchschnittseinkommens g konstant und exogen vorgegeben sind (kleine offene Volkswirtschaft). Zusätzlich gehen wir von einem konstanten Beitragssatz s im Umlageverfahren aus.

Für das Umlageverfahren gilt, dass die Beiträge den Ausgaben entsprechen, d. h. die Bedingung

$RB \cdot Rd = s \cdot Ed \cdot Bz$ gilt,

wobei

RB = Anzahl der Rentner,

Rd = Durchschnittsrente,

Ed = Durchschnittseinkommen der Erwerbstätigen,

BZ = Anzahl der Beitragszahler sind.

Da die Bevölkerung mit der Wachstumsrate m wächst, gilt:

$BZ = RB(1 + m)$, so dass

$RB \cdot Rd = s \cdot Ed \cdot RB(1 + m)$ also

$Rd = s \cdot Ed \cdot (1 + m)$ gilt.

Je stärker die Bevölkerung wächst, um so höher ist die Rente, da immer mehr Personen Beiträge leisten. Für die Rentabilität der Beiträge ist aber auch die Entwicklung der Einkommen von Bedeutung. Wächst das Durchschnittseinkommen mit der Wachstumsrate g, so gilt:

$Ed = Ed_{-1}(1 + m)$, wobei

Ed_{-1} das Durchschnittseinkommen der Vorperiode ist.

Wir erhalten so

$$Rd = s \cdot Ed_{-1}(1 + g)(1 + m)$$

oder

$$Rd = s \cdot Ed_{-1}(1 + g + m + gm).$$

Da für hinreichend kleine Werte von g und m der Wert von m · g ungefähr Null ist, können wir vereinfachend schreiben

$$Rd = s \cdot Ed_{-1}(1 + g + m).$$

Die Verzinsung im Umlageverfahren ist also $g + m$, d. h. gleich der Wachstumsrate des Durchschnittseinkommens zuzüglich der der Bevölkerung. Nun entspricht aber das Produkt aus Durchschnittseinkommen und Bevölkerung (Erwerbsbevölkerung) der Lohnsumme, d. h. die Wachstumsrate der Lohnsumme ist gleich $m + g$.

Nachdem wir nun die jeweilige Verzinsung für beide Verfahren abgeleitet haben, können wir einen Effizienzvergleich vornehmen. Dabei müssen wir zwischen dem Fall unterscheiden, bei dem die Rentenversicherung nur endliche Perioden Bestand hat und dem mit unendlicher Periodenzahl. Ausgangspunkt ist dabei die Aaron-Bedingung, die Beziehung zwischen Wachstumsrate der Lohnsumme $m + g$ und dem Kapitalmarktzins r.

Wenn $m + g$ größer als r ist, so ist für das Umlageverfahren die Aaron-Bedingung erfüllt. Bei der Anwendung der Aaron-Bedingung als Vergleichskriterium für die Effizienz alternativer Alterssicherungssysteme muss man aber die impliziten Annahmen berücksichtigen. Ein Vergleich wird erschwert, wenn – wie in der Vergangenheit und auch in Zukunft – die durchschnittliche Lebenserwartung steigt und die staatliche Alterssicherung nicht nur das Altersrisiko, sondern auch – wie in der GRV – das Risiko der Hinterbliebenen, das der Erwerbsunfähigkeit usw. abdeckt. Aus dieser Perspektive wird mit der Aaron-Bedingung die Rentabilität des Umlagesystems der GRV systematisch unterschätzt.

Im endlichen Fall garantiert aber die Aaron-Bedingung nicht die Paretosuperiorität des Umlageverfahrens. Betrachtet man die einzelnen Perioden, so gilt, dass in der ersten Periode das Umlageverfahren dem Kapitaldeckungsverfahren überlegen ist, wenn beide in der gleichen Periode beginnen, da bei gleichen Einzahlungen im Umlageverfahren die Rentner diese Einzahlung erhalten und im Kapitaldeckungsverfahren der Betrag nicht ausgezahlt, sondern angelegt wird. Auch in den nachfolgenden Perioden ist bis ausschließlich der letzten Periode das Umlageverfahren günstiger als das Kapitaldeckungsverfahren, da die Verzinsung mit $m + g$ größer als der Kapitalmarktzinssatz ist. Anders sieht die letzte Periode aus. In der letzten Periode wird im Kapitaldeckungsverfahren das Versicherungskapital aufgelöst. In dieser Periode erfolgen keine Beiträge mehr, so dass in dieser Periode keine Einzahlungen vorliegen und dennoch Renten ausgezahlt werden, so dass eine unendliche Verzinsung der Null-Einzahlung vorliegt und in dieser Periode das Kapitaldeckungsverfahren immer vorteilhafter ist. Da in den ersten n-1 Perioden das Umlageverfahren, aber in der letzten n-ten Periode das Kapitaldeckungsverfahren vorteilhafter ist, kann geschlossen werden, dass keines der Systeme superior ist. Dies gilt auch entsprechend für den Fall, dass $m + g < r$ ist. Dann ist bis auf die erste Periode das Kapitaldeckungsverfahren dem Umlageverfahren vorzuziehen.

Die Diskussion der Vorteilhaftigkeit eines der Verfahren ist aber für den endlichen Fall nur von akademischem Wert, da beide Systeme nicht überlebensfähig sind, wenn alle Individuen sich vollkommen rational im Sinne des homo oeconomicus verhalten, wie wir dies oben aufgezeigt haben. Da jedes Individuum weiß, dass beide Systeme im endlichen Fall in sich zusammenbrechen, interessiert es nicht, inwieweit die Systeme effizient sind.

Nun könnte man die These vertreten, dass auch der Fall unendlich vieler Perioden von rein theoretischer Natur ist, da jedes System irgendwann untergehen muss. Dies stimmt aber nicht. Entscheidend für die Stabilität im unendlichen Fall ist nicht, dass unendlich viele Perioden vorliegen. Entscheidend ist vielmehr, dass jeder Periode eine andere folgt, so dass man nicht die letzte Periode kennt und von hinten also rekursiv das optimale Verhalten bestimmen kann. Anstelle der Existenz unendlich vieler Perioden reicht es, dass positive Übergangswahrscheinlichkeiten von einer Periode zur nächsten bestehen. Dieses System ist dann in dem Sinne endlich, dass der Erwartungswert der Länge des Systems – der Anzahl der Perioden – endlich ist. In diesem System kann man keine rekursive Lösung bestimmen. Um keine stochastische Analyse vornehmen zu müssen, wollen wir beim Fall unendlich vieler Perioden bleiben.

Ist im Fall unendlich vieler Perioden die Aaron-Bedingung beim Umlageverfahren erfüllt, so ist das Umlageverfahren eindeutig superior zum Kapitaldeckungsverfahren. In allen Perioden ist das Umlageverfahren vorteilhafter. Dies gilt aber umgekehrt nicht, wenn die Aaron-Bedingung nicht erfüllt ist und $m + g < r$ ist. In diesem Fall ist das Kapitaldeckungsverfahren in allen Perioden bis auf die erste günstiger als das Umlageverfahren, so dass man zwischen beiden indifferent ist, wie in der folgenden Tabelle 3.9. deutlich wird.

Zeit \ Aaron-Bedingung	$m + g > r$	$m + g < r$
endlich	Indifferenz	Indifferenz
unendlich	Umlage superior	Indifferenz

Tab. 3.9.: Effizienzvergleich

3.6.7 Paretooptimalität

Bis jetzt haben wir aber noch nicht nachgewiesen, dass das Umlageverfahren paretooptimal ist. Wir haben nur nachgewiesen, dass das Umlagesystem paretosuperior im Vergleich zum Kapitaldeckungsverfahren sein kann, wenn $m + g > r$ ist. Dabei ist völlig offen, inwieweit die Annahme $m + g > r$ langfristig gültig ist. Man kann unter relativ realistischen Annahmen, insbesondere der, dass mindestens ein nicht-reproduzierbarer produktiver Faktor existiert, nachweisen, dass langfristig nicht $m + g > r$ gelten kann. Des Weiteren ist zu prüfen, ob nicht ein anderes System der Alterssicherung existiert, das paretosuperior zu den bis jetzt betrachteten ist.

Bis jetzt haben wir vereinfachend angenommen, dass der Beitragssatz s konstant ist. Diese Annahme wollen wir nun aufgeben. Zur Vereinfachung der Analyse gehen wir wieder vom Fall eines Rentensystems mit unendlich vielen Perioden und nur zweier Phasen, der der Erwerbstätigkeit und der der Verrentung, aus und unterstellen vereinfachend eine stationäre Wirtschaft mit $m + g = 0$. In diesem Fall zahlen die Beitragszahler x Euro in jeder Periode ein, und die Rentner erhalten x Euro, so dass wir folgende Abfolge von Renten erhalten (siehe Tabelle 3.10):

Periode	1	2	3	4	5	6	7	8	9	...
Rente	x	x	x	x	x	x	x	x	x	...

Tab. 3.10.: Rente bei konstantem Beitragssatz

Würde man in diesem System den Beitragssatz s erhöhen, so würden im Umlageverfahren die Renten steigen, aber auch gleichzeitig die Beiträge, so dass sich die Rendite in diesem System nicht erhöht.

Stellen wir uns nun folgendes Gedankenexperiment vor. In der Periode 1 versprechen die Politiker die Renten um Δx zu erhöhen. Dies würde ihnen die Unterstützung der Rentner bei den nächsten Wahlen verschaffen. Die Rentenerhöhung würde ja automatisch die Rendite im Umlageverfahren für die betroffenen Rentner erhöhen und so die Rentner finanziell besser stellen. Dieses Wahlgeschenk lohnt sich aber nur, wenn die Rentner die Mehrheit der Wähler stellen. Durch die höheren Renten werden zunächst die Beitragszahler schlechter gestellt, die höhere Beiträge zur Finanzierung der Rentenerhöhung zahlen müssen. Darauf könnten die Politiker wahltaktisch reagieren und darauf hinweisen, dass ihren höheren Beiträgen auch eine höhere Rente von Δx im Alter gegenübersteht. Die Beitragszahler würden sich also dadurch nicht verschlechtern, so dass das neue System mit dem Rentenniveau $x + \Delta x$ paretosuperior zum alten sei, da die erste Rentnergeneration bessergestellt wird und alle anderen zumindest gleichgestellt bleiben.

Dies stimmt aber nicht unbedingt. Die Erwerbsbevölkerung wird nur höheren Beiträgen zustimmen, wenn die Rendite im Umlageverfahren genauso attraktiv wie bei einer privaten Kapitalanlage ist. Ist $r > 0$, so werden sie gegen eine Ausweitung der Rentenleistungen stimmen, da $m + g = 0$. Nur wenn der höhere Beitrag Δx zu einer Rentenerhöhung führt, bei der die Rendite des höheren Beitrages mindestens r entspricht, werden sie zustimmen.

Wenn nur die Rentner besser gestellt werden, hängt es letztlich von den Mehrheitsverhältnissen ab, ob es zu einer Umverteilung zugunsten der Alten kommt.

Sinkt nun aber die Rentabilität des Umlageverfahrens, da die Wachstumsrate der Bevölkerung m negativ geworden ist und unsere stationäre Wirtschaft sich in eine schrumpfende entwickelt, so ändern sich die Mehrheitsverhältnisse bei den Wahlen – wie dies z. B. zur Zeit in der Bundesrepublik der Fall ist – zugunsten der Alten, da – wie wir im nächsten Abschnitt zeigen – der Rentnerquotient steigt. Anders formuliert, je unrentabler das Umlageverfahren ist, um so größer ist der politische Druck, dieses System zu stabilisieren und sogar auszuweiten.

Deshalb ist es das Bestreben der Politiker, bei einer solchen demographischen Entwicklung die Rentabilität des Umlageverfahrens zu erhöhen. Dies kann man ganz einfach dadurch realisieren, dass man den Beitragssatz variabel gestaltet und kontinuierlich ansteigen lässt.

Stellen wir uns dazu folgenden „Reformvorschlag" in unserer stationären Wirtschaft vor: Es wird eine Erhöhung der Renten in der Periode 1 für alle Folgeperioden von Δx beschlossen, so dass die Rentner der ersten Periode um Δx bessergestellt werden. Da aber die Beiträge der Versicherten in der ersten Periode ebenfalls um Δx steigen, werden sie nicht bereit sein, dies zu akzeptieren, da ihnen eine Rentensteigerung um Δx in Periode 2 nicht ausreicht. Also werden die Politiker ein günstigeres Angebot machen und für die Periode 2 den Erwerbstätigen der Periode 1 eine Rentensteigerung z. B. um $2\Delta x$ versprechen. Da dadurch die Rendite des Umlageverfahrens über r steigt, werden auch die heute Erwerbstätigen den höheren Beiträgen zustimmen, so dass aus der Sicht der Erwerbstätigen und Rentner das neue System superior zum alten ist. Geht es um die politische Entscheidung der Rentenerhöhung, so sind einzig und allein diese Personengruppen beteiligt, so dass eine Ausweitung des Rentensystems zu Lasten der zukünftigen Generationen durchgesetzt werden kann.

Dieses Konzept kann noch weiter ausgebaut werden, so dass auch alle nachfolgenden Generationen diesem zustimmen, da ihnen eine Rendite in Aussicht gestellt wird, die den Kapitalmarktzins übersteigt. Wir müssen die Renten nicht nur in den ersten beiden Perioden, sondern auch in den nachfolgenden Perioden steigen lassen, so dass wir z. B. folgende Entwicklung der Renten erhalten, wie sie in Tabelle 3.11. dargestellt worden ist.

Periode	1	2	3	...	n	...
Rente	$x + \Delta x$	$x + 2\Delta x$	$x + 3\Delta x$		$x + n\Delta x$	

Tab. 3.11.: Rente bei steigendem Beitragssatz

Bei diesem System steigen die Beiträge linear von Periode zu Periode an. In dieser stationären Ökonomie erhält jeder für seinen Beitrag eine Rendite, die höher als im Kapitaldeckungsverfahren ist, wenn die Politiker ein ausreichend großes Δx wählen, so dass das neue System paretosuperior gegenüber der Lösung mit konstanten Renten ist. Und dieses System funktioniert auch in einer Ökonomie, bei der $m + g < r$ ist, wenn Δx ausreichend groß ist. Dieses System steigender Leistungen kann man auch als Kettenbriefsystem oder Ponzi-System bezeichnen. Die erste Rentnergeneration und Erwerbsbevölkerung wird auf Kosten der nachfolgenden 2. Erwerbsgeneration bessergestellt. Diese stellt sich dann auf Kosten der 3. Erwerbsgeneration usw. besser, so dass die Lasten nur von Generation zu Generation nach hinten geschoben werden.

In diesem System existiert auf den ersten Blick überhaupt keine Budgetrestriktion. Für die Expansion der Renten gibt es anscheinend kein Limit. Dass auch für die Rentenversicherung das Knappheitsprinzip gilt, ist aber offensichtlich. Zwar könnten die Renten theoretisch über Inflation unbeschränkt steigen. Sie können es aber nicht realwirtschaftlich. Denn irgendwann übersteigen in diesem System die Rentenansprüche den Wert des Bruttoinlandproduktes und können so nicht realisiert werden. Da die Beitragszahler immer mehr von ihrem Einkommen für Beiträge ausgeben müssen, bleibt ihnen trotz ihrer enormen Rentenansprüche nichts mehr für ihren Konsum in der Erwerbsphase.

Insgesamt ist dieses System nicht glaubwürdig. Zweifelt aber ein Großteil der Bevölkerung an der Sicherheit der Renten, so wird er sich nicht an diesem Vabanquespiel beteiligen und aussteigen. Da dies rationale Wähler antizipieren, werden sie dieses unsolide Konzept nicht akzeptieren und dafür keine politische Unterstützung gewähren. Wir stellen also fest, dass es rein theoretisch Rentenverlaufsmuster gibt, die sehr effizient, aber nicht glaubwürdig sind und dass es mit variablen Beitragssätzen immer theoretisch möglich ist, das Aaron-Kriterium indirekt zu erfüllen.

Die Aaron-Bedingung ist aber nicht nur deshalb von eingeschränkter Relevanz, weil sie konstante Beitragssätze voraussetzt, sondern auch, weil sie wichtige Variable des Systems als exogen betrachtet. Dies gilt für alle drei Variablen m, g und r, so dass Interdependenzen zwischen dem Rentenversicherungssystem und diesen Variablen vernachlässigt werden. Natürlich hat das jeweilig angewandte Rentenversicherungssystem keinen direkten Einfluss auf das Bevölkerungswachstum. Entscheidend für die Rentabilität des Umlageverfahrens ist aber nicht die Wachstumsrate der Bevölkerung, sondern die Wachstumsrate der Beschäftigung, die wir bisher aus Gründen der Vereinfachung als identisch gesetzt haben. Nun kann aber das Umlageverfahren durchaus negative Effekte auf das Arbeitsangebot im Sinne des excess burden haben, wie dies z. B. Homburg aufzeigt. Wenn das Äquivalenzprinzip im Umlageverfahren verletzt wird und $m + g < r$ ist, so interpretieren die Versicherten ihre Beiträge zur Rentenversicherung als besteuerte Versicherungsbeiträge. Je stärker die Abweichung vom Äquivalenzprinzip ist, um so stärker spüren sie die Besteuerung ihrer Lohneinkommen und um so stärker wird ihr optimales Arbeitsangebot zurückgehen und durch Freizeit substituiert, so dass die Wachstumsrate m bezogen auf die Beschäftigten geringer ausfällt.

Noch stärker wird der Einfluss des jeweiligen Rentenversicherungsverfahren auf die Entwicklung des Lohnniveaus und des Kapitalmarktzinses sein, wenn wir unterstellen, dass beide Verfahren unterschiedliche Auswirkungen auf die Sparquote haben. Wir werden im Anschluss an diese Ausführungen aufzeigen, dass vieles dafür spricht, dass im Umlageverfahren eine niedrigere Sparquote als beim Kapitaldeckungsverfahren realisiert wird.

Stimmt dieser Zusammenhang, so führt ein Wechsel vom Umlageverfahren zum Kapitaldeckungsverfahren zu höheren Investitionen und damit zu einer größeren Kapitalausstattung. Gehen wir von einer neoklassischen Produktionsfunktion aus, so sinkt die Grenzleistungsfähigkeit des Kapitals.

Da im Gleichgewicht der reale Kapitalmarktzins der Grenzleistungsfähigkeit der letzten Einheit entspricht, sinkt auch der Realzinssatz. Andererseits nimmt c.p. mit steigender Kapitalausstattung die Kapitalintensität zu, so dass die Grenzproduktivität des Faktors Arbeit steigt und somit der Reallohnsatz und damit die Wachstumsrate der Lohnsumme, die auch aufgrund des erhöhten Arbeitsangebots steigt, sofern von der Ausweitung kein zu starker Druck auf die Löhne ausgeht, d. h. keine Elastizität größer 1 vorliegt.

Aufgrund dieser Systemeffekte im Bereich der Alterssicherung kann es dazu kommen, dass im Ausgangspunkt bei Anwendung des Umlageverfahrens gilt, dass $m + g < r$ ist, d. h. bis auf die Generation der Alten in der ersten Periode sich alle mit dem Kapitaldeckungsverfahren besser stellen. Kommt es zu einem Wechsel und steigt die Investitionsquote und damit die Kapitalakkumulation, so kann es – wie oben dargestellt – theoretisch dazu kommen, dass r sinkt und $m + g$ steigt, dann ist nach Einführung des Kapitaldeckungsverfahrens $m + g > r$, so dass dieses ineffizienter als das Umlageverfahren ist und der Wechsel so unvorteilhaft ist. Wir sprechen in diesem Fall vom sogenannten Aaron-Paradox.

3.6.8 Auswirkungen auf die Realkapitalbildung

Die Anhänger des Kapitaldeckungsverfahrens präferieren dieses nicht nur unter dem Aspekt der Alterung der Gesellschaft. Sie sehen das Kapitaldeckungsverfahren auch als ein effizientes Instrument an, die Sparquote zu erhöhen. Besonders die Weltbank vertritt diese Auffassung. Sie möchte eine kapitalgedeckte obligatorische Alterssicherung für jeden Arbeitnehmer. Dass das Kapitaldeckungsverfahren in der Aufbauphase, in der nur Beiträge geleistet und keine Leistungen erbracht werden, eine höhere Sparquote bewirkt, kann man sich anhand eines repräsentativen Versicherten modellmäßig verdeutlichen. Ausgangspunkt unseres einfachen Modells ist die permanente Einkommenshypothese, nach der jedes Individuum seinen Nutzen über alle Lebensperioden maximiert. Ein Vererbungsmotiv wird dabei ausgeschlossen. Unterstellen wir, dass jedes Individuum eine Periode der Erwerbstätigkeit und eine Periode der Verrentung durchläuft.

Jedes Individuum besitzt eine Nutzenfunktion, bei der der Nutzen vom Konsum in den beiden Perioden abhängt. Es gestaltet seinen Konsum in den beiden Perioden so, dass sein Nutzen unter Berücksichtigung seiner

Budgetrestriktion maximiert wird. Dies impliziert für ein deterministisches Modell, dass zum Lebensende jedes Individuum sein ganzes Vermögen konsumiert hat und dass die Ersparnis in der Phase der Erwerbstätigkeit einzig und allein dazu dient, in der nächsten Periode voll konsumiert zu werden.

Diese durchaus einsichtige Verhaltenshypothese hat weitreichende Konsequenzen für die Wirkung der Sozialversicherung. Betrachten wir dazu die Konsumentscheidungen eines Individuums vor der Einführung des Kapitaldeckungsverfahrens im Zweiphasenmodell mit einem vollkommenen Kapitalmarkt, wie sie z. B. von Feldstein modelliert wird. In der ersten Periode verfügt das Individuum über das Einkommen e_1, in der zweiten Phase, der des Ruhestandes, erzielt es annahmegemäß kein Arbeitseinkommen. Durch Konsumverzicht in der ersten Periode kann es aber sein Einkommen zum Zinssatz r in die Zukunft transferieren. Wir erhalten die Budgetrestriktion, wie sie in Abbildung 3.4. dargestellt ist, und das Individuum realisiert seine optimale Aufteilung des Konsums im Punkt A. Das Individuum spart $e_1 - \bar{c}_1$ in der Periode 1 und ermöglicht sich einen Konsum in Höhe von $\bar{c}_2$ in der Periode 2.

Was geschieht, wenn anstelle des Kapitaldeckungsverfahrens das Umlageverfahren eingeführt wird und jede Erwerbsperson einen Beitrag von dx an die Rentenversicherung abführen muss? Nehmen wir zunächst einmal an – was in der Realität leider die Ausnahme ist –, dass in der Rentenversicherung Beitragsäquivalenz gilt, d. h., dass der Barwert der Renten dem Barwert der Einzahlungen entspricht. Dann würde sich die Budgetgerade unseres Individuums nicht ändern. Sein heutiges Einkommen würde sich wohl um dx verringern, aber sein zukünftiges um $dx(1 + r)$ erhöhen. Was geschieht aber mit dx beim Umlageverfahren? Es fließt annahmegemäß an die Rentner, die diesen Betrag gemäß der Lebenszyklushypothese voll konsumieren. Die Ersparnis verringert sich also von $e_1 - \bar{c}_1$ auf $e_1 - \bar{c}_1 - dx$. Nach dieser Argumentation von Feldstein ist in der Aufbauphase auch bei Beitragsäquivalenz die Ersparnisbildung beim Kapitaldeckungsverfahren größer als beim Umlageverfahren.

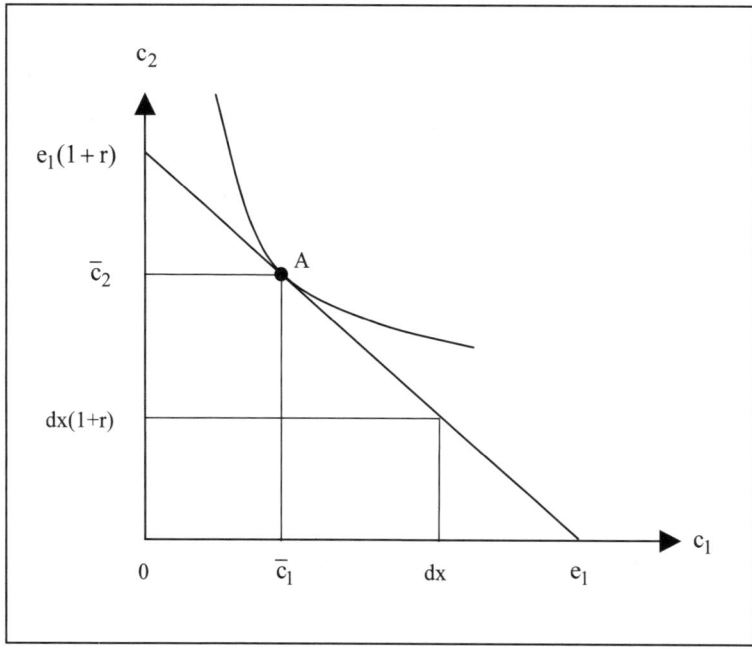

Abb. 3.4.: Intertemporales Haushaltsgleichgewicht

Die Meinung, dass es bei der Einführung des Umlage- anstelle des Kapitaldeckungsverfahrens zu einer höheren Konsumquote kommt, ist auf den Denkfehler zurückzuführen, dass man bei der Einführung des Kapitaldeckungsverfahrens annimmt, dass nur Erwerbspersonen und keine zu versorgenden Alten existieren.

Betrachten wir zur Erläuterung dieses Punktes die Situation der Bundesrepublik nach dem Zweiten Weltkrieg. Durch den Krieg und die Inflation waren die Rentenansprüche der zum Kriegsende in den Ruhestand Tretenden fast völlig entwertet. Durch die sofortige Einführung des Umlageverfahrens konnte man diesem Personenkreis ein – wenn auch niedriges – Einkommen verschaffen. Was wäre geschehen, wenn man in dieser Phase das Kapitaldeckungsverfahren eingeführt hätte? In diesem Fall wäre die gesamtwirtschaftliche Sparquote wesentlich höher, da ja kein Transfer von den Jungen zu den Alten stattfinden würde. Oder drastischer formuliert, die Alten wären dem Hungertod ausgeliefert gewesen. Da dies gesellschaftspolitisch nicht akzeptabel wäre, wären die politischen Instanzen gezwungen gewesen, die Einführung des Kapitaldeckungsverfahrens durch irgendeine Form des Familienlastenausgleichs zu ergänzen, so dass sich nicht die

Alternativen: Einführung des Kapitaldeckungsverfahrens oder des Umlageverfahrens gegenüberstanden, sondern es nur noch um die Frage ging, Einführung des Kapitaldeckungsverfahrens plus Familienlastenausgleich oder Ähnlichem oder Einführung des Umlageverfahrens. Hätte man nach 1945 tatsächlich konsequent das Kapitaldeckungsverfahren eingeführt, so hätte es Jahrzehnte gebraucht, bis ausreichende Versorgungsansprüche angesammelt worden wären.

Völlig anders stellt sich die Situation dar, wenn wir von dem für die praktische Wirtschaftspolitik relativ irrelevanten, für die theoretische Diskussion aber zentralen Fall ausgehen, dass wir ein gut ausgebautes Kapitaldeckungsverfahren, das eine ausreichende Alterssicherung garantiert, durch ein Umlageverfahren ersetzen. Dann kommt es tatsächlich zu einer Reduzierung der Sparquote (sieht man vom schwer abzuschätzenden Induced-Retirement-Effekt ab, nach dem die Erwerbsperson sich aufgrund ihres höheren Vermögens (gestiegene Rente) früher in Rente gehen), da es zu Transfers von Jung zu Alt kommt, durch die sich wohl die Vermögenssituation der Jungen nicht ändert, die der Alten sich aber verbessert, so dass insgesamt die gesamtwirtschaftliche Sparquote sinkt.

3.6.9 Kosten des Wechsels vom Umlage- zum Kapitaldeckungsverfahren

Der wichtigste wirtschaftspolitische Aspekt, der gegen einen Wechsel vom Umlage- zum Kapitaldeckungsverfahren spricht, ist die These, dass es zu einer Doppelbelastung der Erwerbsbevölkerung beim Wechsel kommt, wenn man die Rentenansprüche der Rentner und derjenigen, die vor der Verrentung stehen, nicht verfallen lassen will. In der Übergangsphase, in der die alten Rentenansprüche abgegolten werden, müssen die Versicherten sowohl Beiträge zur Abdeckung der Ansprüche aus dem Umlageverfahren als auch Beiträge zum Aufbau des Kapitaldeckungsverfahrens leisten.

Dieser Sachverhalt soll an einem einfachen Zahlenbeispiel verdeutlicht werden. Unser repräsentative Haushalt verfügt über ein Haushaltseinkommen von 2 000 Euro, das sich auf die Konsumausgaben in Höhe von 1 500 Euro, spezifische familiäre Leistungen für die Kinder in Höhe von 200 Euro (realer Beitrag im Generationenvertrag) sowie Beiträge zur Rentenversicherung im Umlageverfahren in Höhe von 200 Euro sowie eine Ersparnis von 100 Euro aufteilt, wie dies in Abbildung 3.5.a dargestellt ist.

Bei der Einführung des Kapitaldeckungsverfahrens kommt es in unserem Beispiel zwingend zur Doppelbelastung in der Übergangsphase in Höhe von 200 Euro, die durch einen entsprechenden Konsumverzicht realisiert wird. Denn um die alten Rentenansprüche im Umlageverfahren zu erfüllen, muss in der Übergangsphase die jeweilige Erwerbsgeneration die alten Ansprüche abdecken sowie zusätzlich eine eigene Kapitaldeckung aufbauen. Erst wenn die alten Ansprüche ausgelaufen sind, kann der repräsentative Haushalt sein altes Konsumniveau von 1 500 Euro wieder realisieren.

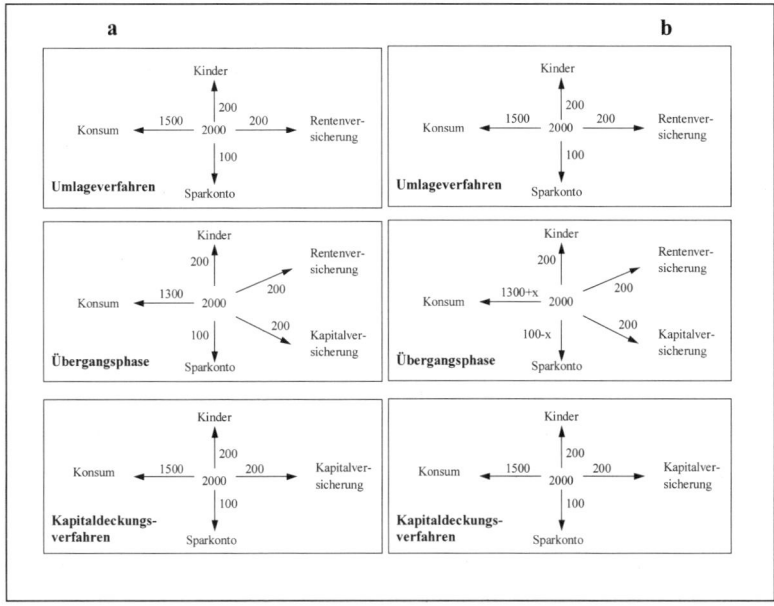

Abb. 3.5.: Wechsel vom Umlage- zum Kapitaldeckungsverfahren

Bei dieser einfachen Darstellung haben wir aber den wichtigen Aspekt der freiwilligen Spartätigkeit und die damit einhergehende Ausweichmöglichkeit nicht berücksichtigt. Der repräsentative Haushalt kann nämlich durch Reduzierung seiner Ersparnisbildung und durch eine eventuelle Verschuldung sein altes Konsumniveau in der Übergangsphase aufrechterhalten. Diese Möglichkeit ist in Abb. 3.5.b dargestellt. Um die Doppelbelastung in ihrer Auswirkung auf den Konsum zu neutralisieren, kann der Haushalt sein Ersparnis um den Betrag x reduzieren. Für den Fall, dass die Ersparnis um x = 200 Euro reduziert wird, liegt eine vollkommene Kompensation vor. Ist eine vollkommene Kompensation tatsächlich zu erwarten? Dies wäre zu vermuten, wenn die Beiträge zur alten Rentenversicherung in der Übergangsphase als echte Vorsorge angesehen würden, was von rationalen Individuen nicht zu erwarten ist, die diese als eine Steuer ansehen, für die sie keine Gegenleistung erhalten. Während im Umlageverfahren die Beiträge als individuelle Vorsorge angesehen wurden, da man mit ihnen ja Rentenansprüche erwarb, entsprechen die Beiträge beim Wechsel einer reinen Steuer. Die Erwerbsbevölkerung leistet in der Übergangsphase Beiträge ohne Gegenleistung, die sich über den Vermögenseffekt negativ auf die Konsummöglichkeiten der Erwerbsbevölkerung auswirken.

Um die Doppelbelastung, die sich aus den zu finanzierenden Lasten aus dem auslaufenden Umlageverfahren ergeben, zu vermeiden, bietet sich die Möglichkeit der Kreditaufnahme und die Chance, diese an die nachfolgenden Generationen zu vererben. So schlagen Föhl, Buchanan u.a. vor, die implizite Schuld der umlagefinanzierten Rentenversicherung in eine explizite Schuld des Staates gegenüber seinen Bürgern umzuwandeln. Alle bisher erworbenen Rentenansprüche werden in staatliche Schuldtitel umgewandelt. Zu untersuchen bleibt dann, ob durch diesen Vorschlag der Wechsel zum Kapitaldeckungssystem paretosuperior zum Umlageverfahren ist. Dabei unterstellen wir – damit ein Wechsel zum Kapitaldeckungsverfahren überhaupt sinnvoll erscheint -, dass der langfristige Zinssatz r größer als $m + g$ ist. Des Weiteren unterstellen wir wieder ein Modell sich überlappender Generationen, bei dem jede Generation zwei Phasen durchläuft.

In der ersten Periode wird ein Kredit aufgenommen, um die Renten der Alten zu finanzieren. In den nachfolgenden Perioden würde dann den Rentnern nicht ihre Rente nach dem Kapitaldeckungsverfahren mit der höheren Rendite $r > m + g$ voll ausgezahlt, sondern nur soviel, wie sie im Umlageverfahren beanspruchen könnten. Die Differenz dient dann zur Zinszahlung und zum eventuellen Abbau der Staatsschuld. Ist die Schuld in der Periode k abgetragen, dann sollen die Rentner eine höhere Rente nach dem Kapitaldeckungsverfahren erhalten.

Ist bei diesem Übergangssystem k endlich, so wäre dieses Übergangssystem paretosuperior im Vergleich zum Umlageverfahren. In den ersten k - Perioden wären die Auszahlungen gleich hoch wie im Umlageverfahren. In den darauffolgenden Perioden wären sie aber im Kapitaldeckungsverfahren höher.

Das Dilemma dieses Übergangssystems liegt nun darin, dass k nicht endlich ist, so dass die Schuld im Mischsystem niemals vollständig abgetragen werden kann und so die Versicherten zu keinem Zeitpunkt die Vorteile des Kapitaldeckungsverfahrens genießen können. Dass k nicht endlich sein kann, sei kurz erläutert.

In der Ausgangsperiode 1 sei das Volkseinkommen y_1, so dass im Umlageverfahren beim Beitragssatz s Beiträge in Höhe von $s \cdot y_1$ geleistet werden. Um die Rentner im Wechsel zum Kapitaldeckungsverfahren in Periode 1 so gut wie im Umlageverfahren zu stellen und um die Beitragszahler nicht schlechter zu stellen, nehmen wir an, dass ein Kredit in Höhe der Rentenzahlungen von $s \cdot y_1$ aufgenommen wird. Betrachtet man die Nettoposition der Versicherten, so stellen wir fest, dass diese gleich Null ist, denn sie haben Kapital in Höhe von $s \cdot y_1$ in die Versicherung eingebracht, sich aber in Höhe von $s \cdot y_1$ in Form einer Staatsschuld für die Rentner verschuldet, so dass finanztechnisch das Kapitaldeckungs- aber realwirtschaftlich das Umlageverfahren angewandt wird.

In der 2. Periode erhalten die Versicherten eine Rente in Höhe von $s \cdot y_1(1+r)$ aufgrund ihrer Kapitalbildung. Aber ihre Schuld aus Periode 1 hat sich auch auf $s \cdot y_1(1+r)$ erhöht. Um mindestens so gut wie im Umlageverfahren dazustehen, erhalten die Versicherten in Periode 2 nur $s \cdot y_1(1+m+g)$ als Rente, so dass $s \cdot y_1(1+r) - sy_1(1+m+g) = s \cdot y_1(r-m-g)$ zur Tilgung zur Verfügung stehen, und sich in Periode 2 eine Verschuldung von $s \cdot y_1(1+r) - s \cdot y_1(r-m-g) = sy_1(1+m+g)$ ergibt. Der Schuldenstand beläuft sich dann in der k Periode auf

$$sy_1(1+m+g)^{k-1}.$$

Wir sehen: Es gibt keine endliche Periode k, in der die Versicherten in diesem System des Wechsels besser gestellt werden. Die Schuldenaufnahme sy_1 in der 1. Periode zerstört die Vorteile des Kapitaldeckungsverfahrens. Und in einer expandierenden Wirtschaft, in der die Lohnsumme zunimmt, steigt von Periode zu Periode die absolute Verschuldung, in einer stationären mit $m + g = 0$ bleibt sie konstant, und in einer schrumpfenden geht sie zurück. Anders aber bei der volkswirtschaftlich relevanteren Schuldenquote, dem Verhältnis der Verschuldung zum Volkseinkommen. Diese hat in Periode k den Wert:

$$\frac{sy_1(1+m+g)^{k-1}}{y_k} = \frac{sy_1(1+m+g)^{k-1}}{y_1(1+m+g)^{k-1}} = s$$

und bleibt immer konstant.

Von Interesse an diesem Ergebnis ist, dass die Höhe des Kapitalmarktzinssatzes keinen Einfluss auf die Entwicklung der Verschuldung hat. Dies ist leicht zu erklären. Wenn r steigt, dann nimmt die Attraktivität des Kapitaldeckungsverfahrens zu, da $r - (m + g)$ steigt. Andererseits steigt aber auch die Last der Verschuldung, da die Zinszahlungen steigen. Und beide Effekte heben sich gegenseitig auf.

Viele Anhänger des Kapitaldeckungsverfahrens bezweifeln aber, dass ein Wechsel vom Umlage- zum Kapitaldeckungsverfahren zu keiner paretosuperioren Lösung führen würde. Sie kritisieren insbesondere die restriktiven Annahmen in den obigen Ausführungen. Eine zentrale Annahme ist dabei, dass das Arbeitseinkommen exogen vorgegeben ist. So argumentiert Homburg, dass ein Wechsel effizient sein kann, da er positive Auswirkungen auf das Arbeitsangebot mit sich bringt. Aus der Sicht eines Versicherten entsprechen Beiträge im Umlageverfahren, die nur unzureichend verzinst werden, einer Lohnsteuer, die zum excess burden und so zu einem ineffizienten Rückgang des Arbeitsangebots führt. Durch den Wechsel zum Kapitaldeckungsverfahren wird diese Last verringert und der damit einhergehende Wohlfahrtsgewinn kann dazu genutzt werden, die Kosten des Wechsels zu reduzieren. Dieses Argument überzeugt nur, wenn das Arbeitsangebot ausreichend lohnelastisch ist. Hinzu kommt, dass aufgrund der ungünstigen Arbeitsmarktsituation nicht das Arbeitsangebot, sondern die effektive Arbeitsnachfrage der restriktive Faktor ist, so dass durch einen Wechsel keine bedeutsame Aktivierung des Arbeitsmarktes zu erwarten ist. Wohl am wichtigsten ist der kritische Hinweis, dass der Angebotseffekt nur dann gravierend ist, wenn vor dem Wechsel eine Rentenversicherung in Form einer beitragsunabhängigen Grundsicherung vorliegt, da in diesem System am stärksten vom Äquivalenzprinzip abgewichen wird. Je stärker im Umlageverfahren das Äquivalenzprinzip verwirklicht wird, um so geringer ist der Angebotseffekt. Von daher stellt sich als Alternative zum Wechsel die Aufgabe, das Äquivalenzprinzip im Umlageverfahren zu stärken.

Die entscheidenden Kosten des Wechsels sind die Ausgleichszahlungen für diejenigen, die über einen längeren Zeitraum Beiträge gezahlt und Ansprüche erworben haben. Ihnen sollte man die Option anbieten, dass sie aus dem Umlageverfahren unter Verlust der erworbenen Rentenansprüche ausscheiden und in das attraktivere Kapitaldeckungsverfahren wechseln können. Dieses Angebot ist natürlich nur für eine Minderheit attraktiv, die bisher nur geringe Ansprüche erworben hat. Dennoch würde ihr freiwilliger Austritt aus dem alten System die Kosten des Wechsels reduzieren.

Die Attraktivität des Wechsels wird besonders deutlich, wenn wir die bisherige deterministische Betrachtungsweise aufgeben und uns vergegenwärtigen, dass die Leistungen im Umlagesystem relativ unsicher sind, sofern keine Stabilisierungsbemühungen in Angriff genommen werden. Sind aber die Renten im Kapitaldeckungsverfahren sicherer als im Umlageverfahren, dann kann der erwartete Nutzen des Wechsels sogar positiv sein.

3.6.10 Neutralitätsthese von Barro

Grundlegende Voraussetzung für die Richtigkeit der bisher angestellten Überlegungen ist die Annahme, dass die Lebenszyklushypothese gültig ist. Barro bezweifelt die Gültigkeit der Lebenszyklushypothese, nach der man nur für den eigenen zukünftigen Konsum spart. Barro weist darauf hin, dass die Eltern nicht nur für sich, sondern auch für ihre Kinder und Kindeskinder sparen, indem sie den Erwerb von Humankapital bei ihren Kindern finanzieren oder indem sie ihnen ein Vermögen hinterlassen. Liegt eine solche altruistische Einstellung der Eltern zu ihren Kindern vor und gilt entsprechendes für die Einstellung der Kinder zu ihren Eltern, so ändern sich die Aussagen über die Wirkungsweise des Kapitaldeckungsverfahrens grundlegend. Haben die Eltern eine Vorstellung über die optimale Nutzenverteilung im Familienverband zwischen sich und ihren Kindern oder allgemeiner formuliert: zwischen der heutigen und der nachfolgenden Generation, so wird nach Ansicht von Barro eine Änderung des Leistungsbeitragsverhältnisses in der Rentenversicherung keine realen Effekte bewirken. Wenn die Eltern eine höhere Rente beziehen, so fragen sie sich nach dieser Verhaltenshypothese, welche Lasten damit ihren eigenen Kindern, den jetzt Erwerbstätigen, aufgebürdet werden, also werden sie versuchen, durch intrafamiliäre Transfers die ursprünglich optimale Aufteilung zwischen den Generationen wieder herzustellen. Bestünde eine solche Verbundenheit zwischen den Generationen, so wäre die Sparquote unabhängig vom jeweiligen Versicherungssystem und seiner Ausgestaltung.

Bei der Ableitung seiner makroökonomischen Aussage geht Barro von einem repräsentativen Haushalt aus. Die der ricardianischen Denktradition entsprechende Übertragung von individuellen Verhaltensweisen auf die Makroebene mittels des repräsentativen Haushalts ist aber sehr problematisch. Aus dem Engagement für die eigenen Kinder kann man nämlich nicht ein entsprechendes Engagement für die gesamte nachfolgende Generation ableiten. Wäre dies tatsächlich der Fall, so hätten wir kein Bevölkerungsproblem. Denn, da man weiß, dass ohne eine ausreichende Zahl von Kindern die Renten nicht sicher sind, müsste jeder repräsentative Familienverband freiwillig seinen Beitrag zur Bevölkerungsentwicklung leisten. Das, was für einen repräsentativen Familienverband sinnvoll ist, gilt aber nicht für einen isoliert kalkulierenden Familienverband, der allein die Kosten der Kindererziehung tragen muss, dessen generatives Verhalten allein aber die Sicherheit der Renten nur marginal beeinflusst.

Insbesondere werden beim Konzept des repräsentativen Haushalts die allokativen Effekte nicht berücksichtigt, die sich aus Einkommensumverteilungen ergeben, die ja auch in unserem System der Rentenversicherung durchaus gegeben sind und die sich auf die Sparquote auswirken. Und gerade in den Umverteilungseffekten sieht von Hayek die grundlegende Schwäche eines staatlichen Zwangssicherungssystems.

Kommt es aber zu Umverteilungen zwischen den Haushaltsverbänden, die jeweils aus den Eltern als Rentnern und ihren Kindern als Beitragszahlern bestehen, so wird dadurch die gesamtwirtschaftliche Sparquote gemäß der Überlegungen von Kaldor beeinflusst, sofern wir unterschiedliche Konsumneigungen in den Familienverbänden haben. Denn im Allgemeinen werden durch eine Rentenänderung die Haushaltsverbände unterschiedlich belastet, da der Rentenänderung bei den Eltern keine genau gleiche Änderung der Beitragsleistungen der Kinder gegenübersteht, was aber für einen repräsentativen Haushalt immer gilt. Insbesondere eine Umverteilung zugunsten kinderloser Rentner wird sich auf die Sparbereitschaft auswirken, sofern die Konsumneigung kinderloser Rentner höher ist als die eines kinderreichen Familienverbandes, in dem hohe Humankapitalinvestitionen für die Kinder und Enkel vorgenommen werden. Selbst wenn man altruistisches Verhalten seitens der Kinder und Eltern unterstellt, kann also ein Einfluss der Verletzung des Äquivalenzprinzips auf die Allokation nicht völlig ausgeschlossen werden, nur wird der Zusammenhang wesentlich komplexer als in dem einfachen Modellansatz von Feldstein sein.

Die bis jetzt gemachten Ausführungen haben gezeigt, dass der Wechsel zum Kapitaldeckungsverfahren keine Patentlösung für die schwierigen Aufgaben der Alterssicherung darstellt. Zentrale Aufgabe muss es – unabhängig davon, ob man sich für das Umlage- oder das Kapitaldeckungsverfahren ausspricht – sein, eine faire Lösung zwischen den Generationen zu schaffen und Glaubwürdigkeit zu gewinnen. Dies setzt voraus, dass man die Alterssicherung nicht losgelöst von den anderen Politikbereichen betrachtet, die für die nachfolgenden Generationen von Bedeutung sind.

Dies gilt insbesondere für die Staatsverschuldung. Es hilft wenig, wenn im Kapitaldeckungsverfahren die Kapitalakkumulation verstärkt wird, aber der Staat durch seine Verschuldung die nachfolgenden Generationen belastet. Wichtig ist es, dass eine hohe Investitionsquote realisiert und solide finanziert wird. Dabei ist das Kapitaldeckungsverfahren durchaus hilfreich, aber nicht von zentraler Bedeutung. Dem Staat steht ein breites Spektrum an Instrumenten zur Verfügung, um die Investitionstätigkeit anzuregen. Insbesondere im Bereich der Humankapitalbildung ist er gefordert. Die Bildungsausgaben werden aber realiter zurückgefahren und die Ausbildungschancen der nächsten Generation verschlechtert.

Es ist eine Illusion zu glauben, alle zukünftigen Probleme der Alterssicherung würden durch einen Wechsel zum Kapitaldeckungsverfahren gelöst. Ganz im Gegenteil, der Umstellungsprozess wird zur Verunsicherung führen und unnötigen politischen Protest bewirken. Wenn man einen Wechsel für sinnvoll hält, sollte man ihn schrittweise vollziehen, wie dies z. B. mit der Riester-Rente beabsichtigt ist.

3.7 Auswirkungen des Bevölkerungsrückganges auf die Rentenversicherung

Um die Auswirkungen des Bevölkerungsrückganges auf die Rentenversicherung zu verdeutlichen, ist es sinnvoll, die Bevölkerungsentwicklung im Zeitraum von 1950 bis 2001 zu analysieren, wie sie in Abbildung 3.14 dargestellt ist.

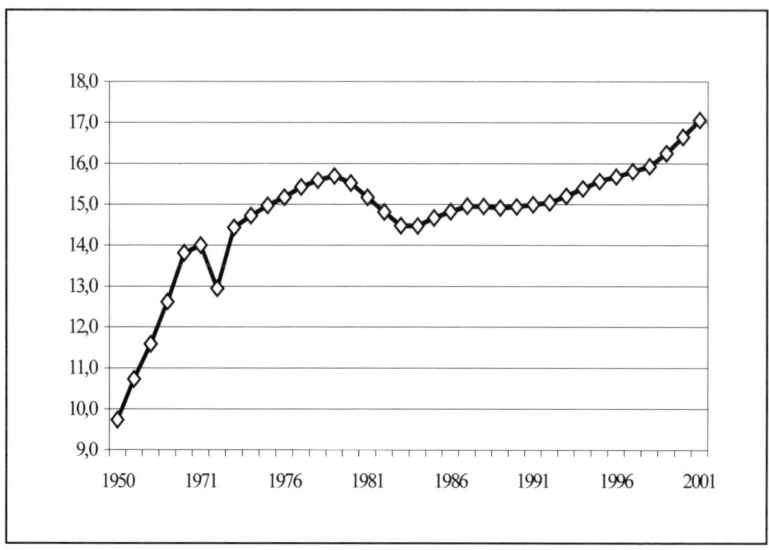

Abb. 3.6.: Entwicklung der Altersquote in Deutschland 1950-2001, darge-
stellt ist der Bevölkerungsanteil der 65-Jährigen und Älteren.
Quelle: Statistisches Jahrbuch

Diese säkulare Entwicklung der sich verschlechternden Relation zwischen
Alt und Jung wird auch im nachfolgenden Überblick (Tab. 3.9.) deutlich.

Bei dieser Darstellung sehen wir, dass die Alterung der Gesellschaft kein
rein bundesrepublikanisches Phänomen ist. Die Entwicklung in der Bundesrepublik entspricht der Durchschnittsentwicklung in Europa.

Nun könnte man vermuten, dass die Alterung der Gesellschaft primär ein
Problem der Industriestaaten ist und die Transformationsländer Mittel- und
Osteuropas sowie die Entwicklungsländer davon nicht betroffen sind. Wie
aber die Tabelle 3.9 der Weltbank zeigt, ist das Alterungsphänomen ein
weltweites.

Die Tabelle der Weltbank macht deutlich, dass dieser weltweite Trend
einen möglichen Lösungsweg des Alterungsprozesses ausschließt: den
Kapitalexport in junge Länder. Nach dieser Konzeption sollen die reichen,
aber alten Industriestaaten die jungen Entwicklungsländer über einen Kapitalexport – was nichts anderes als eine Ersparnisbildung im Ausland ist –
bei dem Aufbau ihrer Wirtschaft helfen. Als Gegenleistung sollen dann
später die Entwicklungsländer, wenn sie in der wirtschaftlichen Entwicklung gleichgezogen und ein hohes Leistungsniveau erreicht haben, ihre

Schulden zurückzahlen und damit die Renten in den Industriestaaten finanzieren. Mit dieser Kompensationsstrategie wäre beiden Seiten geholfen. Die alternden Industriestaaten realisieren eine Untertunnelung ihrer Alterslasten, indem sie heute mehr sparen und Vorsorge für die Zukunft leisten. Den Entwicklungsländern würde geholfen, da die Ersparnis in diesen Ländern rentierlich angelegt werden könnte, weil in diesen Ländern aufgrund der geringen Kapitalausstattung die Grenzleistungsfähigkeit des Kapitals höher ist. Leider scheitert dieser Reformvorschlag an der parallelen Bevölkerungsentwicklung in den betrachteten Ländern.

	1990	2000	2010	2020	2030	2050	2100
OECD-Länder	18,6	20	23,2	26,9	30,8	31,3	30,4
Lateinamerika, Karibik	8,2	8,8	9,6	12	16,4	23,7	29,4
Mittel-, und Osteuropa	13,8	15,6	16,9	20,2	22,2	26,6	29,8
Mittlerer Osten, Nordafrika	6,2	6,8	8,4	11,1	13,1	18,3	28,8
Sub-Sahara-Region Afrika	5,2	5	4,9	5,5	6,8	11,2	26,1
Asien	6,3	7,3	8,6	11,6	15	20,7	28,3
Mittel-, und Nordeuropa							
Deutschland	20,3	23,7	26,5	30,3	35,3	32,5	30,5
Frankreich	18,9	20,2	23,1	26,8	30,1	31,2	30,5
Großbritannien	20,8	20,7	23	25,5	29,6	29,5	30,3
Schweden	22,9	21,9	25,4	27,8	30	28,7	30,5
Südeuropa							
Italien	20,6	24,2	27,4	30,6	35,9	36,5	30,5
Spanien	18,5	20,6	22,4	25,6	30,9	34,2	30,3
Außerhalb Europas							
Japan	17,3	22,7	29	31,4	33	34,4	30,7
USA	16,6	16,5	19,2	24,5	28,2	28,9	30,3

Tab. 3.9.: Demographische Trends der Altersquoten (Anteile der Bevölkerung > 60 Jahre), Weltregionen und ausgewählte OECD-Länder, 1999-2100. Quelle: World Bank 1994, Anhang

Um die Determinanten, die die Altersquote bestimmen, herauszuarbeiten, wollen wir von einem einfachen deterministischen Ansatz ausgehen, der dadurch gekennzeichnet ist, dass die Individuen einer Kohorte alle die gleiche Lebenserwartung haben, die ihnen auch bekannt ist. Weiter nehmen wir vereinfachend an, dass man mit 20 Jahren erwerbstätig ist, mit 58 Jahren verrentet wird und dass die Lebenserwartung bei 77 Jahren liegt. Die Zeit der Erwerbstätigkeit ist dann mit 38 Jahren doppelt so lang wie die der Ruhestandsphase mit 19 Jahren. Wie sieht bei diesem Szenario die Altersquote z. B. im kritischen Jahr 2024 aus, in einem Jahr, in dem sich die Relation zwischen Alten und Jungen nach allen Prognosen besonders ungünstig darstellen wird?

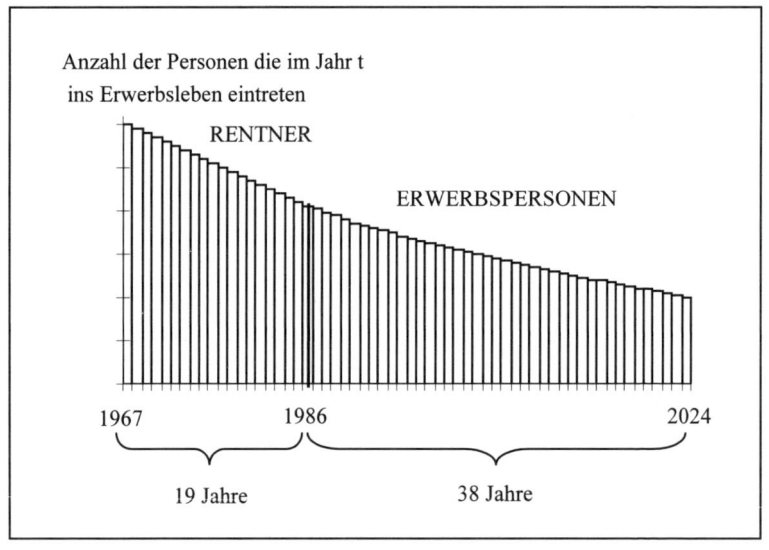

Abb. 3.7.: Altersstruktur

Dazu müssen wir bestimmen, wer im Jahr 2024 Rentner, also zwischen 58 und 77 Jahre alt sein wird. Vernachlässigen wir den Aspekt der Hinterbliebenen und gehen wir davon aus, dass alle Alten erwerbstätig waren, so stellt die Kohorte der in 2024 77jährigen den ältesten Jahrgang der Rentner dar. Dieser Jahrgang umfasst diejenigen Personen, die 1967 ins Erwerbsleben eingetreten sind, d. h. 1967 20 Jahre alt waren. Zu den Rentnern gehören auch diejenigen, die erst im Jahre 2024 76 Jahre alt geworden und 1968 ins Erwerbsleben eingetreten sind. Im Jahre 2024 sind also all die Personen Rentner, die zwischen 1967 und 1986 ins Erwerbsleben eingetreten sind, wie dies in Abbildung 3.7. deutlich wird.

Erwerbstätig sind im Jahre 2024 die 20jährigen, die 21jährigen usw. Anhand der obigen Abbildung können wir nun vier wichtige Determinanten der Altersquote ableiten:

3.7.1 Wachstumsrate der Erwerbsbevölkerung

Je höher die Wachstumsrate der Erwerbsbevölkerung ist, desto niedriger ist die Altersquote, wie dies in den Abbildungen 3.8.a bis 3.8.c verdeutlicht wird.

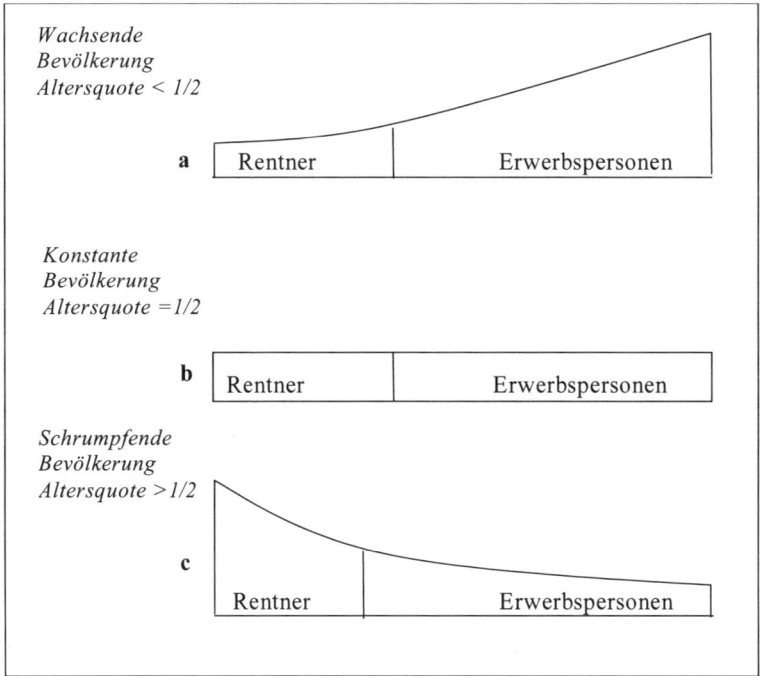

Abb. 3.8.: Einfluss der Bevölkerungsentwicklung auf die Altersquote

Unterstellen wir eine stationäre Wirtschaft wie in Abb. 3.8.b, in der sich die Anzahl der Erwerbstätigen nicht ändert, so beträgt nach unseren Prämissen bezüglich des Verhältnisses der Zeiträume von Erwerbstätigkeit und Rentenbezug die Altersquote $1/2$. In jedem Jahrgang gibt es die gleiche Anzahl an Personen in jeder Kohorte. Da die Erwerbsphase doppelt so lange wie die Rentenphase anwährt, muss die Altersquote dann ½ betragen. Die Altersquote reagiert aber auf Veränderungen der Wachstumsrate der Erwerbsbevölkerung. Wächst die Bevölkerung mit einer positiven Rate von x %, so bedeutet dies, dass die Bevölkerung nicht linear, sondern exponentiell zunimmt, wie dies in Abbildung 3.8.a dargestellt ist. Je höher die Wachstumsrate der Bevölkerung ist, um so günstiger ist aufgrund des konvexen Verlaufs der Bevölkerungsentwicklung die Altersquote. Schrumpft hingegen die Bevölkerung, so verschlechtert sich die Altersquote und sie liegt über ½ in unserem Beispiel, wie dies in Abbildung 3.8.c dargestellt ist.

3.7.2 Lebenserwartung

Steigt die Lebenserwartung, so verändert sich das Verhältnis der Länge der Phase des Rentenbezugs zu der der Erwerbstätigkeit und die Altersquote steigt. Von dieser Erhöhung der Lebenserwartung ist aufgrund des medizinisch-technischen Fortschrittes, der besseren Hygiene sowie des insgesamt höheren Lebensstandards auszugehen. Dabei sehen wir in Tabelle 3.13., dass die Lebenserwartung der Frauen höher als die der Männer ist und dass sie bei beiden Gruppen kontinuierlich angestiegen ist. Mit zunehmender Lebenserwartung steigt natürlich auch im Umlageverfahren die Rentabilität, sofern das ursprüngliche Rentenniveau, d. h. das Verhältnis der Durchschnittsrenten zu den Durchschnittseinkommen der Erwerbspersonen nicht abgebaut wird. Die höhere Rentabilität und die damit höhere Last für die Erwerbstätigen ist darauf zurückzuführen, dass die Phase des Rentenbezugs länger ist, also über eine längere Zeit eine Rente ausgezahlt wird, so dass die Summe der Rentenauszahlungen pro Rentner ansteigt.

3.7.3 Zeitpunkt des Eintrittes in das Erwerbsleben

Die Alterslastquote steigt ebenfalls, wenn sich der Zeitpunkt des Eintritts in das Erwerbsleben nach hinten verschiebt. Und damit ist auch in Zukunft zu rechnen. Nach dem Schulabschluss werden immer weniger Personen direkt in das Erwerbsleben eintreten, ein Einkommen erzielen und Beiträge zahlen. Vielmehr werden sie eine erhebliche Zeit für ihre Bildung aufwenden. Diese zunehmende Ausbildung verschlechtert wohl die Alterslastquote, ist aber aus der Perspektive der Attraktivität des umlagefinanzierten Systems der GRV durchaus positiv zu beurteilen. Führen die Bildungsmaßnahmen zu einer verstärkten Humankapitalbildung und so zu einer höheren Arbeitsproduktivität und mehr Wachstum, so verbessert sich damit die Finanzierungsgrundlage der Rentenversicherung. Problematisch für die GRV ist es aber, wenn beitragsfreie Ausbildungszeiten in der GRV angerechnet werden, was zu einer unnötigen Belastung der GRV führt und auch unter Gerechtigkeitsaspekten nicht erwünscht ist, da durch die Anrechnung die besser Ausgebildeten und damit gut Verdienenden privilegiert werden.

Vollen-detes Alters-jahr x	Männlich			Weiblich		
	1901/10	1949/51*	1995/97	1901/10	1949/51*	1995/97
0	44,82	64,56	73,62	48,33	68,48	79,98
1	55,12	67,80	73,04	57,20	71,01	79,34
2	56,39	67,08	72,08	58,47	70,26	78,37
5	55,15	64,47	69,13	57,27	67,61	75,42
10	51,16	59,76	64,18	53,35	62,84	70,46
15	46,71	54,98	59,24	49,00	57,99	65,50
20	42,56	50,34	54,44	44,84	53,24	60,60
25	38,59	45,83	49,70	40,84	48,55	55,70
30	34,55	41,32	44,93	36,94	43,89	50,79
35	30,53	36,80	40,18	33,04	39,26	45,92
40	56,64	32,32	35,52	29,16	34,67	41,11
45	22,94	27,93	30,99	25,25	30,14	36,39
50	19,43	23,75	26,60	21,35	25,75	31,77
55	16,16	19,85	22,41	17,64	21,50	27,26
60	13,14	16,20	18,48	14,17	17,46	22,85
65	10,40	12,84	14,91	11,09	13,72	18,66
70	7,99	9,84	11,76	8,45	10,42	14,74
75	5,97	7,28	8,96	6,30	7,68	11,19
80	4,38	5,24	6,63	4,65	5,57	8,12
85	3,18	3,72	4,86	3,40	4,02	5,69
90	2,35	2,66	3,72	2,59	2,89	3,95
Legende: * - Früheres Bundesgebiet						

Tab. 3.13.: Bedingte Lebenserwartung in Jahren im Alter x in Deutschland. Quelle: Statistisches Bundesamt, 1999

3.7.4 Zeitpunkt der Verrentung

Die Rentenphase verlängert sich nicht nur dadurch, dass die Lebenserwartung zunimmt, sondern auch dadurch, dass die Erwerbstätigen immer früher in Rente gehen. Der Eintritt ins Rentenalter mit 65 Jahren ist ja schon fast die Ausnahme, wie in der folgenden Übersicht deutlich wird. In der Tabelle 3.14. sehen wir, dass der faktische Zeitpunkt der Verrentung in den letzten Jahren wesentlich früher als im 65. Lebensjahr in Anspruch genommen worden ist.

Jahr	Renten-zugangsalter	Renten-dauer	Renten-zugangsalter	Renten-dauer	Renten-zugangsalter	Renten-dauer
	Alte Bundesländer		**Neue Bundesländer**		**Deutschland**	
1993	60,7	15,6	59,1	x	60,4	x
1994	60,6	x	59,2	x	60,2	x
1995	60,3	15,6	59,6	16	60,1	15,8
1996	60,2	15,9	57,8	16,1	59,7	16
1997	60,2	15,9	57,9	16	59,7	15,9
1998	60,2	15,9	58,1	15,8	59,8	16
1999	60,5	16	58,5	16,4	60,1	16,1
2000	60,5	x	58,7	16,2	60,2	x
2001	60,6	16,2	58,6	16,7	60,2	16,3

Tab. 3.14.: Zeitpunkt der Verrentung Renten wegen verminderter Erwerbsfähigkeit und wegen Alters. Quelle: VDR

Das Vorziehen des Zeitpunktes der Verrentung belastet die Rentenversicherung in doppelter Hinsicht. Der frühere Renteneintritt verlängert zum einen die Phase des Rentenbezugs und zum anderen verkürzt er die Phase der Erwerbstätigkeit und entzieht so der GRV die finanzielle Grundlage. Das Vorziehen des Zeitpunktes der Verrentung beeinflusst die Alterslastquote dadurch, dass sich die Relation von Zähler und Nenner verschlechtert. Von daher nimmt der Zeitpunkt der Verrentung eine Schlüsselrolle bei den Reformen der GRV ein. Hebt man – wie dies auch in der Rentenreform 1992 vorgesehen ist – den Zeitpunkt der Verrentung wieder auf 65 Jahre an, so stellt dies eine erhebliche finanzielle Entlastung für die GRV dar. Die Rentenreform 1992 sieht nicht nur eine Anhebung des Zeitpunktes der Verrentung vor, sondern schafft auch mehr Flexibilität, indem jeder Versicherte unter bestimmten Voraussetzungen den Zeitpunkt der Verrentung selbst wählen kann. Das wesentlich Neue an der Rentenreform 1992 liegt – wie bei der Bestimmung der individuellen Rente aufgezeigt – darin, dass durch Rentenzuschläge und -abschläge ein gewisser Ausgleich für eine spätere bzw. frühere Rente geschaffen worden ist. Die Anhebung des Zeitpunktes der Verrentung bedeutet natürlich nichts anderes, als eine versteckte Reduzierung der Rentabilität der Rentenversicherung zur Konsolidierung der Versicherung. Denn mit der Anhebung des Zeitpunktes der Verrentung verbessert sich die Relation zwischen Renten- und Beitragszahlungen.

3.7.5 Ausblick

Die aufgezeigten Determinanten machen deutlich, dass wir in der Zukunft mit einem erheblichen Anstieg der Altersquote zu rechnen haben und dass die GRV vor erheblichen Finanzierungsproblemen, insbesondere aufgrund der demographischen Entwicklung, steht und auf diese Entwicklung reagieren muss.

Der einfachste Weg wäre eine Anhebung der Beiträge. Hier gibt es erheblichen Widerstand nicht nur bei den Wählern, sondern auch bei der Wirtschaft. Insbesondere möchte man eine Zunahme der Lohnnebenkosten vermeiden. Rentenkürzungen sind ebenfalls nur schwer durchzusetzen. Dabei bedeuten Rentenkürzungen, so wie sie diskutiert werden, nicht, dass die Renten absolut sinken sollen, sondern nur, dass die Zuwächse verringert werden sollen. Dies könnte man z. B. dadurch erreichen, dass man eine demographische Komponente in die Rentenformel einfügt, wie dies die alte Bundesregierung per Gesetz eingeführt hat, 1998 aber von der neuen Bundesregierung zunächst ausgesetzt wurde. Danach sollte das Rentenniveau sinken, wenn die durchschnittliche Lebenserwartung der Rentner steigt. Diese Regelung würde auch dem Äquivalenzprinzip gerecht. Denn mit zunehmender Lebenserwartung steigt c.p. die Rentabilität der Rentenbeiträge.

Die finanziellen Probleme der Rentenversicherung kann man auch mit einer Erhöhung des Bundeszuschusses angehen. Mit diesem Vorschlag werden natürlich nicht die Lasten der Jungen für die Alten reduziert. Es findet nur innerhalb einer Generation eine Umverteilung der Lasten statt. Die versicherungspflichtigen Erwerbstätigen werden entlastet und die Steuerzahler belastet. Der Vorteil dieser Umschichtung kann darin liegen, den Faktor Arbeit zu entlasten und über die Anhebung der Mehrwertsteuer oder anderer Verbrauchssteuern, z. B. in Form einer Ökosteuer, die Konsumenten stärker zu belasten.

3.8 Reformvorschläge

3.8.1 Berücksichtigung der Kindererziehung

Dass grundlegende Reformen in der GRV notwendig sind, ist mehr oder weniger unumstritten. Bei den Reformüberlegungen sind zwei Richtungen zu unterscheiden. Die eine Richtung beinhaltet grundlegende Korrekturen im Sinne eines Systemwechsels. Zu denken ist hier an einen Wechsel vom Umlage- zum Kapitaldeckungsverfahren. In diese Richtung ist auch die Forderung einzuordnen, an Stelle des heutigen beitragsfinanzierten Rentensystems eine staatliche Grundrente bzw. ein Bürgergeld einzuführen, das dem der Staatsbürgerversorgung in den skandinavischen Ländern und in Großbritannien entspricht.

Die andere Richtung beinhaltet nur gewisse Systemkorrekturen, hält aber am alten System der Rentenversicherung fest und versucht dieses schrittweise zu verbessern. In diese Richtung ist auch die Rentenreform von 1992 einzuordnen. Im Folgenden sollen einige Reformvorstellungen, die heute einen besonderen Stellenwert haben, dargestellt und beurteilt werden.

Gerade unter dem Aspekt, dass die Geburtenrate stark zurückgegangen ist, wird gefordert, die Kindererziehung in der Rentenversicherung stärker zu berücksichtigen. Im Rahmen der Rentenversicherung gibt es zwei Ansätze, um die Kindererziehung in das System der Rentenversicherung zu integrieren. Zum einen kann man die familiäre Leistung über eine Variation der Beitragssätze berücksichtigen, indem man die Beitragssätze z. B. nach der Anzahl der Kinder staffelt. Zum anderen – und das ist die in der Bundesrepublik realisierte Lösung – kann man eine Anrechnung der Kindererziehungszeiten bei der Rente vornehmen. Für die erste Lösung spricht, dass die Familien schon in der Phase der Kindererziehung finanzielle Vorteile erhalten. Gerade auf einem unvollkommenen Kapitalmarkt ist diese Lösung für junge Familien, die in dieser Phase hohe Ausgaben haben und sich deshalb oft verschulden, besonders attraktiv.

Welche Argumente sprechen aber dafür, die Erziehung von Kindern in der Rentenversicherung zu berücksichtigen? An erster Stelle wird auf Gerechtigkeitsüberlegungen hingewiesen. Insbesondere Mütter werden in unserem Rentensystem diskriminiert, und Doppelverdiener, die auf Kinder verzichten, werden bevorzugt. Letztere können höhere Beiträge zahlen und haben so einen Anspruch auf höhere Renten, ohne die realen Leistungen für die

Funktionsfähigkeit des Generationenvertrages – die Kindererziehung – erbracht zu haben. Das System der Rentenversicherung ist ungerecht, weil in ihm nur finanzielle, aber nicht die Sachleistungen bei der Bestimmung der Rente berücksichtigt werden.

Erziehende werden in diesem System in mehrerer Hinsicht benachteiligt. Sie müssen im Wesentlichen die Kosten der Kindererziehung tragen. Ihre Beitragszeiten in der GRV sind kürzer, da viele für einen gewissen Zeitraum aus dem Erwerbsleben ausscheiden, um sich voll auf die Kindererziehung zu konzentrieren. Viele Erziehende sind auf Teilzeitarbeit angewiesen und erhalten so geringere Rentenansprüche. Kehren Erziehende ins Erwerbsleben zurück, so sind ihre Einkommenschancen wesentlich ungünstiger als bei denjenigen, die ohne Unterbrechung im Beruf verblieben sind. Die neu Hinzukommenden müssen sich erst wieder einen guten Arbeitsplatz erkämpfen, was in Phasen hoher Arbeitslosigkeit besonders schwierig ist. Darüber hinaus haben sie in ihrer Phase der Kindererziehung viele Fähigkeiten und Kenntnisse verloren, da sie vorübergehend nicht berufstätig waren. Insbesondere konnten sie nicht an dem in dieser Zeit realisierten technischen Fortschritt partizipieren, da die damit verbundenen Fähigkeiten oft nur in Form von learning by doing erworben werden können.

Während Gerechtigkeitsüberlegungen als Begründung für die Berücksichtigung der Kindererziehung in der Rentenversicherung auf breite Akzeptanz stoßen, gilt dies nicht für eine bevölkerungspolitische Begründung. Diese beinhaltet, dass finanzielle Anreize in der Rentenversicherung gegeben sein müssen, um die Geburtenrate zu beeinflussen. Man erwartet, dass man mit finanziellen Anreizen die Geburtenrate steuern kann. Diese Begründung ist aber umstritten. Es ist zu bezweifeln, dass die Rentenversicherung über ausreichende finanzielle Mittel verfügt, um das Reproduktionsverhalten wirkungsvoll zu beeinflussen. Und betrachtet man die familienpolitischen Aktivitäten in diesem Bereich, wie sie in Frankreich und der ehemaligen DDR vorgenommen worden sind, so hat sich gezeigt, dass diese Maßnahmen nicht besonders erfolgreich waren. Um das Reproduktionsverhalten grundlegend zu ändern, müsste man schon so drakonische Maßnahmen wie in China ergreifen, die für eine sozialstaatliche Politik inakzeptabel sind.

Die überzeugendste Begründung der Berücksichtigung der Kindererziehung in der Rentenversicherung ist der Hinweis auf die externen Effekte der Kindererziehung, von denen auch die Rentenversicherung betroffen ist. Nach dieser Argumentation stellt die Kindererziehung ein öffentliches Gut dar, von dem faktisch niemand ausgeschlossen werden kann. Im Umlageverfahren hängt die Rentabilität der Rentenversicherung von der Wachstumsrate der Lohnsumme ab, die sich durch die Wachstumsrate der Bevölkerung und die des durchschnittlichen Arbeitseinkommens bestimmt. Auf beide Größen hat die Familienpolitik Einfluss. Durch ihr Reproduktionsverhalten kann die Familie die Geburtenrate und damit die Rentabilität des Rentensystems beeinflussen. Erheblichen Einfluss auf die Entwicklung der Arbeitseinkommen haben die Bildungsaktivitäten einer Familie, die in großem Umfang von den Familien selbst getragen werden. Da von den positiven Effekten einer höheren Rentabilität im Umlageverfahren kein Versicherter ausgeschlossen werden kann, aber die Kosten für die Verbesserung der Rentabilität zu einem großen Umfang von den Familien allein getragen werden, kann man durchaus von einer Sozialisierung familialer Leistungen sprechen. Entsprechend ist es nur konsequent, eine Internalisierung dieser externen Effekte zu verlangen und die Leistungen der Familie ausreichend zu honorieren.

Auch wenn unter rein allokationstheoretischer Betrachtung eine Internalisierung gefordert werden sollte, so ist damit noch nicht gesagt, dass diese im Bereich der Rentenversicherung verwirklicht werden sollte. Familien bewirken mit der Kindererziehung nicht nur externe Effekte bei der Rentenversicherung, familiale Leistungen sind für die gesamte Gesellschaft von entscheidender Bedeutung. Man denke nur an die Sozialisierungsfunktion der Familie. Da die Familie externe Effekte für die gesamte Gesellschaft bewirkt, ist es naheliegend, dass auch die Gesellschaft und nicht primär die Rentenversicherung für die Internalisierung zuständig ist.

Entsprechend sollte man eine Internalisierung nicht über die Rentenversicherung, sondern über einen Familienlasten-, besser: Familienleistungsausgleich, verwirklichen. Dies hat zur Folge, dass alle Mitglieder der Gesellschaft über ihre Steuerzahlungen an der Finanzierung beteiligt werden und alle familialen Externalitäten – und nicht nur die im Bereich der Rentenversicherung – systematisch erfasst und berücksichtigt werden können. Insbesondere lassen sich über staatliche Transfers und Steuererleichterungen qualitative Aspekte familialer Leistungen besser berücksichtigen. Auch ist eine Anbindung an die Rentenversicherung möglich, indem z. B. der Staat über den Bundeszuschuss oder einen Familienfonds Versicherungsbeiträge für die Berücksichtigung von Kindererziehung finanziert und so die Rentenversicherung entlastet. Eine Finanzierung familialer Leistungen über Steuern ist auch aus Gerechtigkeitserwägungen zu empfehlen. Die Aufkommensgestaltung in der GRV ist aufgrund der Beitragsbemessungsgrenze regressiv angelegt. Würden familiale Leistungen über Versicherungsbeiträge finanziert, so würden die höheren Einkommensbezieher relativ günstiger gestellt, als wenn man eine Finanzierung mit einem progressiven Einkommensteuersystem vornimmt.

3.8.2 Maschinensteuer

Kennzeichnend für das Sozialversicherungssystem der Bundesrepublik ist, dass es sehr stark arbeitszentriert ist. Implizit wird in diesem System von einem Normalbeschäftigungsverhältnis ausgegangen. Dieses System ist aber gefährdet, wenn aufgrund hoher Arbeitslosigkeit immer weniger Arbeitnehmer eine normale Erwerbsbiographie haben. Nimmt die Arbeitslosigkeit zu, so sinkt die Bemessungsgrundlage für die Rentenversicherung, und es kommt zu entsprechenden Einnahmeausfällen.

Aufgrund dieser Überlegung wird gefordert, die Beitragsbemessungsgrundlage der Rentenversicherung zu erweitern. Nicht mehr die Bruttolohnsumme, sondern irgendeine Form der Wertschöpfung eines Unternehmens soll Bemessungsgrundlage für die von den Unternehmen abzuführenden Beiträge sein. Man bezeichnet solch ein System als das einer „Maschinensteuer". Damit soll erreicht werden, dass Arbeit und Kapital an der Finanzierung der Renten beteiligt werden. Für diesen Systemwechsel werden ganz unterschiedliche Argumente angeführt.

Es wird darauf hingewiesen, dass durch eine Maschinensteuer die Diskriminierung arbeitsintensiver Unternehmen aufgehoben wird. Da die Arbeitgeber 50 % der Beiträge zur Rentenversicherung als Arbeitgeberanteil leisten müssen, werden von dieser Abgabe arbeitsintensive Unternehmen mit einer relativ hohen Lohnsumme besonders stark belastet. Zu fragen ist aber, ob die Arbeitgeber tatsächlich die Lasten tragen oder ob nicht – wie viele Ökonomen mit Recht argumentieren – der Arbeitgeberanteil ein Lohnbestandteil ist, so dass die Arbeitnehmer im Wesentlichen die Beiträge zur Rentenversicherung tragen.

In die gleiche Richtung geht das Argument, dass durch die Maschinensteuer ein positiver Beschäftigungseffekt verwirklicht wird, da der Faktor Kapital teurer und der Faktor Arbeit entlastet wird, so dass sich die Lohn-

/Zins-Relation verbessert und Kapital durch Arbeit substituiert wird. Gegen dieses Argument wird eingewandt, dass eine stärkere Besteuerung des Kapitals, dessen Grenzleistungsfähigkeit nach Steuern reduziert, so dass die Investitionsneigung zurückgeht und damit das wirtschaftliche Wachstum und langfristig die Beschäftigung negativ beeinflusst werden. Insbesondere kann es zu einem geringeren technischen Fortschritt kommen, wenn dieser kapitalgebunden ist. Da der Faktor Kapital mobil ist, würde es aufgrund der Globalisierung der Wirtschaft nur zu einer Abwanderung von Kapital kommen.

Ein Wechsel der Bemessungsgrundlage der Rentenversicherung sei auch deshalb notwendig, um dem sinkenden Beitragsaufkommen entgegenzuwirken. Sinkt der Anteil der Arbeitseinkommen am Volkseinkommen, so ergeben sich erhebliche Finanzierungsschwierigkeiten im Bereich der Sozialversicherung. Diesen Trend kann man anhand der Entwicklung der Lohnquote, die das Verhältnis von Arbeitseinkommen und Volkseinkommen angibt, wie sie sich in Abbildung 3.8. darstellt, aber nicht eindeutig belegen.

Diese ist tatsächlich seit 1980 im Trend gesunken. Ob aber daraus ein langfristiger Trend abzuleiten ist, bleibt umstritten. Wachstumstheoretische Überlegungen rechtfertigen diese Hypothese nicht. Der Rückgang der Lohnquote ist vielmehr auf einige spezifische Faktoren zurückzuführen. Dies ist zum einen der erhebliche Beschäftigungseinbruch in den letzten Jahren, der sich aber nicht zwingenderweise fortsetzen muss und der sich insbesondere aufgrund der demographischen Entwicklung abschwächen wird. Zum anderen ist auf die Folgen der Vereinigung hinzuweisen, die einen völlig anders strukturierten Arbeitsmarkt geschaffen hat. Durch die Vereinigung ist der Faktor Kapital relativ knapp geworden, insbesondere deshalb, weil die Kapitalausstattung der DDR völlig unzureichend war. Hingegen ist durch die Vereinigung das Arbeitsangebot um 9 Mio. Erwerbspersonen erhöht worden, für die oft ein gut ausgestatteter Arbeitsplatz fehlt.

Des Weiteren wird darauf hingewiesen, dass die Grundlohnsumme sehr stark konjunkturreagibel sei und stark auf Beschäftigungsschwankungen reagiere, so dass es in der Rentenversicherung immer wieder zu kurzfristigen Finanzierungsschwierigkeiten kommt. Hingegen sei die Wertschöpfung der Unternehmen wesentlich konjunkturunabhängiger und eine solidere Bemessungsgrundlage.

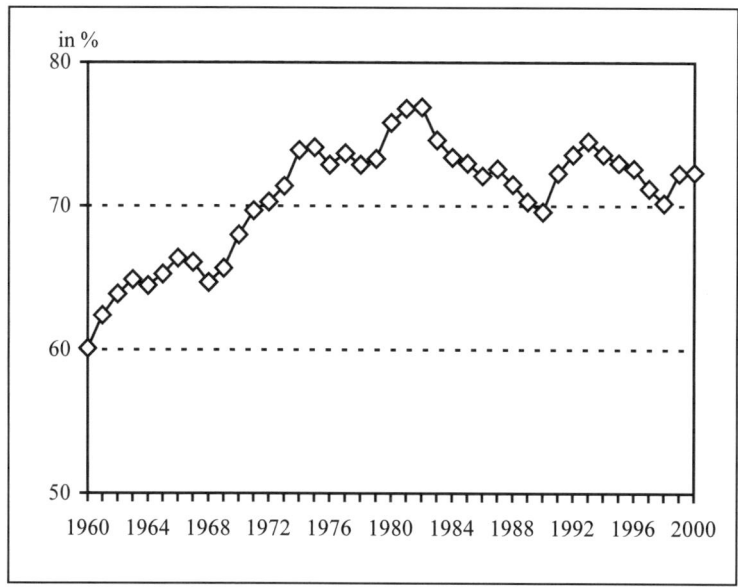

Abb. 3.8.: Entwicklung der Lohnquote, Quelle: Statistisches Bundesamt

Ob diese Hypothese zutrifft, ist umstritten. Da die Bundesagentur für Arbeit für Arbeitslose Beiträge zur Rentenversicherung leistet, ist die Abhängigkeit der Rentenversicherung von der Beschäftigungssituation nicht so groß. Solange eine ausreichende Schwankungsreserve existiert, kann die Rentenversicherung kurzfristige Beitragseinbußen ohne Schwierigkeiten verkraften.

Insgesamt überzeugen die Argumente für einen Wechsel des jetzigen Systems zu einer Maschinensteuer nicht besonders. Es gibt gewichtige Argumente gegen einen Wechsel: Zum einen wird durch den Wechsel das gravierendste Problem der Rentenversicherung, das der steigenden Alterslastquote, nicht gelöst. Zum anderen würde ein Wechsel nur zur weiteren Verunsicherung der Bevölkerung führen. Durch die Maschinensteuer würde die Beitragsbezogenheit der Renten aufgehoben und ein mehr oder weniger steuerfinanziertes System eingeführt. Der individuelle Beitrag eines Versicherten wäre dann nicht mehr eindeutig identifizierbar. Und damit ginge auch der Eigentumscharakter der Vorsorgeaufwendungen der Versicherten verloren. Im jetzigen System sind die Renten durch die Eigentumsgarantie vor politischer Willkür im Wesentlichen geschützt. Dies gilt aber nicht für ein steuerfinanziertes System. Insgesamt würde mit diesem Steuersystem, bei dem – je nach Überwälzung – die Beschäftigten, die Unternehmen sowie die Konsumenten die Renten finanzieren, die ursprüngliche Sozialgemeinschaft der Versicherten aufgelöst, so dass man hier eine parallele Entwicklung feststellen kann, die mit dem System der Grundrente oder Staatsbürgerversorgung bzw. Bürgergeld angestrebt wird.

3.8.3 Grundrente

Grundlegendes Merkmal des Reformvorschlags einer Grundrente ist die Vorstellung, die Beitragsbezogenheit der Rente aufzugeben. Die Renten sollen durch Steuern finanziert werden und jeder Bürger hat unabhängig von der Höhe seiner Steuerzahlungen den gleichen Anspruch auf eine Rente. Eine Bedarfsbezogenheit der Grundrente, wie sie u. a. von den Gewerkschaften gefordert wird, wird bei dieser Konzeption, wie sie von der FDP und Teilen der CDU sowie den Grünen gefordert wird, abgelehnt.

Folgende Ziele werden mit diesem System der Grundrente verfolgt: Zum einen soll es die Altersarmut beseitigen, die im jetzigen System immer noch einige Rentner betrifft.

Ein Versicherter mit durchschnittlichem Einkommen erreicht erst nach 26 Versicherungsjahren einen Rentenanspruch, der über der Sozialhilfe liegt. Bei der Hinterbliebenenrente muss dafür der Partner sogar 44 Versicherungsjahre nachweisen.

Mit der Grundrente wird darüber hinaus das Ziel der eigenständigen Absicherung der Frau im Alter realisiert. Insbesondere werden Frauen, die Kinder erzogen haben, nicht mehr diskriminiert. Es kommt in diesem nivellierenden System allerdings nicht dazu, dass die Kindererziehungszeiten angerechnet werden und zu einer entsprechend höheren Rente führen.

Ein weiterer Vorzug dieses Systems liegt darin, dass mit ihm eine Harmonisierung der verschiedenen Zweige der Alterssicherung erreicht wird. Darüber hinaus ist der Verwaltungsaufwand wesentlich geringer, da dieses nivellierende System keiner speziellen Berechnung der individuellen Rente bedarf und die Anrechnung von Einkommen usw. wegfällt.

Diese Vereinfachung der Verwaltungsaufgaben ist besonders deshalb gegeben, da dieses System im Alter zum Wegfall der Sozialhilfe führen würde. Der immense Aufwand, der bei der Einzelfallprüfung in der Sozialhilfe zu enormen bürokratischen Aktivitäten führt und der durch die Anwendung von Regelsätzen nur geringfügig eingeschränkt wird, würde erheblich zurückgehen.

Darüber hinaus würde die oft diskriminierende Bedürftigkeitsprüfung der Sozialhilfe wegfallen, die dazu führt, dass gerade diejenigen, die besonders der staatlichen Hilfe bedürfen, aus Scham auf Hilfe verzichten.

Auch ist zu vermuten, dass diese Regelung die familialen Beziehungen nicht so wie die Sozialhilfe belastet, da bei der Sozialhilfe die Kinder vom Staat gezwungen werden, die bedürftigen Eltern zu unterstützen, was oft zur Entfremdung in der Familie führt.

Besonders attraktiv ist für diejenigen, die dem Sozialstaat besonders kritisch gegenüberstehen, die Reform, da sie hoffen, dass die Grundrente zu einer "Eindämmung des ausufernden Wohlfahrtsstaates" führt. Damit dieses System der Grundrente überhaupt finanzierbar wird, soll mit ihm nur eine minimale staatliche Absicherung gewährleistet werden. Alles was darüber hinausgeht, das liegt in der Verantwortung des mündigen Bürgers. Er soll selbst bestimmen, wie hoch und in welcher Form seine zusätzliche freiwillige Alterssicherung sein soll.

Des Weiteren wird auf einen positiven Beschäftigungseffekt der Grundrente hingewiesen. Durch den Wechsel der Finanzierung von Beiträgen zu Steuern kommt es zu einer erheblichen Entlastung bei den Lohnnebenkosten, die sich positiv auf die Beschäftigung auswirkt. Dieser Effekt ist aber nur dann gegeben, wenn sich die Grundrente über eine höhere Besteuerung des Verbrauchs finanziert. Aber auch in diesem Fall und insbesondere, wenn es zu einer höheren Einkommensteuerbelastung kommt, ist zu erwarten, dass die Gewerkschaften diese zusätzlichen Kostenbelastungen antizipieren und versuchen, diese durch höhere Lohnforderungen auszugleichen.

Diesen durchaus wichtigen Argumenten für die Einführung der Grundrente stehen aber überzeugende Argumente entgegen. Die nivellierende Grundrente widerspricht in gewisser Hinsicht den Gerechtigkeitsvorstellungen. Warum soll der Staat jedem Bürger eine Grundrente gewähren, wenn dieser sie gar nicht bedarf? Dies gilt insbesondere für die Personen, die im Alter vermögend sind und denen es gelungen ist, nur geringe Steuerzahlungen geleistet zu haben.

Mit der Grundrente wird das Leistungsprinzip aufgehoben. Während in dem jetzigen System der GRV beitragsbezogene Renten gezahlt werden, die im Prinzip dem Äquivalenzprinzip entsprechen, wird dieser Zusammenhang zwischen individueller Leistung und Anspruch durchbrochen. Dieses System führt entsprechend zu einem Abbau von Leistungsanreizen.

Während von einer aktuarisch fairen Rentenversicherung, in der das Äquivalenzprinzip vollkommen zum Tragen kommt, keine negativen Auswirkungen auf das Arbeitsangebot ausgehen, führt ein System der Grundrente zu Steuerbelastungen, die zu einem Rückgang des Arbeitsangebots und zu einer Abwanderung in die Schattenwirtschaft führen werden, so dass sich die Finanzierungsprobleme der Alterssicherung noch verschärfen werden. Um die Abwanderung in die Schattenwirtschaft usw. zu unterbinden, wird der Staat immer mehr auf Kontrolle und Zwang setzen und die Bürger immer mehr zur Arbeit zwingen müssen.

In diesem System der Grundrente werden Leistungsträger diskriminiert. Sie erhalten im Alter vom Staat keine höhere Alterssicherung als diejenigen, die aus der Gesellschaft ausgestiegen sind und niemals bereit waren, Leistungen für die Gesellschaft zu erbringen bzw. für ihren eigenen Unterhalt zu sorgen.

Auch ethische Überlegungen sprechen gegen das System der Grundrente. Im jetzigen System der GRV sind die Rentenansprüche durch Beiträge erarbeitet. Jeder Versicherte hat einen rechtlichen Anspruch auf staatliche Altersleistungen. Es gilt das marktwirtschaftliche Prinzip des Gebens und Nehmens, des „do ut des". Dieses Verfahren entspricht dem Selbstwertgefühl mündiger Bürger, die in diesem System unabhängig vom Staat sind, da sie einen Rechtsanspruch auf staatliche Leistungen haben.

Anders im System der Grundrente, hier geht es um Leistungen ohne Gegenleistungen, um einseitige Transfers des Staates an seine Bürger. Dies schafft Abhängigkeiten, beeinträchtigt das Selbstwertgefühl der Bürger und setzt sie mehr oder weniger der Willkür staatlicher Daseinsvorsorge aus.

Da jeder Bürger einen Anspruch auf eine gleich hohe Grundrente hat, führt dies zu wesentlich höheren Ausgaben als ein System der bedarfsorientierten Hilfe – wie der Sozialhilfe – bei der nur Bedürftige einen Anspruch auf staatliche Leistung haben. Deshalb ist zu befürchten, dass die Leistungen des Staates für die Alterssicherung sehr niedrig ausfallen und im Extremfall unter dem Sozialhilfeniveau liegen werden.

Der gravierendste Einwand gegen die Einführung einer Grundrente ist der Hinweis, dass mit diesem Systemwechsel die grundlegende Herausforderung der Alterssicherung durch den demographischen Wandel nicht gelöst wird. Hier muss angesetzt werden. Und diese Aufgabe wird nur zu lösen sein, wenn es gelingt, die Diskriminierung der Erziehungsleistung der Familie in dieser Gesellschaft abzubauen. Darüber hinaus muss Vorsorge getroffen werden, nicht nur, dass eine verstärkte Realkapitalbildung, sondern auch eine ausreichende Humankapitalbildung verwirklicht wird, um die nachfolgenden Generationen zu entlasten. Solange die Gesellschaft dies nicht realisiert und auf Kosten der nachfolgenden Generationen Ressourcen verschwendet, ist der Generationenvertrag gefährdet. Welches System der Alterssicherung dabei auch immer zum Tragen kommt, ist dabei nachrangig.

3.9 Literatur zum 3. Kapitel

Aaron, H. (1966): The Social Insurance Paradox, in: Canadian Journal of Economics and Political Science, Vol.. 32, S. 371 - 374.

Barro, R. J. (1974): Are Government Bonds Net Wealth?, in: Journal of Political Economy, Vol. 82, S. 1095 - 1117.

Breyer, F. (1990): Ökonomische Theorie der Alterssicherung, München.

Eisen, R. (1998): Rentenentwicklung und Altersvorsorge: Ein kritischer Beitrag zum 3-Säulen-Konzept, in: Sozialer Forschritt, 47. Jg., S.174 - 180.

Dinkel, R. (1984): Umlage- und Kapitaldeckungsverfahren als Organisationsprinzipien einer allgemeinen Sozialversicherung, in: WiSt, 13. Jg., S. 165 - 169.

Feldstein, M. (1974): Social Security, Induced Retirement, and Aggregate Capital Accumulation, in: Journal of Political Economy, Vol. 82, S. 905 - 926.

Mackenroth, G. (1952): Die Reform der Sozialpolitik durch einen deutschen Sozialplan, in: Schriften des Vereins für Socialpolitik, Bd. 4.

Neumann, M. (1986): Möglichkeiten zur Entlastung der gesetzlichen Rentenversicherung durch kapitalbildende Vorsorgemaßnahmen, Tübingen.

Ribhegge, H. (1990): Denkfehler zur Alterssicherung - Kapitaldeckungsversus Umlageverfahren, in: Jahrbuch für Sozialwissenschaft, 41. Jg., S. 359 - 376.

Ribhegge, H. (1999): The Controversy between the Pay-As-You-Go System and the Fully-Funded System in Old-Age Security, in: K. Müller u. a. (Hrsg.), Transformation of Social Security: Pensions in Central-Eastern Europe, Heidelberg, S. 61 - 79.

Rosen, H. S., Windisch, R. (1992) Finanzwissenschaft I, München und Wien, S. 355 - 424.

Sachverständigenrat zur Beurteilung der gesamtwirtschaftlichen Entwicklung (2001): Jahresgutachten: Für Stetigkeit - gegen Aktionismus, S. 218 - 245.

Stiftung Warentest (2002): Die Riester-Tests, Finanztest-Spezial.

Samuelson, P. A. (1958): An Exact Consumption-Loan Model of Interest without the Social Contrivance of Money, in: Journal of Political Economy, Vol. 66, S. 467 - 482.

Wagner, G. u. a. (1998): Kapitaldeckung: Kein Wundermittel für die Altersvorsorge, DIW-Wochenbericht, 65 Jg., S. 833 - 840.

World Bank (1994): Averting the Old Age Crisis. Politics to Protect the Old and Promote Growth, Washington, D.C.

4. Gesetzliche Krankenversicherung (SGB V)

4.1 Ausgabenentwicklung

Die Gesetzliche Rentenversicherung (GRV) und die Gesetzliche Krankenversicherung (GKV) sind Dauerbrenner, wenn es um die Kosten des Sozialstaates geht. Insbesondere wird von einer Kostenexplosion im Gesundheitswesen gesprochen. Die Abbildung 4.1. zeigt die Ausgabenentwicklung der GKV auf.

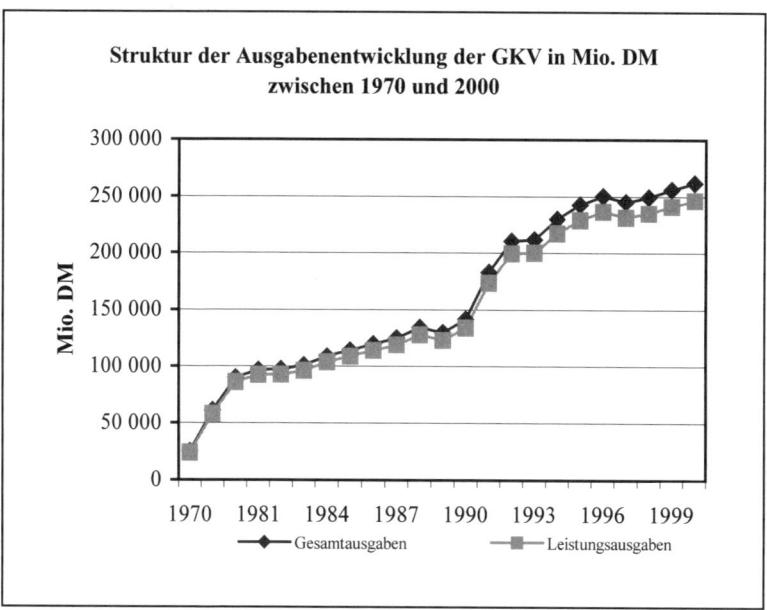

*Abb.4.1.: Struktur der Ausgabenentwicklung der GKV in Mio. DM zwi-
schen 1970 und 2000, Quelle: Bundesministerium für Gesundheit*

Betrachtet man aber die Relation der Gesundheitsausgaben zum
Bruttoinlandsprodukt, so stellt man fest, dass diese Relation relativ stabil
ist. Sie lag lange unter 6 % – wenige Ausnahmen sind 1981 und 1988 –, ist
dann aber 1994 konstant über die 6 % Marke gestiegen. Wesentlich

dramatischer stellt sich der Anstieg des Beitragssatzes dar. Er lag im Jahr 1970 bei ungefähr 8 % und war damit um volle 5 Prozent niedriger als der Beitragssatz im Jahr 2001, der in Westdeutschland bei 13,5 und in Ostdeutschland bei 13,7 lag.

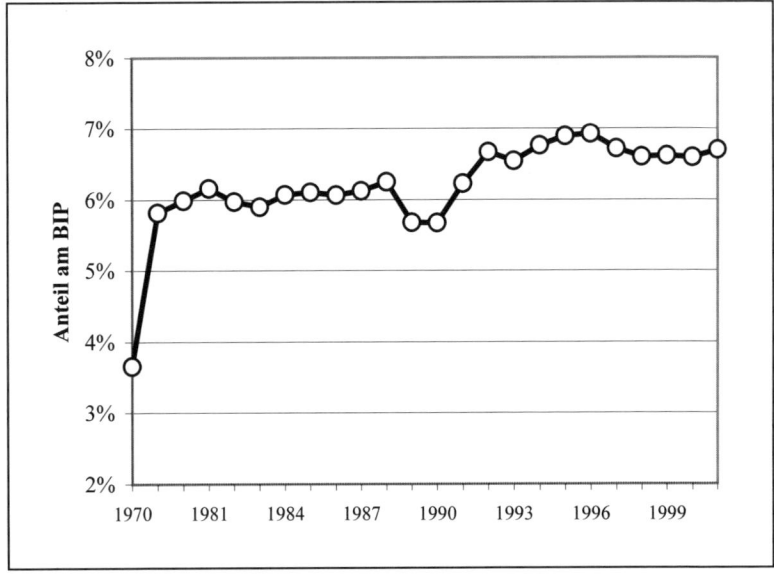

Abb.4.2.: Ausgaben der GKV relativ 1970 bis 2001, Quelle: Statistisches Bundesamt.

Worauf ist nun im einzelnen der zunehmende Anteil der Ausgaben für den Gesundheitsbereich zurückzuführen und was ist die Ursache der immensen Finanzierungsprobleme der GKV? Folgende Faktoren werden dabei diskutiert:

Als erstes ist der demographische Faktor zu nennen. Zum einen ist die Lebenserwartung der Bevölkerung gestiegen. Mit zunehmendem Alter nehmen aber die Ausgaben für die Versicherten zu. Dies soll nicht besagen, dass die Gesundheitsausgaben mit dem Alter exponentiell steigen, wie dies in Abb. 4.3. dargestellt ist.

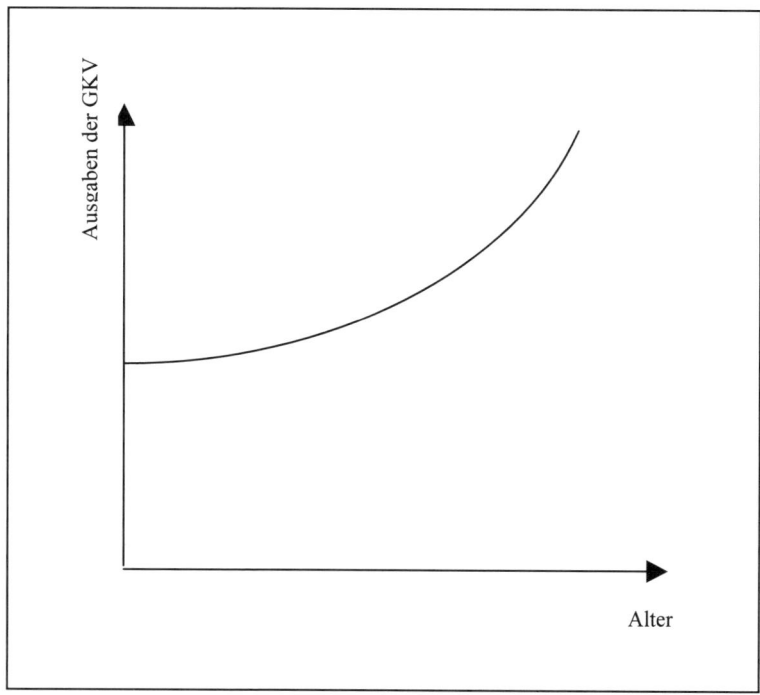

Abb. 4.3.: Ausgaben in Abhängigkeit vom Alter

Wie Gesundheitsökonomen festgestellt haben, ist diese einfache Fort-
schreibung nicht sinnvoll. Nach ihrer Ansicht konzentrieren sich die hohen
Kosten im Alter auf die letzten Monate vor dem Tod (Intensivmedizin,
u. a.), so dass sich mit steigender Lebenserwartung die Ausgabenkurve
nach rechts, wie in Abb. 4.4. dargestellt, verschiebt. Im Ergebnis ist dann
der Ausgabenanstieg nicht ganz so stark, wie allgemein prognostiziert
wird.

Durch die gestiegene Lebenserwartung steigt, wie im 3. Kapitel schon
ausführlich dargestellt, der relative Anteil der Alten und der der Jungen
(guten Risiken) sinkt. Dies führt automatisch dazu, dass bei gleichem
Leistungsniveau in der GKV die Beiträge steigen müssen, da auch in der
GKV das Umlageverfahren gilt. Dieser Effekt wird noch dadurch verstärkt,
dass ebenfalls die niedrige Geburtenrate die Relation zwischen Alten und
Jungen erhöht.

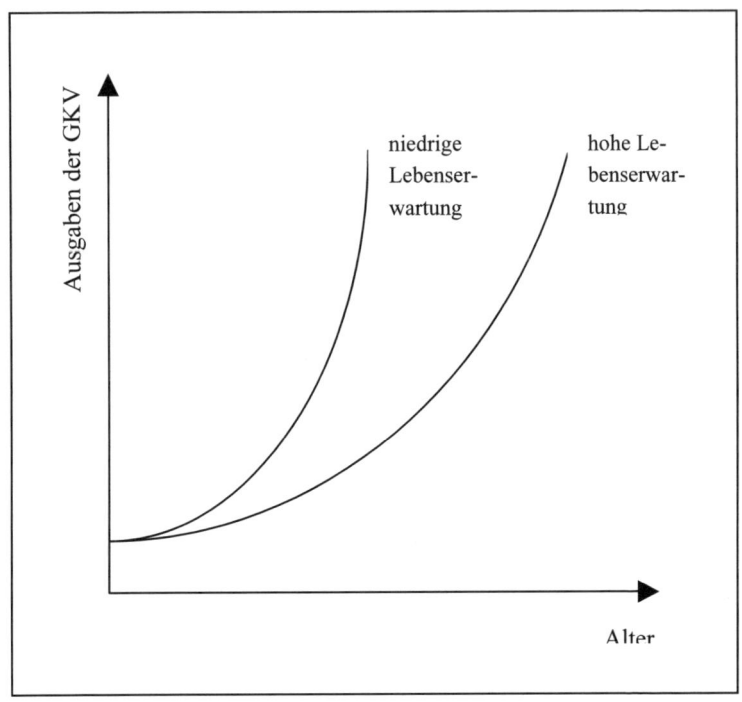

Abb. 4.4.: Ausgaben in Abhängigkeit von Alter und Lebenserwartung

Als zweites wird auf die Ausgabensteigerung durch den technischen Fortschritt hingewiesen. Es werden immer neue kostenintensive Behandlungsmethoden entwickelt und so neue Therapiemöglichkeiten geschaffen. Dies
erhöht zum einen die Lebenserwartung und zum anderen den Anteil kostenintensiver chronisch Kranker. Darüber hinaus wird darauf hingewiesen,
dass der technische Fortschritt einen gewissen bias hat. Technischen Fortschritt findet man eher im Bereich neuer Verfahren als im Bereich der
Kosteneinsparung (z. B. billigere Behandlungsmethoden). Am letzteren
sind primär nur die Krankenkassen interessiert.

Ein Arzt legt z. B. großen Wert darauf, als Erster eine Herztransplantation
vorzunehmen, weil dies ihm Ruhm und Ehre einbringt. Wenn er aber die
Hygiene in den Krankenhäusern durch eine verbesserte Organisation des
Reinigungsdienstes verbessert, damit statistisch das Leben von Tausenden
rettet und den Kassen eine Kostenersparnis in Millionenhöhe erbringt, so
wird dies wenig honoriert.

Hinzu kommt drittens, dass das Gesundheitswesen sehr personalintensiv ist und die Arbeitsproduktivität in diesem Bereich langsamer als im Durchschnitt der Gesamtwirtschaft steigt. Bei einer produktivitätsorientierten Lohnpolitik werden so im Durchschnitt die Löhne in den anderen Sektoren stärker als im Gesundheitssektor steigen. Diese Lohnsatzdifferenzierung würde zu einer entsprechenden Abwanderung aus dem Gesundheitssektor führen und als ungerecht angesehen, so dass sich die Löhne am allgemeinen Durchschnitt orientieren, was zu einer entsprechenden Erhöhung der Lohnstückkosten führt und eine Ausgabensteigerung bewirkt.

Viertens stellen wir eine recht ungünstige Einnahmeentwicklung fest. Zunehmende Arbeitslosigkeit führt zu einem Einnahmeausfall, da die Zahlungen der Bundesagentur für Arbeit an die Krankenkasse niedriger als die Beiträge von Beschäftigten ausfallen. Hinzu kommt, dass die Morbidität Arbeitsloser höher als die in den Arbeitsprozess integrierter Beschäftigter ist.

Seit Jahren stellen wir fest, dass die Lohnquote sinkt, was ebenfalls Druck auf die Beitragssätze bewirkt. Für den Rückgang ist nicht nur die hohe Arbeitslosigkeit verantwortlich, sondern primär die veränderte Relation zwischen Kapital und Arbeit. Zum einen ist in der Bundesrepublik Kapital knapper geworden, da sich durch den Zusammenbruch des Sozialismus und durch die Globalisierung weltweit neue rentierliche Anlagemöglichkeiten für Kapital ergeben haben. Zum anderen führt die Wiedervereinigung dazu, dass die Bundesrepublik heute relativ reicher mit dem Faktor Arbeit ausgestattet ist. Dies bedingt, dass die Lohnsteigerungen entsprechend niedriger ausfallen und damit auch die Einnahmen der GKV, was zu Finanzierungsproblemen führt.

Die Einnahmesituation wird noch dadurch verschlechtert, dass immer mehr höhere Einkommensbezieher zu den privaten Krankenkassen abwandern, was zu enormen Einnahmeausfällen führt. Des Weiteren kommt es durch die zunehmende Scheinselbständigkeit sowie durch die Zunahme der geringfügigen Beschäftigung zu Einnahmeausfällen bei den GKV.

Damit ist fünftens ein weiteres Argument, das der Entsolidarisierung in unserer Gesellschaft, angeführt worden. Einen Entsolidarisierungsprozess finden wir nicht nur beim Versuch, keine Beiträge in die GKV zu zahlen, sondern auch in der Bereitschaft, eher Leistungen in Anspruch zu nehmen. Da viele Gesundheitsleistungen kostenlos in Anspruch genommen werden können, besteht die Gefahr der Null-Kosten-Mentalität und der Ausbeutung der Solidargemeinschaft GKV.

Dem wird aber sechstens entgegengehalten, dass die verstärkte Inanspruchnahme von Gesundheitsleistungen in erster Linie auf die hohe Einkommenselastizität zurückzuführen ist. Mit zunehmendem Einkommen steigt die Nachfrage nach Gesundheit überproportional, so dass eine entsprechend hohe Ausgabensteigerung gesellschaftlich erwünscht ist.

Es muss aber siebtens auch gesehen werden, dass viele Ausgaben ineffizient sind, ein Aspekt, den wir später noch ausführlicher behandeln werden. Z. B. stellen wir fest, dass die Anzahl der Ärzte in den letzten Jahren zugenommen hat. Sie bestimmen aber aufgrund ihres Informationsvorsprungs die Leistungen. Aufgrund der sogenannten angebotsinduzierten Nachfrage führt die Ärzteschwemme zu einer Ausgabensteigerung, die nicht per se effizient ist.

Der Prozess der Ausgabensteigerung wird achtens aufgrund eines Sperr-Kliniken-Effekts bei den Krankenkassen verstärkt. Kommt es zu Überschüssen bei den Kassen, so können die Kassen diese zu einer Leistungsausweitung oder zu Beitragssenkungen verwenden. Da auch die Vorstände der Krankenkassen, die meist nur unzureichend von ihren Kassenmitgliedern kontrolliert werden, nach Downs nach Einkommen, Macht und Prestige streben, werden sie Leistungsausweitungen vorziehen.

Steigt das Leistungsspektrum, dann muss entsprechend die Verwaltung aufgestockt werden und dem Vorstand erwachsen neue Aufgaben. All das schafft Raum, um ein höheres Einkommen, größere Macht und mehr Prestige zu erreichen. Beitragssenkungen sind aus dieser Perspektive wenig attraktiv.

Als letzter und neunter Grund ist zu erwähnen, dass im Gesundheitswesen niemand ein großes Interesse an Effizienz hat. Für Leistungserbringer ist eine Effizienzsteigerung wenig attraktiv, da dann u. a. oft Personal entlassen werden muss, was nur Ärger macht. Solange die Kassen zahlen, ist Effizienz bei den Leistungserbringern kein Thema. Nur wenn es echte leistungsbezogene Entgelte geben würde, käme Effizienz auf die Agenda der Leistungserbringer.

Leider haben auch die Kassen kein großes Interesse an Effizienz. Setzten sich einzelne Kassen für Effizienz ein, so haben sie die Kosten zu tragen und alle konkurrierenden Kassen partizipieren an der Effizienzsteigerung bei den Leistungserstellern, da sie von den Vorteilen der Effizienzsteigerung nicht ausgeschlossen werden können. Solange die Produktion von Effizienz im Gesundheitswesen für die Kassen ein öffentliches Gut ist, solange ist ihre Produktion zu niedrig und die Ausgaben im Gesundheitswesen zu hoch. Und warum sollten sich die Versicherten bei der Leistungsinanspruchnahme zurückhalten? Ihr individuelles Verhalten ist für das Gesamtsystem bedeutungslos, Zurückhaltung wird nicht belohnt und bei der Gesundheit als einem der wichtigsten Güter sollte man nicht sparen, insbesondere dann, wenn die Kosten von der Versicherungsgemeinschaft getragen werden.

Um die finanzielle Entwicklung der GKV zu erklären, ist es sinnvoll, zunächst den Aufbau der GKV aufzuzeigen.

4.2 Aufbau

4.2.1 Personeller Umfang der GKV

Analog zur Rentenversicherung wollen wir die wesentlichen Kennzeichen der GKV aufzeigen, indem wir den personellen Umfang, die Träger, die Leistungen und die Finanzierung der GKV skizzieren.

Früher waren alle Arbeiter und Angestellte Pflichtmitglieder der GKV. Dabei gab es für die Angestellten die Sonderregelung, dass nur die Angestellten pflichtversichert waren, deren Einkommen unter der Versicherungspflichtgrenze lag. Mit dem Gesundheitsstrukturgesetz von 1992 wurden die Arbeiter den Angestellten gleichgestellt, so dass auch sie sich bei entsprechend hohem Einkommen privat versichern können. Bis 2002 war die Versicherungspflichtgrenze mit der Beitragsbemessungsgrenze der GKV, die bei 75 % der der GRV lag, identisch. Zur Verbesserung der Einnahmesituation der Rentenversicherung wurde in 2003 die Beitragsbemessungsgrenze der GRV überproportional auf 5 100 Euro pro Monat (siehe 3. Kapitel) und entsprechend auch die Versicherungspflichtgrenze in der GKV gemäß der 75 % Regel auf 3 825 Euro und für 2004 auf 3 862,50 Euro angehoben. Um die höheren Einkommensbezieher in der GKV nicht noch weiter zu belasten, wurde aber die Beitragsbemessungsgrenze nur auf 3 450 Euro und für 2004 auf 3 487,50 Euro angehoben. Man bezeichnet die Versicherungspflichtgrenze auch als die Friedensgrenze zwischen den gesetzlichen und den privaten Krankenkassen, da die privaten Krankenkassen keinen Versicherten abwerben können, dessen Einkommen unter der Versicherungspflichtgrenze liegt. Des Weiteren sind u. a. Rentner, wenn sie bestimmte Versicherungszeiten in der GKV vorweisen, sowie Auszubildende und Studenten pflichtversichert, wobei letztere sich von der Versicherungspflicht befreien lassen können.

Neben der Pflichtversicherung besteht die Möglichkeit, sich freiwillig in der GKV zu versichern. Diese Möglichkeit ist aber durch den Gesetzgeber in den letzten Jahren eingeschränkt worden. Insbesondere ist es erschwert worden, dass Versicherte, die aus der GKV ausgeschieden sind, später wieder als freiwillig Versicherte in die GKV aufgenommen werden. Intention dieser verschärften Regelung ist es zu verhindern, dass erst gute Risiken – insbesondere Versicherte mit hohem Einkommen – aus der GKV abwandern und als schlechte Risiken – aufgrund des Alters, gestiegener Morbidität, vieler kostenlos mitzuversichernder Familienangehöriger – wieder aufgenommen werden. Da der Gesetzgeber den Wechsel älterer Personen in die GKV erheblich eingeschränkt hat, wurden die Privaten Krankenkassen per Gesetz verpflichtet, Versicherten ab dem 55. Lebensjahr einen Standardtarif anzubieten, mit dem die mit zunehmenden Alter überproportional ansteigenden Prämien bei den privaten Krankenversicherungen begrenzt werden. Im Jahre 2002 waren 51 Mio. Personen direkt durch die GKV versichert. Dazu kamen etwa 20,5 Mio. mitversicherte Familienangehörige (Ehepartner und Kinder). Somit waren 2002 etwa 90 % der Einwohner der Bundesrepublik bei der GKV krankenversichert.

Während früher Arbeiter nur bei den Allgemeinen Ortskrankenkassen (AOK) versichert waren und die Angestellten Wahlfreiheit zwischen der jeweiligen AOK und den Ersatzkassen hatten, ist durch das Gesundheitsstrukturgesetz diese Diskriminierung der Arbeiter aufgehoben worden, so dass in der GKV nicht mehr zwischen Arbeitern und Angestellten differenziert wird. Darüber hinaus ist die Beweglichkeit in der Nachfrage noch dadurch erhöht worden, dass die Versicherten ohne weiteres zum Ende eines Jahres ihre Krankenversicherung wechseln können. Kommt es zu Beitragserhöhungen, so können sie unmittelbar ihre Krankenkasse wechseln.

Da diese Regelung zu einer verstärkten Abwanderung zu neugegründeten preiswerten Betriebskrankenkassen führte, so dass insbesondere die AOK durch den Mitgliederschwund und den überproportional großen Anteil bei ihr verbleibender schlechter Risiken in ihrem Bestand gefährdet waren, hat die Bundesregierung 2001 diese Regelung der Möglichkeit eines sofortigen Kassenwechsels bis 2002 ausgesetzt. Ab dem 1.1.2002 können Versicherte ihre Krankenkasse mit einer Frist bis zum Ablauf des übernächsten Monats kündigen. Sie sind aber für mindestens 18 Monate an ihre neue Kassenwahl gebunden. Die Frist gilt nicht im Falle einer Erhöhung des Beitragssatzes.

4.2.2 Organisation der GKV

Träger der GKV sind die selbständigen Krankenkassen. Dazu gehören die Allgemeinen Ortskrankenkassen, die Ersatzkassen sowie Kassen für spezielle Berufsgruppen, wie die Seekranken-, Betriebs- und Innungskrankenkassen, die landwirtschaftlichen Krankenkassen sowie die Bundesknappschaft. Die Krankenkassen sind rechtsfähige Körperschaften des öffentlichen Rechts mit Selbstverwaltung. Während sie bis Ende 1995 von ehrenamtlichen Vorständen und einer Vertreterversammlung kontrolliert und von einem hauptberuflichen Geschäftsführer geleitet wurden, werden sie seit dem 01.01.1996 durch einen Verwaltungsrat als Selbstverwaltungsorgan sowie von einem hauptberuflichen Vorstand kontrolliert und geleitet.

Die Selbstverwaltungsorgane sind paritätisch besetzt. Arbeitgeber und Versicherte stellen jeweils die Hälfte der Mitglieder. Bei den Ersatzkassen sind in ihnen aber allein die Versicherten vertreten. Die Mitglieder in den Selbstverwaltungsorganen der GKV werden über Sozialwahlen bestimmt. Die Wahlbeteiligung ist aber relativ gering. Die Einflussmöglichkeiten der Selbstverwaltungsorgane auf den Leistungsumfang der Gesetzlichen Krankenkassen sind durch den Gesetzgeber stark eingeschränkt. Von daher ist leider ein Leistungswettbewerb zwischen den Gesetzlichen Krankenkassen fast völlig ausgeschlossen. Durch das Gesetz zur Modernisierung der gesetzlichen Krankenversicherung von 2003 ist der Gestaltungsspielraum der Kassen erheblich erweitert worden. So können die Krankenkassen ihren Versicherten günstige Angebote zum Abschluss privater Zusatzversicherungen machen. Des Weiteren können sie Bonuslösungen zur Honorierung von Vorsorgeuntersuchungen u. a. anbieten. Dies vergrößert den Wettbewerbs- und Entscheidungsspielraum der GKV.

Den Krankenkassen stehen die Kassenärztlichen bzw. Kassenzahnärztlichen Vereinigungen gegenüber, die in der Kassenärztlichen bzw. Kassenzahnärztlichen Bundesvereinigung zusammengeschlossen sind. Diese Vereinigungen, die die jeweils zugelassenen Ärzte (Vertragsärzte) gegenüber den Krankenkassen vertreten, sind die Verhandlungspartner der Krankenkassen bei der Aushandlung der Ärztehonorare. Des Weiteren sind sie für die finanziellen Abrechnungen zwischen den Krankenkassen und den Ärzten zuständig. Die Kassenärztlichen Vereinigungen übernehmen auch den Sicherstellungsauftrag. Schließlich übernehmen sie gegenüber den Krankenkassen eine Gewährleistung. Sie sind verpflichtet dafür zu sorgen, dass die gesetzlichen Erfordernisse und die getroffenen Vereinbarungen auch tatsächlich erfüllt werden. Sie überprüfen mit den Kassen u. a., inwieweit sich die Ärzte wirtschaftlich korrekt verhalten haben. Sie sind für eine ausreichende ärztliche Versorgung zuständig und nicht die Krankenkassen, die fast ausschließlich für die Finanzierung der Leistungen verantwortlich sind. Die Kassenärztlichen Vereinigungen werden von einem hauptamtlichen Vorstand geleitet, der von der Vertreterversammlung kontrolliert wird.

Die Ärzte und Zahnärzte stellen nur einen Teil der Leistungsanbieter im Gesundheitswesen dar. Gut ein Drittel der Ausgaben der GKV werden von den Leistungsanbietern Krankenhäuser (stationärer Bereich) in Anspruch genommen. Darüber hinaus sind u. a. als Akteure die Hersteller von Arznei- und Hilfsmitteln, die Apotheken usw. zu erwähnen, die alle um ihren Anteil am Gesamtbudget des Gesundheitssektors kämpfen.

Eine zentrale Position im Gesundheitswesen nimmt der Gemeinsame Bundesausschuss war. In ihm sind die Kassenärztlichen Bundesvereinigungen, die Deutsche Krankenhausgesellschaft, die Bundesverbände der Krankenkassen, die Bundesknappschaft und die Verbände der Ersatzkassen vertreten. Organisationen von Patienten und Selbsthilfegruppen haben ein qualifiziertes Beteiligungsrecht im Gemeinsamen Bundesausschuss. Der Gemeinsame Bundesausschuss ist u. a. für folgende Aufgaben zuständig:

- Einrichtung von Prüf- und Ermittlungseinheiten in Zusammenarbeit mit den Kassen, Kassenärztlichen- und Kassenzahnärztlichen Vereinigungen zur Bekämpfung von Fehlverhalten,

- Erstellung von Richtlinien und Empfehlungen zu Versorgungsfragen,

- Erteilung von Prüfaufträgen an das unabhängige Institut für Qualität und Wirtschaftlichkeit.

Das Institut für Qualität und Wirtschaftlichkeit hat u. a. die Aufgabe:

- einen Überblick über den aktuellen Wissensstand im medizinischen Bereich zu liefern,

- Gutachten u. a. zur Qualität und Wirtschaftlichkeit zu erstellen,

- evidenzbasierte Leitlinien zu bewerten,

- Empfehlungen zur Disease-Management-Programmen abzugeben,

- Nutzen-Analysen von Arzneimitteln zu erstellen und eine allgemeine Informationspflicht gegenüber den Versicherten zu erfüllen.

Als weitere Einrichtung ist die des Patientenbeauftragten zu erwähnen. Er soll sich für die Anliegen der Versicherten einsetzen.

Darüber hinaus ist der Medizinische Dienst der Krankenversicherung zu nennen. Er dient u. a. zur Begutachtung und Beratung bei der Leistungserstellung und hat damit gegenüber den Ärzten eine gewisse Kontroll- und Überwachungsaufgabe, die von den Krankenkassen in Anspruch genommen werden kann bzw. unter gewissen Voraussetzungen genommen werden muss. Neue Aufgaben sind ihm im Rahmen der sozialen Pflegeversicherung zugekommen. Der Medizinische Dienst der Krankenversicherung als gemeinsam von den Krankenkassen getragene rechtsfähige Körperschaft wird auf Landesebene organisiert. Er wird von einem Geschäftsführer geleitet und von einem Verwaltungsrat kontrolliert, der von den Vertreterversammlungen der Kassen gewählt wird.

Zu nennen ist noch das Bundesversicherungsamt. Ihm kommt eine Beratungs- und Genehmigungsbefugnis gegenüber den Kassen zu. Das Amt prüft die Geschäfts-, Rechnungs- und Betriebsführung bei der GKV und deren Pflegekassen. Darüber hinaus ist das Amt für die Durchführung des Risikostrukturausgleichs in der GKV sowie des Finanzausgleichs in der sozialen Pflegeversicherung zuständig. Zu erwähnen ist noch, dass das Amt u. a. für den Finanzausgleich zwischen den Trägern der GRV sowie für die Abwicklung des Bundeszuschusses an die GRV zuständig ist.

4.2.3 Leistungen der GKV

Die Leistungen der Gesetzlichen Krankenkassen umfassen ein breites Spektrum und werden im SGB V dargestellt. Den konkreten Leistungsumfang bestimmt der Gemeinsame Bundesausschuss. Dabei muss darauf hingewiesen werden, dass der allgemeine Leistungskatalog der Krankenkassen im Wesentlichen durch den Gesetzgeber bestimmt wird, hingegen der Anteil der zusätzlichen freiwilligen Leistungen der Krankenkassen – vom finanziellen Aufwand her gesehen – bisher relativ unbedeutend ist.

Bei den Leistungen sind als erstes die vorbeugenden Maßnahmen zu erwähnen. Hier geht es um die Früherkennung von Krankheiten durch Vorsorgeuntersuchungen als auch um Maßnahmen zur Krankheitsverhütung.

Wesentlich bedeutsamer ist der zweite Bereich der Leistungen bei Krankheit. Erwähnenswert ist hier die – bis auf die Praxisgebühr von 10 Euro – kostenlose Inanspruchnahme der Behandlung durch die Kassen- und Kassenzahnärzte. Sodann ist die Krankenhausbehandlung zu nennen, die bis auf die Zuzahlung von 10 Euro pro Tag für maximal 28 Tage im Jahr kostenlos ist. Bei den verschriebenen Arznei-, Verbands- und Hilfsmitteln müssen die Versicherten Zuzahlungen leisten. Nichtverschreibungspflichtige Arzneimittel sowie Arzneimittel, die der privaten Lebensführung dienen (Life-style-Medikamente), sind grundsätzlich aus dem Leistungskatalog ausgeschlossen. Des Weiteren sind die weitgehend unentgeltliche Versorgung mit Heilmitteln, die Krankengymnastik, die häusliche Krankenpflege von bis zu vier Wochen je Krankheitsfall sowie die Bereitstellung einer Haushaltshilfe im Krankheitsfall zu erwähnen. Dazu kommen die Leistungen zur Rehabilitation. Relativ hoch ist die Zuzahlung der Patienten beim Zahnersatz, der ab 2005 allein vom Versicherten mit einem einkommensunabhängigen Beitrag finanziert werden muss. Eine Übersicht über die unterschiedlichen Zuzahlungen und Selbstbeteiligungsregelungen findet man in der Übersicht 4.5.12.

Kennzeichnend für die Leistungen der GKV ist das Sachleistungsprinzip. Das Sachleistungsprinzip beinhaltet die Verpflichtung der Krankenkassen, im Prinzip kostenlos Leistungen für den Versicherten anzubieten. Hingegen besagt das Kostenerstattungsprinzip, wie es in der privaten Krankenversicherung zur Anwendung kommt, dass die Versicherten erst die Leistungserbringung bezahlen und sich dann anschließend die angefallenen Kosten von ihrer Versicherung erstatten lassen. Die Versicherten in der GKV können aber anstelle von Sachleistungen eine Kostenerstattung wählen, wobei sie an diese Entscheidung für mindestens ein Jahr gebunden sind. Sie können ihre Entscheidung zu Kostenerstattung auf den ambulanten Bereich beschränken.

Die Versicherten können nicht nur zwischen Sachleistungs- und Kostenerstattungsprinzip wählen, sondern auch, ob sie sich beim Zahnersatz bei einer gesetzlichen oder privaten Krankenversicherung versichern.

Des Weiteren können die Versicherten sich bei der Leistungsinanspruchnahme für das Hausarztmodell entscheiden, bei dem sie sich zuerst an ihren Hausarzt wenden müssen, der sie dann als „gatekeeper" u. U. an andere Leistungserbringer weiterleitet.

Neben den Sachleistungen gewährt die Krankenkasse auch finanzielle Leistungen. Die wichtigste Leistung ist die Zahlung von Krankengeld. In den ersten sechs Wochen gilt die Entgeltfortzahlung im Krankheitsfall, nach der der Arbeitgeber bei unverschuldeter krankheitsbedingter Arbeitsunfähigkeit das Bruttoarbeitsentgelt weiter zahlen muss. Ab der siebenten Woche zahlt dann die Krankenkasse Krankengeld. Dieses beläuft sich auf 70 % des regelmäßigen Bruttoentgeltes bis zur Beitragsbemessungsgrenze. Das Krankengeld wird maximal 78 Wochen lang gezahlt und darf 90 % des Nettoentgelts nicht übersteigen.

Mit dieser Regelung, dass zuerst die Arbeitgeber und erst dann die Krankenkassen für das Risiko des durch Krankheit bedingten Einkommensausfalls zuständig sind, wurde im Prinzip eine arbeits- anstelle einer versicherungsrechtlichen Lösung realisiert. Gegen die arbeitsrechtliche Lösung, bei der der Arbeitgeber die Absicherung übernimmt, spricht, dass von dieser Regelung negative allokative Effekte ausgehen. Arbeitgeber werden aufgrund dieser Regelung gezielt ihre Mitarbeiter nach ihrem Gesundheitszustand auswählen, um das unternehmerische Risiko zu minimieren. Dies führt zu einer Selektion und zu einer Diskriminierung von krankheitsanfälligen Arbeitnehmern, die wesentlich schlechtere Chancen haben, eine Beschäftigung zu finden. Diese Diskriminierung wird noch dadurch verstärkt, dass die Kündigung aufgrund von Krankheit aufgrund der Beweispflicht des Arbeitgebers nur sehr schwer zu verwirklichen ist, was ebenfalls die Unternehmen veranlasst, nur „olympiareife" Arbeitnehmer einzustellen.

Bis 1970 hatten wir in der Bundesrepublik für die Arbeiter die versicherungsrechtliche Regelung verwirklicht, so dass vom ersten Tag der Krankheit an die Krankenkassen den Lohnausfall ausgleichen mussten. Durch die Gleichstellung von Arbeitern und Angestellten wurde dann auch von den Gewerkschaften die arbeitsrechtliche Lösung, die schon für die Angestellten verwirklicht war, erstritten. Dies führte zu einer erheblichen Entlastung der Krankenkassen, die diese Entlastung nicht für eine Beitragssenkung, sondern für eine Leistungsausweitung nutzten und so die Kostenexplosion der 70er und 80er Jahre einläuteten.

Im Rahmen der Mutterschaftshilfe und des Mutterschaftsgeldes erhalten die Frauen die entsprechenden ärztlichen Leistungen kostenlos und im Falle eines Beschäftigungsverhältnisses finanzielle Leistungen von maximal 13 Euro pro Tag und 390 Euro pro Monat für den Zeitraum von 6 Wochen vor und 8 Wochen nach der Geburt, wenn sie in dieser Zeit ihre Erwerbstätigkeit unterbrechen.

Dieser angeführte Leistungskatalog ist unvollständig, gibt aber einen ersten Eindruck vom enormen Umfang der Leistungen der GKV, wobei die Detailregelungen bei den Leistungsansprüchen nicht berücksichtigt worden sind.

4.2.4 Finanzierung der GKV

Die Ausgaben der Krankenkassen werden im Wesentlichen von den Beiträgen der Versicherten finanziert. Die Beiträge werden zu gleichen Teilen vom Arbeitgeber und Arbeitnehmer getragen. Bemessungsgrundlage ist dabei – wie in der GRV – das Bruttoentgelt der Versicherten bis zur Beitragsbemessungsgrenze. Die Beitragsbemessungsgrenze beträgt bis Ende 2002 75 % der der Rentenversicherung und in 2003 weniger als 75 %, nämlich 3 450 Euro sowie 3 487,50 Euro in 2004. Während in der GRV ein einheitlicher Beitragssatz gilt, gilt dies nicht für die GKV.

In der GKV sind die Kassen auch nach dem Umlageverfahren konzipiert. Jede Kasse bestimmt eigenständig ihren kostendeckenden Beitragssatz, was zu starken regionalen Abweichungen, aber auch zu Unterschieden zwischen den verschiedenen Arten von Kassen führt. Dies ist u. a. darauf zurückzuführen, dass sich die Einnahme- und Ausgabensituation der Kassen sehr stark unterscheiden. So existieren Versicherungen mit einem relativ hohen Rentneranteil, der einerseits recht niedrige Beiträge leistet und andererseits recht kostenintensiv ist. Unterschiede in der jeweiligen Arbeitslosigkeit, der Anzahl der kostenlos Mitversicherten, der Höhe der Grundlohnsumme der Versicherten führen u. a. zu einem unterschiedlichen Beitragssatz. Um eine zu starke Differenzierung der Beitragssätze sowie eine Abwanderung von guten Risiken, die die Überlebensfähigkeit der

jeweiligen Versicherung gefährdet, zu verhindern, ist ein Risikostruktur-
ausgleich installiert worden, auf den wir später noch eingehen werden.
Gemeinsam ist allen Kassen der erhebliche Anstieg des durchschnittlichen
Beitragssatzes in den letzten drei Jahrzehnten (siehe Tabelle 4.1).

	1971	1976	1981	1986	1991	1996	2001
alte Bundes-länder	8,2	11,3	11,8	12,2	12,2	13,5	13,5
Neue Bundes-länder	-	-	-	-	12,8	13,5	13,7

*Tabelle 4.1. Entwicklung des durchschnittlichen Beitragssatzes in der GKV
seit 1970, Quelle: Gutachten des Sachverständigenrates*

Eine spezielle Regelung bei den Beiträgen existiert für die Rentnerinnen
und Rentner. Für die pflichtversicherten Rentner übernimmt anstelle der
Arbeitgeber die GRV 50 % der Beiträge. Der GRV-Anteil von 50 % bezieht sich aber nur auf die Renten aus der GRV. Bei ihren sonstigen Ver-
sorgungsbezügen und Alterseinkünften aus selbständiger Tätigkeit müssen
sie den vollen Beitragssatz allein tragen.

Auch bei den beschäftigten Versicherten wird das Prinzip der solidarischen
Finanzierung durch Arbeitgeber und Arbeitnehmer durchbrochen. Zu
erwähnen sind die Regelungen zum Zahnersatz, für den ab 2005 die Versicherten einen einkommensunabhängigen Versicherungsbeitrag allein tragen müssen, sowie die Finanzierung des Krankengeldes über eine 0,5 %
Beitragsanpassung, die die Versicherten allein bezahlen müssen.

Darüber hinaus beteiligt sich der Staat direkt und indirekt an der Finanzierung. Versicherungsfremde Leistungen werden von der öffentlichen Hand
finanziert. Des Weiteren übernehmen die Länder einen Teil der Investitionskosten bei den Krankenhäusern und entlasten so die Krankenkassen.

4.3 Umverteilungseffekte in der GKV

Während in der Gesetzlichen Rentenversicherung versucht wird – im Sinne
der Teilhabeäquivalenz – dem Versicherungsprinzip soweit wie möglich
Geltung zu verschaffen, wird in der GKV unter dem Aspekt der Solidarität
eine strikte Anwendung des Versicherungs- bzw. Äquivalenzprinzips

abgelehnt. Da sich die Versichertengemeinschaft nicht als reine Gefahrengemeinschaft, sondern auch als Solidargemeinschaft versteht, soll in diesem System schlechten Risiken im Sinne des sozialen Ausgleichs besonders geholfen werden. Entsprechend bestimmen sich die Versicherungsbeiträge – anders als in der privaten Krankenversicherung – unabhängig von
der Morbidität der Versicherten, so dass eine risikobedingte Umverteilung
eintritt. Dies erspart den GKVs erhebliche Selektionskosten bei der sonst
notwendigen Einordnung der Versicherungsnehmer in Gefahrenklassen.
Der einheitliche Beitragssatz beinhaltet aber auch die Gefahr, dass nur
schlechte Risiken in die GKV eintreten und sich die guten Risiken den
privaten Krankenversicherungen zuwenden, bei denen sie als gute Risiken
niedrigere Beiträge zahlen müssen.

Des Weiteren existiert in der GKV eine Umverteilung von Reich zu Arm,
da die Beiträge einkommensabhängig sind. Während in der GRV hohen
Beiträgen entsprechend hohe Leistungen in Form einer hohen Rente gegenüberstehen, so gilt dies nicht im gleichen Umfang für die GKV. Unterstellt man nicht, dass Reiche per se mehr Sachleistungen in der GKV in
Anspruch nehmen als Arme, das Gegenteil ist eher der Fall, so erhalten
diejenigen, die hohe Beiträge leisten, keine höheren Leistungen als diejenigen, die geringere oder gar keine Beiträge leisten. Dieser Umverteilungseffekt wird aber durch die Leistungen abgeschwächt, die einkommensabhängig sind. Zu denken ist hier insbesondere an das Krankengeld. Die ein-
kommensbedingte Umverteilung wird aber durch die Beitragsbemessungsgrenze in der GKV abgeschwächt. Hinzu kommt die Kopfprämie beim
Zahnersatz ab 2005. Eine Kopfprämie beinhaltet nur eine risikobedingte
Umverteilung. Der Verzicht auf Beitragsäquivalenz in der GKV hat spezifische Umverteilungseffekte zur Folge.

Dazu gehört z. B. die Umverteilung zwischen den Generationen zugunsten
der Rentner und zu Lasten der Erwerbsbevölkerung. Während die Beiträge
der Rentner aufgrund ihres geringen Einkommens niedriger sind als die der
Erwerbsbevölkerung, sind die Ausgaben der GKV für Rentner wesentlich
höher, so dass die Jungen die Alten subventionieren. Diese intertemporale
Umverteilung ist darauf zurückzuführen, dass die gesetzlichen Krankenkassen, und dies gilt auch für die privaten Krankenkassen, im Prinzip eine
Kalkulation über den Lebenszyklus der Versicherten vornehmen und einen
altersunabhängigen Beitragssatz kalkulieren und nicht eine periodenbezo-
gene Kalkulation vornehmen. Die Umverteilung zwischen Jung und Alt

relativiert sich aber, wenn man berücksichtigt, dass die Jungen selbst aber einmal alt werden, so dass ein Ausgleich zwischen den Generationen stattfindet, sofern es nicht zu grundlegenden Veränderungen im System der GKV kommt. Die Entwicklung der Ein- und Ausgaben im Altersverlauf ist in Abbildung 4.5. dargestellt.

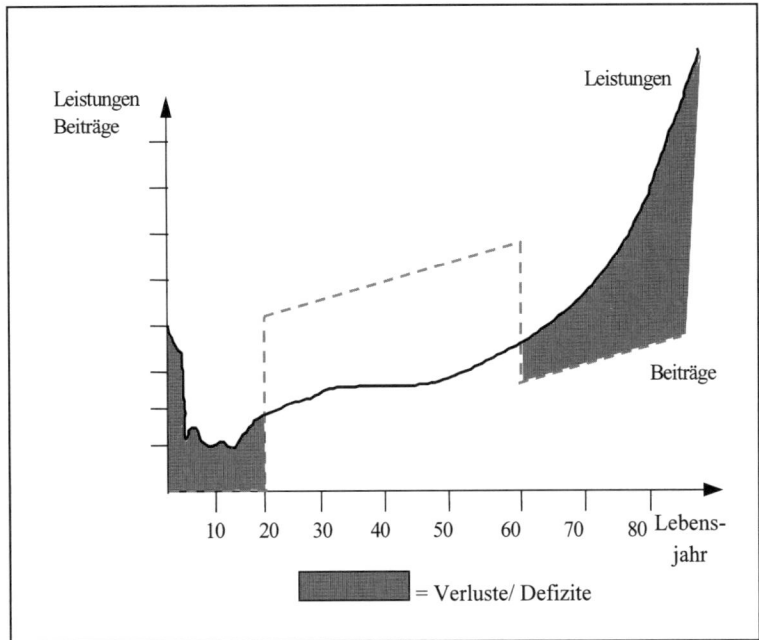

Abb.4.5.: Entwicklung der Beiträge und Leistungen in der Gesetzlichen Krankenversicherung über den Lebenszyklus hinweg, Quelle: Schulenburg, J. M. Graf v.d., Gesundheitswesen (Krankenversicherung) und demographische Evolution, in: Recktenwald, H.C. (Hrsg.), Der Rückgang der Geburten – Folgen auf längere Sicht, Düsseldorf 1989, S. 286

In den ersten Lebensjahren, in denen ein Versicherter über kein Einkommen verfügt, ist er kostenlos durch die Familie mitversichert und stellt so für die Versicherung ein schlechtes Risiko dar, da sein Deckungsbeitrag negativ ist. Dennoch sind die Versicherungen durchaus an seiner Mitgliedschaft interessiert, da sie hoffen, dass er in der jeweiligen Versicherung verbleibt und dann als junger, gut verdienender Versicherter ein gutes Risiko darstellt, das mit seinen Beiträgen seine Krankenkosten mehr als abdeckt. Auch wenn mit zunehmendem Alter die Krankheitsanfälligkeit zunimmt, ist der Versicherte in dieser Phase der Erwerbstätigkeit im allgemeinen immer noch ein gutes Risiko, da ja auch sein Einkommen und seine Beiträge mit zunehmendem Alter steigen. Spätestens zum Zeitpunkt der Verrentung schlägt die Situation um. Nun sinkt das Einkommen rapide und die Kosten steigen im allgemeinen stark an, so dass die Rentner ein schlechtes Risiko darstellen.

Des Weiteren ergibt sich aus dem Finanzierungsverfahren der GKV eine familienbedingte Umverteilung. Familienangehörige ohne eigenes Einkommen sind mitversichert. Hier soll nicht die Diskussion geführt werden, ob diese Umverteilung zugunsten der Familie nicht besser über den Familienleistungsausgleich realisiert werden sollte. Dennoch ist auf gewisse Irrationalitäten und Ungerechtigkeiten dieses Umverteilungssystems hinzuweisen, z. B. auf die Diskriminierung von Doppelverdienern im Vergleich zu einem Ehepaar mit einem Alleinverdiener. Hat z. B. der Alleinverdiener, dessen Ehepartner kostenlos mitversichert ist, ein Gehalt von 5 000 Euro, das doppelt so hoch ist wie die Beitragsbemessungsgrenze von z. B. 2 500 Euro und liegt sein Beitragssatz bei 13 %, von dem er den Arbeitnehmerbeitrag von 6,5 % bezahlen muss, so zahlt er halb so viel wie ein Ehepaar, bei dem beide Partner jeweils 2 500 Euro verdienen. Der Alleinverdiener bezahlt nur 6,5 % von 2.500 Euro, gleich 162,50 Euro, trotz seines Einkommens von 5 000 Euro, da sein Einkommen die Beitragsbemessungsgrenze um 2 500 Euro übersteigt. In der Ehe, bei der beide Ehepartner ein Einkommen von jeweils 2 500 Euro erzielen, muss jeder 162,50 Euro Krankenversicherungsbeitrag zahlen. Obwohl beide Ehepaare das gleiche gemeinsame Einkommen erzielen, wird das Paar, bei dem nur ein Einkommensbezieher existiert, dafür mit halb so hohen Krankenversicherungsbeiträgen bei gleichem Leistungsanspruch (vom Krankengeld abgesehen) belohnt. Dies bedeutet nichts anderes als die Privilegierung des konservativen Familienideals, bei dem der Mann der Ernährer der Familie und die Frau für den Haushalt zuständig ist. Dies hat mit Gerechtigkeit nichts zu tun.

Als weitere Umverteilung innerhalb der Solidargemeinschaft der GKV haben wir den Risikostrukturausgleich zwischen den Krankenkassen zu erwähnen, der später behandelt wird.

Es existiert aber auch eine externe Umverteilung in der GKV zwischen den Versicherten und dem Staat. Sie liegt deshalb vor, weil die Versicherten nicht alle Kosten des Gesundheitswesen selbst tragen, sondern von Dritten finanzieren lassen. Bedeutsam sind hier z. B. die Krankenhauskosten, die zum Teil von den Ländern getragen werden. So übernehmen nach dem Krankenhausfinanzierungsgesetz die Länder die investiven Kosten bei den Krankenhäusern. Diese Kostenteilung, bei der die Krankenversicherungen für die laufenden Kosten der Krankenhäuser zuständig sind, wird als duale Finanzierung im stationären Bereich bezeichnet.

Hinzu kommen die nicht unbedeutenden Ausgaben bei der medizinischen Ausbildung an den Universitäten, was u. a. zur Ärzteschwemme und dadurch zu einer Leistungsausweitung im Gesundheitswesen geführt hat. Diesen staatlichen Zahlungen sind aber die Kosten für versicherungsfremde Leistungen der Krankenkassen gegen zurechnen, die der Staat den Krankenkassen aufgezwungen hat. Zu denken ist hier z. B. an die Kostenübernahme durch die Krankenkassen bei einem legalen Schwangerschaftsabbruch. Versicherungsfremde Leistungen werden aber seit 2004 vom Staat getragen.

4.4 Spezifika des Gutes Gesundheit

Im Gesundheitswesen geht es um zwei Arten von Leistungen, die eng miteinander verbunden sind. Zum einen geht es um die Absicherung eines Risikos und zum anderen um die Bereitstellung von Gesundheitsleistungen. Die Nachfrage nach Gesundheitsleistungen ist sehr stark von stochastischer Natur. Im allgemeinen wissen wir nicht, welche Leistungen wir zur Aufrechterhaltung unserer Gesundheit in der Zukunft nachfragen werden.

Mit der Problematik der Absicherung von Risiken über Versicherungen haben wir uns schon im 2. Kapitel ausführlich beschäftigt, so dass wir uns im folgenden auf die Problematik des Angebots und der Nachfrage nach dem Gut Gesundheit konzentrieren können. Es muss aber hier noch auf einen besonderen Aspekt eingegangen werden. Da es im Gesundheitswesen um zwei Leistungsbereiche – Versicherung und Produktion von Gesundheitsleistungen – geht, hat dies erhebliche Auswirkungen auf die Ausgestaltung des optimalen Versicherungsvertrages für den Krankenversicherten. Bei den Ausführungen im 2. Kapitel haben wir nachgewiesen, dass unter bestimmten Voraussetzungen eine Vollversicherung effizient ist. Dabei ging es aber nur um die reine Abdeckung des Risikos. Fragen des Leistungsumfanges bezüglich der Höhe der Versorgung haben wir dabei nicht betrachtet. Dies wollen wir nun nachholen. Im Allgemeinen wird der

Leistungsumfang der Gesetzlichen Krankenversicherung durch den Gesetzgeber bestimmt. So steht im Sozialgesetzbuch V, dass die Versicherten Anspruch auf das „medizinisch Notwendige" haben. Wie sieht aber aus der Sicht des Versicherten das optimale Leistungsniveau einer Krankenversicherung aus? Wir wollen zeigen, dass sich bei Krankenversicherungen – unabhängig davon, ob man privat oder gesetzlich krankenversichert ist – ein fundamentales Dilemma ergibt. Ex ante – beim Abschluss einer Krankenversicherung – wägt der Versicherte den Nutzen und die auf ihn zukommenden Kosten der Versicherung gegeneinander ab und bestimmt so seinen optimalen Versicherungsschutz, sofern er diesen frei wählen darf. Der optimale Versicherungsschutz hängt dabei entscheidend von der Art der Beitragszahlungen ab. Ist z. B. der Beitrag einkommensabhängig, so werden diejenigen mit einem niedrigen Einkommen ein hohes Leistungsniveau als optimal ansehen, da sie unterproportional an den Kosten beteiligt sind. Für Versicherte, die aufgrund ihres hohen Einkommens einen überproportional hohen Anteil an den Kosten tragen müssen, ist ex ante ein für alle einheitliches niedrigeres Versorgungsniveau optimal. Sie werden fordern, dass für alle Versicherten ein relativ niedriges Versorgungsniveau gewählt wird, damit sie selbst nicht von den Versicherten mit niedrigem Einkommen ausgebeutet werden. Die höheren Einkommensbezieher werden sich besonders dann für eine reine Grundversorgung aussprechen, wenn sie die Chance einer privaten Zusatzkrankenversicherung haben. Eine einkommensabhängige Finanzierung der GKV hat des Weitern zur Folge, dass besonders Krankheitsanfällige und chronisch Kranke immer ein Interesse an einem hohen Versorgungsniveau haben.

Selbst wenn wir die Einkommens- und Morbiditätsunterschiede vernachlässigen und vereinfachend von identischen Versicherungsnehmern und einer aktuarisch fairen Versicherung ausgehen, so ergibt sich für einen repräsentativen Versicherungsnehmer ein gravierendes Dilemma zwischen seinem ex ante optimalen und seinem ex post effizienten Versorgungsniveau, wenn der Schadensfall eingetreten ist, so dass zeitinkonsistente Entscheidungen beim Versorgungsniveau vorliegen können. Ex ante wägt ein Versicherungsnehmer den erwarteten Nutzen des Krankenversicherungsschutzes gegen die erwartenden Kosten ab und wählt so ein optimales Versorgungsniveau. Ex post sind aber seine Beiträge zur Krankenversicherung reine Fixkosten, die für die Bestimmung des optimalen Versorgungsniveaus im Schadensfall irrelevant sind, sofern keine Form der Selbstbeteiligung vorliegt. Von daher wird ein Versicherter im Schadensfall solange

Leistungen durch die Versicherung einfordern, bis der Grenznutzen der Versorgung mit Gesundheitsleistungen gleich null ist. Während ein rationaler repräsentativer Versicherter ex ante das gesellschaftlich effiziente Versorgungsniveau X_{opt} im Versicherungsvertrag vereinbart, verlangt er – wie in Abbildung 4.6. dargestellt – ex post das maximale Versicherungsniveau X_{max}, wobei wir in der Abbildung 4.6. vereinfachend unterstellt haben, dass der Versicherte risikoneutral ist.

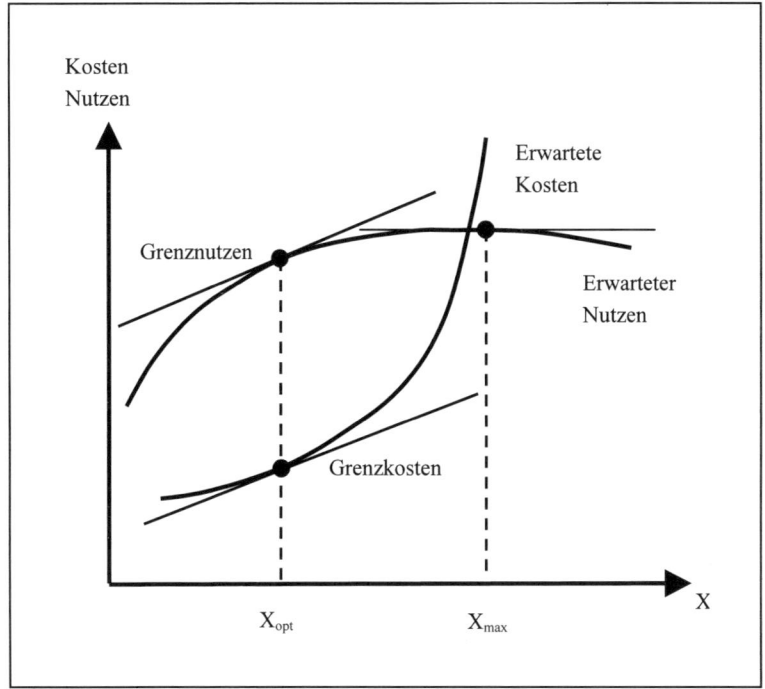

Abb. 4.6.: Effizienzvergleich

Es kann sogar sein, dass bei dem maximalen Leistungsniveau X_{max} die gesellschaftlichen Kosten höher als der entsprechende Nutzen ist. Dies interessiert aber im Schadenfall nicht den Versicherten, da er für die Kosten nicht aufkommen muss. Da er aber nur einen Anspruch auf das gesellschaftlich optimale Leistungsniveau X_{opt} hat, ist im Schadensfall der Versicherte unzufrieden und fühlt sich von seiner Versicherung nicht ausreichend versorgt, auch wenn er selbst ex ante dieses Leistungsniveau mit der Versicherung vereinbart hat. Die Unzufriedenheit im Schadensfall wird noch größer, wenn der Staat per Gesetz das optimale Niveau X_{opt} festgelegt hat und der Versicherte dem staatlich festgesetzten Niveau nicht selbst zugestimmt hat, da er in diesem Fall befürchtet, vom Staat aus Kostengründen zu schlecht versorgt zu sein.

Die aufgezeigte Zeitinkonsistenz ist solange relativ unproblematisch, wie der Abstand zwischen X_{opt} und X_{max} nicht allzu groß ist. Es ist aber damit zu rechnen, dass aufgrund des technischen Fortschritts die Schere zwischen der Nutzen- und Kostenkurve immer größer wird und damit der Abstand zwischen X_{opt} und X_{max} zunimmt.

Um das Entscheidungsproblem eines Versicherten zu verdeutlichen, gehen wir von zwei Zuständen aus. Es sei w, die Wahrscheinlichkeit zu erkranken. Die Krankheit kann mit unterschiedlichen Niveaus X behandelt werden. Die Behandlung auf dem Niveau X führt zu einem Gesundheitszustand $G(X)$ und zu Kosten $K(X)$. Der Krankenversicherte muss sich entscheiden, für welches Niveau X er sich ausspricht.

Unterstellen wir eine faire Versicherung, so ergibt sich für einen repräsentativen Versicherten, der risikoneutral ist, ex ante folgende Maximierungsaufgabe:

$$\max(1 - w)\left(\hat{G} - w \cdot K(X)\right) + w\left(G(X) - w \cdot K(X)\right),$$

wobei $\hat{G}$ den normalen Gesundheitszustand und $w \cdot K(X)$ die erwarteten Kosten angeben.

Lösen wir die obige Gleichung auf, so gilt:

$$(1 - w) \cdot \hat{G} + w \cdot G(X) - w \cdot K(X) = \text{erwarteter Nutzen} - \text{erwartete Kosten}.$$

Differenzieren wir die Gleichung nach X, so erhalten wir, indem wir die erste Ableitung gleich Null setzen, die Optimalbedingung für X_{opt}:

$$\frac{dG}{dX} = \frac{dK}{dX}.$$

Zu einem wesentlich höheren für den Versicherten vorteilhaften Behandlungsniveau kommen wir nach Vertragsabschluss im Schadensfall. Denn dann stellt $w \cdot K(X_{opt})$ einen festen Betrag dar, den der Versicherte unabhängig von seiner Leistungsinanspruchnahme zu zahlen hat.

Deshalb ist es für ihn optimal, das Versorgungsniveau X_{max} mit:

$$\frac{dG}{dX} = 0$$

zu fordern. Die Divergenz zwischen den beiden Werten X_{opt} und X_{max} wird noch bedeutsamer, wenn wir von der realistischen Annahme ausgehen, dass ein Versicherter mit einem gewissem Aufwand an Zeit und Geld die Wahrscheinlichkeit w beeinflussen kann und die Kosten der Behandlung K von seinem Verhalten abhängen. Auf diesen Aspekt werden wir später bei der Diskussion einer sinnvollen Selbstbeteiligung eingehen.

Das Gesundheitswesen ist nicht nur dadurch gekennzeichnet, dass es in ihm um zwei Leistungsbereiche, dem einer Versicherung aufgrund einer stochastischen Nachfrage und dem der Produktion des Gutes Gesundheit geht.

Vergleichen wir das Gesundheitswesen mit dem Modell der vollständigen Konkurrenz, so stellen wir erhebliche Differenzen fest, die deutlich machen, dass man den Gesundheitsbereich nicht mit einem Markt für ein x-beliebiges Gut gleichsetzen kann.

Im Gesundheitsbereich liegt keine atomistische Angebots- und Nachfragestruktur vor. Anbieter und Nachfrager verhalten sich nicht als Mengenanpasser. So finden wir im Pharmasektor eine stark oligopolistische Angebotsstruktur bei den Arzneimittelherstellern und im Vertrieb. Die Ärzte sind in der Kassenärztlichen Vereinigung zusammengeschlossen und bilden so ein Angebotsmonopol für ihre Dienstleistungen, um auf die Preisbildung Einfluss zu nehmen, hohe Honorare durchzusetzen und um das Angebot zu regulieren. Aber auch die Patienten sind in ihren Versicherungen zusammengeschlossen. Den Krankenversicherungen kommt eine zentrale Bedeutung bei der Preisbildung zu. Sie bündeln die Nachfrage ihrer Mitglieder und handeln mit den Leistungsanbietern, wie den Ärzten und Krankenhäusern, die Preise und Entgelte aus, so dass der Preismechanismus in diesem Bereich außer Kraft gesetzt wird. Darüber hinaus unterliegen die Apotheken einer Vielzahl von Restriktionen bei der Preisbildung für Arzneimittel. Ihnen werden Preislisten vorgegeben und sie unterliegen einer festen Zuschlagskalkulation bei den Preisen für die Endverbraucher.

Des Weiteren liegen im Gesundheitsbereich sehr starke Präferenzen in mehrerer Hinsicht vor, die im Modell der vollständigen Konkurrenz ausgeschlossen sind. Man denke nur an die persönlichen Präferenzen, die man zu einem Arzt hat. Im allgemeinen liegt ein besonderes Vertrauensverhältnis zwischen Patient und Arzt vor. Dies führt zu einer geringen Beweglichkeit in der Nachfrage, weil man nicht vorschnell einen Arzt wechselt. Den behandelnden Arzt kennt man, auf ihn hat man sich eingestellt. Der Wechsel zu einem anderen Arzt ist hingegen mit einem erheblichen Risiko verbunden. Diese persönlichen Präferenzen bedeuten, dass im Gesundheitsbereich kein homogenes Gut angeboten wird, dessen Preis-Leistungs-Verhältnis leicht zu identifizieren ist.

Neben den persönlichen existieren räumliche Präferenzen. Man möchte nicht in ein weit entferntes Krankenhaus eingeliefert werden, um nicht seine sozialen Kontakte einzuschränken. Der Arzt sollte vor Ort sein, um im Notfall rasch zur Stelle zu sein. Und es ist viel bequemer, einen Arzt in der Nähe zu haben, um sich unnötige Anfahrten usw. zu ersparen.

Besonders wichtig ist es, dass im Gesundheitsbereich vollständige Markttransparenz fehlt. Oft kennen die Patienten überhaupt nicht die Preise für Gesundheitsleistungen, da sie aufgrund des Sachleistungsprinzips gar nicht die Kosten erfahren. Auf Verlangen erhält aber der Versicherte vom Leistungserbringer eine Kosten- und Leistungsinformation. Auch die Versicherten, die sich für eine Kostenerstattung entschieden haben, werden direkt die Information über die zu erstattende Rechung erhalten. Da oft nur eine geringe Selbstbeteiligung der Patienten an den Kosten gegeben ist, werden die Patienten nicht mit den vollen gesellschaftlichen Kosten des Gesundheitswesens annähernd konfrontiert. Hinzu kommt, dass die Patienten nur unzureichend die Qualität der Leistungen im Gesundheitsbereich beurteilen können und sie so oft nur vage Kenntnisse über das jeweilige Preis-Leistungs-Verhältnis haben. Viele Leistungen im Gesundheitsbereich sind sogenannte Erfahrungsgüter, bei denen man erst im Nachhinein feststellen kann, ob die erwünschte Qualität erbracht worden ist. Bei diesen Gütern kann man sich aber mit einem guten Selektionsverfahren relativ umfassend über die Qualität der Anbieter informieren. Dies setzt aber zum einen voraus, dass die Standards bei den Anbietern im Zeitablauf relativ konstant sind, was z. B. bei Krankenhausoperationen nicht immer der Fall ist, wenn das Ärzteteam stark fluktuiert. Des Weiteren muss man relativ viele Erfahrungen mit verschiedenen Anbietern gemacht haben, um sich einen ausreichenden Informationsstand zu verschaffen. Dies ist relativ unproblematisch, wenn es um die Auswahl des eigenen Hausarztes geht. Schwieriger wird es im Fall von Behandlungen, die ein Patient relativ selten benötigt. In solchen Situationen ist er auf den Rat Dritter, insbesondere der Ärzte angewiesen. Sie besitzen als Spezialisten die entsprechenden Informationen. Aus diesem Informationsvorsprung der Ärzte ergibt sich eine Informationsasymmetrie zwischen Patient und Arzt, wie wir sie aus der Principal-Agent-Theorie kennen. Aus dieser Sicht kommt dem Institut für Qualität und Wirtschaftlichkeit die Aufgabe zu, durch Aufklärung die Informationsasymmetrie abzubauen.

Es existieren aber in den Beziehungen zwischen Arzt und Patient nicht immer adäquate Anreize, die dafür sorgen, dass der Arzt ganz im Sinne des Patienten handelt. Vielmehr besteht bei den Ärzten durchaus ein Anreiz, ihren Informationsvorsprung zu ihren Gunsten zu nutzen. Z. B. haben die Ärzte ein Interesse, medizinisch nicht notwendige Behandlungen zu verschreiben, um ihre Kapazitäten besser auszulasten. Es werden u. U. unnötige Medikamente verschrieben, die nur die Funktion haben, den Patienten das Gefühl zu geben, sie würden intensiv und optimal behandelt. Des Weiteren werden Patienten von den Ärzten unnötig an die Krankenhäuser weitergeleitet, um das eigene Budget besser zu gestalten. Nun sind aber die Patienten nicht hoffnungslos den Ärzten mit ihrem besseren Informationsstand ausgeliefert. Sie können sich bei Beratungsdiensten usw. informieren und insbesondere sich bei den Krankenkassen sachkundig machen, die ebenfalls über gut informiertes Personal verfügen. Dies gilt für die Kontrolle von Rechnungen und für den Fall, dass die Patienten der Ansicht sind, dass eine Leistung nur unzureichend erbracht worden ist.

Von besonderem Interesse für die nachfolgenden Überlegungen ist die Frage, worauf diese Abweichungen vom Ideal der vollständigen Konkurrenz, die wir im Gesundheitsbereich feststellen, zurückzuführen und wie sie zu beurteilen sind und ob sie gegebenenfalls reduziert werden können bzw. werden sollen. Insbesondere wollen wir darauf eingehen, inwieweit der Markt für Gesundheitsleistungen besonderer staatlicher Eingriffe bedarf.

In der Literatur findet man eine Vielzahl von Argumenten, die vorgebracht werden, um staatliche Eingriffe in das Gesundheitswesen zu rechtfertigen. Kern aller Überlegungen ist dabei der Hinweis, dass Gesundheit ein spezifisches Gut sei, das man nicht einfach dem Markt überlassen darf. Einige der meist vorgebrachten Argumente sollen im folgenden dargestellt und auf ihre Relevanz geprüft werden.

Wenig überzeugend ist das von Herder-Dorneich u. a. vorgebrachte Argument, dass das Gut Gesundheit ein Zukunftsgut sei, dessen Angebot und Nachfrage nicht über den Markt ausgeglichen werden sollte. Dass es für dieses Gut spezieller Regelungen bedarf, da die Nachfrage stochastisch ist, man also von einem Versicherungsgut sprechen kann, haben wir schon im 2. Kapitel angesprochen. Was nicht von der Hand zu weisen ist, ist der Sachverhalt einer eventuellen unzureichenden Nachfrage nach dem Versicherungsgut, die ja erst in der Zukunft aktuell wird, so dass man von einem meritorischen Gut sprechen kann, bei dem die zukünftigen Bedürfnisse minder geschätzt werden. Würde man sich aber dieses Argument konsequent zu eigen machen, so stünden alle intertemporalen Entscheidungen der Konsumenten zur Disposition. Angefangen von Humankapitalentscheidungen über die eigene Ausbildung bis hin zu Entscheidungen über langlebige Gebrauchsgegenstände bis zur Partnerwahl gäbe es fast keinen Lebensbereich, der ausgespart werden könnte. Nimmt man die Konsumentensouveränität ernst, so sollte man hier aber sehr zurückhaltend sein und höchstens eine Versicherungspflicht im Sinne einer Mindestversicherung im Gesundheitswesen fordern.

Auch das Argument, dass es um eine Dienstleistung geht, überzeugt nicht. Dienstleistungen fragen wir problemlos auf vielen Märkten nach, die voll funktionsfähig sind. Natürlich stellt sich für Dienstleistungen die Schwierigkeit, dass sie nicht lagerfähig sind, so dass keine Puffer für den Fall einer ungewöhnlich starken Nachfrage aufgebaut werden können. Starke Schwankungen in der Nachfrage sind aber für Gesundheitsgüter nicht untypisch. Man denke nur an Epidemien, Naturkatastrophen, Massenunfälle im Straßenverkehr usw. Um diesen Herausforderungen ausreichend begegnen zu können, müssen erhebliche Kapazitätsreserven vorgehalten werden. Man kann durchaus kritisch fragen, ob private Anbieter, die auf Gewinn ausgerichtet sind, bereit sind, eine aus gesellschaftlicher Sicht optimale Kapazitätsreserve vorzuhalten. Es ist zu vermuten, dass die entsprechenden Einrichtungen, sofern sie im Notfall nicht haftbar gemacht werden, was sehr problematisch ist, unter dem Aspekt der Vollauslastung der Kapazitäten eine sehr restriktive Kapazitätsreserve vorhalten werden. Für die Versicherten stellen die vorgehaltenen Kapazitäten ein Optionsgut dar, das den Nachfragern Sicherheit im Bedarfsfall gewährleistet. Um ausreichende Kapazitäten bereitzustellen, müssten die Versicherten nur eine entsprechende Bereitstellungsgebühr zahlen. Leider funktioniert der Marktmechanismus bei solchen Optionsgütern im Gesundheitswesen nicht. Tritt ein Notfall ein, so werden diejenigen, die eine Bereitstellungsgebühr bezahlt haben, nicht den besonders Hilfsbedürftigen vorgezogen, die diese Gebühr nicht bezahlt haben. Vielmehr werden im Notfall alle mehr oder weniger gleich behandelt und die Versorgung nach der Dringlichkeit ausgerichtet. Dies hat zur Folge, dass faktisch das Exklusionsprinzip nicht angewendet wird und Optionsgüter im Gesundheitswesen ein öffentliches Gut darstellen, bei dem die offenbarte Zahlungsbereitschaft zu niedrig ist und es zu einer suboptimalen Bereitstellung kommt. Hier könnte ein Ansatzpunkt für staatliche Eingriffe gesehen werden, wie sie in der Theorie des Marktversagens diskutiert werden.

Von erheblicher Relevanz ist der Hinweis auf die Informationsasymmetrie zwischen Anbietern und Nachfragern, auf die wir oben schon eingegangen sind. Fehlt eine ausreichende Markttransparenz, so können die Konsumenten ihre Selektionsfunktion nicht wahrnehmen und unwirtschaftliche Anbieter können sich am Markt behaupten. Es ist weder eine Effizienz in der Produktion gegeben, da den uninformierten Patienten oft lange Wartezeiten usw. zugemutet werden, noch eine effiziente Zusammensetzung im Leistungsangebot gesichert, da den Patienten z. B. teure aber relativ unwirksame Medikamente und Serviceleistungen angeboten werden. Da der Preismechanismus aufgrund der Informationsasymmetrie nicht voll zum Tragen kommt, haben wir auch keine Effizienz im Tausch, d. h. die Zuweisung der Güter und Dienstleistungen ist suboptimal, da die Grenzrate der Substitution, die die marginale Zahlungsbereitschaft der Individuen widerspiegelt, nicht bei allen Individuen gleich ist, ihnen aber oft ein annähernd gleiches standardisiertes Leistungsangebot offeriert wird.

Die Informationsasymmetrie ist auch Ursache für das Phänomen der anbieterinduzierten Nachfrage. Letztlich bestimmen die Ärzte sowohl im ambulanten als auch im stationären Bereich die effektive Nachfrage. Während nach dem Sayschen Theorem der Preismechanismus für den Ausgleich von Angebot und Nachfrage sorgt, sorgen die Ärzte bei fixen Preisen über eine Ausweitung der Nachfrage (Verschiebung der Nachfragekurve) für einen befriedigenden Absatz. Dieses Phänomen wird besonders deutlich, wenn wir den Fall betrachten, dass sich an einem Ort ein weiterer Arzt niederlässt. Zuerst zieht der neu niedergelassene Arzt Nachfrage von den alteingesessenen Ärzten ab, was bei ihnen zu Einnahmeneinbußen führt. Durch Absatzaktivitäten gewinnen diese Ärzte ihren alten Umsatz wieder zurück, so dass alle Ärzte nach einer Übergangsphase ihr ursprüngliches Einkommensniveau realisieren. Dies alles wird aber auf einem höheren Niveau realisiert, da ja auch der Newcomer eines standesgemäßen Einkommens bedarf. Dieses Argument der anbieterinduzierten Nachfrage sollte man aber nicht dahin auslegen, dass die Ärzte omnipotent sind und jede Einkommenserhöhung durchsetzen können. Zum einen kann dies nicht im Interesse der Ärzte sein. Verstehen sich Ärzte als Nutzenmaximierer, so werden sie auch die Opportunitätskosten ihrer ärztlichen Aktivitäten berücksichtigen. Selbst wenn – was wohl eine Extremposition ist – die Ärzte nur Interesse an ihrem eigenen Vorteil hätten und bereit wären, dies auch auf Kosten ihrer Patienten zu realisieren, so würden sie doch zwischen Freizeit und Einkommen abwägen, was sich disziplinierend auf ihr Einkommensstreben auswirken wird. Aber auch dem Verhalten der Patienten kommt eine besondere Stellung zu. Sie können ihre eigene Nachfrage im großen Umfang steuern. Zu denken ist hier an die eigene Lebensführung bezüglich Alkohol, Rauchen, Drogen, Sport aber auch an Selbstmedikation.

Des Weiteren bestimmen sie die erste Kontaktaufnahme mit dem Arzt bzw. einem Krankenhaus. Wir sprechen dabei auch von Primärnachfrage, während die Sekundärnachfrage wie die Nachfrage nach Medikamenten, Krankschreibung usw. wesentlich von den Anbietern bestimmt wird.

Oft wird auch mit dem klassischen Argument des Marktversagens im Gesundheitsbereich argumentiert und auf das Phänomen der positiven externen Effekte bzw. der öffentlichen Güter hingewiesen. Externe Effekte liegen vor, wenn sich die Aktivität eines Individuums auf den Nutzen bzw. die Produktionsmöglichkeiten eines anderen positiv (negativ) auswirkt, ohne dass dieser Aktivität eine vertragliche Beziehung zugrunde liegt. Von öffentlichen Gütern sprechen wir, wenn jeder das erstellte Gut nutzen kann (keine Rivalität im Konsum) und faktisch niemand von der Inanspruchnahme ausgeschlossen werden kann (Ausschluss des Exklusionsprinzips). Solche Phänomene sind durchaus im Gesundheitswesen vorhanden und sie führen zu einem suboptimalen Produktionsniveau, da die Nachfrager die positiven (negativen) Effekte auf andere vernachlässigen.

Dies gilt z. B. für Schutzimpfungen. Lassen sich fast alle Bürger z. B. gegen Kinderlähmung impfen, so ist ein optimaler Schutz gewährleistet, selbst dann, wenn sich einige z. B. aus religiösen Gründen nicht impfen lassen. Da diese wenigen, nicht geimpften Individuen fast nur von Personen umgeben sind, die immun sind und die Krankheit nicht übertragen können, können sie sich nicht infizieren und es kommt nicht zu einem Ausbruch der Krankheit. Ähnliches gilt für vorsorgende Hygienemaßnahmen. Mit diesem Argument der Externalität kann man aber nicht die umfassenden Regulierungen im Gesundheitsbereich rechtfertigen. Es rechtfertigt höchstens die Regulierung in einigen Ausnahmebereichen, wie Zwangsvorschriften oder kostenlose Verabreichung von Impfungen. Insbesondere kann man nicht – sieht man von einigen Ausnahmen ab – davon sprechen, dass Gesundheitsgüter öffentliche Güter sind. Bei fast allen Gesundheitsleistungen können wir den Nachfrager über den Markt ausschließen. Ob dies unter Gerechtigkeitsgründen gewünscht ist, ist eine ganz andere Frage. Dass wir im Gesundheitsbereich das Exklusivprinzip konsequent anwenden können, zeigen die privaten Krankenversicherungen, die ihre Leistungen streng reglementieren und sie nur ihren Versicherten gemäß den Geschäftsbedingungen zugute kommen lassen. Von einem öffentlichen Gut können wir aber sprechen, wenn es – wie oben angesprochen – um das Vorhalten einer ausreichenden Kapazität z. B. für Notaufnahmen geht. Unterstellen wir – wie oben angesprochen –, dass die betriebswirtschaftlich optimale Kapazität niedriger als die gesellschaftlich erwünschte ist. In diesem Fall hofft jeder Anbieter, dass die anderen Anbieter für ein ausreichendes Angebot sorgen. Hier haben wir die typische Anreizstruktur, wie sie bei der Produktion öffentlicher Güter kennzeichnend ist.

Des Weiteren wird darauf hingewiesen, dass im Gesundheitsbereich eine atypische Angebotsfunktion existiert, dass die Leistungsanbieter, insbesondere die Ärzte, auf einen Honorarverfall mit einer Ausweitung ihres Angebots reagieren. Dies sei insbesondere bei medizinisch-technischen Leistungen der Fall. Diese Verhaltensweise der Ärzte ist u. a. darauf zurückzuführen, dass diese feste Zahlungsverpflichtungen für Personal, Zinsen für aufgenommene Kredite, Mieten usw. haben. Um diese Ausgaben finanzieren zu können, benötigen sie einen Mindestumsatz, den sie mit einer entsprechenden Mengenausweitung realisieren, wenn es zu einem Preisverfall kommt. Diese Verhaltensweise hat für die Krankenversicherung erhebliche finanzielle Konsequenzen. Zum einen funktioniert der Preismechanismus nur unzureichend. Zum anderen bewirkt die Mengenausweitung Folgekosten in anderen Bereichen. Selbst wenn bei der Mengenausweitung aufgrund der Budgetierung die Honorarausgaben konstant bleiben, so steigen die Folgekosten, wie Ausgaben für Arzneimittel, Heilmittel usw., aufgrund der Mengenausweitung erheblich an. Dieses atypische Angebotsverhalten der Ärzte ist aber mehr ein kurzfristiges Phänomen. Geht es um Ersatzbeschaffungen sowie um Kapazitätserweiterungen, so werden sich Ärzte sehr stark nach Rentabilitätserwägungen ausrichten und auf Preissenkungen mit entsprechenden Angebotsreduzierungen reagieren. In der langfristigen Perspektive können wir durchaus von normalem Angebotsverhalten der Ärzte ausgehen.

Gesundheitsgüter sind oft von existentieller Bedeutung. In dringenden Behandlungsfällen kann man nicht warten und so eine bessere Auslastung der Kapazitäten realisieren. Die Nachfrage ist, wenn es um Leben und Tod geht, extrem unelastisch. Die Patienten sind bereit, jeden Preis zu zahlen. Individuelle Preisverhandlungen sind natürlich in solchen Situationen unmöglich und würden vor Gericht als sittenwidrig und damit als ungültig deklariert. Ohne staatliche Preisregulierung bestände die Gefahr, dass die Anbieter ihren monopolistischen Spielraum voll nutzen und es zu einer starken Umverteilung zu ihren Gunsten kommen würde. Des Weiteren könnten nur diejenigen eine notwendige Behandlung erreichen, deren Zahlungsbereitschaft und – was noch wichtiger ist – deren Zahlungsfähigkeit ausreichend ist. Personengruppen, die nur über ein geringes Einkommen verfügen, wären so von notwendigen Behandlungen ausgeschlossen. Dies würde nicht nur die Legitimität eines marktwirtschaftlich orientierten Gesundheitssystems in Frage stellen, sondern auch zu Nutzeneinbußen für die Gesellschaft führen.

Dies kann an einem einfachen Beispiel erläutert werden. Angenommen es existieren drei Personen mit dem Gesamteinkommen von 1000 Euro, wobei der Reichste über ein Einkommen von 800 Euro verfügt, hingegen die beiden Ärmsten nur über ein Einkommen von jeweils 100 Euro verfügen. Alle drei erkranken an Malaria und es stehen nur drei Medikamenteneinheiten zur Verfügung, die, wenn eine Einheit nimmt, mit 90%iger Wahrscheinlichkeit, wenn man 2 Einheiten nimmt, mit 95%iger Wahrscheinlichkeit, und, wenn man 3 Einheiten nimmt, mit 97,5%iger Wahrscheinlichkeit eine völlige Heilung bewirken. Ein ausreichend risikoaverser Reicher würde in diesem Falle auf Nummer sicher gehen und alle drei Einheiten aufkaufen, so dass die beiden Armen nicht geheilt werden könnten und im Extremfall sterben müssten. Käme es zu einer staatlichen Zuweisung, bei der jeder eine Einheit erhält, so würde die Gesellschaft diese einer Zuteilung nach der Zahlungsbereitschaft und -fähigkeit vorziehen. Eine Gesellschaft wird nicht nur die Gleichverteilung, bei der alle eine individuelle Überlebenswahrscheinlichkeit von 90 % haben, der der asymmetrischen Verteilung vorziehen, bei der nur einer mit 97,5 % überleben wird, die anderen aber mit Sicherheit sterben werden. Unabhängig von moralischen Überlegungen ist die Gleichverteilung sogar allokativ superior. Bei einer Gleichverteilung ist die Wahrscheinlichkeit, dass alle drei sterben 0,1 x 0,1 x 0,1 = 0,1 %.

Die Wahrscheinlichkeit, dass mindestens einer überlebt, ist dann 1 - 0,001 = 0,999 = 99,9 %.

Dieses Beispiel zeigt die Grenzen einer reinen Marktlösung auf. Daraus sollte man aber nicht vorschnell den Schluss ziehen, dass das Gesundheitssystem stark zu regulieren und eine umfassende Rationierung der Leistungen vorzunehmen ist. Entscheidend ist es, die Zahlungsfähigkeit der finanziell Schlechtergestellten am Markt zu verbessern. Dies kann man z. B. dadurch erreichen, dass diese sich versichern müssen und, wenn deren Einkommen für eine adäquate Versicherung nicht ausreicht, der Staat sie finanziell unterstützt. Des Weiteren kann eine ausreichende Versorgung dadurch erreicht werden, dass der Staat die Behandlungskosten für medizinisch notwendige Maßnahmen übernimmt, wie dies z. B. bei nicht versicherten Sozialhilfebeziehern der Fall ist.

Abschließend soll auf einen Aspekt hingewiesen werden, der besonders wichtig für den Gesundheitsbereich ist und der von der Neuen Institutionenökonomik herausgearbeitet worden ist. Es geht um die Existenz von unvollständigen Verträgen.

In der allgemeinen Gleichgewichtstheorie unterstellen wir, dass wir zu vernachlässigbaren Kosten alles perfekt vertraglich regeln können und dass bei den Beziehungen zwischen den Anbietern und Nachfragern keine Transaktionskosten vorliegen. Unter Transaktionskosten verstehen wir u. a. die Kosten, einen Vertragspartner zu finden, einen Vertrag zu formulieren und auszuhandeln sowie die Kosten der Vertragsüberwachung bzw. die Kosten des Schutzes vor Vertragsbruch. Dass diese im Gesundheitswesen besonders relevant sind, ist offensichtlich. Man kann, um seine Gesundheit voll abzusichern, nicht alles im Vorhinein exakt vertraglich regeln. Dies scheitert an der Komplexität der Materie, unserem unzureichenden Informationsstand und dem opportunistischen Verhalten der Verhandlungspartner, die jede Vertragslücke zu ihren Gunsten interpretieren werden. Um unvollständige Verträge durchzusetzen, benötigen wir deshalb Institutionen der Vertragsüberwachung und Durchsetzung.

Unter Umständen erzwingen aber staatliche Instanzen den Vertragsbruch. Stellen wir uns dafür ein rein marktlich organisiertes Gesundheitswesen vor. Kommt es zu Versorgungsengpässen, so greift der Staat ein und erzwingt die Versorgung der besonders Kranken auf Kosten der relativ Gesunden, deren Behandlung, ohne Gesundheitsschäden zu bewirken, hinausgeschoben wird, obwohl diese Personen sich vertraglich einen Rechtsanspruch auf unverzügliche Behandlung verschafft haben.

All diese Argumente zeigen auf, dass zum einen ein rein marktwirtschaftlich ausgerichtetes System weder gesellschaftlich akzeptabel, noch wirtschaftlich effizient ist und dass zum anderen die unvermeidlichen Defizite eines marktwirtschaftlichen Systems nicht Anlass sein dürfen, dessen marktwirtschaftliche Ausrichtung vollkommen zu beseitigen.

Wenn wir die realisierten Gesundheitssysteme weltweit betrachten, dann stellen wir fest, dass ein breites Spektrum von Ausgestaltungen existiert, dass aber Extremlösungen wie ein reines marktwirtschaftlich ausgerichtetes Gesundheitswesen oder wie das eines vollkommen staatlich regulierten Systems fehlen. Worum es gehen muss, ist das jeweilige System so zu gestalten, dass den einzelnen Akteuren die richtigen Incentives gegeben werden. Um uns diesem Aspekt zuzuwenden, wollen wir uns mit den Steuerungsdefiziten unseres Gesundheitssystems detailliert auseinandersetzen.

4.5 Steuerungsdefizite des deutschen Gesundheitssystems

4.5.1 Steuerungsmechanismen

Wir können vier verschiedene Steuerungsmechanismen unterscheiden: Markt - Hierarchie - Wahl - Verhandlung, die alle für das Gesundheitssystem der Bundesrepublik von Bedeutung sind.

Der wichtigste Steuerungsmechanismus in einer Marktwirtschaft ist der Markt. Kennzeichnend für Märkte ist, dass sich die Koordination der Aktivitäten der Marktteilnehmer dezentral über Preise vollzieht. Angebot und Nachfrage bestimmen den Preis. Der Preis spiegelt so die gesellschaftli-

chen Kosten wieder, sofern keine Externalitäten vorliegen. Liegt vollständige Konkurrenz vor, so wird auf einem Markt ein effizientes Ergebnis in
Form eines Paretooptimums realisiert, so dass vieles für eine Marktlösung
im Gesundheitswesen spricht. Durch eine Änderung der Grundausstattung
der Marktteilnehmer sind wir nach dem II. Fundamentaltheorem der Wahl-
fahrtsökonomik sogar in der Lage, jedes gewünschte Verteilungsergebnis
bei einer Marktlösung zu realisieren.

Hierarchie ist im allgemeinen der Koordination über Märkte unterlegen.
Sie verlangt für eine effiziente Koordination vollkommene Information bei
der zentralen Koordinationsstelle. Bei komplexen Phänomenen, wie wir sie
im Gesundheitswesen vorfinden, ist vollkommene Information bei einem
Koordinator niemals zu verwirklichen. Keine einzelne Institution kennt die
Knappheitsverhältnisse im Gesundheitswesen, niemand kann die unterschiedlichen Präferenzen und Bedürfnisse der Patienten bestimmen. Diese
kann der einzelne Arzt im direkten Kontakt mit seinen Patienten eruieren,
nicht aber ein zentraler Koordinator. Während auf Märkten die Konsumenten ein Interesse haben, ihre wahren Präferenzen zu offenbaren, gilt dies
nicht bei zentraler Planung.

Auf Märkten wird kein Konsument eine zu hohe Zahlungsbereitschaft
offenbaren, da er dann einen entsprechend höheren Preis zahlen muss.
Auch hat er kein Interesse eine zu niedrige Zahlungsbereitschaft zu offenbaren, weil er dann nur unzureichend versorgt wird. Der Preismechanismus
sorgt dafür, dass der Preis den marginalen Zahlungsbereitschaften entspricht. Anders im Falle der Hierarchie. Wenn es um die reine Verteilung
von Budgets geht, haben alle Nachfrager ein Interesse, zu hohe Zahlungsbereitschaften zu offenbaren, um einen großen Anteil zu erhalten. Des
Weiteren ist die Steuerung über Befehl und Anordnung der über Incentives
bzw. Preise unterlegen. Über Incentives schafft man bei den Beteiligten ein
Interesse, an der Erfüllung der Zielvorgaben. Bei Befehlen hingegen versuchen die Akteure, diese zu umgehen, um ihre eigenen Interessen zu verfolgen. Effizient gesetzte Incentives haben zur Folge, dass eine Harmonie
zwischen individuellen und gesellschaftlichen Zielen geschaffen wird. Bei
Befehlen will man durch Beschränkung des Handlungsspielraumes der
Akteure die Realisierung gesellschaftlich erwünschter Zustände erreichen.
Der Steuerungsmechanismus Hierarchie baut auf einer zentralen Koordination auf. Kennzeichnend für diesen Mechanismus ist die Anweisung, der
Befehl. Während der Markt mit Anreizen das Verhalten der Individuen

steuert, bedient sich die Hierarchie des Zwanges. Es liegt so ein Unterordnungsverhältnis vor, während sich auf dem Markt im Prinzip gleiche Partner gegenüberstehen.

Bei der Hierarchie existiert nur eine Entscheidungsinstanz, die zentral koordiniert. Anders beim Steuerungsmechanismus der Demokratie, bei der alle – sei es direkt oder indirekt – Einfluss auf die Entscheidung nehmen können und von daher eher bereit sind, diese zu realisieren, da sie an der Entscheidung partizipiert haben. In der Demokratie vollzieht sich der Willensbildungsprozess von unten nach oben. Wir sprechen von direkter Demokratie, wenn die Wähler bestimmen, was getan werden soll, sie also zwischen Handlungsalternativen die beste auswählen können. In der indirekten Demokratie haben die Wähler nur die Möglichkeit zu bestimmen, wer Entscheidungsbefugnisse erhält.

Aber auch der Koordinationsmechanismus Demokratie ist nicht unproblematisch. Zum einen garantiert er nach dem Arrow-Paradoxon nicht immer eine rationale Entscheidung. Es können u. U. zirkuläre Präferenzordnungen im Abstimmungsprozess auftreten, die die Bestimmung eines gesellschaftlichen Optimums ausschließen. Zum anderen setzt die Demokratie wohlinformierte Wähler voraus. Wähler (Patienten) sind aber gerade im Bereich des Gesundheitswesens nur unzureichend informiert. Des Weiteren kann man auch nicht von einer Gleichheit unter den Wählern im Wahlprozess ausgehen. Es gibt Akteure, die sich für die Durchsetzung von Partikularinteressen engagieren und organisieren und damit einen besonderen Einfluss gewinnen. Nach Olson ist davon auszugehen, dass sich die Produzenteninteressen meist gegen die Patienteninteressen durchsetzen, da erstere eine kleine Gruppe darstellen, die leichter zu organisieren ist.

Als vierter Steuerungsmechanismus ist die Verhandlung anzuführen. Während auf Märkten die Akteure den Preis als ein Datum betrachten, versuchen die Akteure bei Verhandlungen diesen zu ihren Gunsten zu beeinflussen. Dies setzt voraus, dass die Verhandlungspartner Macht besitzen. Diese Macht ist oft darauf zurückzuführen, dass nicht jedes Individuum isoliert für sich allein verhandelt, sondern dass sich mehrere Individuen zusammenschließen, um eine bessere Verhandlungsposition zu erzielen. Dies erreichen sie, indem sie Absprachen treffen, Kartelle usw. bilden. So sind die Ärzte (Zahnärzte) in der Kassenärztlichen (Kassenzahnärztlichen) Vereinigung als Pflichtmitglieder zusammengeschlossen und die Versicherten werden oft kollektiv durch ihre Versicherungen repräsentiert. Da

wir nicht ohne weiteres davon ausgehen können, dass kooperative Verhandlungslösungen zustande kommen, ist nicht garantiert, dass es bei den
Verhandlungen zu einer effizienten Lösung kommt. Befinden sich z. B. die
Akteure in einem Gefangenen-Dilemma und sind verbindliche Einigungen,
die ex post erzwungen werden können, nicht möglich, so werden u. U.
ineffiziente Verhandlungslösungen vereinbart. Da die Verhandlungslösung
von den jeweiligen Machtpositionen der Beteiligten abhängt, ist im Allgemeinen auch nicht zu erwarten, dass diese unseren Gerechtigkeitsvorstellungen entspricht.

Betrachten wir das Gesundheitssystem der Bundesrepublik, so stellen wir
fest, dass wir in diesem System nicht nur einen einzigen Steuerungsmechanismus vorfinden, sondern dass alle vier Steuerungsmechanismen zur
Anwendung kommen, so dass wir in Anlehnung an Herder-Dorneich von
einer Vielfach-Steuerung im Gesundheitswesen sprechen können. Das
Ineinandergreifen dieser vier Mechanismen ist in Abbildung 4.7. dargestellt und soll kurz erläutert werden.

4.5.2 Markt

Marktliche Beziehungen finden wir speziell auf der Ebene der Beziehung
zwischen Leistungsanbietern und Patienten. Betrachten wir die Beziehung
zwischen Arzt und Patient, so haben wir nur bei den privat Versicherten
starke marktliche Elemente. Dort kommt es zu einem Leistungsaustausch
über Honorare, die der Patient bezahlen muss und zu einem Teil oder voll
von seiner Privatversicherung erstattet bekommt. Diese Möglichkeit der
Kostenerstattung können auch die Mitglieder der GKV wählen. In der
Beziehung zwischen Arzt und Patient gibt es aber keine vollkommen freie
Preisbildung. Die Lenkungsfunktion der Preise ist wesentlich eingeschränkt. So können z. B. die Ärzte nicht ihre Wettbewerbsposition über
Preissenkungen verbessern. Bei ihren Privatpatienten sind die Ärzte an die
Gebührenordnung für Ärzte (GOÄ) gebunden. Und da die privaten Kran-
kenkassen und die Beihilfe bei den Beamten nur Maximalbeträge nach der
GOÄ erstatten, ist der Preisspielraum der Anbieter gering.

Noch schwächer ist das marktliche Element in der Beziehung zwischen
den Patienten und den Ärzten in der GKV ausgeprägt. Hier ist der Preismechanismus aufgrund des Sachleistungsprinzips fast völlig ausgeschaltet.
Da die Patienten die Leistungen der Ärzte kostenlos in Anspruch nehmen
können, reagieren sie nicht auf Preissignale. Wenn wir die Beziehung

zwischen Arzt und Patient charakterisieren wollen, so stellen wir fest, dass auch in diesem Bereich den Leistungsströmen Geldströme gegenüberstehen.

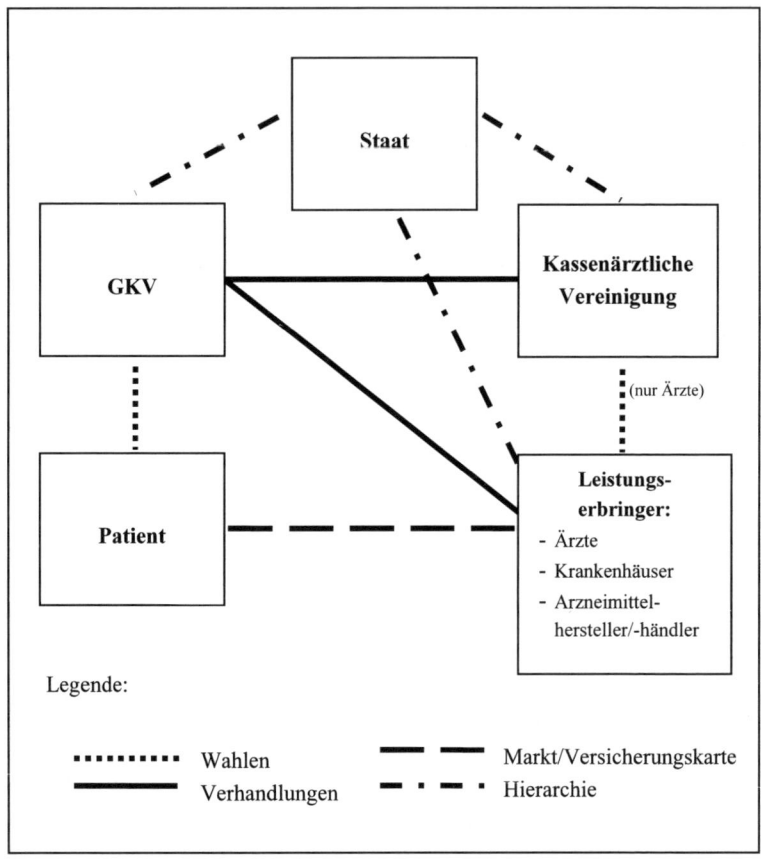

Abb.4.7.: Vielfachsteuerung im Gesundheitswesen

Die ärztliche Leistung wird im System der GKV früher über die Krankenscheine und heute elektronisch über die Krankenversicherungskarte abgerechnet, die ab 2006 durch eine Gesundheitskarte ersetzt wird. Diese ist fälschungssicher und kann die wichtigsten administrativen Daten speichern. Auf Wunsch des Versicherten können auch wichtige Gesundheitsdaten gespeichert werden. Nachdem der Arzt seine Leistung erbracht hat, rechnet er diese Leistung gemäß des Einheitlichen Bewertungsmaßstabes (EBM) in Form von Punkten mit seiner Kassenärztlichen Vereinigung ab. Diese sammelt diese Leistungspunkte und bestimmt den Wert jedes einzelnen Punktes. Dazu verhandelt sie ein Gesamtbudget mit den Krankenkassen aus. Nach dem Gesundheitsstrukturgesetz ist dieses Gesamtbudget für die Honorare der Ärzte an die Entwicklung der Grundlohnsumme gekoppelt (Budgetierung/Deckelung) bzw. wird staatlich festgesetzt. Dieses Gesamtbudget wird durch die Summe der abgerechneten Punkte dividiert und ergibt den Wert eines Punktes.

Auch wenn die Lenkungsfunktion des Preises in der Arzt-Patient-Beziehung extrem eingeschränkt ist, so existiert im deutschen Gesundheitssystem – und dies gilt für die Beziehung des Versicherten mit allen Leistungsanbietern – eine wesentliche marktliche Komponente. Die Versicherten verfügen über den wichtigen Mechanismus der Abwanderung (Beweglichkeit in der Nachfrage). Sind Versicherte mit einem Leistungsanbieter unzufrieden, so können sie zu einem anderen Anbieter abwandern und so eine Verhaltenskorrektur bei einem unzureichenden Angebot erzwingen.

Auch in der Beziehung zwischen den Apotheken und den Versicherten finden wir nur eingeschränkte Marktbeziehungen. Zum einen können die Apotheken aufgrund gesetzlicher Vorgaben weder über ihre Preispolitik noch über Werbemaßnahmen ihre Marktposition verbessern. Dadurch, dass die Selbstbeteiligung der Versicherten noch relativ gering ist, reagieren die Nachfrager auch nicht auf Preissenkungen. Bedeutsam sind in dieser Beziehung marktliche Elemente, wenn es um die Selbstmedikation der Versicherten geht. Oft verzichten die Versicherten auf den zeitaufwendigen Arztbesuch und eine Verschreibung von Arzneimitteln und suchen sofort eine Apotheke auf, um ein Arzneimittel zu erhalten, dessen volle Kosten sie dann übernehmen müssen. Eine 100%ige Kostenübernahme ist auch bei den nicht verschreibungspflichtigen Arzneimitteln gegeben. Auch bei den Heil- und Hilfsmitteln sind die Marktbeziehungen aufgrund der geringen Selbstbeteiligung entsprechend schwach ausgebildet. Marktliche Elemente findet man – sieht man von der Wahlfreiheit ab – auch nicht in der Beziehung zwischen den Versicherten und den Krankenhäusern.

4.5.3 Hierarchie

Für den stationären Bereich ist der Steuerungsmechanismus Hierarchie von ausschlaggebender Bedeutung. Nach dem Krankenhausfinanzierungsgesetz bestimmen faktisch die Länder (Sozialministerien), welche Bettenkapazitäten und welche Stationen in der Region angeboten werden. Selbst bei den privaten Krankenhäusern haben die Länder über ihre Investitionszuschüsse usw. ein erhebliches Steuerungspotential. Mittels ihrer Krankenhausplanung wird in diesem Bereich auf Planwirtschaft und nicht auf den Markt gesetzt, was zur Folge hat, dass wir in vielen Bereichen Überkapazitäten haben, die aufgrund politischen Widerstandes nur schwer abgebaut werden können.

Auch bei ihrer Preispolitik existieren immer noch erhebliche Eingriffe des Staates im stationären Bereich. Bis 1992 waren den Krankenhäusern bei ihren Abrechnungen vollpauschalisierte tagesgleiche Pflegesätze nach dem Selbstkostenprinzip vorgeschrieben. Mit dem Gesundheitsstrukturgesetz wurde, um den enormen Ausgabenanstieg der Krankenhäuser einzudämmen, eine Budgetierung der Ausgaben im stationären Bereich, wie bei den anderen Leistungsanbietern, verordnet. Zur Zeit unterliegen die Krankenhäuser einer relativ komplexen Struktur staatlicher Vorgaben, die aber noch im Fluss sind. So müssen die Krankenhäuser nach allgemeinen Pflegesätzen, die mit den Krankenkassen ausgehandelt werden müssen, abrechnen. Daneben existieren Fallpauschalen und pauschalierte Sonderentgelte als gesetzliche Vorgaben. Eine betriebswirtschaftlich sinnvolle Kostenabrechnung, die zu einer effektiven pretialen Lenkung im stationären Bereich führt, wird bis heute nicht verwirklicht.

Entsprechende hierarchische Elemente, bei denen der Staat dirigistisch eingreift, finden wir auch bei den Beziehungen zu den Ärzten. Durch das Gesundheitsstrukturgesetz ist die Niederlassungsfreiheit der Ärzte eingeschränkt worden. Das Gesamthonorar der Ärzte unterliegt ebenfalls der Budgetierung.

Hierarchische Elemente existieren darüber hinaus in der Beziehung zwischen Staat und den Anbietern von Arzneimitteln. Zum einen schränkt der Staat die Preisbildung bei den Apotheken über seine Vorgabe einer Zuschlagskalkulation ein. Zum anderen unterliegt die Zulassung von neuen Arzneimitteln strengen staatlichen Auflagen. Heute wird ein Arzneimittel nach umfangreichen Prüfungen nur noch zugelassen, wenn es nicht nur nicht schädlich ist, sondern auch nachgewiesen worden ist, dass es auch wirksam ist.

4.5.4 Verhandlungen

Reglementierungen in Form der Budgetierung betreffen auch die Beziehung zwischen Krankenkassen und Kassenärztlichen Vereinigungen.

Durch die Budgetierung, die in 1997 auslaufen sollte, die aber seit 1999 wieder in modifizierter Art in Kraft gesetzt worden ist, wurde den Kassen das Recht genommen, mit den Kassenärztlichen Vereinigungen das Ärzte-honorar auszuhandeln. Dies hat zur Folge, dass der Steuerungsmechanis-mus der Verhandlung in den letzten Jahren im Gesundheitssystem der Bundesrepublik nur noch eine relativ geringe Bedeutung gehabt hat, der aber früher in der Beziehung der Kassen zu den Kassenärztlichen Vereini-gungen und Krankenhäusern von erheblicher Relevanz war. Aufgrund der Aufhebung des Arzneimittelbudgets sowie der kollektiven Haftung im Falle der Budgetüberschreitung im Sommer 2001 müssen nun die Kran-kenkassen und Kassenärztlichen Vereinigungen über Verhandlungen ver-suchen, eine Kostenexplosion in diesem Bereich zu verhindern.

4.5.5 Wahl

Der Steuerungsmechanismus Wahl kommt auf der Ebene der Verbände zum Tragen und zwar bei den einzelnen Krankenversicherungen und bei den Kassenärztlichen Vereinigungen. Nach Hirschman können wir zwi-schen den beiden Kontrollmechanismen Abwanderung und Widerspruch unterscheiden. Abwanderung ist der typische Marktmechanismus. Ist man mit der Leistung eines Anbieters nicht zufrieden, so kann man zu einem anderen Anbieter wechseln. Diese Möglichkeit ist den Versicherten durch das Gesundheitsstrukturgesetz eingeräumt worden. Während früher die Versicherten Zwangsmitglieder in der AOK waren, können sie nun ihre Versicherung innerhalb der GKV frei auswählen. Diese Option ist aber, wie schon erwähnt, im Frühjahr 2001 bis Ende 2002 ausgesetzt worden. Diese Wahlmöglichkeiten haben die Vertragsärzte der GKV bei ihren Kassenärztlichen Vereinigungen nicht. Sie sind dort Zwangsmitglied, wollen sie ihre Kassenärztliche Zulassung nicht verlieren. Dies schränkt die Kontrollmöglichkeiten der Ärzte gegenüber ihrer Kassenärztlichen Vereinigung stark ein.

Sie können nur über ihre Stimmabgabe bei den Wahlen Einfluss auf die Leitung und die Politik ihrer Kassenärztlichen Vereinigung nehmen, wäh-rend die Versicherten sowohl durch die Drohung der Abwanderung als auch durch Abwahl des Vorstandes bei den Sozialwahlen ihre Versiche-rung kontrollieren können. Widerspruch können die Mitglieder einer Orga-nisation nicht nur über ihre Stimmabgabe ausüben, sondern auch durch direkten Protest in den entsprechenden Gremien. Nun besteht aber ein erheblicher Unterschied zwischen den beiden Kontrollmechanismen Abwanderung und Widerspruch. Bei dem für Märkte dominanten Mechanismus des Widerspruchs existiert bei den Betroffenen ein individueller Anreiz, auf diesen Mechanismus zurückzugreifen. Denn durch den Wechsel versucht der Betroffene, sich besser zu stellen.

Beim Kontrollmechanismus des Widerspruchs ist die Anreizstruktur wesentlich ungünstiger. Hier lohnt es sich für den einzelnen meist nicht, sich zu engagieren. Warum soll man sich an einer Wahl beteiligen, sich insbesondere über den Gegenstand bzw. die zu wählenden Personen sachkundig machen, wenn das eigene Votum doch keinen Einfluss auf das Wahlergebnis haben wird? Entsprechend ist die Bereitschaft gering, in einer Organisation den Protest zu organisieren, ist doch der Erfolg oft gering und der damit verbundene Ärger groß. Diese ungünstige Anreizstruktur bei dem Kontrollmechanismus Widerstand ist letztlich darauf zurückzuführen, dass die Produktion des Gutes Widerstand der eines öffentlichen Gutes entspricht. Von daher ist es so wichtig, marktliche Elemente in das Gesundheitssystem zu installieren, um dem Kontrollmechanismus Abwanderung mehr Gewicht zu verschaffen.

4.5.6 Schwachstellenanalyse und Lösungsansätze

Nachdem wir die Relevanz der unterschiedlichen Steuerungsmechanismen für das Gesundheitswesen skizziert haben, soll eine Schwachstellenanalyse dieser Mechanismen erfolgen. Dabei ist darauf hinzuweisen, dass diese Kritik, wenn auch mit unterschiedlichen Akzenten, auf fast alle Gesundheitssysteme in den westlichen Industriestaaten zutrifft. In fast allen Ländern wird – wie in der Bundesrepublik – nicht auf einen einzigen Steuerungsmechanismus gesetzt, sondern wir finden in ihnen meist ein Mix der unterschiedlichen Steuerungsmechanismen mit recht unterschiedlichen Akzenten. Während z. B. das US-amerikanische System sehr stark auf den Steuerungsmechanismus Markt baut, ist für den englischen National Health Service eine Dominanz des Steuerungsmechanismus Hierarchie prägend.

Des Weiteren ist für alle realisierten Gesundheitssysteme kennzeichnend, dass sie nie aus einem Guss als umfassender Entwurf entstanden sind. Viele Entwicklungen sind oft unintendierte Reaktionen auf Fehlentwicklungen. Insgesamt kann man sagen, dass fast alle Gesundheitssysteme im Sinne eines trial and error Verfahrens entstanden sind. Bei diesem Prozess des muddling through sind Reibungsverluste und Ineffizienzen mehr oder weniger unvermeidlich.

Wenn man, wie in Abbildung 4.8. dargestellt, die Kosten des Gesundheitswesens der einzelnen Länder vergleicht, so stellt man fest, dass auf dem Markt aufbauende Länder, wie die USA bei ihren Ausgaben nicht per se besser abschneiden als Länder, die auf ein Mixtum compositum der unterschiedlichen Steuerungsmechanismen aufbauen, wie die Bundesrepublik.

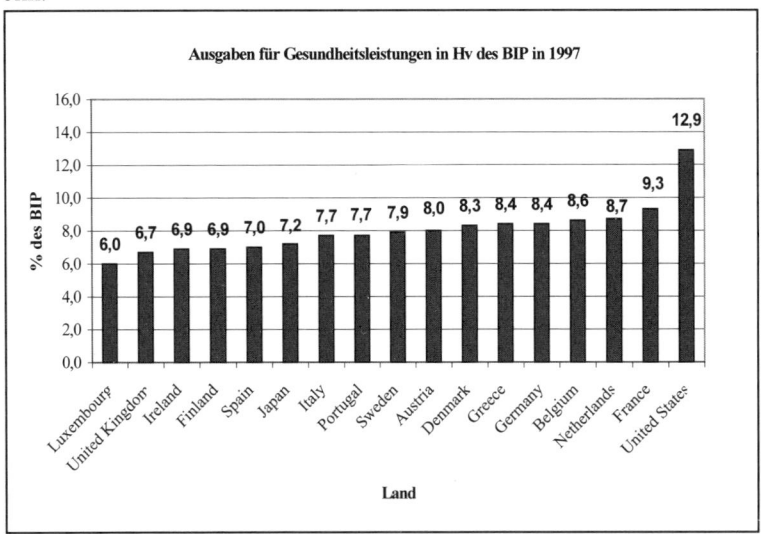

Abb.4.8.: Die Kosten des Gesundheitswesens im internationalen Vergleich, Quelle: OECD Health Data 2001

Der Vergleich macht deutlich, dass man im Bereich des Gesundheitswesens nicht auf eine Patentlösung setzen sollte. Dazu ist zum einen unser Wissen über die Wirkungszusammenhänge zu gering und zum anderen die Ausgangslage in den einzelnen Ländern zu unterschiedlich. Der Vergleich der Kosten des Gesundheitswesens in den einzelnen Ländern ist auch wenig aussagekräftig, ermöglicht er doch keinen Effizienzvergleich. Dafür müssten erst solide Erfolgskriterien für die einzelnen Gesundheitssysteme aufgestellt und eine umfassende Kosten-Nutzen-Analyse vorgenommen werden. Denn das Ziel der reinen Kostensenkung – wie es in der Bundesrepublik – mit der Budgetierung angestrebt worden ist, stellt keine rationale Gesundheitspolitik dar und ist nur aufgrund der immensen – zum Teil einigungsbedingten – Haushaltsdefizite des Bundes und der hohen Lohnnebenkosten der Unternehmen zu verstehen.

Wo liegen nun die Steuerungsdefizite? Um diese Frage beantworten zu können, ist es sinnvoll, bei den einzelnen Akteuren im jeweiligen Gesundheitssystem anzusetzen und zu fragen, welche Anreize sie haben, sich kostenbewusst zu verhalten. Betrachten wir die Akteure: Versicherte, Ärzte, Arzneimittelhersteller und -händler, den Heilmittelbereich sowie die Krankenhäuser und auch die Krankenkassen sowie die Kassenärztlichen Vereinigungen, so stellen wir fest, dass bei ihnen nur schwache Anreize zu kostenbewusstem Verhalten vorhanden sind.

So stellen wir bei den Versicherten das Phänomen der kollektiven Selbstschädigung fest. Versicherte betreiben auf Kosten der Solidargemeinschaft riskante Sportarten, zeigen gesundheitsschädigendes Verhalten. Man denke nur an den Alkoholmissbrauch, Rauchen usw. Bei den Versicherten existiert ein Desinteresse an den Kosten, was zu einer enormen Verschwendung bei den Arzneimitteln führt, von denen Medikamente im Werte von 3,5 Mrd. Euro auf den Müllkippen landen. Dieses fehlende Kostenbewusstsein der Versicherten ist darauf zurückzuführen, dass im Gesundheitswesen in großem Umfang ein Nullpreissystem gegeben ist, das die Versicherten zu moral hazard Verhalten verführt. Dieses Nullpreissystem wird insbesondere durch das Sachleistungsprinzip, das den Versicherten einen Anspruch auf eine mehr oder weniger kostenlose Versorgung gewährleistet, induziert. Aber die dem Versicherten eingeräumte Wahl einer Kostenerstattung verbessert nicht grundlegend die Anreizstruktur, wie wir dies bei den privaten Krankenkassen sehen, die das Kostenerstattungsprinzip generell anwenden. Es erhöht wohl den Informationsstand der Patienten und räumt ihnen so die Möglichkeit ein, die Abrechnungen der Ärzte besser zu kontrollieren. Solange aber die Patienten an den Kosten nicht direkt beteiligt werden, ist der Anreiz zu kostenbewusstem Verhalten relativ gering. Denn warum sollte sich ein Patient mit seinem Arzt anlegen und so sein bisher gutes Vertrauensverhältnis in Frage stellen, wenn dieser gegenüber der Kassenärztlichen Vereinigung unkorrekt abgerechnet hat. Die falsche Abrechnung belastet ja nicht das Portemonnaie des Patienten, sondern nur marginal die eigene Krankenkasse. Um mehr Kostenbewusstsein zu generieren, können die Krankenkassen freiwillig Versicherten Tarife mit Beitragsrückerstattung anbieten. Damit wird gerade für gute Risiken, die zwischen privater und gesetzlicher Versicherung wählen können, es attraktiv, sich für die GKV zu entscheiden. Um kollektive Selbstschädigung einzuschränken, dürfen die Krankenkassen ihren Versicherten Boni gewähren, wenn sie an Präventionsmaßnahmen oder an einer

betrieblichen Gesundheitsförderung teilnehmen.
Eine zentrale Stelle nehmen die Ärzte ein. Vergleicht man ihr Praxiseinkommen siehe Abbildung 4.9., so stellt man fest, dass zum einen ihr Einkommen im Vergleich mit ähnlichen Berufen mit annähernd gleich langer und qualifizierter Ausbildung relativ hoch ist (siehe Tabelle 4.2.) und zum anderen zwischen den unterschiedlichen Fachrichtungen sehr stark divergieren (siehe Tabelle 4.3.).

Steuerpflichtige mit Einkünften aus freiberuflicher Tätigkeit	Durchschnittl. Gesamtbetrag der Einkünfte in Euro
insgesamt	63 094
Rechtsanwälte und Notare einschließlich Patentanwälte	83 375
- Rechtsanwälte (ohne Notariat)	75 433
- Rechtsanwälte (mit Notariat)	91 961
- Notare	175 358
- Patentanwälte	92 472
Wirtschaftsprüfer und vereidigte Buchprüfer	123 173
Steuerberater und Steuerbevollmächtigte	83 208
Sonstige Wirtschaftsberater	86 259
Ärzte	105 247
Zahnärzte einschl. Dentisten (aber ohne Zahntechniker)	113 739
Tierärzte	46693
Heilpraktiker	34 242
sonstige Heilberufe	43 312
Architekten, Vermessungs-, und Bauingenieure	68 226
Sonstige Ingenieure und Techniker	69 179
Chemiker, Chemotechniker und Physiker	71 266
Künstlerische Berufe	33 413
Sonstige freie Berufe	49 358

Tab.4.2.: Einkommen der Ärzte im Vergleich zu ähnlichen Berufen, Quelle: Bundesfinanzministerium, Daten zur Steuerpolitik

So liegen die Durchschnittseinkommen der Ärzte bei 100 000 Euro und einige erzielen wesentlich höhere Spitzeneinkommen. Auch im internationalen Vergleich stellt sich die Einkommenssituation der Ärzte relativ günstig dar. Relativ ungünstig stellt sich aber die Situation der in den Krankenhäusern beschäftigten Ärzte dar. Während gerade die Institutsdirektoren von Universitätskliniken u. U. ein Einkommen in Höhe von mehreren Millionen erzielen, muss die große Zahl von Assistenzärzten mit ihren befristeten Angestelltenverträgen viele, oft unzureichend abgerechnete Überstunden leisten und erhalten nur ein relativ bescheidenes Gehalt.

Einkommen vor Steuern in DM		
Fachgruppe	Überschuss alte Bundesländer 1996/98	Überschuss neue Bundesländer 1996/98
Allgemeinärzte	166 613	141 364
Augenärzte	208 480	183 827
Chirurgen	182 569	188 568
Gynäkologen	196 978	146 769
Hautärzte	189 106	136 838
HNO-Ärzte	233 805	143 902
Internisten	225 215	208 411
Kinderärzte	201 067	142 909
Nervenärzte	183 950	141 315
Orthopäden	236 558	216 280
Radiologen/ Nuklearmediziner	213 335	281 108
Urologen	196 383	168 393
Alle Fachärzte insgesamt	211 947	185 310
Alle Ärzte insgesamt	194 739	165 782

Tab.4.3.: Überschuss der Ärzte aus vertragsärztlicher Tätigkeit und die Einnahmen aus sonstiger ärztlicher Tätigkeit, Quelle: Arzt & Wirtschaft 7/2001

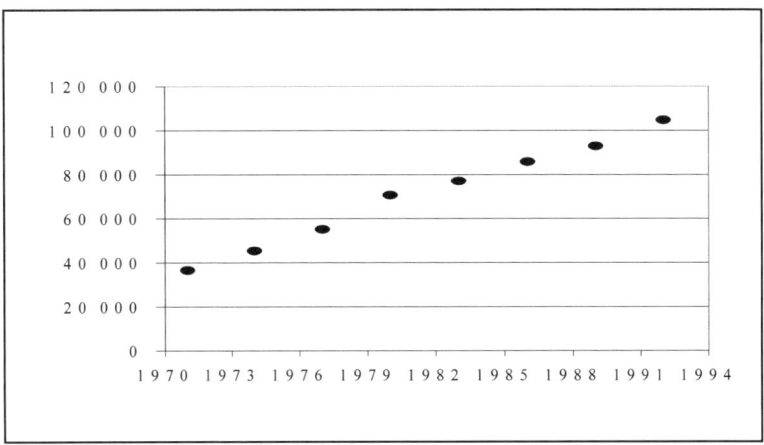

Abb.4.9.: Einkommen der Ärzte in Deutschland (in USD - Kaufkraftparität), Quelle: OECD Health Data 1999

Die relativ hohen Ausgaben für Ärztehonorare, die aber in den letzten Jahren aufgrund der Budgetierung nur geringfügig zunahmen, werden durch die Ärzteschwemme der letzten Jahrzehnte verstärkt. Während wir 1970 noch 46 302 niedergelassene Ärzte in den alten Bundesländern zählen konnten, belief sich die Zahl 1987 schon auf 67.038 und in der Folgezeit ließen sich jährlich zirka 6 000 neue Ärzte nieder, so dass wir in der Bundesrepublik 1999 126 000 niedergelassene Ärzte haben.

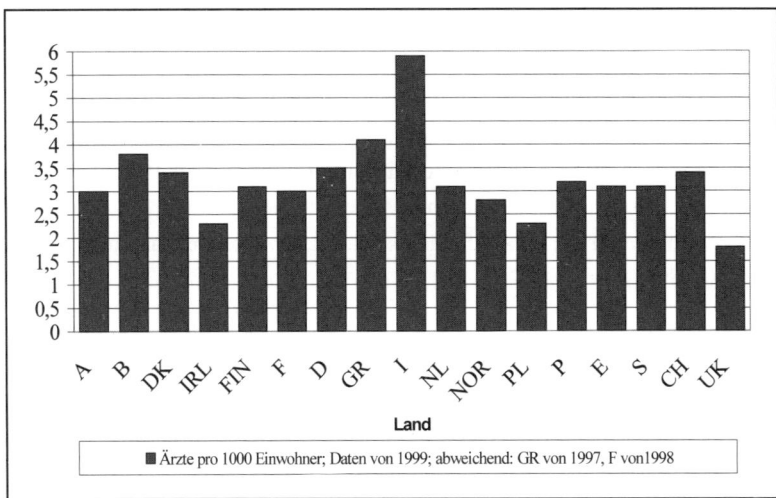

Abb.4.10.: Ärztedichte in Europa, Quelle: OECD Heath Data 2001

Entsprechend hoch ist die Ärztedichte mit 305 Einwohnern pro Arzt. Dass sich die Versorgung mit Ärzten im europäischen Vergleich recht günstig darstellt, wird in Abb. 4.10. deutlich. Danach liegt die Bundesrepublik im oberen Drittel der Länder mit der besten Versorgung. Besonders dramatisch wirkt sich der Zuwachs bei der Zahl der Ärzte aus (siehe Abb. 4.11).

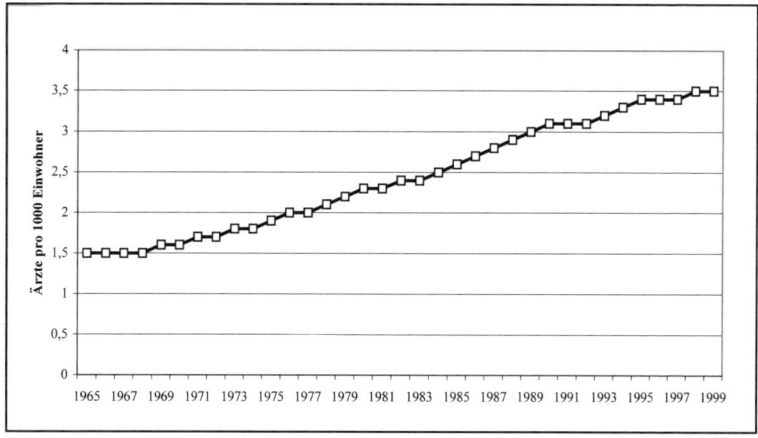

Abb.4.11.: Ärztedichte in Deutschland, Quelle: OECD Health Data 2001

Denn es ist zu befürchten, dass die Zunahme der Ärztezahl zu einer proportionalen Zunahme der Ärztehonorare und der durch sie induzierten Ausgaben führt. Aufgrund des Phänomens der angebotsinduzierten Nachfrage nehmen die Ärzte eine strategische Position im Gesundheitssystem ein. Je mehr Ärzte als Leistungsanbieter vorhanden sind, um so geringer sind die Opportunitätskosten des Arztbesuchs. Die Wartezeiten werden kürzer, der Arzt kann sich mehr Zeit für eine intensive Betreuung der Patienten nehmen. Die Ärzte haben auch deshalb eine Schlüsselstellung, da 100 Euro Honorarforderung der Ärzte Folgekosten bei den Krankenkassen in Höhe von 400 Euro bewirken.

Dieser Hebeleffekt ärztlicher Leistungen wird durch die Deckelung der Honorare noch verstärkt. Nach dem Gesundheitsstrukturgesetz sind die Honorare der Gesamtheit der Ärzte an die Entwicklung der Kasseneinnahmen gekoppelt, so dass allen Ärzten ein festes Budget zur Verfügung steht, das nach den abgerechneten Entgeltpunkten auf die Ärzte anteilig verteilt wird. Um die Ausgaben der Krankenkassen zu stabilisieren, wurde Ende 2002 das Budget der Ärztehonorare und das für die Ausgaben der Krankenhäuser auf den Stand von 2002 eingefroren. Für Krankenhäuser sind großzügige Öffnungsklauseln vorgesehen, wenn sie freiwillig die erst 2004 obligatorischen Fallpauschalen schon 2003 anwenden.

Will ein einzelner Arzt sein eigenes Budget steigern, kann er dies nur, indem er mehr Punkte abrechnet. Dies hat zur Folge, dass der Wert der Punkte fällt, wenn alle Ärzte diese Strategie fahren. Es kommt so zu einem Hamsterradeffekt bei den Ärzten in Form einer kollektiven Selbstschädigung. Alle Ärzte leisten mehr, erhalten aber kein höheres Honorar, da ja die Leistungsausweitung durch die Punkteentwertung vollkommen kompensiert wird. Die Deckelung der Honorare der Ärzte hat so zur Folge, dass wohl deren Honorare aufgrund der Leistungsausweitung nicht steigen, dass aber aufgrund der gestiegenen ärztlichen Aktivitäten die Folgekosten in anderen Bereichen – z. B. bei den Arzneimitteln – ansteigen. Auch bei den Arznei- und Verbandsmitteln sieht der Gesetzgeber ein globales Ausgabenvolumen vor, das zwischen den Kassen und der Kassenärztlichen Vereinigung ausgehandelt wird. Dabei sind aber Richtgrößen je Arzt zu vereinbaren, die insgesamt das globale Ausgabenvolumen nicht überschreiten dürfen und das Ausgabenverhalten der Ärzte steuern sollen. Eine Überschreitung des Richtgrößenvolumens durch einen Arzt löst eine Wirtschaftlichkeitsprüfung aus. Überschreitet ein Arzt sein Richtgrößenvolumen um mehr als 25 %, wird er u. U. für die Mehrausgaben der Kassen erstattungspflichtig. Im Abschnitt 4.6.2 werden wir die durch den Gesetzgeber beschlossenen Verbesserungen, die in den nächsten Jahren wirksam werden, darstellen.

Wie zentral die Stellung der Ärzte ist, wird deutlich, wenn wir ihre Leistungspalette betrachten. Sie entscheiden über den Umfang und die Art der ambulanten Leistungen, sie bestimmen die Ausgaben für Arzneimittel, schreiben krank und weisen in die Krankenhäuser ein. Besonders problematisch sind die Anreizmechanismen bei der Honorierung. Es gibt leider keinen perfekten Anreizmechanismus im Sinne der Prinzipal-Agent-Theorie, der das Verhalten der Ärzte effizient steuert. Aus reinen Effizienzgesichtspunkten wäre eine reine Erfolgshonorierung naheliegend. Dieser Mechanismus hätte zur Folge, dass nur das medizinisch Notwendige verschrieben wird, so dass Effizienz in der Produktion gesichert ist. Unter Risikoaspekten ist aber eine reine Erfolgshonorierung fragwürdig, da bei dieser Entgeltregelung nicht die risikoneutralen Krankenkassen, sondern der risikoaverse Arzt das Risiko trägt, was zu keiner effizienten Risikozuordnung führt. Diese falsche Risikozuweisung hat enorme allokative Effekte. Ein Arzt muss das Interesse haben, nur risikolose Fälle zu übernehmen, bei denen der Erfolg mehr oder weniger garantiert ist. Deshalb wird er seinen Patientenstamm selektiv auswählen. Bisher sind folgende Honorierungsverfahren zur Anwendung gekommen, die in Tabelle 4.4. dargestellt sind.

Form des Entgelts / Zahl der	Patienten	Fälle	Leistungen	Risikoübernahme
festes Entgelt	Min	Min	Min	Max
Kopfpauschale	Max	Min	Min	▲
Fallpauschale	Max	Max	Min	▼
Einzelleistungshonorierung	Max	Max	Max	Min

Tab.4.4: Honorierungsverfahren, Quelle: in Anlehnung an Thiemeyer (1985)

Das einfachste Honorierungsverfahren ist das des festen Entgelts für den Arzt. In diesem Fall bekämen sie eine Pauschale, die alle Kosten abdeckt. Bei einem festen Entgelt haben die Ärzte natürlich ein Interesse, so wenig Leistung wie möglich zu erbringen, da ihr Entgelt leistungsunabhängig ist. Sie wollen so wenig Patienten wie möglich behandeln. Diese sollen nur selten zum Arzt gehen. Und die Behandlung sollte auf ein Minimum reduziert werden. Konsequenz solchen Verhaltens sind lange Warteschlangen bei den medizinischen Leistungen, wie wir sie im NHS vorfinden, wo aber auch die Ausstattung der Einrichtungen unzureichend ist. Unterliegen die Ärzte einem Sicherstellungsauftrag, so ergäben sich aus dieser Honorierungsform erhebliche Verlustrisiken. Je mehr Patienten und Fälle der Arzt behandeln muss und umso höher die Behandlungskosten (z. B. Aidskranke) sind, desto höher sind seine Ausgaben, ohne dass die Einnahmen entsprechend angepasst werden.

Ein anderes Honorierungsverfahren ist das der Kopfpauschale, das z. B. früher in der Bundesrepublik angewandt wurde, bei der die Ärzte anhand der Zahl der abgerechneten Krankenscheine honoriert wurden. Bei diesem Verfahren sind die Ärzte in erster Linie an dem Primärkontakt mit ihren Patienten interessiert. Am besten ist es, wenn die Patienten keiner intensiven Behandlung bedürfen. Z. B. sind Diabetiker, die nur einmal im Quartal ihr Rezept für Insulin abholen, die idealen Patienten. Diskriminiert werden in diesem Fall diejenigen Ärzte, die sehr viele chronisch Kranke behandeln, die oftmals im Quartal einer intensiven Betreuung bedürfen. Diese Gruppe von Patienten wird für den Arzt attraktiver, wenn man Fallpauschalen einführt, da dann nach Anzahl der Behandlungen abgerechnet wird, wobei aber nicht auf das Ausmaß der Leistungen geachtet wird. Dies ist erst der Fall, wenn wir das System der Einzelleistungshonorierung übergehen, wie wir es zur Zeit in der Bundesrepublik anwenden. Bei diesem System haben die Ärzte ein Interesse, gerade die Leistungen anzubieten, die besonders günstig honoriert werden. Einfache Beratungen werden dann z. B. zu intensiver Beratung, weil dies besser honoriert wird. Bei dieser Art der Honorierung trägt der Arzt überhaupt kein Verlustrisiko, da im Prinzip alle anfallenden Kosten von der Krankenkasse übernommen werden.

Gerade das System der Einzelleistungshonorierung gibt dem Arzt Anreize zur extremen Leistungsausweitung und zu unkorrekten Abrechnungen, da die Krankenkassen nur unzureichend die Abrechnungen der Ärzte überwachen können. Auch die durch die dritte Stufe der Gesundheitsreform verabschiedete Verpflichtung der Ärzte, die Patienten über ihre Behandlungskosten detailliert zu informieren, wird aufgrund der Unübersichtlichkeit und Kompliziertheit der Abrechnungen an diesem Tatbestand wenig ändern. Hinzu kommt, dass die Patienten auch nur ein geringes Interesse an der Kontrolle ihres Arztes haben, da sie ja an den Kosten nicht direkt, sondern nur indirekt über ihre Beiträge beteiligt sind. Ab 2007 soll die ärztliche Vergütung stärker auf Leistungskomplexe und Fallpauschalen ausgerichtet werden, um so die Kosten besser zu kontrollieren.

Die Position der Ärzte wird besonders durch die Institution der Kassenärztlichen Vereinigungen (KV) gestärkt. Aufgrund der Pflichtmitgliedschaft der Vertragsärzte stellen sie nichts anderes als ein staatlich geschütztes Kartell der Ärzte dar. Dies stärkt ihre Verhandlungsposition gegenüber den Krankenkassen bei den Tarifverhandlungen. Ärztegruppierungen innerhalb der KV, die gegenüber den Kassen zu Konzessionen bereit sind, können leicht überstimmt werden und haben so keinen Einfluss. Darüber hinaus haben die KV eine Vielzahl halbstaatlicher Funktionen übertragen bekommen, die ebenfalls ihre Machtstellung gegenüber den Kassen stärken. Sie sind für die Leistungsabrechnungen der Ärzte zuständig, sie kontrollieren über das Standesrecht deren Verhalten. Sie sind an der Eingruppierung neuer Medikamente, deren Kosten von den Kassen übernommen werden, der Bestimmung der Medikamente mit Festbeträgen beteiligt.

Immens gestärkt wird die Machtposition der KV durch den Sicherstellungsauftrag. Danach sind die KV und nicht die Krankenkassen trotz des Sachleistungsprinzips dafür verantwortlich, dass die Versicherten ausreichend mit ärztlichen Leistungen versorgt werden. Mit dem Sicherstellungsauftrag der KV ist den Krankenkassen im Prinzip die Chance genommen, selbst als Leistungsanbieter aufzutreten und den Ärzten mit kostengünstigeren Angeboten, die in eigener Regie der Krankenkassen erstellt wurden, Konkurrenz zu machen. Dass dies eine erfolgversprechende Strategie sein kann, zeigen die US-amerikanischen Erfahrungen. Mit der Gründung von Health Maintenance Organizations (HMO), bei denen die Kassen direkt Leistungsverträge mit einzelnen Ärzten abschließen, die dann in ihrem Auftrag arbeiten, ist es ihnen gelungen, erhebliche Kostenersparnisse zu realisieren.

Diese Kosteneinsparungen und die Anwendung ähnlicher Organisationsstrukturen in Form der integrierten Versorgung ermöglicht die dritte Stufe der Gesundheitsreform, die eine Experimentierklausel im Bereich des managed care vorsieht. Die dominante Position der KV wird durch die medizinischen Versorgungszentren eingeschränkt, die im Gesetz zur Modernisierung der gesetzlichen Krankenversicherung von 2003 vorgesehen sind. Diese bauen auf dem Konzept der Polikliniken auf, wie sie früher in der DDR existierten, und ermöglichen eine interdisziplinäre Zusammenarbeit der Leistungserbringer. Die Krankenkassen sind verpflichtet, flächendeckend hausärztlich zentrierte Versorgungseinrichtungen anzubieten, indem sie Direktverträge mit diesen abschließen und so den Sicherstellungsauftrag der KV umgehen können. Die Krankenkassen haben sogar das Recht, mit einzelnen Vertragsärzten Versorgungsverträge abzuschließen. Um diese Formen der integrierten Versorgung zu forcieren, ist eine Anschubfinanzierung zwischen 2004 und 2006 in Höhe von bis zu 1 % der jeweiligen Gesamtvergütung im ambulanten Bereich und der Krankenhausvergütungen vorgesehen.

Darüber hinaus dürfen in Teilbereichen Krankenhäuser die ambulante Versorgung übernehmen. Insbesondere können die Krankenhäuser in die Disease-Management-Programme integriert werden und die ambulante Versorgung übernehmen, wenn die KV ihren Sicherstellungsauftrag nicht erfüllen können.

Die Macht der KV wird des Weiteren dadurch eingeschränkt, dass die Versicherten uneingeschränkt ambulante Versorgungseinrichtungen im EU-Ausland mit Kostenerstattungsanspruch nutzen können. Bei stationären Leistungen benötigen sie die vorherige Genehmigung ihrer Krankenkasse.

In Ausnahmefällen können Versicherte auch nicht zugelassene Leistungserbringer, die nicht Mitglied der KV sind, in Anspruch nehmen, wenn dies die Krankenkasse vorher genehmigt hat.

Auch auf dem Sektor der Arzneimittelherstellung und des -handels existieren Fehlanreize, die unter anderem zu einer überproportionalen Ausgabensteigerung geführt haben. Auf den unzureichenden Preiswettbewerb haben wir schon hingewiesen. Dieser ist nicht nur durch die Festpreisbindung im Handel gegeben, sondern auch auf der Erzeugerstufe bei den Produzenten. Dort finden wir eine oligopolistische Marktstruktur und bei einigen Anbietern kann man durchaus von einer marktbeherrschenden Stellung auf Teilmärkten sprechen. Besonders wird das Monopol der Apotheken beim Verkauf von Medikamenten an die Versicherten kritisiert. Für verschreibungspflichtige Arzneimittel gilt ein einheitlicher Apothekenabgabepreis in Form der Preisbindung der zweiten Hand. Gemäß der Arzneimittelverordnung erhalten die Apotheken für jedes verschreibungspflichtige Medikament ein Abgabehonorar von 8,10 Euro und einen Zuschlag von 3 % auf den Apothekeneinkaufspreis. Durch diesen 3 % Zuschlag wird bei den Apotheken ein Anreiz geschaffen, teure Medikamente zu verkaufen.

Um die Apotheken zur Abgabe von kostengünstigen Medikamenten zu veranlassen, sind diese gemäß der Aut-idem-Regelung verpflichtet, u. a. preiswerte Generika den Versicherten anzubieten, sofern der Arzt dies im Rezept nicht ausgeschlossen hat. Darüber hinaus sind Apotheker zur Abgabe von importierten Arzneimitteln verpflichtet, wenn diese um 15 % bzw. mindestens 15 Euro preiswerter als inländische sind. Als weiterer Distributionsweg wurde 2004 der Versandhandel z. B. per Internet zugelassen, um den Wettbewerb zu intensivieren. Dieser wird noch dadurch verstärkt, dass der Mehrbesitz von Apotheken zugelassen ist. Ein Apotheker darf bis zu drei Filialapotheken betreiben. Nicht verschreibungspflichtige Arzneimittel unterliegen keiner Preisbindung, sofern sie nicht von den Krankenkassen erstattet werden.

Wie aber Abb. 4.12. zeigt, stellt sich die Preisbildung in Deutschland im europäischen Vergleich nicht als besonders ungünstig dar.

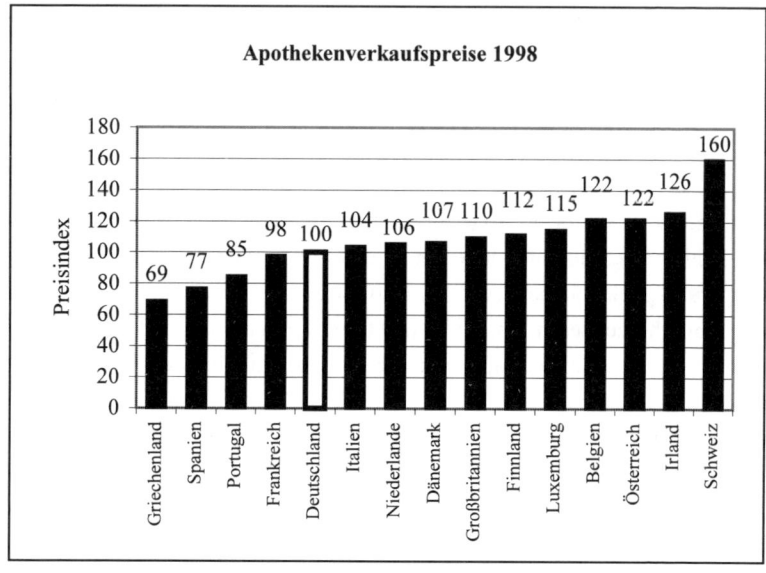

Apothekenverkaufspreise 1998

Abb.4.12.: Vergleich der Apothekenverkaufspreise 1998, Bemerkung: Der Preisindex auf der Basis von Devisenkurse; Deutschland als Basisland (gleich 100), Quelle: VFA

Besonders eklatant sind die Fehlanreize im stationären Bereich, die in den letzten Jahren durch die Reformgesetze nur schrittweise und marginal abgebaut worden sind. Zum einen ist die bis heute noch gültige duale Finanzierung im stationären Bereich zu nennen. Dieses Prinzip besagt, dass die Krankenkassen nur die laufenden Betriebskosten zu tragen haben, während der Bund und die Länder für die Investitionsausgaben zuständig sind. Dieses System hat zur Folge, dass die Kassen und damit die Patienten nicht mit den vollen Kosten der Krankenhausunterbringung konfrontiert werden. Da die Länder für die laufenden Kosten nicht zuständig sind, haben sie auch kein Interesse, im Bereich der Energieersparnis usw. zu investieren, und kostensparende Rationalisierungsinvestitionen werden unterlassen. Sinnvollerweise sieht die Gesundheitsreform einen schrittweisen Abbau der dualen Finanzierung vor und es ist beabsichtigt, den Krankenkassen schrittweise alle Krankenhauskosten zu übertragen und so endlich ein monistisches Finanzierungssystem einzuführen. Besondere Fehlanreize gehen von dem Verfahren der Kostenabrechnung in den Krankenhäusern aus.

Eine Abschaffung der alten Pflegesatzregelung war besonders dringend. Denn vollpauschalierte Pflegesätze besagen, dass die Kosten gemäß der Bettenzahl multipliziert mit den Belegtagen umgelegt wurden, so dass die unterschiedlichen Leistungen der Krankenhäuser nicht berücksichtigt wurden und die Behandlung von Bagatellfällen für die Krankenhäuser wegen ihres hohen Deckungsbeitrages besonders attraktiv war. Bei realisierten Einsparungen wurden bei diesem Verfahren die Krankenhäuser dadurch bestraft, dass entsprechend die neuen Pflegesätze gesenkt wurden. Gewinnanreize als Instrument der Schaffung von Kostenbewusstsein sind in diesem System verpönt. Darüber galten tagesgleiche Pflegesätze, bei denen z. B. die hohen Operationskosten über alle Belegtage gleichmäßig aufgeteilt wurden. Dies verschaffte bei den Krankenhäusern den Anreiz, für eine lange Verweildauer der Patienten im Krankenhaus zu sorgen, da in der postoperativen Phase die Kosten im Krankenhaus relativ niedrig sind. Um mehr Effizienz im stationären Sektor zu verwirklichen, wurde ab dem 01.01.2003 ein leistungsorientiertes, pauschalisiertes Vergütungssystem in Form der Diagnosis Related Groups (DRG-Fallpauschalensystem) auf freiwilliger Basis eingeführt, das ab 2004 obligatorisch ist.

Eine weitere Schwäche im stationären Bereich liegt darin, dass bis heute keine effiziente Verknüpfung zwischen stationärem und ambulantem Bereich erreicht wurde. An dieser Schnittstelle existieren immer noch unnötige Ausgaben durch Doppeluntersuchungen und es wird keine effiziente Zuweisung der Patienten auf diese beiden Bereiche realisiert. Bis jetzt kommt es nicht zu einer Installierung von besseren Anreizmechanismen im stationären Bereich, da gesetzliche Änderungen seitens der Länder zustimmungspflichtig sind und zwischen Bund und Ländern, die auf ihre Autonomie im Krankenhausbereich pochen, kein Konsens zu finden ist.

Fehlsteuerungen finden wir aber auch – wie schon angesprochen – bei den beiden wichtigsten Organisationen des Gesundheitswesens, den Krankenkassen und den Kassenärztlichen Vereinigungen. Während marktliche Organisationen über Abwanderung von Nachfragern bei einem Leistungsabfall diszipliniert werden, fehlt dieser bei den Kassenärztlichen Vereinigungen völlig und er ist bei den Krankenkassen trotz aller Reformen bisher relativ schwach.

Interne Anreize existieren aber nicht in diesen Organisationen. Da in den Kassen das Umlageverfahren gilt, können keine anhaltenden Überschüsse erwirtschaftet werden und über Gewinnanreize keine stärkere Leistungsorientierung induziert werden. In diesen Organisationen dominieren immer noch die typischen Motive wie Prestige, Macht, Einkommen, wie sie von der Bürokratietheorie herausgearbeitet worden sind.

4.6 Reformen im Gesundheitswesen

4.6.1 Selbstbeteiligung

Charakteristisch für die Vielzahl von Reformgesetzen, die 1988 mit dem Gesundheitsreformgesetz eingeleitet wurden, denen sodann das Gesundheitsstrukturgesetz folgte und die mit der dritten Stufe der Gesundheitsreform u. a. 1. und 2. GKV-Neuordnungsgesetz sowie dem Gesetz zur Modernisierung der gesetzlichen Krankenversicherung vorläufig abgeschlossen wurden, ist das Bestreben, eine Kostendämpfung zu verwirklichen.

Folgende Aspekte stehen bei der Selbstbeteiligung im Vordergrund. Erstens kann man die Selbstbeteiligung als ein reines Finanzierungsinstrument interpretieren. Selbst wenn die Selbstbeteiligung keine Verhaltensänderung bei den Versicherten und Leistungsanbietern bewirkt, so steigen doch automatisch die Einnahmen und die Finanzlage der Krankenkassen verbessert sich, auch wenn durch die Selbstbeteiligung die Menge der nachgefragten Leistungen und damit die Ausgaben nicht zurückgehen. Von daher hat eine Selbstbeteiligung immer einen entlastenden Effekt für die Kassen.

Zweitens kann man die Selbstbeteiligung als ein Bestrafungs- und Diskriminierungsinstrument interpretieren. Zielsetzung ist es, Fehlverhalten zu bestrafen. Versicherte, die übermäßig die Solidargemeinschaft in Anspruch nehmen, sollen diszipliniert werden. Der Anreiz für moral hazard-Verhalten soll abgebaut werden.

Man kann drittens unter allokativen Aspekten die Selbstbeteiligung auch positiv, als einen Anreiz der Versicherten für kostenbewusstes Verhalten interpretieren.

4.6.1.1 Zur Effizienz der Selbstbeteiligung

Mit der Selbstbeteiligung soll mehr allokative Effizienz realisiert werden, die letztlich im Interesse aller Beteiligter am Gesundheitswesen sein sollte.

Um diese Zielsetzung zu erfüllen, müssen drei Voraussetzungen erfüllt sein. Erstens müssen die Betroffenen ausreichend informiert sein, damit sie rational entscheiden und auf den selektiven Anreiz einer Selbstbeteiligung reagieren können. Zweitens müssen die Akteure einen hinreichenden Entscheidungsspielraum besitzen, um adäquat reagieren zu können. Drittens müssen die Akteure auf finanzielle Anreize überhaupt reagieren und anderen Werten keine absolute Dominanz – wie dem Gut Gesundheit – zuordnen.

Nach diesen Voraussetzungen sind in erster Linie die Leistungsanbieter – insbesondere die Ärzte – der eigentliche Adressat selektiver Anreize. Gemäss der Prinzipal-Agent-Theorie sind sie die besser Informierten und besitzen erheblich mehr Entscheidungsbefugnisse als die Nachfrager. Dass bei den Leistungsanbietern angesetzt werden muss, ist unumstritten und ist bei der Diskussion unterschiedlicher Honorierungsverfahren angesprochen worden. Dennoch schließen die aufgezeigten Voraussetzungen keine effiziente Selbstbeteiligung der Patienten aus.

So kann der Versicherte über die Selbstbeteiligung indirekt das Ausgabenverhalten der Leistungsanbieter beeinflussen. Z. B. schränkt die Selbstbeteiligung die Bereitschaft der Ärzte ein, unnötige Arzneimittel zu verschreiben, da sie wissen, dass sie bei zu hohen Ausgaben aufgrund der Selbstbeteiligung mit dem Protest des Patienten rechnen müssen.

Selbstbeteiligung schafft auch Anreize bei den Versicherten, die Abrechnungen der Ärzte besser zu kontrollieren. Gerade bei der Kontrolle der Ärzte muss die Selbstbeteiligung der Versicherten relativ hoch sein, denn sie werden keinen großen Wert darauf legen, durch kritische Fragen ihr Vertrauensverhältnis zu ihrem Arzt zu stören.

Man kann nicht davon ausgehen, dass heute Patienten über keine ausreichenden Informationen verfügen. Die Krankenkassen könnten durch Information und Aufklärung mögliche Defizite beseitigen. Unabhängige Beratungseinrichtungen würden bei einer Selbstbeteiligung verstärkt auf Nachfrage stoßen. Wenn es um Kosteneinsparungen geht, dann ist auch ein Bedarf an Information gegeben. Hinzu kommt die Aufklärungspflicht der Leistungsanbieter. Dass die Patienten keinen Entscheidungsspielraum haben, überzeugt noch weniger. Patienten haben Mitspracherechte. Eine rein angebotsinduzierte Nachfrage ist nur eingeschränkt plausibel. Es gibt viele Optionen, mit denen Versicherte ihren Gesundheitszustand beeinflussen können und deren Nutzung durch eine Selbstbeteiligung gesteuert werden kann. So schafft Selbstbeteiligung Kostenbewusstsein bei der Auswahl des Leistungsanbieters. Bei der ersten Kontaktaufnahme ist der Patient frei. Des Weiteren bestimmt er autonom, ob er den Arzt wechseln will. Ohne Selbstbeteiligung orientiert sich ein Versicherter nur an der Qualität des Leistungsanbieters. Bei einer Selbstbeteiligung entwickelt sich eine stärkere Preis-Leistungsorientierung. Dabei darf man nicht die Risiken vernachlässigen, die mit dem geringen Informationsstand der Patienten verbunden sind.

Des Weiteren besitzt der Versicherte Entscheidungsspielraum bei der Umsetzung der Therapie und der Prävention. Zu denken ist weiter an die allgemeine Lebensführung, die ebenfalls Einfluss auf den Gesundheitszustand hat.

Unter allokativen Aspekten gibt es aber einen grundsätzlichen Einwand gegen eine Selbstbeteiligung. Sie kann u. U. einen optimalen Versicherungsschutz zerstören (Zeckhauser-Dilemma). Wir hatten im 2. Kapitel gezeigt, dass auf einem vollkommenen Versicherungsmarkt faire Versicherungen angeboten werden und dass risikoaverse Versicherte einen umfassenden Versicherungsschutz wünschen. Ist solch ein Vertrag realisiert worden, so wäre die Einführung der Selbstbeteiligung eine inferiore Lösung und würde einen unzureichenden Versicherungsschutz für die Versicherten bewirken.

Die Selbstbeteiligung ist aber anders zu beurteilen, wenn wir von dem Fall eines unvollkommenen Versicherungsmarktes ausgehen. Dann kann eine Selbstbeteiligung durchaus effizient sein, um die Ausnutzung von Informationsasymmetrien zu verhindern. Die Bereitschaft zu einer hohen Selbstbeteiligung kann dann ein Weg sein, um sich als ein gutes Risiko zu identifizieren usw., so dass unter allokativen Gesichtspunkten eine Selbstbeteiligung durchaus effizient sein kann. Nach Zeckhauser muss man zwischen Verhinderung von moral hazard und optimalem Versicherungsschutz abwägen.

Die Selbstbeteiligung ist auch deshalb so umstritten, da sie mit erheblichen Umverteilungseffekten verbunden ist. Jede Ausweitung der Selbstbeteiligung stellt zunächst eine Umverteilung von den Versicherten zu der Versicherung dar. Diese – und das wird oft aber von den Kritikern übersehen – ist leicht zu korrigieren, indem die Kostenentlastung durch die Selbstbeteiligung an die Versicherten in Form einer Beitragssenkung oder einer Leistungsausweitung weitergegeben wird. Bisher ist die Selbstbeteiligung leider einseitig im politischen Raum als ein Instrument der Kostenentlastung der notleidenden Versicherungen verstanden worden.

Die Selbstbeteiligung hat erhebliche Umverteilungseffekte innerhalb der Gruppe der Versicherten zur Folge. Bevorteilt werden durch die Selbstbeteiligung die guten Risiken. Benachteiligt werden die chronisch Kranken. Sie fühlen sich durch die Selbstbeteiligung doppelt diskriminiert. Zum einen sind sie aufgrund ihrer Morbidität schlechter gestellt als die Gesunden. Zum anderen werden sie durch die Selbstbeteiligung noch zusätzlich finanziell belastet. Dies widerspricht den Gerechtigkeitsvorstellungen eines Großteils der Bevölkerung. Von daher ist eine Selbstbeteiligung politisch nur durchsetzbar und akzeptabel, wenn Härteklauseln usw. für chronisch Kranke vorgesehen sind und wenn die Selbstbeteiligung nur in den Bereichen eingesetzt wird, in denen sie starke allokative Effekte bewirkt.

4.6.1.2 Grenzen der Selbstbeteiligung

Entscheidend für die Effektivität der Selbstbeteiligung ist die Annahme, dass die Versicherten auf finanzielle Anreize stark reagieren. Die Selbstbeteiligung kann nur dann eine Lenkungsfunktion erfüllen, wenn die Nachfrage nach Gesundheitsleistungen preiselastisch ist. Nun sind aber umfangreiche Bereiche im Leistungsangebot annähernd vollkommen preisunelastisch. Man denke nur an die Nachfrage chronisch Kranker sowie nach lebensnotwendigen Operationen. Dieser unelastische Bereich sollte von daher von der Selbstbeteiligung ausgeschlossen werden.

Des Weiteren trifft die Selbstbeteiligung die Armen stärker als die Reichen. Eine hohe Selbstbeteiligung kann dazu führen, dass Versicherte mit geringem Einkommen und Vermögen das medizinisch Notwendige nicht mehr finanzieren können. Von daher wirkt eine Selbstbeteiligung regressiv. Eine Selbstbeteiligung ist auch deshalb für Versicherte mit hohem Einkommen attraktiv, da sie im Allgemeinen keine aktuarisch fairen Beiträge zahlen. Die Selbstbeteiligung würde sie von Transfers für die unteren Einkommensschichten entlasten und sie einem optimalen Versicherungsschutz näher kommen lassen, den sie durch eine private Versicherung ergänzen können.

Um diesen Einwand des eingeschränkten sozialen Ausgleichs bei einer Selbstbeteiligung zu berücksichtigen, existieren Überforderungsregeln. So gilt die Belastungsobergrenze, dass Versicherte und Sozialhilfeempfänger maximal Zuzahlungen in Höhe von 2 % ihres Bruttoeinkommens leisten müssen. Bei Familien werden Freibeträge für Kinder und nicht berufstätige Ehegatten bei der Bestimmung des Einkommens berücksichtigt. Kinder und Jugendliche bis zum 18. Lebensjahr sind grundsätzlich von Zuzahlungen befreit. Bei chronisch Kranken liegt die Belastungsobergrenze bei 1 %.

Einen Überblick über die verschiedenen Regelungen zur Selbstbeteiligung gibt die Tabelle 4.5.

Prozentuale Zuzahlungen

Grundsätzlich wird bei allen Leistungen eine Zuzahlung von 10 % der Kosten erhoben. Höchstens allerdings 10 Euro, mindestens 5 Euro. Wenn die Kosten unter 5 Euro liegen, wird der tatsächliche Preis gezahlt.

Leistung	Zuzahlung und Eigenbeteiligung	Ausnahmen
ärztliche Behandlung	Praxisgebühr von 10 EUR pro Quartal beim Arzt oder Zahnarzt	**Überweisungen:** Wer von einem Arzt zu einem anderen Arzt überwiesen wird, zahlt dort keine Praxisgebühr mehr, wenn der zweite Arztbesuch in dasselbe Quartal fällt. **Vorsorge:** Kontrollbesuche beim Zahnarzt, Vorsorge- und Früherkennungstermine und Schutzimpfungen sind von der Praxisgebühr ausgenommen.
Arzneimittel und Verbandmittel	Zuzahlung von 10% des Preises, jedoch mindestens 5 EUR und maximal 10 EUR pro Arzneimittel. In jedem Fall nicht mehr als die Kosten des Mittels.	
Heilmittel und häusliche Krankenpflege	Zuzahlung von 10% der Kosten des Mittels zuzüglich 10 EUR je Verordnung (bei häuslicher Krankenpflege auf 28 Tage pro Kalenderjahr begrenzt)	
Hilfsmittel	Zuzahlung von 10% für jedes Hilfsmittel (z.B. Hörgerät, Rollstuhl), jedoch mindestens 5 EUR und maximal 10 EUR . In jedem Fall nicht mehr als die Kosten des Mittels	**Ausnahme:** Hilfsmittel, die zum Verbrauch bestimmt sind (z.B. Ernährungssonden, Windeln bei Inkontinenz)· Zuzahlung von 10% je Verbrauchseinheit, aber maximal 10 EUR pro Monat.
Soziotherapie, bei Inanspruchnahme einer Haushaltshilfe	Zuzahlung von 10% der kalendertäglichen Kosten, jedoch höchstens 10 EUR und mindestens 5 EUR	
stationäre Vorsorge und Rehabilitation	Zuzahlung von 10 EUR pro Tag, bei Anschlussheilbehandlungen begrenzt auf 28 Tage.	
medizinische Rehabilitation für Mütter und Väter	Zuzahlung von 10 EUR pro Tag	
Krankenhausbehandlung	Zuzahlung von 10 EUR pro Tag, aber begrenzt auf maximal 28 Tage pro Kalenderjahr	

Leistungen der Krankenkasse		
Sterilisation	Sofern eine Sterilisation der persönlichen Lebensplanung dient, muss diese Leistung künftig vom Versicherten selbst finanziert werden	**Ausnahme:** Wenn eine Sterilisation medizinisch notwendig ist, werden diese Kosten auch weiterhin von der Krankenkasse übernommen.
Künstliche Befruchtung	Reduzierung von vier auf drei Versuche, die von der Krankenkasse zu jeweils 50% bezahlt werden. Altersbegrenzung für Frauen zwischen 25 und 40 Jahren, für Männer bis 50 Jahre	
Sehhilfen / Brillen	Grundsätzlich beteiligen sich die Krankenkassen daran nicht	**Ausnahme:** Ein Leistungsanspruch besteht auch weiterhin für Kinder und Jugendliche bis zum vollendeten 18. Lebensjahr sowie für schwer sehbeeinträchtigte Menschen
Fahrten	Fahrkosten zur ambulanten Behandlung werden grundsätzlich nicht von der Krankenkasse übernommen.	**Ausnahme:** Wenn es zwingende medizinische Gründe gibt, kann die Krankenkasse in besonderen Fällen eine Genehmigung erteilen und die Fahrkosten übernehmen.
Arzneimittel	Nicht verschreibungspflichtige Arzneimittel werden von den Gesetzlichen Krankenkassen grundsätzlich nicht erstattet.	**Ausnahmen:** Verordnungen für Kinder bis zum 12. Lebensjahr, für Jugendliche mit Entwicklungsstörungen und bei der Behandlung schwerwiegender Erkrankungen, wenn solche Arzneimittel zum Therapiestandard gehören.
	Arzneimittel, die überwiegend der Verbesserung der privaten Lebensführung dienen (z.B. Viagra) werden nicht erstattet.	
Zahnersatz	Bis Ende 2004 50% der Kosten. Ab 2005 wird Zahnersatz als obligatorische Satzungsleistung von den gesetzlichen Krankenkassen angeboten. Es werden befundbezogene Festzuschüsse eingeführt.	

Tab.4.5.: Zuzahlungen und Eigenbeteiligung,
Quelle:www.diegesundheitsreform.de

Wenden wir uns nun den wichtigsten Formen der Selbstbeteiligung zu, die kurz auf ihre allokativen Effekte hin geprüft werden sollen.

4.6.1.3 Prozentuale Selbstbeteiligung

Eine prozentuale Selbstbeteiligung finden wir z. B. beim Zahnersatz. Ihre Wirkung ist in Abb. 4.13. dargestellt. Besonders interessant ist die prozentuale Selbstbeteiligung unter allokativen Aspekten, sofern die Nachfrage preiselastisch ist.

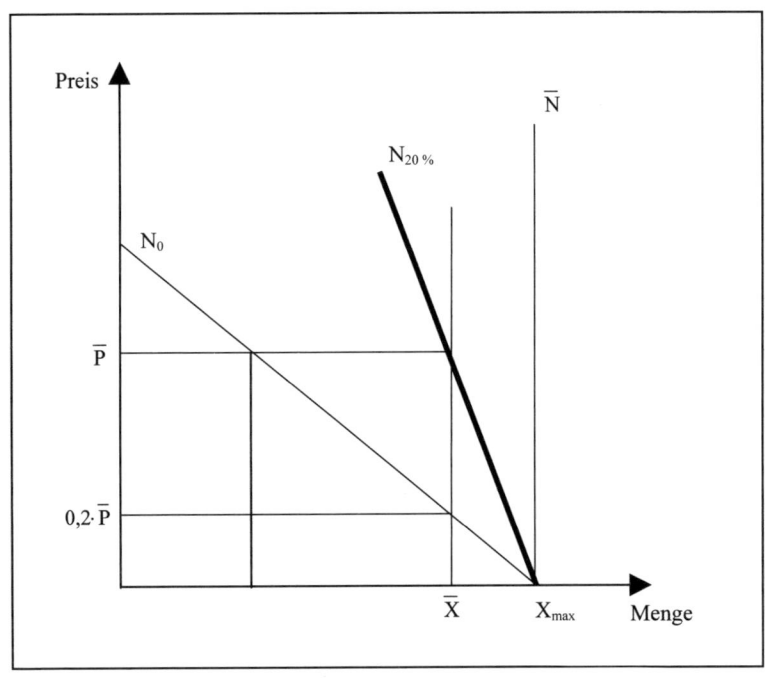

Abb.4.13.: Prozentuale Selbstbeteiligung

Betrachten wir zur Erläuterung des Zusammenhanges den Fall einer prozentualen Selbstbeteiligung von 20 %. Es sei X_{max} die Sättigungsmenge, die die Versicherten nachfragen, wenn die Leistung kostenlos abgegeben wird. Übernimmt die Krankenkasse die vollen Kosten (Selbstbeteiligung 0 %), würden wir die vollkommen unelastische Nachfrage $\overline{N}$ erhalten. Aus der Perspektive der Versicherten ist dies zunächst eine sehr vorteilhafte Regelung, erhalten sie doch die Leistung kostenlos. Andererseits bedeutet diese Regelung für die Anbieter, dass ihnen die Möglichkeit eingeräumt wird, die Preise enorm anzuheben, ohne mit Nachfrageeinbußen zu rechnen. Sofern keine Restriktionen durch gesetzliche Vorgaben geschaffen werden, werden sie diesen Preisspielraum voll nutzen. Leidtragende sind dann letztlich doch die Versicherten, die diese hohen Preise über ihre Versicherungsbeiträge finanzieren müssen.

Wirksam sind Selbstbeteiligungen nur, wenn eine elastische Nachfrage vorliegt. Wäre die Nachfrage, wie in Abbildung 4.13. mit der Senkrechten $\overline{N}$ dargestellt, völlig unelastisch, würde eine prozentuale Selbstbeteiligung keine Auswirkungen auf die Preispolitik der Anbieter und das Verhalten der Nachfrager haben. Anders im Falle der elastischen Nachfrage N_0. Die Nachfragekurve N_0 gibt die originäre Nachfrage wieder. Dies ist die Nachfrage, die sich bei einer 100%igen Selbstbeteiligung ergeben würde.

Wie verschiebt sich die originäre Nachfrage N_0 bei einer Einführung der Selbstbeteiligung von z. B. 20 %. Angenommen der Preis der Leistung sei $\overline{P}$. Die Versicherten müssen aber nur 20 % von $\overline{P}$ bezahlen. Bei diesem Preis würden sie die Menge $\overline{X}$ nachfragen, so dass wir dem Preis $\overline{P}$ die Menge $\overline{X}$ als Nachfrage bei 20%iger Selbstbeteiligung zuordnen können. Durch Variation von $\overline{P}$ erhalten wir so die abgeleitete Nachfragekurve $N_{20\%}$, die wesentlich unelastischer als die originäre Nachfragekurve N_0 ist.

4.6.1.4 Absolute Selbstbeteiligung

Die absolute Selbstbeteiligung stellt eine weitere Alternative der Selbstbeteiligung dar. Besonders bedeutsam sind dabei die bis Ende 2003 geltenden Rezeptgebühren, bei denen es um eine Zuzahlung zu den verordneten Arzneimitteln geht. Die allokativen Effekte der absoluten Selbstbeteiligung sind wesentlich ungünstiger als die einer prozentualen, denn sie schaffen im relevanten Bereich eine vollkommen unelastische Nachfrage und räumen so den Anbietern einen entsprechend großen Preissetzungsspielraum ein, wie dies in Abbildung 4.14. deutlich wird.

Wird z. B. eine Rezeptgebühr in Höhe von $\overline{\overline{g}}$ eingeführt, so werden sich die Versicherten an der Nachfragekurve $\overline{N}$ orientieren. Solange der Abgabepreis niedriger als die Rezeptgebühr von $\overline{g}$ ist, liegt eine 100%ige Selbstbeteiligung vor und die Versicherten werden sich an ihrer originären Nachfrage orientieren. Übersteigt aber der Abgabepreis die Gebühr, so wird die Nachfrage der Versicherten vollkommen preisunelastisch und schafft so den Anbietern die Chance, die Preise anzuheben, ohne dass darauf die Nachfrager mit einem Nachfragerückgang reagieren. Die Einführung von Rezeptgebühren führt im Vergleich zu einer kostenlosen Abgabe von Arzneimitteln nur zu einer marginalen Reduzierung der unelastischen Nachfrage (Bewegung von $\overline{N}$ nach $\overline{\overline{N}}$) und ist so unter allokativen Überlegungen wenig hilfreich.

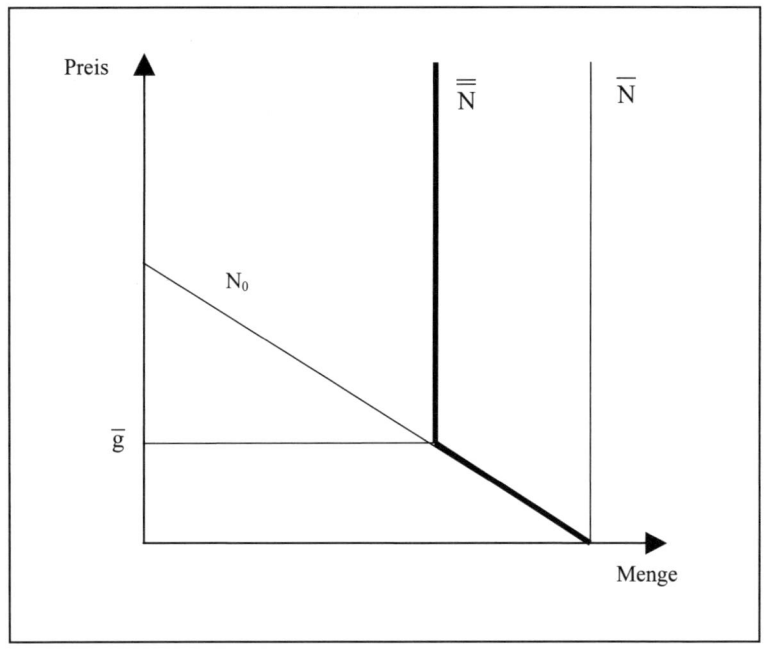

Abb.4.14.: Absolute Selbstbeteiligung

Bei den Arzneimitteln wenden wir seit 2004 in der GKV eine Kombination von prozentualer und absoluter Selbstbeteiligung an. Bei Medikamenten muss der Versicherte eine Zuzahlung von 10 % des Preises, jedoch mindestens 5 Euro und höchstens 10 Euro leisten. Er muss aber nicht mehr als den Preis des Medikamentes zuzahlen. Durch diese Kombination der Selbstbehaltsformen wird der negative Effekt einer vollkommen unelastischen Nachfrage ein wenig abgeschwächt, wie dies in Abbildung 4.15. deutlich wird.

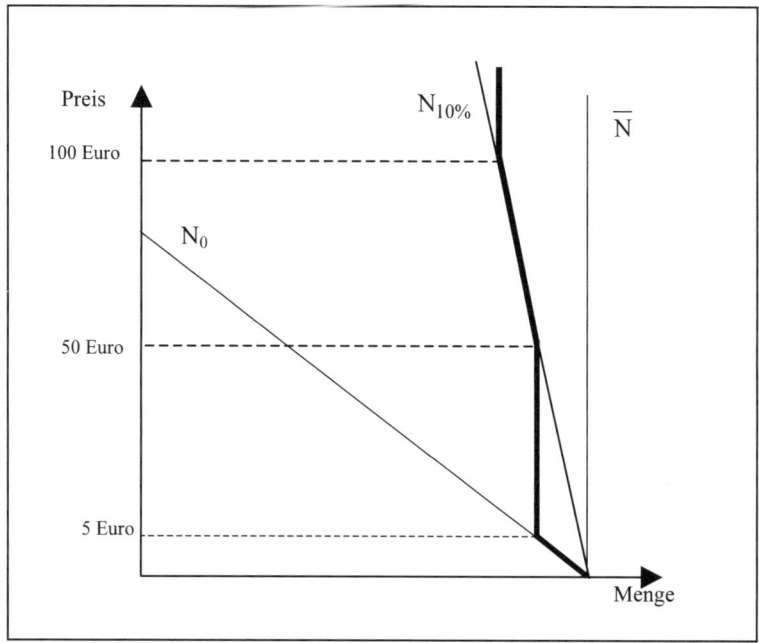

Abb. 4.15.: Selbstbeteiligung bei Arzneimitteln

4.6.1.5 Festbeträge

Eine wesentlich innovativere Regelung hat das Gesundheitsreformgesetz mit der Einführung von Festbeträgen gebracht. Zielsetzung dieses Instrumentes ist es, bei den Versicherten über die Selbstbeteiligung ein höheres Kostenbewusstsein zu schaffen und auf dem Arzneimittelmarkt den Preiswettbewerb zu verstärken. Für Medikamente, für die ein Festbetrag festgelegt worden ist, musste nach dem Gesundheitsreformgesetz keine Rezeptgebühr bezahlt werden. Diese Regelung wurde aber später aufgehoben, so dass heute generell für Arzneimittel eine Zuzahlung vorgesehen ist. Etwa 2/3 der von den Krankenkassen erstatteten Verschreibungen beinhalten Festbetragsarzneimittel.

Bei dieser Regelung werden ähnliche Arzneimittel in Gruppen zusammengefasst. Für jede Gruppe von Arzneimitteln wird dann auf Bundesebene ein Festbetrag für diese Gruppe festgesetzt. Krankenkassen haben die Möglichkeit, mittels Ausschreibungen abweichende Vereinbarungen mit der Pharmaindustrie zu treffen und günstigere Festbeträge zu vereinbaren. Versicherte, die ein teures Medikament kaufen, dessen Abgabepreis den Festbetrag übersteigt, müssen den Differenzbetrag zwischen Abgabe- und

Festbetrag sowie die Rezeptgebühr selbst bezahlen. Liegt der Preis eines Medikamentes unter dem Festbetrag, so muss der Versicherte nichts dazu zahlen und die Kasse übernimmt die vollen Kosten bis auf die Gebühr. Die Festbetragsregelung sieht eine Selbstbeteiligung im Bereich der Abgaben-preise oberhalb des jeweiligen Festbetrages vor. Die Gesundheitsreform sah vor, dass die Festbetragsregelung in drei Stufen eingeführt wird. Auf der ersten Stufe werden Gruppen mit gleichen Wirkstoffen gebildet. Damit können ca. 25 % des Arzneimittelumsatzes eingruppiert werden. Auf der zweiten Stufe ist die Gruppenbildung schon schwieriger, da auf ihr Grup-pen nach vergleichbaren Wirkstoffen systematisiert werden. Auf der schwierigsten dritten Stufe werden dann Gruppen gebildet, in denen Arz-neimittel mit vergleichbaren Wirkungen zusammengefasst werden.

Die Wirkungen der Festbetragsregelung auf die Nachfrage wird in Abbil-dung 4.16. dargestellt.

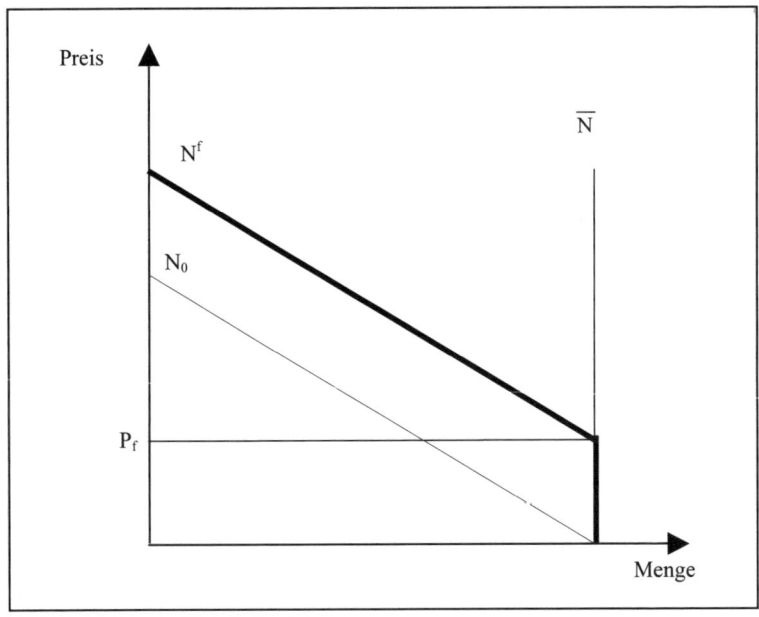

Abb.4.16.: Nachfrage nach Arzneimittel bei Festbeträgen

Dabei vernachlässigen wir vereinfachend die zusätzlich anfallende Rezept-gebühr bei den Arzneimitteln mit Festbetrag. Unterstellen wir die originäre Nachfragekurve N_0, so ergibt sich für einen Preis, der unterhalb des Festbetrags P_f liegt, die unelastische Nachfrage $\overline{N}$. Für Preise oberhalb von P_f erhalten wir die Nachfragekurve N^f, indem wir die originäre

Nachfragekurve parallel um den Festbetrag P_f nach oben verschieben. Denn wenn ein Anbieter einen Preis $P > P_f$ verlangt, so ist der tatsächliche Preis für den Versicherten $P - P_f$. Der große Vorteil der Festbetragsregelung liegt darin, dass nun im relevanten Bereich die Nachfrage elastisch ist. Erhöhen die Anbieter die Preise über P_f hinaus, so geht die Nachfrage entsprechend zurück, da die Versicherten die Preisanhebung voll spüren. Diese Innovation der Gesundheitsreform war durchaus erfolgreich und führte zu einer erheblichen Kostendämpfung bei den Arzneimittelpreisen. Die Anbieter von teuren Originalpräparaten senkten ihre Preise auf das Festbetragsniveau, so dass es bei diesen Medikamenten nicht zu Zuzahlungen seitens der Versicherten kam. Auch die Preise der billigeren Generika wurden nicht angehoben. Offen ist aber, ob Festbeträge auch langfristig die in sie gesetzten Erwartungen erfüllen. Dies hängt letztlich von der Entwicklung der Festbeträge selbst ab.

Nun können die politischen Instanzen die Festbeträge nicht beliebig niedrig setzen, sondern die Preise müssen so gesetzt werden, dass eine ausreichende Versorgung mit Arzneimitteln zum jeweiligen Festbetrag gewährleistet ist. Dies wäre z. B. nicht im ausreichenden Maß der Fall gewesen, wenn die Anbieter von teuren Originalpräparaten nicht ihre Preise auf die Festbeträge gesenkt hätten.

Dass es zu entsprechenden Preissenkungen kam, ist im Wesentlichen auf folgende Faktoren zurückzuführen. Zum einen wollten die Anbieter nicht ihre Marktmacht demonstrieren und sich dem Kartellverdacht (Preisabsprachen) aussetzen, da sie wettbewerbspolitische Gegenmaßnahmen befürchteten. Eine offene Konfrontation mit der Regierung war ihnen nicht opportun. Zum anderen verfügten sie über eine effiziente Umgehungsstrategie. Ihre Verluste bei den Originalpräparaten können große Anbieter mit einer breiten Produktpalette dadurch ausgleichen, dass sie bei anderen Medikamenten, die nicht der Festbetragsregelung unterliegen, die Preise anheben.

Und damit ergibt sich unter dem langfristigen Aspekt ein wettbewerbspolitisches Dilemma. Kleine mittelständische Unternehmen werden durch die Festbetragsregelung diskriminiert, da sie nicht die Flexibilität wie die Großen besitzen und auf andere Bereiche ausweichen können. Von daher fördert die Festbetragsregelung langfristig eher die Konzentration im Pharmasektor.

Hinzu kommt, dass die Festbetragsregelung den Preiswettbewerb im unteren Segment verhindert. Gerade Anbieter von Generika versuchen, durch Preisunterbietung Marktanteile zu gewinnen. Bei der Festbetragsregelung ist aber die Nachfrage bei Preisen unter dem Festbetrag völlig preisunelastisch, so dass ein Preiswettbewerb unmöglich ist. Damit wird durch die Festbetragsregelung die Position der etablierten Anbieter gestärkt und der Markteintritt von Newcomern eher erschwert. Insgesamt besteht die Gefahr, dass die Anbieter von Originalpräparaten ein wenig über dem Festbetrag ihre Preise setzen und so dafür sorgen, dass die Festbeträge kontinuierlich angehoben werden müssen, um eine ausreichende Versorgung zu gewährleisten.

Die Festbetragsregelung ist und wird in der GKV kontinuierlich weiterentwickelt. So wird auch für patentgeschützte Arzneimittel die Festbetragsregelung seit 2004 angewendet, wenn diese keine nennenswerte therapeutische Verbesserung bewirken. Mit dieser Regelung wird erreicht, dass sich die Pharmaindustrie nicht mehr mit Scheininnovationen der Festbetragsregelung entziehen kann.

Dieses Konzept der Festbeträge wird ab 2005 auf den Zahnersatz erweitert. Die Krankenkassen müssen dann eine Zahnersatzversicherung als obligatorische Satzungsleistung anbieten, da der Zahnersatz dann aus dem Leistungskatalog der GKV herausgenommen ist und befundbezogene Festzuschüsse anstelle der bisher prozentualen vorsehen. Der Gemeinsame Bundesausschuss bestimmt die Höhe der Festzuschüsse.

4.6.1.6 Indemnitätstarif

Eine Möglichkeit, auch im unteren Preissegment Preiselastizität zu verwirklichen, liegt in der Einführung des Indemnitätstarifs. Bei diesem Tarif wird ebenfalls, wie bei dem Festbetrag, den Versicherten ein bestimmter Betrag erlassen. Der Unterschied zum Festbetrag liegt darin, dass beim Indemnitätstarif der Versicherte auch dann den Betrag behalten kann, wenn der Preis niedriger als der Indemnitätstarif ist. Kauft er z. B. ein billiges Generikum, dessen Preis P unter dem zu erstattenden Preis P_i liegt, so kann er diesen Differenzbetrag $P - P_i$ behalten. Mit dem Indemnitätstarif erhält man eine in allen Bereichen elastische Nachfrage, sofern natürlich die originäre Nachfrage elastisch ist, wie dies in Abbildung 4.17. dargestellt ist.

Ein grundlegender Nachteil des Indemnitätstarifs liegt darin, dass es durch diesen Tarif zu einer künstlichen Ausweitung der Nachfrage über die Sättigungsgrenze hinaus kommt. Würde z. B. der Indemnitätstarif bei Brillen bei 20 Euro liegen und ein Brillengestell für 5 Euro angeboten, so könnte man sich auf einen Bezug von Brillengestellen konzentrieren und so eine Rente von 15 Euro pro Gestell erzielen. Diese Mengenausweitung ist besonders dann sehr groß, wenn bei Preisen unter dem Indemnitätstarif die Nachfrage sehr preiselastisch ist.

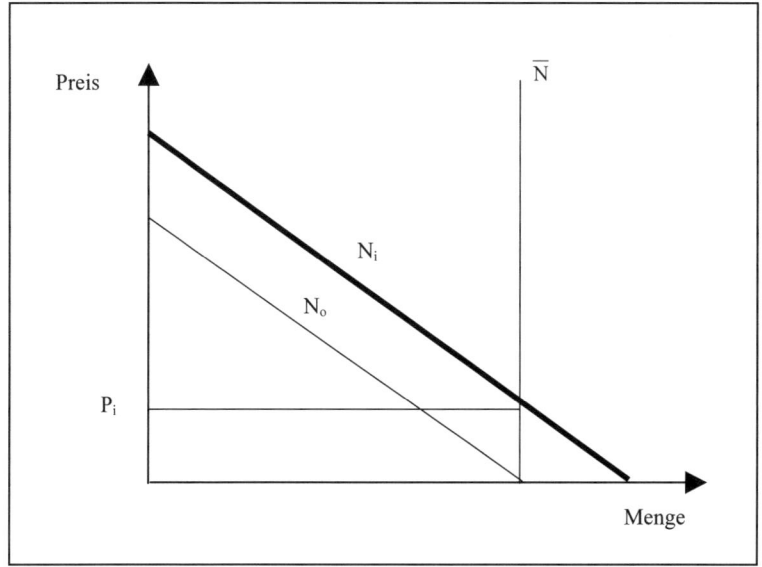

Abb.4.17.: Nachfrage nach Arzneimitteln beim Indemnitätstarif

Diesen Nachteil des Indemnitätstarifs sollte man aber nicht überbewerten. Durch die Einführung von Mengenrestriktionen (Anspruch auf ein Brillengestell nur alle 2 Jahre, Verschreibungspflicht) kann man dieses Problem durchaus in den Griff bekommen.

4.6.1.7 Rückerstattung

Eine weitere Variante der Selbstbeteiligung stellt die Rückerstattung dar. Sie ermöglicht den Krankenkassen eine Rückerstattung von Beiträgen vorzunehmen. Mitglieder, die in einem Kalenderjahr keine Leistungen der Krankenkasse in Anspruch genommen haben, erhalten z. B. einen Monatsbeitrag erstattet. Die Rückerstattung stellt eine besondere Form der Erfahrungstarifierung dar. Sie ist – wie in Kapitel II dargestellt – eine Möglichkeit, moral hazard Verhalten zu unterbinden. Insbesondere wird mit diesem Instrument das Kostenbewusstsein des Patienten gestärkt. Eine Rückerstattung können die Krankenkassen aber nur ihren freiwillig Versicherten anbieten.

Kritiker dieses Instrumentes weisen darauf hin, dass die Rückerstattung zu einer unzureichenden medizinischen Versorgung führen kann, da insbesondere am Ende des Kalenderjahres die Versicherten auf eine Behandlung verzichten, um ihren Bonus zu erhalten. Dieses Argument überzeugt aber nicht ganz. Liegt eine schwere Erkrankung vor, so wird jeder annähernd rationale Versicherte die Leistungen seiner Krankenkasse in Anspruch nehmen. Anders ist dies bei geringfügigen Erkrankungen. Hier wird der Versicherte abwägen müssen, ob er die Behandlungskosten selbst finanziell tragen soll, um den Bonus zu erhalten, oder ob er auf diesen verzichten soll und seine Krankenkasse in Anspruch nehmen soll. Von daher stellt sich nicht unbedingt die Alternative Behandlung versus Nichtbehandlung. Und zu unterstellen, dass Versicherte sich nur unter Gesundheitsgesichtspunkten vernünftig entscheiden, wenn ihnen Leistungen kostenlos angeboten werden, überzeugt nicht.

Überzeugender ist schon das Argument, dass Versicherte die Rückerstattungsmöglichkeit strategisch nutzen. Dies ist aber nur möglich, wenn die Versicherten Leistungen intertemporal umschichten können. Dies ist z. B. bei dem Zahnersatz der Fall. Hier wartet man u. U. am Ende eines Jahres und verschiebt seine Zahnbehandlung in das nächste Jahr, um seinen Bonus zu erhalten.

Die unterschiedlichen Varianten der Selbstbeteiligung sind in der folgenden Abbildung 4.18. dargestellt worden. Dabei ist auf die Darstellung des Instruments der Beitragserstattung verzichtet und das des selektiven Ausschlusses sowie das der Leistungsbegrenzung, das dem des Festbetrags entspricht, aufgenommen worden. Des Weiteren ist vereinfachend unterstellt worden, dass die Erstattung beim Festbetrag höher als bei der Indemnitätsregel ist. Beim selektiven Ausschluss muss der Versicherte z. B. für Arzneimittel, die auf einer Negativliste stehen, die Kosten zu 100 % übernehmen.

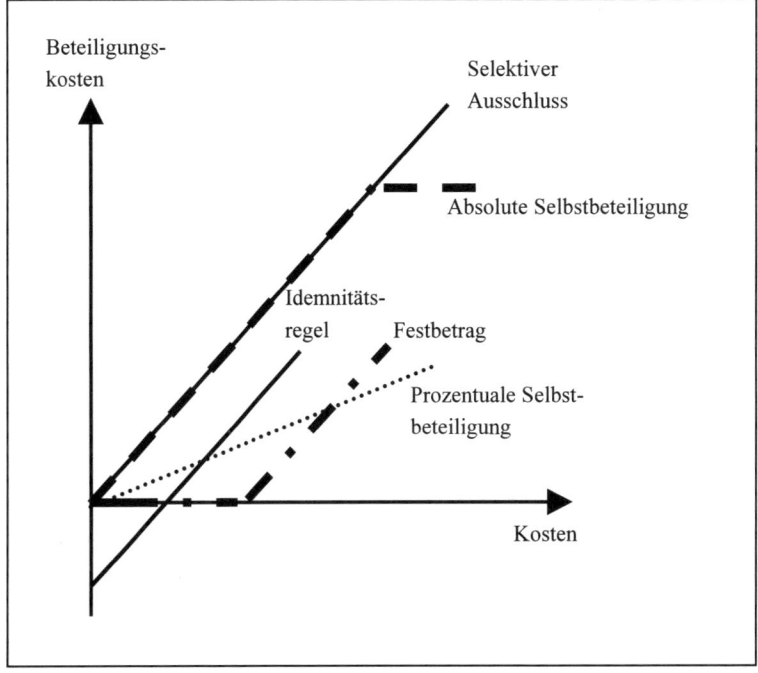

Abb.4.18.: "Konventionelle" Selbstbeteiligung

4.6.2 Budgetierung

Gerade unter marktwirtschaftlichen Aspekten ist es zu begrüßen, dass mit dem Gesundheitsreformgesetz verstärkt auf die Selbstbeteiligung gesetzt wurde. In eine völlig andere Richtung ging das Gesundheitsstrukturgesetz mit seiner Einführung der Budgetierung. Hier werden die Ausgaben gedeckelt, indem sie an die Entwicklung der Grundlohnsumme gekoppelt werden, die bei gegebenen Beitragssätzen das Beitragsaufkommen determiniert. Diese Anbindung der Ausgaben an die Einnahmen finden wir u. a. bei den Ärztehonoraren, den Ausgaben für Arzneimittel und für den stationären Bereich.

Die Anbindung der Gesundheitsausgaben ist typisch für ein auf Planwirtschaft ausgerichtetes System und es hat wenig mit Effizienz zu tun. Es wird im Allgemeinen nicht den Präferenzen (Zahlungsbereitschaft) des Versicherten für Gesundheitsleistungen gerecht, noch schafft es Anreize zu kostenbewusstem Verhalten. Einzige Intention dieser Vorgehensweise ist die globale Einschränkung der Ausgaben. Und die Erfahrungen der letzten

Jahre, insbesondere die hohen Haushaltsdefizite der Krankenkassen in 1996, zeigen, dass dieses Verfahren wenig effektiv ist.

So beinhaltet die Deckelung der Honorare für Ärzte, dass diese in eine kollektive Falle geraten und wie schon ausgeführt, über eine Leistungsausweitung versuchen, ihr Einkommen zu erhöhen. Die Budgetierung beruht auf dem Prinzip der kollektiven Haftung. Für Budgetüberschreitungen werden nicht die einzelnen Ärzte zur Rechenschaft gezogen, die zuviel ausgegeben haben, sondern alle Ärzte haften über die Kassenärztliche Vereinigung, auch wenn einzelne Ärzte die Kassen unterproportional belasten. In diesem System fehlen individuelle Anreize für kostenbewusstes Verhalten.

Eine Budgetierung der Honorare reicht zur Kostendämpfung nicht aus. Deshalb wurden auch für die anderen Bereiche Budgets eingeführt. Dies gilt entsprechend für den Bereich der Arzneimittel. Während bei den Ärztehonoraren die Kassen die Deckelung der Honorare über ihre Zahlungen an die Kassenärztlichen Vereinigungen kontrollieren konnten, ist dies bei den Arzneimittelausgaben nicht der Fall. Deshalb griff das Gesundheitsstrukturgesetz auf das Mittel der kollektiven Strafe zurück.

Diese kollektive Haftung ist unter ordnungspolitischen Gesichtspunkten abzulehnen. Insbesondere könnte die mithaftende Pharmaindustrie nur über Preisabsprachen eine budgetkonforme Preispolitik durchsetzen, so dass die Budgetierung wettbewerbspolitisch unerwünscht ist. Wie sich die Strafen auf die einzelnen Verursacher verteilen soll, ist ebenfalls nicht geklärt. Von daher wundert es nicht, dass sich die Krankenkassen bisher mit ihren Regressforderungen nicht durchsetzen konnten.

Des Weiteren führt die Budgetierung zu einer Planungsunsicherheit bei den Ärzten. Sie können überhaupt nicht mehr sinnvoll kalkulieren, da sie erst den Wert ihrer Arbeit ex post mitgeteilt bekommen. Von daher ist es nur konsequent, dass mit der dritten Stufe der Gesundheitsreform diese Fehlentwicklung zum Teil korrigiert wurde. Zum einen ist die kollektive Haftung der Ärzte, eine völlig systemwidrige Regelung, eingeschränkt worden. In der dritten Stufe ist ein Praxisbudget für den einzelnen Arzt eingeführt worden. Dabei vereinbaren die Kassen mit den Ärzten anhand von Fallwerten und Fallzahlen ein Budgetvolumen für den einzelnen Arzt in Form einer arztgruppenspezifischen Praxisvergütung. Für dieses Budget werden feste Werte für die Leistungspunkte vereinbart, so dass der Arzt über eine gewisse Planungssicherheit verfügt.

Übersteigt das Honorarvolumen eines Arztes sein Budget, so kommt es zu einer Abwertung seiner Punktwerte. Diese Regelung sah das Gesundheitsstrukturgesetz in ähnlicher Form bei den Zahnärzten vor. Dieses Konzept des Praxisbudget, das von einem Regelleistungsvolumen ausgeht, verhindert zum einen den Hamsterradeffekt der Leistungsausweitung und schafft individuelle Anreize zu kostenbewusstem Verhalten bei den Ärzten.

Entsprechend dieser Konzeption wurden in der dritten Stufe die Arzneimittel- und Heilmittelbudgets durch Richtgrößen ersetzt, so dass mit der dritten Stufe die gröbsten Fehlentwicklungen des Gesundheitsstrukturgesetzes beseitigt wurden. Eine entsprechende Reform für den stationären Bereich steht aber noch aus.

Mit dem Gesetz zur Modernisierung der gesetzlichen Krankenversicherung von 2003 wird das Konzept der Budgetierung nicht aufgehoben, sondern nur reformiert.

Um die Ausgaben der Verwaltungskosten der Krankenkassen zu stabilisieren wird auch für diesen Bereich eine Budgetierung ab 2004 eingeführt, die bis 2007 gelten soll. Dabei werden die Verwaltungskosten einer Kasse pro Mitglied an die Grundlohnentwicklung angebunden. Solange sie über dem Durchschnitt der Krankenkassen um mehr als 10 % liegen, werden sie eingefroren.

In dem bisherigen System der auf Fallpauschalen bezogenen Budgetierung tragen die Ärzte das Morbiditätsrisiko, da eine morbiditätsbedingte Leistungsausweitung nur zu einer Entwertung der Entgeltpunkte und nicht zu einer Budgeterhöhung führt. In Zukunft sollen die Krankenkassen das Morbiditätsrisiko tragen. Deshalb wird das bisherige Konzept der ärztlichen Gesamtvergütung ab 2007 durch das der Regelleistungsvolumina abgelöst und die ärztlichen Leistungen bis zu einer Höchstgrenze mit festen Punktwerten honoriert. Die Krankenkassenverbände und die Kassenärztlichen Vereinigungen vereinbaren anhand des erwarteten Behandlungsbedarfs arztgruppenbezogene Regelleistungsvolumina, die Änderungen der Morbidität und des gesetzlichen und satzungsmäßigen Leistungsumfangs der Krankenkassen berücksichtigen. Bei der Anpassung ist der Grundsatz der Beitragsstabilität zu beachten. Um eine angebotsinduzierte Leistungsausweitung zu verhindern, wird eine Variation der Zahl der Ärzte bei der Bestimmung des Regelleistungsvolumens nicht berücksichtigt. Das Regelleistungsvolumen des einzelnen Arztes ergibt sich aus der Aufteilung des arztgruppenbezogenen Regelleistungsvolumens auf die Ärzte dieser

Gruppe. Jeder Arzt verfügt so über sein eigenes Regelleistungsvolumen. Für die Leistungen im Rahmen dieses ärztebezogenen Regelleistungsvolumens erhält er pro Leistung einen festen Regelpunktwert als Vergütung, der von Kassenärztlichen Vereinigungen und den Krankenkassenverbänden vereinbart wird.

Überschreitet ein Arzt sein vorgegebenes Leistungsvolumen, so werden die die Obergrenze überschreitenden Leistungen nur noch mit einem Punktwert von 10 % des vereinbarten Punktwertes vergütet, sofern die Leistungsüberschreitung nicht auf einen morbiditätsbedingten zusätzlichen Behandlungsbedarf zurückzuführen ist. Durch diese Abwertung der Punktwerte wird eine Einhaltung des arztgruppenspezifischen Leistungsvolumens erreicht.

4.6.3 Risikostrukturausgleich

Mit dem Gesundheitsstrukturgesetz wurde durch die Wahlfreiheit der Versicherten mehr Wettbewerb unter den Krankenkassen geschaffen. Ist dieser Wettbewerb voll funktionsfähig, so kommt es zu einer Selektion der schlechten Krankenkassen. Des Weiteren sorgt der Wettbewerb – wie im 2. Kapitel ausgeführt – dafür, dass sich das Äquivalenzprinzip durchsetzt. Diese wichtige Steuerungsfunktion des Wettbewerbs ist aber im Bereich der GKV vom Gesetzgeber nicht erwünscht. Deshalb sieht das Gesundheitsstrukturgesetz eine Beschränkung des Wettbewerbs in Form des Risikostrukturausgleichs vor, der seit 1994 gilt. Damit soll erreicht werden, dass Krankenkassen mit einer ungünstigen Mitgliederstruktur und entsprechend hohen Beitragssätzen von den günstigen Krankenkassen subventioniert und somit wettbewerbsfähig werden. Mit dem Risikostrukturausgleich sollen die Risikofaktoren Alter, Geschlecht, Einkommen und Zahl der kostenlos mitversicherten Familienangehörigen ausgeglichen werden.

Faktoren, wie hohe Verwaltungskosten, Morbiditätsstrukturen jenseits der Alters- und Geschlechtsstruktur wurden im Risikostrukturausgleich nicht berücksichtigt. Diese Regelung ist auch durchaus sinnvoll, sofern es um die Verwaltungskosten geht. Denn würden sie im Risikostrukturausgleich berücksichtigt, so müssten die Kassen mit niedrigen Verwaltungskosten die mit hohen subventionieren. Dies würde zu moral hazard-Verhalten bei den Kassen führen. Insbesondere könnte die eigenartige Situation entstehen, dass sparsame Kassen immense Werbebudgets ihrer Konkurrenz bezahlen müssen.

Problematisch ist aber die Nichtberücksichtigung der unterschiedlichen Morbiditätsstrukturen. Sind Unterschiede in der Morbidität von den Kassen selbst zu verantworten, so ist ihre Nichtberücksichtigung im Risikostrukturausgleich durchaus sinnvoll. Zu denken ist hier an unzureichende Prävention, Beratung der Versicherten usw. durch die Kassen, die zu einem schlechteren Gesundheitszustand der Versicherten führen.

Hingegen sollten die Kostenunterschiede, die sich aus Unterschieden in der Morbiditätsstruktur ergeben und für die die Versicherungen nicht verantwortlich sind, berücksichtigt werden. Dies geschieht zum Teil indirekt über den Faktor Alter, da eine Korrelation zwischen Morbidität und Alter besteht. Es gibt aber Risikofaktoren, die völlig unberücksichtigt bleiben. Z. B. ist davon auszugehen, dass in Großstädten relativ viele Aids-Patienten existieren, die einer kostenintensiveren Behandlung bedürfen und so regionale Krankenkassen besonders belasten. Des Weiteren betreiben viele neu gegründeten Betriebskrankenkassen "Rosinenpicken", indem sie versuchen, nur Junge und Gesunde zu versichern.

In den ersten Jahren nach seiner Einführung war der Risikostrukturausgleich durchaus erfolgreich. So gelang es mit ihm die Einnahmenunterschiede der Krankenkassen zu cirka 92 % auszugleichen. Bezüglich der Ausgaben trat eine gewisse Entmischung der Risikostrukturen ein, so dass die Varianz in den Ausgaben der Kassen pro Mitglied zurückging und damit auch die Varianz in den Beitragssätzen. Diese positive Tendenz hielt aber nur einige Jahre an. Sodann kam es wieder dazu, dass die Krankenkassen versuchten, ihre Risikostruktur zu bereinigen.

Entsprechend wird schon vom Krieg der Krankenkassen in der GKV gesprochen. So sank die Mitgliederzahl der AOKs vom Januar 1996 zum Januar 2001 von 22,15 Mio. auf 19,63 Mio., während im gleichen Zeitraum die der Betriebskrankenkassen von 5,22 Mio. auf 8,43 Mio. anstieg. Wesentlicher Grund für diese enorme Abwanderung zu den Betriebskrankenkassen sind nicht Unterschiede im Leistungsangebot, das für die Kassen im Großen und Ganzen vorgegeben ist, sondern Unterschiede im Beitragssatz. Bei den AOK liegt 2002 der durchschnittliche Beitragssatz bei 13,8 % (höchster 14,9 %). Hingegen liegen die günstigsten regionalen Betriebskrankenkassen zwischen 11,0 % und 11,4 %. Diese Tendenz zur Risikoselektion versuchte die Bundesregierung durch eine Einschränkung der Möglichkeit des Wechsels der Krankenkasse zu lösen. Diese Maßnahme war wenig erfolgreich, so dass die Bundesregierung folgende Schritte zur Reform des Risikostrukturausgleichs eingeleitet hat. Mittelfristig sieht sie einen morbiditätsorientierten Risikostrukturausgleich vor. Diese direkte Berücksichtigung der Morbidität soll ab dem 01.01.2007 erfolgen. Zugleich wird ergänzend ein Hochrisikopool geschaffen, in dem die Aufwendungen für extrem teure Fälle solidarisch ausgeglichen werden. Bevor diese grundlegende Reform umgesetzt wird, sind folgende Übergangsregelungen verabschiedet worden.

Um Anreize für eine bessere Betreuung von chronisch Kranken zu schaffen, sind ab 2002 Disease-Management-Programme (DMP) vorgesehen. Bei den Krankenkassen werden für die Versicherten, die sich in diese Programme einschreiben, im Risikostrukturausgleich erhöhte standardisierte Ausgaben berücksichtigt. Für diese Programme gelten hohe Qualitätsanforderungen und sie werden durch eine neutrale Stelle evaluiert und zugelassen.

Von 2002 bis Ende 2004 ist ein befristeter Solidarausgleich vorgesehen. Danach sollen Krankenkassen mit einem Beitragssatz unter 12,5 % Finanzmittel an ihren Landesverband abführen, die für Disease-Management-Programme eingesetzt werden.

Mit dem 01.01.2003 ist ein Risikopool zur solidarischen Lastenverteilung geschaffen worden, um Aufwendungen für überdurchschnittlich teure Versicherte auszugleichen. Kompensiert wird der Teil der Ausgaben, der über 20.450 Euro liegt, wobei von dem auszugleichenden Betrag 40 % die Versicherung selbst trägt.

Durch die Neuordnung der Versorgung mit Zahnersatz muss ab 2005 die Finanzierung des Zahnersatzes als Satzungsleistung getrennt vom Beitragsaufkommen erfolgen. Für dieses separate Budget soll dann ebenfalls ein Risikostrukturausgleich für Härtefälle geschaffen werden.

Kernproblem des Risikostrukturausgleichs ist der Konflikt zwischen Wettbewerb und Solidarität im Sinne einer sozialpolitisch gewünschten Abweichung vom Äquivalenzprinzip. Wie im 2. Kapitel dargelegt, führt auf einem funktionsfähigen Versicherungsmarkt Wettbewerb zu fairen Versicherungen, die oft unseren Gerechtigkeitsvorstellungen widersprechen können. Will man diesen Konflikt lösen, so bietet es sich zu einen an, Gerechtigkeits- und Solidaritätsaspekte in das Steuersystem zu integrieren oder zum anderen – was aber nur eine second best Lösung ist – den Risikostrukturausgleich so auszugestalten, dass sich Rosinenpicken nicht mehr lohnt. Ob man aber, wie es die Bundesregierung anstrebt, einen solchen perfekten Ausgleich realisieren kann, muss sich erst zeigen.

4.7 Literatur zum 4. Kapitel

Arrow, K. J. (1963): Uncertainty and the Welfare Economics of Medical Care, in: American Economic Review, Vol. 53, S. 941 - 973.

Binder, St. (1999): Effizienz durch Wettbewerb im Gesundheitswesen, Bayreuth.

Braun, B., Kühn, H., Reiners, H. (1998): Das Märchen von der Kostenexplosion. Populäre Irrtümer zur Gesundheitspolitik, Frankfurt.

Breyer, F., Zweifel, P., Kifmann, M. (2003): Gesundheitsökonomik, Berlin u. a., 4. erweiterte und neu bearbeitete Auflage, Berlin.

Herder-Dorneich, Ph. (1993): Ökonomische Systemtheorie, Baden-Baden.

Pauly, M. V. (1968): The Economics of Moral Hazard: Comment, in: American Economic Review, Vol. 58, S. 531 - 537.

Ribhegge, H. (1991): Preiseffekte von Festbeträgen für Arzneimittel, in: WiSt, 20. Jg., S. 359 - 376.

Schulenburg, J.-M. Graf von der (1987): Selbstbeteiligung: Theoretische und empirische Konzepte für die Analyse ihrer Allokations- und Verteilungswirkungen, Tübingen.

Schulenburg, J.-M. Graf von der (1989): Gesundheitswesen (Krankenversicherung) und demographische Evolution, in: H. C. Recktenwald (Hrsg.), Der Rückgang der Geburten – Folgen auf längere Sicht, Düsseldort, S. 279 – 297.

Schulenburg, J.-M. Graf von der, Greiner, W. (2000): Gesundheitsökonomik.

Thiemeyer, T. (1985): Honorierungsprobleme in der Bundesrepublik Deutschland, in: Ch. Ferber u. a. (Hrsg.), Kosten und Effizienz im Gesundheitswesen, München, S. 35 - 65.

Zeckhauser, R. (1970): Medical Insurance: A Case Study of the Trade-Off between Risk Spreading and Appropriate Incentives, in: Journal of Economic Theory, Vol. 2, S. 10 - 26.

5. Soziale Pflegeversicherung (SGB XI)

5.1 Aufbau der sozialen Pflegeversicherung

Die soziale Pflegeversicherung stellt den jüngsten Pfeiler im System der Sozialen Sicherung der Bundesrepublik dar. Nach Berechnungen des Bundesministeriums für Gesundheit erhielten 2000 knapp 1,35 Mio. Pflegebedürftige Pflegeversicherungsleistungen bei der Pflege zu Hause und rund 0,61 Mio. in stationären Einrichtungen. Pflege ist überwiegend ein Phänomen des Alters. So waren 2001 knapp 45 % der ambulant Pflegebedürftigen älter als 80 Jahre. Dabei haben die Frauen einen überproportional hohen Anteil (stationär 77 %, ambulant 65 %). Die soziale Pflegeversicherung wurde zum 01.01.1995 eingeführt. Ab diesem Zeitpunkt mussten die Versicherten schon Beiträge leisten. Leistungen seitens der Versicherung wurden in zwei Stufen gewährt. Zuerst wurden mit Beginn 01. April 1995 Leistungen nur im Bereich der häuslichen Pflege von der Pflegeversicherung gewährt. In der zweiten Stufe, ab dem 01. Juli 1996, übernahm die Pflegeversicherung auch die finanzielle Unterstützung bei der stationären Pflege. Diese schrittweise Ausweitung des Leistungskatalogs der Pflegeversicherung hatte zur Folge, dass diese Versicherung, die nach dem Umlageverfahren aufgebaut ist, in der Aufbauphase eine erhebliche Rücklage bilden konnte. Sie betrug 2000 immerhin 9,43 Mrd. DM, wobei das Gesetz nur eine Schwankungsreserve von 4 Mrd. DM vorschreibt. Aber in den letzten Jahren waren die Einnahmen geringer als die Ausgaben. So lag 2000 ein Defizit von 0,26 Mrd. DM vor.

5.1.1 Personeller Umfang der sozialen Pflegeversicherung

Die soziale Pflegeversicherung umfasst alle Mitglieder der Gesetzlichen Krankenversicherung. Freiwillig in der Gesetzlichen Krankenversicherung Versicherte sind ebenfalls pflichtversichert. Sie können sich aber auch bei einer privaten Pflegeversicherung versichern. Personen, die nicht in der Gesetzlichen Krankenkasse versichert sind, wie z. B. Selbständige, Beamte, Arbeitnehmer mit einem Einkommen jenseits der Beitragsbemessungsgrenze, die bei einer privaten Krankenversicherung mit Anspruch auf allgemeine Krankenhausleistungen versichert sind, sind ebenfalls verpflichtet, eine private Pflegeversicherung mit gleichwertigem Leistungskatalog abzuschließen. Ehepartner und Kinder sind, wenn sie kein eigenes Einkommen haben bzw. nur geringfügig beschäftigt sind, in der sozialen Pflegeversicherung mitversichert. Diese Regelungen sowie die Vorschrift, dass bei den privaten Versicherungen ein Kontrahierungszwang gegeben ist, der besagt, dass eine Versicherung auch schlechte Risiken nicht ablehnen darf, führen dazu, dass faktisch die gesamte Bevölkerung (soziale Pflegeversicherung rd. 71 Mio. und Private rd. 8,2 Mio. in 2002) gegen das Risiko der Pflegebedürftigkeit versichert ist.

5.1.2 Organisation der sozialen Pflegeversicherung

Die soziale Pflegeversicherung stellt einen eigenständigen neuen Zweig der Sozialversicherung dar. Organisatorisch wird sie der Gesetzlichen Krankenversicherung angegliedert. Die Träger der Pflegeversicherung sind die Pflegekassen als selbständige Körperschaften des öffentlichen Rechts. Jede Krankenkasse hat ihre eigene Pflegekasse. Die Krankenkassen führen die Geschäfte der Pflegekassen. Diese erstatten den entsprechenden Verwaltungsaufwand.

Bei den Gesetzlichen Krankenkassen liegt der Sicherstellungsauftrag im Wesentlichen bei den Kassenärztlichen Vereinigungen, also auf der Seite der Leistungsersteller. Hingegen ist dieser in der sozialen Pflegeversicherung den Pflegekassen selbst zugeordnet. Sie müssen in Kooperation mit den Leistungserbringern für eine ausreichende Versorgung sorgen. Die Pflegeversicherungen sind aber selbst keine Leistungsersteller und Träger von Pflegeeinrichtungen im Sinne einer vertikalen Integration, sondern eher als Einkäufer von Pflegeleistungen gegen Entgelt zu verstehen. Zwischen den Produzenten von Pflegeleistungen und der Pflegeversicherung besteht eine marktliche Beziehung, indem sie einen Versorgungsvertrag abschließen. Neben den Pflegeversicherungen und den Leistungserbringern ist der Medizinische Dienst der Krankenkassen zu erwähnen. Dieser ist eine Arbeitsgemeinschaft der Krankenkassen auf Landesebene und eine rechtsfähige Körperschaft des öffentlichen Rechts. Diese Einrichtung übernimmt auch Aufgaben im Rahmen der sozialen Pflegeversicherung. Er ist z. B. zuständig für die Prüfung von Leistungsansprüchen und zur Qualitätssicherung.

5.1.3 Leistungen der sozialen Pflegeversicherung

Während bei Einführung der Pflegeversicherung jeder Versicherte Anspruch auf Leistungen der Pflegeversicherung hatte, setzt ab dem 01.01.2000 ein Anspruch voraus, dass der Antragsteller innerhalb der letzten 10 Jahre mindestens 5 Jahre in der Pflegeversicherung versichert war.

Während mit dem Gesundheitsreformgesetz Pflegeleistungen mit maximal 400 DM honoriert wurden, sieht die soziale Pflegeversicherung einen umfangreichen Leistungskatalog vor. Für Leistungen der sozialen Pflegeversicherung liegt aber eine Deckelung in dem Sinne vor, dass die Leistungen nicht dynamisiert werden. Das Pflegegesetz sieht keine automatische Anpassung des Leistungsvolumen an die steigenden Einkommen der Beitragzahler vor. Vielmehr sind nur nominale Leistungen fixiert, die durch die inflationäre Entwicklung real entwertet werden. Die Bundesregierung kann aber durch eine Rechtsverordnung mit Zustimmung des Bundesrates das Leistungsvolumen erhöhen, sofern dies nicht zu einer Erhöhung des Beitragssatzes führt. Da bei konstantem Beitragssatz mit steigender Grundlohnsumme sowie durch Anhebung der Beitragsbemessungsgrenze, die der der GKV entspricht, das Beitragsaufkommen auch in Zukunft steigen wird, ist der Bundesregierung ein gewisser Spielraum für eine Leistungsausweitung – zumindest nominal – gegeben.

Bei der Pflegeversicherung können Leistungen für häusliche und stationäre Pflege sowie Leistungen für Pflegepersonen in Anspruch genommen werden. Die Versicherten können bei der Pflege zwischen Sachleistungen und Pflegegeld wählen. Bei den Sachleistungen existieren Pflegesätze für die ambulanten Pflegedienste und den stationären Einrichtungen, die zwischen den Pflegekassen und den Leistungsanbietern vereinbart werden.

Wird die Pflegeleistung von Familienangehörigen, Nachbarn usw. erbracht, so erhält der Versicherte ein Pflegegeld zur Honorierung der erbrachten Pflegeleistungen. Ein Versicherter kann Sachleistungen und Pflegegeld gemeinsam in Anspruch nehmen. Höhe und Umfang der Leistungen der Pflegeversicherung hängen von der Höhe der Pflegebedürftigkeit ab. Es wird zwischen drei Pflegestufen differenziert. In die Pflegestufe I werden die Personen mit erheblicher Pflegebedürftigkeit eingeordnet. Sie ist gegeben, wenn der Versicherte einer einmaligen täglichen Pflege von mindestens 1,5 Stunden bedarf. Diese Hilfe bezieht sich auf u. a. die Körperpflege, die Ernährung und Mobilität des Pflegebedürftigen. Hinzu kommt eine hauswirtschaftliche Versorgung. Die Stufe II umfasst die Schwerpflegebedürftigen, die dreimal täglich entsprechende Pflege mindestens für 3 Stunden pro Tag erhalten. Schwerstpflegebedürftige gehören zur Pflegestufe III. Sie benötigen rund um die Uhr und auch nachts Hilfe von mindestens 5 Stunden pro Tag.

Gestaffelt nach den Pflegestufen sieht die Pflegeversicherung u. a. folgende finanzielle Leistungen vor, mit denen die Pflegeleistungen finanziert bzw. honoriert werden:

| Pflegestufe | ambulanter Bereich häusliche Pflege | | | stationärer Bereich | |
	Pflegesachleistungen monatlicher Höchstbetrag	Pflegegeld monatlich		Teilstationäre Tages- und Nachpflege monatlich	Vollstationäre Pflege monatlicher Höchstbetrag
Stufe I	384 Euro	205 Euro	I	384 Euro	1 023 Euro
Stufe II	921 Euro	410 Euro	II	921 Euro	1 279 Euro
Stufe III	1 432 Euro	665 Euro	III	1.432 Euro	1 432 Euro
Besondere Härtefälle	1 918 Euro				1 688 Euro

Tab 5.1.: Leistungen der Pflegeversicherung, Quelle: Sozialbericht 2001

In besonders gelagerten Einzelfällen können die Pflegekassen in Härtefällen Leistungen bis zu 1 918 Euro gewähren, wenn ein außergewöhnlich hoher Pflegeaufwand vorliegt.

Die Eingruppierung in die einzelnen Stufen wird vom Medizinischen Dienst der Krankenkassen vorgenommen. Neben diesen Leistungen übernimmt die Pflegeversicherung, sofern nicht von der Krankenkasse übernommen, die Kosten für Pflegehilfsmittel. Zusätzlich trägt sie die Kosten für Umbaumaßnahmen in Höhe von bis zu 2 557 Euro. Hinzu kommt eine Kostenübernahme für Kurzzeitpflege und Pflegevertretung von jeweils bis zu 1 432 Euro pro Jahr.

In der Tabelle „Verteilung der Pflegebedürftigen" wird kurz dargestellt, wie sich die Inanspruchnahme der Pflegeleistungen auf die einzelnen Pflegestufen verteilt.

		Pflegestufe I	II	III
Ambulant und teilstationär	Männer	230,6	191,8	62,1
	Frauen	471,4	307,6	88,1
vollstationär	Männer	63,6	47,0	24,5
	Frauen	147,6	193,9	101,1

Tab. 5.2.: Verteilung der Pflegebedürftigen (in TSD) im Jahr 1999 ,Quelle: DIW (2001, 72)

Des Weiteren erwerben häusliche Pflegekräfte Rentenansprüche, indem die Pflegekassen für sie Beiträge in die Gesetzliche Rentenversicherung zahlt, deren Höhe von der jeweiligen Pflegestufe abhängt.

Im stationären Bereich werden die reinen Pflegekosten bis zur Höchstgrenze, aber nicht die Kosten für Unterkunft und Verpflegung (Hotelkosten) von der Pflegeversicherung übernommen. Diese Kosten müssen die Pflegebedürftigen selber tragen. In die Pflegesätze für stationäre Pflege dürfen die Investitionskosten der Länder nicht veranschlagt werden.

Der hier in seinen Grundzügen aufgezeigte Leistungskatalog macht deutlich, dass die soziale Pflegeversicherung keine Vollversicherung ist. Sie gewährt einzig und allein eine Grundsicherung. Gerade im Bereich der stationären Pflege ist die Differenz zwischen tatsächlichen Kosten und der Leistung der Pflegeversicherung besonders groß, so dass immer noch viele Pflegebedürftige auf Sozialhilfe angewiesen sind.

5.1.4 Finanzierung der sozialen Pflegeversicherung

Die soziale Pflegeversicherung ist nach dem Umlageverfahren organisiert. Dies gilt auch für die privaten Pflegeversicherungen. Bei der sozialen Pflegeversicherung ist die Finanzierung analog zur Gesetzlichen Krankenversicherung aufgebaut. Bemessungsgrundlage für die Beiträge bildet das Einkommen bis zur Beitragsbemessungsgrenze, deren Höhe der der Gesetzlichen Krankenkasse entspricht.

Der Beitragssatz betrug zunächst nur 1 %. Mit der 2. Stufe, die am 01. Juli 1996 eingeführt wurde und eine Leistungsausweitung beinhaltete, wurde der Beitragssatz auf 1,7 % angehoben. Trotz erheblichen politischen Widerstandes wurde im Gesetz verankert, dass Arbeitgeber und Arbeitnehmer 50 % der Beiträge zu leisten haben. Zur Kostenentlastung der Arbeitgeber wurde ein Feiertag gestrichen. In den Ländern – bisher nur in Sachsen –, in denen es zu keiner Streichung eines Feiertages kam, müssen die Arbeitnehmer 100 % der Beiträge leisten. Die Beiträge fließen in die Pflegekassen, die organisatorisch an die Krankenkassen angebunden sind. Die Rentner zahlen ebenfalls nur die Hälfte der Beiträge. Die andere Hälfte übernimmt die Rentenversicherung. Ab dem 1.4.2004 zahlen die Rentner ihren Beitrag zu 100 % selbst. Bei den leistungsberechtigten Arbeitslosen übernimmt die Bundesagentur für Arbeit die Zahlungen. Bei Empfängern von Sozialhilfe zahlt der zuständige Sozialleistungsträger die Beiträge.

Bei den privaten Versicherungen sieht der Gesetzgeber eine analoge Regelung vor. Insbesondere ist ausgeschlossen, dass die privaten Krankenkassen eine Pflegeversicherung anbieten, die eine Staffelung der Versicherungsprämie nach dem Geschlecht und dem Gesundheitszustand des zu Versichernden vorsieht. Darüber hinaus schließt der Gesetzgeber aus, dass die privaten Pflegeversicherungen Versicherungsbeiträge verlangen, die den Höchstbetrag der sozialen Pflegeversicherung übersteigen. Des Weiteren müssen die privaten Pflegeversicherungen eine beitragsfreie Mitversicherung der Kinder wie in der sozialen Pflegeversicherung vorsehen. Ehepartner, sofern ein Partner ein geringes Einkommen hat, sind ebenfalls begünstigt. Sie müssen gemeinsam maximal 150 % des Höchstbetrages der sozialen Pflegeversicherung zahlen, so dass ein Ehegatte ohne Einkommen z. B. nur höchstens 50 % der sozialen Pflegeversicherung zahlen muss. Mit der substantiellen Einschränkung der Vertragsfreiheit der privaten Pflegeversicherungen wollte man erreichen, dass auch die privaten Versicherungen sozialverträgliche Versicherungen anbieten. Diese Vorgehensweise ist ordnungspolitisch nicht unproblematisch. Deshalb gelten diese Vorschriften auch nur uneingeschränkt für diejenigen, die eine private Pflegeversicherung zum 01.01.1995 abgeschlossen haben. Bei späteren Neuzugängen ist z. B. eine Staffelung der Prämien nach dem Gesundheitszustand möglich und die Vorschrift der Beitragsermäßigung für nichterwerbstätige Ehepartner entfällt.

Des Weiteren existiert in der privaten Pflegeversicherung zwischen den jeweiligen Trägern ein Risikostrukturausgleich und bei den sozialen Pflegeversicherungen ist ein Finanzausgleich vorgesehen. Mit dem Finanzausgleich werden die Leistungsaufwendungen von allen Pflegekassen im Verhältnis der Beitragseinnahmen gemeinsam getragen. Dieser Finanzausgleich unterscheidet sich so vom Risikostrukturausgleich der Gesetzlichen

Krankenversicherung, bei dem z. B. ein Ausgleich unterschiedlicher Verwaltungskosten ausgeschlossen ist.

Schließlich sind noch die Länder an der Finanzierung der Pflegeversicherung beteiligt. Auch für die soziale Pflegeversicherung gilt das Prinzip der dualen Finanzierung. Die Länder müssen die Investitionskosten im stationären Bereich der Pflege übernehmen. Dies wird u. a. damit begründet, dass die Kommunen durch die Pflegeversicherung bei ihren Sozialhilfeausgaben für Pflegebedürftige entlastet werden und entsprechend die Länder ihre Zahlungen an die Kommunen kürzen können.

5.2 Theoretische Begründung der Versicherungspflicht

Der Einführung der Pflegeversicherung ging eine heftige politische Auseinandersetzung voraus, ob überhaupt eine staatliche Pflegeversicherung notwendig sei und wie sie organisatorisch aufgebaut sein sollte. Insbesondere wurde gefordert, nur eine Versicherungspflicht einzuführen und auf eine staatliche Versicherung zu verzichten, um den privaten, auf dem Kapitaldeckungsverfahren aufbauenden Versicherungen eine Chance zu geben.

Von Interesse ist in diesem Zusammenhang der Aspekt, dass die privaten Versicherungen nicht von selbst eine Pflegeversicherung angeboten haben, so dass im privaten Sektor eine effiziente Lösung evolvierte. Der oft in der Literatur vorgebrachte Hinweis, dass keine ausreichende Nachfrage existiert, da die potentiellen Versicherungsnehmer ihre zukünftigen Pflegeansprüche systematisch unterschätzen, überzeugt nicht. Es ist wenig überzeugend, Marktversagen bei der Pflegeversicherung mit einer Informationssymmetrie zu begründen.

Das Problem des moral hazard stellt sich in der Pflegeversicherung ebenfalls nicht. Es ist nicht zu erwarten, dass Versicherte durch Fehlverhalten einen Pflegefall bewusst herbeiführen. Dass sie ihn vortäuschen, ist nicht auszuschließen, kann aber durch den Medizinischen Dienst identifiziert werden. Auch unkorrekte Abrechnungen durch die Leistungserbringer sind kein spezifisches Problem der Pflegeversicherung.

Ernsthafter ist schon das Argument der adversen selection. Die Pflegeversicherung beinhaltet typischerweise einen langfristigen Vertrag mit dem Versicherten. Da im Allgemeinenjunge Leute einen Vertrag abschließen, kennen sie im Allgemeinen ihr Pflegerisiko im Alter nicht, so dass in der Abschlussphase keine Informationsasymmetrie vorliegt. Dies ändert sich aber mit zunehmendem Alter des Versicherungsnehmers. Diejenigen, die gesund leben, über einen höheren Bildungsstand verfügen, einen höheren Lebens- und Arbeitsgestaltungsspielraum haben und weniger pflegeanfällig sind, stellen die guten Risiken dar und hätten so einen Anreiz, nicht weiter die für sie zu hohe Prämien zu zahlen und den Vertrag vorzeitig zu kündigen, so dass die Versicherung nur noch die schlechten Risiken versichert. Die guten Risiken haben aber andererseits im Allgemeinen eine Lebenserwartung, die um 5 bis 10 Jahre höher als die der schlechten Risiken liegt. Die Versicherungen müssen bei den guten Risiken so die geringere Wahrscheinlichkeit auf Pflegebedürftigkeit gegen die erwartete längere Anspruchsberechtigung gegen rechnen, so dass die erwarteten Kostenunterschiede zwischen guten und schlechten Risiken nicht sehr groß sein werden, ein einheitlicher Beitragssatz als annähernd fair angesehen werden kann und es für die guten Risiken nicht so attraktiv ist, vorzeitig die Pflegeversicherung zu kündigen.

Bedeutsamer ist aber das Argument, dass staatliche Leistungen es unattraktiv erscheinen lassen, eine private Pflegeversicherung abzuschließen. Dies gilt gerade für die Sozialhilfe. Die Sozialhilfe übernahm nach altem Recht im Pflegefall alle Kosten und gewährt zur Absicherung des Existenzminimums ein geringfügiges Taschengeld, sofern der Pflegebedürftige nur ein geringfügiges Einkommen bzw. Vermögen besitzt, also sozialhilfebedürftig ist.

Aufgrund dieser Sozialhilferegelung können wir unsere Gesellschaft in drei Klassen einteilen:

Personen mit geringfügigem Einkommen und Vermögen: Wenn sie Pflegefall werden, kommt allein die Sozialhilfe für sie auf. Dieser Personenkreis hat kein Interesse am Abschluss einer Pflegeversicherung, da er sich nicht durch sie besser stellen würde. Durch die Zahlung von Beiträgen stellt er sich nur schlechter.

Personen mit geringem Einkommen und Vermögen: Ihr Einkommen reicht im Allgemeinenzur Sicherung des Existenzminimums aus. Nur im Fall der Pflege sind sie auf Sozialhilfe angewiesen, wenn sie keine Pflegeversicherung abgeschlossen haben. Vereinfachend nehmen wir dabei an, dass ihr Einkommen so hoch ist, dass sie selbst eine Pflegeversicherung finanzieren können, ohne auf Sozialhilfe angewiesen zu sein.

Personen mit hohem Einkommen bzw. Vermögen: Für diese Personengruppe ist die Sozialhilfe völlig irrelevant. Auch im Pflegefall brauchen sie nicht auf die Sozialhilfe zurückgreifen, da sie selbst ihre Pflege finanzieren können und dabei das Bedürftigkeitskriterium der Sozialhilfe nicht erfüllen.

Für welchen Personenkreis lohnt sich nun der Abschluss einer Pflegeversicherung? Betrachten wir dazu die dritte Gruppe der Personen, die sehr viel verdienen und so nicht auf die Sozialhilfe angewiesen sind. Das Einkommen einer Person aus dieser Gruppe sei Y, das exogen vorgegeben ist. Das Vermögen wollen wir hier vereinfachend vernachlässigen. Die Wahrscheinlichkeit, ein Pflegefall zu werden, sei p, und K sind die Kosten der Pflege, wobei wir vereinfachend nicht nach der Intensität des Pflegefalls differenzieren und von einer Vollversicherung ausgehen, bei der die Pflegeversicherung alle Kosten abdeckt. Des Weiteren sei $Y > K$, d. h. das Einkommen reicht aus, um die Pflegekosten zu decken, so dass sich in dieser Einkommensklasse eine Person auch ohne Abschluss einer Versicherung eine ausreichende Pflege leisten kann.

Existiert ein effizienter Pflegeversicherungsmarkt, so bieten die Versicherungen – wie im 2. Kapitel dargestellt – eine Pflegeversicherung mit einer fairen Prämie an, die genau die erwarteten Pflegekosten $E(K) = p \cdot K$ abdeckt. Wir gehen davon aus, dass die zu Versichernden risikoavers sind, also eine konkave von Neumann-Morgenstern Nutzenfunktion U besitzen. Schließen sie keine Versicherung ab, so verfügen sie im Pflegefall nur über das Nettoeinkommen $Y - K$, d. h. ihr Einkommen ist unsicher. Schließen sie aber eine Vollversicherung ab, bei der die Pflegeversicherung die Pflegekosten voll übernimmt, verfügt der Versicherte immer über das sichere Nettoeinkommen $Y - p \cdot K$ unabhängig vom Schadensfall. Entsprechend ist sein erwarteter Nutzen beim Abschluss einer Versicherung:

$$EU = (1 - p)U(Y - p \cdot K) + pU(Y - p \cdot K) = U(Y - p \cdot K).$$

Schließt er keine Versicherung ab, so ist der erwartete Nutzen

$$(1 - p)U(Y) + p \cdot U(Y - K) < U\big[(1 - p)Y + p(Y - K)\big] = U(Y - p \cdot K).$$

Dass der erwartete Nutzen im Falle der Pflegeversicherung höher ist als in dem ohne, ist auf die Risikoaversion (Konkavität der Nutzenfunktion) zurückzuführen. Risikoaverse Personen mit hohem Einkommen sind an einer fairen Pflegeversicherung interessiert. Von daher ist es verwunderlich, dass die Versicherungsbranche nicht von selbst für dieses Marktsegment eine Pflegeversicherung angeboten hat und erst aufgrund staatlicher Vorgaben initiativ wurde.

Welches Interesse hat aber eine risikoaverse Person mit einem geringen Einkommen? In diesem Fall wird die Sozialhilfe relevant. Zum einen kann das Einkommen nicht negativ werden und zum anderen sichert die Sozialhilfe das Existenzminimum ab. Liegt das Existenzminimum bei $\underline{Y}$, so ist im Pflegefall das Nettoeinkommen generell gleich:

$$\max\{Y - K, \underline{Y}\}.$$

Die Absicherung des Existenzminimums sowie die eventuelle Übernahme der Pflegekosten im Pflegefall hat nun erhebliche Konsequenzen für die Attraktivität einer Pflegeversicherung. Für die dritte Gruppe mit einem Einkommen $Y \geq \underline{Y} + K$ hat die Sozialhilfe keine Relevanz. Wie sieht es aber bei dem Personenkreis aus, bei dem $Y - K < \underline{Y}$ ist. Durch die Sozialhilfe wird die Einkommensvarianz, die im Falle des Nichtabschlusses einer Versicherung gegeben ist, verringert. Bleibt die betrachtete unversicherte Person gesund, so erhält sie das Einkommen $\max\{Y, \underline{Y}\}$ und im Pflegefall $\underline{Y}$. Die Sozialhilfe stellt so eine Risikoübernahme des Staates dar. Je stärker der Staat über die Sozialhilfe das Pflegerisiko übernimmt, desto unattraktiver wird der Abschluss einer Vollversicherung. Insbesondere für Personen mit einem Einkommen $Y \leq \underline{Y}$ ist der Abschluss einer Pflegeversicherung sinnlos.

Da ihr Einkommen einschließlich der Sozialhilfe nur das Existenzminimum abdeckt, können sie sich durch den Abschluss einer Versicherung nicht besser stellen. Müssten sie die Versicherung selbst bezahlen, so würde sogar ihr verfügbares Einkommen auf $\underline{Y} - p \cdot K$ sinken, sie sich also selbst schädigen.

Als erstes Fazit gilt, dass die ganz Armen durch eine Pflegeversicherung nicht bessergestellt werden und sie sie nicht freiwillig abschließen werden, sich hingegen die hohen Einkommensbezieher durch den Abschluss besser stellen und ihn freiwillig vornehmen werden. Für die Gruppe der Armen gilt, dass der erwartete Nutzen einer Versicherung V in Höhe von $EU(V)$ kleiner als der einer Nichtversicherung $EU(NV)$ ist, also

$EU(V) < EU(NV)$, hingegen gilt für die Reichen das Gegenteil. Wie sieht dies aber in der mittleren Gruppe aus, die über ein Einkommen von $\underline{Y} + K > Y \geq \underline{Y}$ verfügen?

Wenn das Einkommen einer Person zwischen $\underline{Y}$ und $\underline{Y} + p \cdot K$ liegt, lohnt sich in unserem Sozialhilfesystem kein Abschluss einer Pflegeversicherung. Schließt sie keine Versicherung ab, so erhält sie Y oder $\underline{Y}$. Würde sie eine Pflegeversicherung abschließen, so erhält sie $\underline{Y}$, wenn kein Pflegefall eintritt, da die Sozialhilfe den Teil der Beiträge $\underline{Y} - (Y - p \cdot K)$ übernimmt, der das verfügbare Einkommen der Versicherten unter das Existenzminimum drücken würde. Über das gleiche Einkommen $\underline{Y}$ würde die Person im Schadensfall verfügen, so dass sich für diesen Personenkreis eine Versicherung nicht lohnt, da sie sich durch die Beitragszahlung nur schlechter stellt.

Betrachten wir deshalb die Teilgruppe, für die gilt:

$\underline{Y} + p \cdot K \leq Y \leq \underline{Y} + K$.

Ein Mitglied dieser Einkommensgruppe wird sich für den Abschluss einer Pflegeversicherung entscheiden, wenn $EU(V) - EU(NV) \geq 0$ ist.

Nun ist $EU(V) - EU(N) = U(Y - p \cdot K) - (1 - p)U(Y) + pU(\underline{Y})$ eine stetige Funktion, die zunächst fallend und dann im relevanten Bereich monoton steigend verläuft, wie dies in Abbildung 5.1. stilisiert dargestellt ist. Da die Funktion für große Einkommen positive Werte und für niedrige Einkommen negative Werte aufweist, muss genau ein kritischer Wert $Y*$ existieren, für den $EU(V) - EU(NV) = 0$ ist, also jemand mit dem Einkommen $Y*$ indifferent zwischen Versicherung und Nichtversicherung ist. $Y*$ teilt die Gesellschaft in zwei Klassen auf: Personen mit einem unter $Y*$ liegendem Einkommen werden sich niemals freiwillig versichern, hingegen stellen sich Personen mit einem Einkommen $Y > Y*$ durch einen Abschluss besser.

Für Versicherte mit einem Einkommen zwischen $\underline{Y}$ und $Y*$ liegt eine unfaire Versicherung vor, da sie für Versicherungsleistungen zahlen müssen, die schon von der Sozialhilfe gedeckt wird. Dieser Personenkreis entlastet aber am stärksten die Sozialhilfe, wenn sie eine Versicherung abschließen. Von daher besteht ein großes Interesse des Staates für sie eine Pflichtversicherung vorzusehen.

Aus ökonomischer Sicht sind die Größen von Interesse, die die Höhe des kritischen Einkommens Y^* determinieren. Es gilt:

$$Y^* = Y^* \left(\underset{(+)}{P}, \underset{(+)}{K}, \underset{(+)}{\underline{Y}} \right).$$

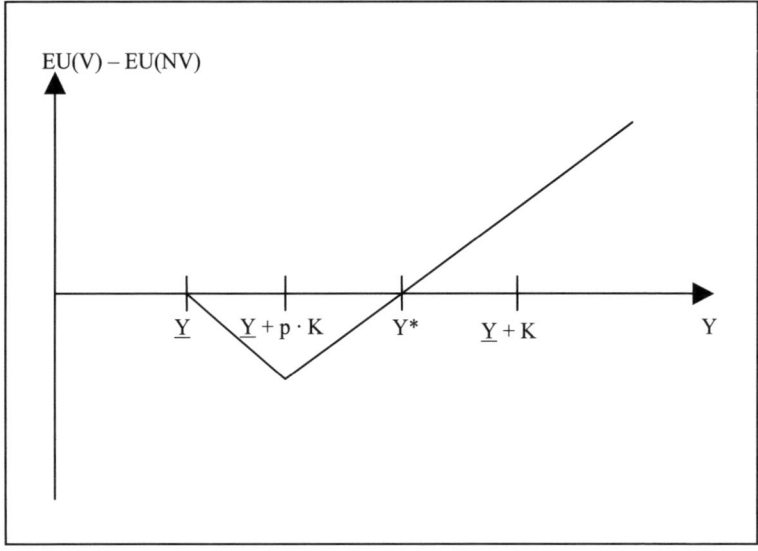

Abb. 5.1.: Die einkommensabhängige Attraktivität der Pflegeversicherung

Steigt das Sozialhilfeniveau an, dann wird es für immer mehr Personen vorteilhaft, auf den Abschluss einer Pflegeversicherung zu verzichten. Das Gleiche gilt bezüglich der Kosten und der Wahrscheinlichkeit des Pflegefalles.

5.3 Kritik am Gesetz über die Pflegeversicherung

Gegen die soziale Pflegeversicherung sind erhebliche Einwände vorgebracht worden. Fehlentwicklungen, die wir in den anderen Zweigen der Sozialen Sicherung finden, sind im Gesetz über die Pflegeversicherung nicht nur aufgenommen, sondern auch zum Teil verstärkt worden. Der wohl wichtigste Einwand gegen die Pflegeversicherung, der gerade von Liberalen vertreten wird, ist der, dass die Pflegeversicherung nicht fundiert ist und nach dem Umlageverfahren aufgebaut worden ist. An dieser Stelle soll nicht noch einmal die Kontroverse um die Effizienz beider Verfahren aufgenommen werden, sondern auf ein Gerechtigkeitsproblem hingewiesen werden. Das Umlageverfahren bewirkt, dass bei der Einführung der sozialen Pflegeversicherung Personen Pflegeleistungen kostenlos in Anspruch nehmen können, ohne finanziell auf soziale Unterstützung angewiesen zu sein und ohne Beiträge geleistet zu haben. Dies widerspricht allgemeinen Gerechtigkeitsnormen. Durch die Einführung der Pflegeversicherung im Umlageverfahren haben alle Personen einen Rechtsanspruch auf Pflegeleistungen erhalten. Dies gilt auch für solche Personen, die bisher überhaupt keine Beiträge geleistet haben. Dies könnte man für all diejenigen hinnehmen, die sozial bedürftig sind und die bisher ihre Pflege durch die Sozialhilfe finanziert bekamen. Warum aber besser Verdienende diese Pflegeleistungen kostenlos in Anspruch nehmen können, ist nicht zu rechtfertigen.

Hier wirkt die Pflegeversicherung sogar regressiv. Da es in der Pflegeversicherung eine Beitragsbemessungsgrenze gibt, ist der relative Anteil der unteren Einkommensschichten an der Finanzierung der Pflegeversicherung hoch. Es wäre sinnvoller und gerechter gewesen, eine bedarfsorientierte Ausrichtung der Pflegeversicherung in der Aufbauphase zu verwirklichen, indem z. B. die Personen, die noch nicht lange genug Beiträge zur Pflegeversicherung geleistet haben, die Pflegeversicherung nur in Anspruch nehmen dürfen, wenn sie auch bedürftig sind. Mit dieser Leistungseinschränkung wären die Sozialhilfe und damit die Kommunen genauso entlastet wie bei der jetzt gültigen Regelung. Diese Regelung wäre darüber hinaus wesentlich gerechter, da nur Bedürftige soziale Transfers ohne adäquate Gegenleistung in Anspruch nehmen dürfen. Des Weiteren hätte diese Regelung einen Einstieg in das Kapitaldeckungsverfahren ermöglicht. In der Aufbauphase hätten ja nur Bedürftige einen Anspruch auf Pflegeleistungen, da in dieser Phase noch keine ausreichenden individuellen Versicherungsansprüche erworben wurden. Dies hätte dazu geführt, dass in der Aufbauphase zunächst Überschüsse akkumuliert worden wären, die natürlich nicht zu einem voll fundierten System geführt hätten, die aber doch eine bedeutende Reserve für die Zukunft dargestellt hätten.

Unter Gerechtigkeitsüberlegungen ist auch die starke Erwerbsarbeitszentrierung der Pflegeversicherung zu kritisieren, wie wir das schon bei der Gesetzlichen Krankenkasse angesprochen haben. Es ist nicht einsichtig, dass Personen mit einem niedrigen Einkommen und großem Vermögen mit extrem niedrigen Beiträgen die Pflegeversicherung in Anspruch nehmen dürfen. Aus dieser Perspektive kann man mit Recht auch die Pflegeversicherung als eine Einrichtung des Schutzes von Vermögenswerten vor den finanziellen Risiken der Pflege interpretieren.

Geht man von der allokativen Überlegung aus, dass ein optimales Versicherungsniveau in Form der Vollversicherung existiert, dann ist die Deckelung der Ausgaben der Pflegeversicherung nicht effizient. Nun liegt keine Deckelung in dem Sinne vor, dass, wie in der Gesetzlichen Krankenkasse einzelnen Leistungsbereichen ein Gesamtbudget vorgegeben wird. Statt dessen sind zum einen die Ausgaben pro Pflegefall gemäß der Pflegebedürftigkeit gedeckelt, zum anderen dürfen die Leistungen der Pflegeversicherung nur in dem Rahmen ausgeweitet werden, wie sich ein genügender Spielraum auf der Einnahmenseite ergibt. Diese Anbindung der Leistungen an die Einnahmen führt im Allgemeinen zu keiner effizienten Versorgung gemäß der Zahlungsbereitschaft der Versicherten. Vielmehr ist damit zu rechnen, dass aufgrund stark steigender Pflegesätze das Leistungsniveau in der Pflegeversicherung sinkt. Aus allokativer Sicht wäre es besser gewesen, eine Vollversicherung anstatt einer einnahmeorientierten Deckelung vorzunehmen, da eine Vollversicherung den Präferenzen der Versicherten besser gerecht wird. Des Weiteren ist das erhebliche Beschäftigungspotential in diesem Sektor zu sehen. So waren in diesem Bereich 1995 zirka 304 000 Personen und 2000 schon 498 000 Personen beschäftigt.

Dies wiegt um so schwerwiegender, da ja das Versorgungsniveau in der Pflegeversicherung sowieso nicht sehr hoch ist. Insbesondere wurde mit der Einführung der Pflegeversicherung nicht das Verspechen realisiert, dass in Zukunft Pflegebedürftige nicht mehr auf die Sozialhilfe angewiesen sind. So waren in 2000 annähernd 5 % der Bezieher ambulanter Leistungen auf zusätzliche Leistungen der Hilfe zur Pflege nach dem Bundessozialhilfegesetz angewiesen. Gerade Rentner sind, wenn sie stationäre Pflege benötigen, oft weiter auf die Sozialhilfe angewiesen. Bei ihnen liegt aber der Anteil schon bei 25 %. Von daher ist auch der Entlastungseffekt bei den Kommunen nicht so hoch ausgefallen, wie erwartet. Hinzu kommt, dass nicht so viele Pflegebedürftige Anspruch auf Leistungen der Pflegeversicherung haben. Eine erhebliche Zahl von Pflegefällen, die z. B. nicht die Mindestkriterien für die Einordnung in die Pflegestufe I erfüllen, sind nicht anspruchsberechtigt. Nicht unproblematisch ist in diesem Zusammenhang die Entwicklung der Pflegesätze, die eine starke Eigendynamik entwickelt haben. Es ist zu befürchten, dass die Leistungserbringer die Überschüsse in der Anfangsphase der Pflegeversicherung zum Anlass nehmen, höhere Pflegesätze auszuhandeln.

Des Weiteren wird kritisiert, dass die Pflegeversicherung viel zu kompliziert sei, unnötige Vorschriften enthalte und eine extreme Verrechtlichung der Beziehung zwischen Pfleger und zu Pflegendem bewirkt. Dies sieht man besonders bei der Leistungsabrechnung, bei der detaillierte Vorschriften existieren und Leistungen, wie menschliche Wärme, Verständnis für den zu Pflegenden usw. natürlich nicht bei der Abrechnung berücksichtigt werden. Auch die Einordnung in die einzelnen Stufen durch den Medizinischen Dienst der Krankenkassen ist auf Kritik gestoßen, da die Einordnung oft rein mechanistisch und auch willkürlich vorgenommen worden ist.

Schwierigkeiten ergeben sich auch bei der Abrechnung der Pflegeleistungen zwischen den Pflegekassen, den Krankenkassen sowie der Rentenversicherung. Hier wäre es überlegenswert, den Bereich der Pflege vollständig einem Versicherungszweig zuzuweisen. Mehr oder weniger willkürlich sind auch die maximalen Leistungen bei der häuslichen und stationären Pflege, die von der Pflegekasse erbracht werden. Da die Leistungen im ambulanten Bereich wesentlich niedriger als im stationären Bereich sind, befürchtete man eine verstärkte Inanspruchnahme stationärer Leistungen. Bisher sind die Pflegesätze aber so gewählt worden, dass der befürchtete Run in die kostspielige stationäre Pflege unterblieb.

Besonders kritisch sind die planwirtschaftlichen Elemente sowie die unzureichenden Anreize zu effizientem Verhalten in der Pflegeversicherung zu sehen. Eine planwirtschaftliche Ausrichtung finden wir nicht nur bei der Anbindung des Leistungsniveaus an die Einnahmen, sondern auch bei den Landespflegeplänen, bei denen politisch über die Versorgung entschieden wird. Wenig sinnvoll ist dabei das Prinzip der dualen Finanzierung, das gerade im Krankenhausbereich abgebaut werden soll, eine effizienzorientierte Kostenkalkulation verhindert und eine Verzerrung der Preisrelationen darstellt, da die Versicherungen nicht mit den vollen Kosten der Pflege konfrontiert werden. Da sich gerade kostspielige und gut ausgestattete Pflegeeinrichtungen nur finanziell besser Gestellte leisten können, ist auch die Kostenübernahme bei den Investitionen durch die Länder sozialpolitisch nicht unproblematisch.

Besonders gehen vom Finanzausgleich der sozialen Pflegeversicherung Fehlanreize aus, bedeutet doch der Finanzausgleich die Chance, Defizite zu sozialisieren, da die Pflegekassen anteilig die Kosten übernehmen.

Ordnungspolitisch besonders bedenklich ist die Reglementierung der privaten Pflegeversicherungen. Ihnen wird die Chance genommen, ihre Prämien frei zu kalkulieren. Während sich auf funktionsfähigen Versicherungsmärkten das Äquivalenzprinzip durchsetzt, wird ihnen eine Prämienkalkulation nach fragwürdigen Gerechtigkeitserwägungen sowie zu deren Absicherung ein systemwidriger Risikostrukturausgleich aufgezwungen.

5.4 Langfristiges finanzielles Gleichgewicht

Wie in der Renten- und Krankenversicherung wird auch die Pflegeversicherung durch die demographische Entwicklung in ihrem finanziellen Gleichgewicht erheblich gefährdet. Es ist nach Berechnungen des DIW (2001) nicht damit zu rechnen, dass der jetzige Beitragssatz von 1,7 % aufrechterhalten werden kann. Insbesondere ist aufgrund der angespannten finanziellen Lage nicht zu erwarten, dass schon heute offensichtliche Leistungsdefizite der sozialen Pflegeversicherung in Zukunft beseitigt werden.

Auch wenn in der Pflegeversicherung keine Dynamisierung der Leistungen vorgesehen ist, die Leistungsansprüche durch Inflation real entwertet werden und die Pflegeversicherten nicht an der Produktivitätssteigerung partizipieren, so sprechen folgende Überlegungen dafür, dass es in Zukunft zu erheblichen Finanzierungsschwierigkeiten kommt.

Zum einen wird es zu einer verstärkten Inanspruchnahme im stationären Bereich kommen. Je stärker der Familienverband erodiert, um so mehr sind Pflegebedürftige auf stationäre Pflege angewiesen, die wesentlich kostenintensiver ist. Pflegerische Leistungen wurden bisher fast ausschließlich von Frauen erbracht. Mit steigender Erwerbsquote der Frauen und der immer noch unzureichenden Vereinbarkeit von Familie und Beruf wird dieses Pflegepotential nicht mehr im bisherigen Umfang zur Verfügung stehen.

Zum anderen wird sich die demographische Komponente viel stärker in der Pflegeversicherung als in den anderen Zweigen der Sozialen Sicherung durchschlagen. So rechnet das DIW (2001) bei seiner relativ vorsichtigen Prognose, die u. a. von konstanten Pflegefallwahrscheinlichkeiten ausgeht, damit, dass bis 2020 aufgrund der demographischen Alterung die Zahl der

Pflegebedürftigen um mehr als 50 % zunehmen wird. Pflege ist ein Phänomen des Alters und die Lebenserwartungen werden in den nächsten Jahren erheblich steigen.

Dass gerade die Alten diejenigen sind, die Pflege benötigen, zeigen die Prävalenzraten in Tabelle 5.3. Die Prävalenzrate ist als das Verhältnis der Leistungsempfänger der sozialen und privaten Pflegeversicherung an der jeweiligen Altersgruppe definiert.

in Jahren	*in Prozent*
0 – 60	0,55 %
60 – 70	2,05 %
75 – 80	4,68 %
80 – 85	9,54 %
85 – 90	19,57 %
90 und älter	57,61 %

Tab. 5.3.: Prävalenzraten im Pflegebereich, Quelle: DIW (2001): S.68.

Hinzu kommt die schon angesprochene ungünstige Entwicklung des Potentials an Pflegepersonen. Pflege ist keine attraktive Beschäftigung. Die Bereitschaft, Familienangehörige zu pflegen, geht zurück. Diesen Rückgang durch professionelle Pflege bei einem sinkenden Erwerbspotential zu kompensieren, wird schwierig sein. Da Pflege eine im Allgemeinen ortsgebundene Dienstleistung darstellt, ist ein kompensatorischer Rückgriff auf internationale Ressourcen schwer zu bewerkstelligen. Als Ausweg würde sich nur eine gezielte Einwanderungspolitik anbieten, die aber im hier notwendigen Umfang weder politisch durchsetzbar, noch kurzfristig realisierbar ist.

5.5 Literatur zum 5. Kapitel

Buchholz, W., Wiegard, W. (1992): Allokative Aspekte der Pflegeversicherung, in: Jahrbücher für Nationalökonomie und Statistik, Bd. 209, S. 441 - 457.

Sachverständigenrat zur Begutachtung der gesamtwirtschaftlichen Entwicklung (1994): Sondergutachten: Zur aktuellen Diskussion um die Pflegeversicherung.

Schulz, E., Leidl, R., König, H.-H. (2001): Starker Anstieg der Pflegebedürftigkeit zu erwarten – Vorausschätzungen bis 2020 mit Ausblick auf 2050, in: DIW-Wochenbericht, 68. Jg., S. 65 - 77.

6. Arbeitslosenversicherung und Arbeitsförderung (SGB III)

6.1 Aufbau der Arbeitslosenversicherung

6.1.1 Arbeitslosenversicherung in historischer Perspektive

Die wesentlichen gesetzlichen Bestimmungen der Arbeitslosenversicherung findet man im Arbeitsförderungsgesetz (AFG) von 1969, das 1998 durch das Sozialgesetzbuch III (SGB III) neu gegliedert und ersetzt wurde. Das AFG ist in den letzten Jahren ständig geändert worden. Allein bis Anfang 1997 sind 115 Gesetzesänderungen vorgenommen worden. Hinzu kommt die Vielzahl von Verordnungen, Anordnungen, Erlassen bzw. Durchführungsanweisungen. Eine grundlegende Reform des SGB III wurde in 2002 und 2003 im Anschluss an das Gutachten der Hartz-Kommission mit den Gesetzen für moderne Dienstleistungen am Arbeitsmarkt und dem Gesetz zu Reformen am Arbeitsmarkt durchgeführt.

Die Arbeitslosenversicherung ist nach der Pflegeversicherung die jüngste Einrichtung im Rahmen der Sozialen Sicherung. Sie wurde erst 1927 mit dem Gesetz über die Einführung der Arbeitsvermittlung und Arbeitslosenversicherung verwirklicht, während die anderen Zweige der Sozialversicherung schon vor der vorletzten Jahrhundertwende realisiert wurden. Der wesentliche Grund dafür, dass eine Arbeitslosenversicherung erst so spät verwirklicht wurde, obwohl gerade sie im Vergleich zu den anderen Versicherungen nur schwer privat organisiert werden kann, liegt darin, dass zu jener Zeit Arbeitslosigkeit immer noch ausschließlich als individuelles Schicksal angesehen wurde, das der einzelne zu verantworten hat. Die für die Rechtfertigung einer Arbeitslosenversicherung wichtigen Phänomene der konjunkturellen und strukturellen Arbeitslosigkeit wurden zu jener Zeit negiert. Arbeitslosigkeit sei vielmehr ausschließlich individuell zu verantworten. Nach klassischer Auffassung sei Arbeitslosigkeit im Prinzip sowohl auf mangelnde Arbeitsbereitschaft als auch auf zu hohe Lohnforderungen zurückzuführen. Insbesondere die Arbeitgeber befürchteten, dass durch eine Arbeitslosenversicherung „Faulheit honoriert" und die Verhandlungsmacht der Arbeiter gestärkt würde. Die Unterstützung der Arbeitslosen sollte sich daher auf das Allernotwendigste beschränken und im Rahmen einer diskriminierenden Armenfürsorge am besten von karitativen Einrichtungen wie den Kirchen, kommunalen Fürsorgeeinrichtungen usw. geleistet werden, die auch auf die Arbeitsscheuen disziplinierend einwirken sollten.

Da der Staat zunächst zur Einrichtung von Arbeitslosenversicherungen nicht bereit war und die karitativen Einrichtungen nur unzureichend ihre Aufgabe erfüllten, kam es zur privaten Organisation einer Arbeitslosenversicherung. Zu erwähnen sind hier kommunale Einrichtungen, wie sie z. B. in Basel u. a. Orten geschaffen wurden, sowie rein private Initiativen. Insbesondere waren die Gewerkschaften (Gewerkvereine) in Großbritannien in diesem Bereich schon recht früh sehr aktiv.

Die Einstellung zur Arbeitslosigkeit änderte sich erst mit zunehmender Arbeitslosigkeit im Verlauf der Industrialisierung und dem grundlegenden Beitrag von Keynes zur Beschäftigungstheorie. Keynes zeigte auf, dass Arbeitslosigkeit nicht per se individuell zu verantworten ist. Oft sind gesamtwirtschaftliche Entwicklungen, die der einzelne nicht beeinflussen kann, Ursache der Arbeitslosigkeit. Besonders eine unzureichende gesamtwirtschaftliche Nachfrage auf dem Gütermarkt, die sich in Form von spill-over-Effekten auf den Arbeitsmarkt auswirkt, ist zentraler Erklärungsfaktor für die Arbeitslosigkeit. Des Weiteren war für Keynes eine Lohnsenkung nicht per se ein effizientes Instrument, um Vollbeschäftigung wiederherzustellen. Bei einem Nachfragedefizit war der Staat mit seiner Fiskal- und Geldpolitik gefordert, der die Nachfrage zu beleben hat. Lohnsenkungen haben unter dem Beschäftigungsaspekt zwei Effekte: einen Kosten- und einen Nachfrageeffekt. Während die Unternehmen den positiven Kosteneffekt einer Lohnsenkung in Form niedrigerer Lohnstückkosten betonen, argumentierte Keynes, dass Lohnsenkungen zu geringerem Arbeitseinkommen und damit zu einer reduzierten effektiven Nachfrage auf dem Gütermarkt führen. Deshalb forderte Keynes, auf der Nachfrageseite des Gütermarktes anzusetzen. Darüber hinaus gehen die Keynesianer von einem gewissen Elastizitätspessimismus der Arbeitsnachfrage aus. Aufgrund der unzureichenden Nachfrage auf dem Gütermarkt ist die vom Gütermarkt abgeleitete Arbeitsnachfrage lohnunelastisch, so dass Lohnsenkungen keinen signifikanten Beschäftigungseffekt bewirken.

Es wäre fatal, wenn sich die Sozialpolitik allein auf eine reine finanzielle Absicherung des Risikos Arbeitslosigkeit durch eine Versicherung beschränken würde. Entsprechend ist es die Zielsetzung des SGB III, sowohl das Risiko Arbeitslosigkeit finanziell abzudecken als auch das Zustandekommen der Arbeitslosigkeit durch prophylaktische Maßnahmen zu verhindern. Entsprechend umfasst das SGB III zwei Bereiche: den der Symptomtherapie in Form finanzieller Absicherung sowie den der Ursachentherapie in Form der aktiven Arbeitsförderung. Von der Systematik her wäre es eigentlich sinnvoll, die Bereiche Arbeitsförderung und Arbeitslosenversicherung in zwei unterschiedlichen Kapiteln des Lehrbuches darzustellen. Wir werden aber beide Bereiche gemeinsam behandeln. Für eine gemeinsame Behandlung der Arbeitslosenversicherung und der Arbeitsförderung spricht, dass beide durch das SGB III nicht nur rechtlich, sondern auch institutionell sehr stark verwoben sind. Z. B. wird bei der Finanzierung der Leistungen des SGB III nicht zwischen beiden Bereichen getrennt, was zur Diskussion geführt hat, dass mit den Beiträgen zur Arbeitslosenversicherung sogenannte versicherungsfremde Leistungen finanziert werden. Des Weiteren werden anders als in einer reinen Versicherung die Ausgaben nicht nur durch Beiträge der Versicherten, sondern auch über das Steueraufkommen finanziert. Hinzu kommt, dass die Übergänge zwischen Arbeitsförderung und Versicherung fließend sind. Dies gilt besonders für präventive Maßnahmen, die wir ja auch bei der Kranken- und Rentenversicherung – wenn auch nicht in solch einem Umfang – finden. Hinzu kommt, dass im Wesentlichen nur Bezieher von Entgeltersatzleistungen, also Mitglieder der Arbeitslosenversicherung sowie arbeitslose Jugendliche, als potentielle Beitragszahler, Leistungen der Arbeitsförderung beanspruchen können. Des Weiteren bestimmt sich das Ausgabenvolumen für die aktive Arbeitsförderung über die finanziellen Spielräume, die sich nach Abdeckung der Versicherungsausgaben im Budget der Arbeitslosenversicherung ergeben. Denn im Gegensatz zu den reinen Versicherungsleistungen sind die Leistungen im Bereich der Arbeitsförderung meist nur Kann-Leistungen.

Mit dem Job-AQTIV-Gesetz von 2001 ist das Aufgabenfeld der Arbeitslosenversicherung ausgeweitet worden. Neben den Aufgaben, einen hohen Beschäftigungsstand zu erreichen, die Beschäftigungsstruktur ständig zu verbessern und insbesondere die Entstehung von Arbeitslosigkeit zu vermeiden und die Dauer der Arbeitslosigkeit zu verkürzen, soll die Arbeitsförderung die Gleichstellung von Frauen und Männern sowie die Vereinbarkeit von Familie und Beruf als durchgängiges Ziel verfolgen.

6.1.2 Personeller Umfang der Arbeitslosenversicherung

Beitragspflichtig sind alle Arbeitnehmer, d. h. sowohl alle Arbeiter als auch Angestellte, die gegen Entgelt oder zu ihrer Berufsausbildung beschäftigt sind. Davon befreit sind Beamte, Richter und Berufssoldaten, da sie nicht dem Risiko der Arbeitslosigkeit unterliegen, bzw. für sie – wie bei Beamten auf Zeit – besondere versorgungsrechtliche Vorschriften vorliegen, wenn sie den öffentlichen Dienst verlassen. Des Weiteren sind Arbeitnehmer mit nur einer geringfügigen oder einer kurzfristigen Beschäftigung von Beiträgen befreit. Hinzu kommen die freiwillig Versicherten. Diese Möglichkeit wird Personen, die Angehörige pflegen, Existenzgründern und Arbeitnehmern, die im Ausland außerhalb der EU beschäftigt sind, eingeräumt. Problematisch ist, dass von der Arbeitslosenversicherung die Scheinselbständigen nur unzureichend erfasst werden, deren Zahl in den letzten Jahren erheblich zugenommen hat. Scheinselbständige sind von ihrer Aufgabenstellung oft schlechter als normale Arbeitnehmer gestellt und unterliegen von daher oft einem besonders hohen Beschäftigungsrisiko. Der Gesetzgeber hat 1999 einen Kriterienkatalog aufgestellt, um Scheinselbstständige zu identifizieren, die dann der Versicherungspflicht unterliegen.

6.1.3 Organisation der Arbeitslosenversicherung

Mit dem dritten Gesetz für moderne Dienstleistungen am Arbeitsmarkt ist die Organisation der früheren Bundesanstalt für Arbeit grundlegend verändert worden. Zielsetzung des Gesetzes war es, eine effizientere Ausgestaltung des arbeitsmarktpolitischen Instrumentariums zu schaffen, das Leistungsrecht grundlegend zu vereinfachen und mit der neuen Bundesagentur für Arbeit eine kundenorientierte Organisationsstruktur zu schaffen. Träger der Arbeitslosenversicherung ist die Bundesagentur für Arbeit als Zentrale. Sie ist eine rechtsfähige Körperschaft des öffentlichen Rechts mit Selbstverwaltung. Neben der Zentrale in Nürnberg gehören zu ihr die Regionaldirektionen (früher Landesarbeitsämter) und die Agenturen für Arbeit (früher Arbeitsämter). Darüber hinaus ist der Bundesagentur das Institut für Arbeitsmarkt- und Berufsforschung angegliedert. Als Reaktion auf die Kritik des Bundesrechnungshofes an der Effizienz der Bundesanstalt wurde 2002 eine neue Organisationsstruktur geschaffen. Die Bundesagentur wird seit 2002 von einem dreiköpfigen Vorstand geleitet, dessen Vorsitzender für 5 Jahre bestellt wird. Die Bundesagentur wird weiter von einem Verwaltungsrat kontrolliert, der aber seit 2002 anstelle von 51 nur noch 21 Mitglieder umfasst. Auf der Ebene der Regionaldirektionen und der Agenturen für Arbeit sind Verwaltungsausschüsse vorgesehen. Diese Ausschüsse sowie der Verwaltungsrat sind alle drittelparitätisch mit Vertretern der Arbeitnehmer, Arbeitgeber und der öffentlichen Körperschaften besetzt. Die Steuerung der Bundesagentur erfolgt über Zielvereinbarungen zwischen dem Bundesministerium für Wirtschaft und Arbeit und der Bundesagentur in Form eines Kontraktmanagements.

Der Haushalt der Bundesagentur wird vom Vorstand aufgestellt und von dem Verwaltungsrat festgestellt. Er bedarf aber der Genehmigung durch den Bund. Das zuständige Bundesministerium kann auch ohne Zustimmung des Verwaltungsrates den Haushaltsplan in Kraft setzen, wenn von dem Verwaltungsrat auf die Vorgaben des Bundes nicht eingegangen wird und der Entwurf ein Defizit zur Folge gehabt hätte. Um ein modernes Dienstleistungsangebot am Arbeitsmarkt zu schaffen, sind in den Agenturen Job-Center eingerichtet worden. Sie sind eine gemeinsame Anlaufstelle von Agenturen und Trägern der Sozialhilfe und dienen dazu, eine gemeinsame Betreuung von Erwerbstätigen zu ermöglichen.

6.1.4 Leistungen der Arbeitslosenversicherung

Es soll an dieser Stelle kein umfassender Überblick über den Leistungskatalog des SGB III gegeben werden. Es geht vielmehr darum, das breite Spektrum der Aufgaben der Bundesagentur aufzuzeigen und zu systematisieren. Die Aufgaben können wir dabei in zwei Bereiche aufteilen: die Arbeitsförderung und die finanzielle Absicherung im Falle der Arbeitslosigkeit. Bei der Arbeitsförderung geht es um Maßnahmen, mit denen das Zustandekommen von Arbeitslosigkeit verhindert bzw. bei dessen Eintritt diese beseitigt werden soll. Es geht dabei um eine Ursachentherapie. Hingegen geht es bei der finanziellen Absicherung nur noch darum, die negativen materiellen Auswirkungen der Arbeitslosigkeit einzuschränken.

Aus dieser Perspektive sollte die Arbeitsförderung vorrangig eingesetzt werden. Das SGB III besagt aber, dass die Maßnahmen der aktiven Arbeitsförderung im Allgemeinen Ermessensleistungen darstellen, während meist bei der finanziellen Absicherung, insbesondere bei Lohnersatzleistungen ein Rechtsanspruch besteht. Wenn es zu finanziellen Engpässen im Haushalt kommt, ist leider – im Gegensatz zur Intention des SGB III – die Arbeitsförderung nachrangig zu bedienen.

Die Leistungen der Arbeitsförderung sind durch das SGB III neu systematisiert worden. Je nachdem, wer Adressat der Leistungen der Bundesagentur ist, unterscheidet das SGB III in dem 3. bis 6. Kapitel folgende Leistungsbereiche:

3. Kapitel: Beratung und Vermittlung,

4. Kapitel: Leistungen an Arbeitnehmer,

5. Kapitel: Leistungen an Arbeitgeber,

6. Kapitel: Leistungen an Träger.

Um die Effizienz der aktiven Arbeitsförderung zu steigern, wurde zur Ergänzung der Instrumente des SGB III die sogenannte Freie Förderung eingeführt. Sie beinhaltet eine Dezentralisierung der Arbeitsförderung und stärkt die Position der Agenturen. Mit ihr sollen die Agenturen in die Lage versetzt werden, zielgenauer zu agieren, situationsspezifische Angebote zu erstellen und innovative Ansätze der Arbeitsförderung zu realisieren. Die Freie Förderung beinhaltet, dass die Agenturen bis zu 10 % der für die Arbeitsförderung vorgesehenen finanziellen Mittel gezielt für zusätzliche Maßnahmen über die Regelungen des SGB III hinaus verwenden können. Dabei dürfen aber gesetzliche Leistungen (z. B. Lohnersatzleistungen) nicht aufgestockt werden. Um die Leistungen der Agentur zu evaluieren, wurden sie gleichzeitig zur Erstellung von Eingliederungsbilanzen für ihre Ermessensleistungen verpflichtet. Die Leistungsbereiche des SGB III sollen kurz dargestellt werden.

6.1.4.1 Beratung und Vermittlung

Eine wichtige Aufgabe der Bundesagentur, die im dritten Kapitel des SGB III dargestellt wird, liegt darin, die Sucharbeitslosigkeit und damit die friktionelle Arbeitslosigkeit abzubauen, indem sie die Anbieter und Nachfrager auf dem Arbeitsmarkt über die Stellensituation informiert. Um dieser Zielsetzung gerecht zu werden, erstellen die Agenturen für den arbeitslos Gemeldeten ein umfassendes Bewerberprofil, damit für ihn eine Chancenprognose aufgestellt und eine für ihn spezifische Vermittlungsstrategie konzipiert werden kann. Das Bewerberprofil ist die Grundlage für die Erarbeitung einer Eingliederungsvereinbarung durch die Agentur. Diese stellt eine verbindliche Vermittlungsstrategie dar. Im Sinne des "Fördern und Fordern" sind beide Seiten an der Vereinbarung gebunden. Insbesondere muss ein Arbeitsloser mit dem Eintritt einer Sperrzeit (zeitlich beschränkter Verlust des Leistungsanspruchs) rechnen, wenn er die abgeschlossene Vereinbarung nicht einhält.

Bis 1994 besaß die Bundesagentur ein Vermittlungsmonopol, da man der Ansicht war, dass eine zentrale Stelle diese Koordinationsfunktion am besten realisieren könnte. Für das Monopol der Bundesagentur sprach auch, dass sie unparteilich ist und versucht alle zu Vermittelnden – also auch schwer zu Vermittelnde, insbesondere Behinderte, Langzeitarbeitslose usw. – wieder in den Arbeitsprozess zu integrieren. Heute sind aber auch private Arbeitsvermittlungen mit Erlaubnis der Bundesagentur zulässig. Während die Vermittlung durch die Bundesagentur kostenlos ist, dürfen die privaten dafür eine Vergütung nur von dem einstellenden Arbeitgeber verlangen, so dass bei den privaten Vermittlungseinrichtungen ein Anreiz geschaffen wird, eine hohe Vermittlungsquote zu realisieren.

Dieser finanzielle Anreiz besteht bei der Bundesagentur nicht in gleichem Ausmaß. Insbesondere wird kritisiert, dass Personen, die bisher aus der finanziellen Absicherung durch die Bundesagentur herausgefallen sind und z. B. Sozialhilfe von den Kommunen bezogen, nur unzureichend von der Bundesagentur vermittelt werden. Andererseits wirft man den privaten Vermittlern vor, dass sie aus reinem Gewinninteresse Rosinenpicken betreiben und sich primär auf die Vermittlung leichter Fälle konzentrieren. Insgesamt waren die Vermittlungen durch die Privaten im Vergleich zur Bundesagentur recht bescheiden, so dass die Erwartungen, die Anhänger einer Deregulierung hegten, doch enttäuscht wurden.

Besonders problematisch ist zur Zeit und in den nächsten Jahren die Vermittlung von beruflichen Ausbildungsstellen. Hier existiert – und dies gilt besonders für die neuen Bundesländer – eine erhebliche Diskrepanz zwischen Angebot und Nachfrage. Für diesen Bereich besitzt die Bundesagentur auch weiter ein Vermittlungsmonopol. Um alle Optionen der Vermittlung zu nutzen, kann ein Arbeitsloser von der Agentur die Beauftragung eines Dritten mit seiner Vermittlung verlangen, wenn er sechs Monate nach Eintritt der Arbeitslosigkeit noch arbeitslos ist. Dabei kann die Agentur neben den üblichen privaten Vermittlungsunternehmen Träger von Arbeitsbeschaffungsmaßnahmen (ABM) sowie Arbeitgeber, deren Arbeitnehmer Anspruch auf Kurzarbeitergeld haben, mit der Vermittlung beauftragen. Für die Vermittlung kann ein Honorar mit dem Arbeitsamt in pauschalierter Form vereinbart werden.

Arbeitslose bzw. Arbeitnehmer in Maßnahmen haben einen Anspruch auf einen Vermittlungsgutschein, wenn sie nach drei Monaten noch nicht vermittelt worden sind. Mit dem Vermittlungsgutschein hat der private Vermittler einen Anspruch auf ein Erfolgshonorar, wenn er den Arbeitnehmer in eine sozialversicherungspflichtige Beschäftigung von mindestens 15 Stunden pro Woche vermittelt hat. Der Vermittlungsschein ist nach einer vorherigen Arbeitslosigkeit von bis zu sechs Monaten 1 500 Euro, bei von sechs bis neun Monaten 2 000 Euro und bei mehr als neun Monaten 2 500 Euro wert.

Einen völlig neuen Weg bei der Vermittlung ist mit dem 2003 in Kraft getretenen 1. Gesetz für moderne Dienstleistungen am Arbeitsmarkt in Form der Personal-Service-Agenturen (PSA) geschaffen worden, die eine vermittlungsorientierte Zeitarbeit anbieten. Jede Agentur hat die Einrichtung mindestens einer PSA sicher zu stellen. Dies soll mittels eines Vertrages zwischen der Agentur und schon existierenden Verleihfirmen erfolgen. Zielsetzung ist dabei nicht die befristete Unterbringung von Arbeitslosen in einer Zeitarbeitsfirma, sondern eine schnellstmögliche Vermittlung in den ersten Arbeitsmarkt. Bei der Beschäftigung in einer PSA erhalten die Arbeitslosen einen Arbeitsvertrag, so dass sie Anspruch auf ein Arbeitsentgelt und sonstige Arbeitsbedingungen haben, die sich durch die Tarifverträge für die Zeitarbeitsbranche bestimmen. Die Arbeitnehmer sind sozialversichert. Während der Probezeit erhalten die Eingestellten nur einen Nettolohn in Höhe des Arbeitslosengeldes. Auch in Zeiten, in denen die Beschäftigten der PSA nicht ausgeliehen sind, sind diese nach Tarif zu bezahlen. Die Zeiten des Nichtverleihs sollen für Qualifizierung und Weiterbildung genutzt werden. Die Beschäftigung in einer PSA ist auf neun bis zwölf Monate befristet. Die PSA kann sich die zu Beschäftigenden aus dem Pool der Arbeitslosen selbst auswählen. Im Vertrag mit den PSA vereinbart die Agentur ein Honorar, das eine Pauschale pro Beschäftigten vorsieht, das zur Zeit zwischen 700 und 1 500 Euro liegt. Darüber hinaus erhalten die PSA eine Vermittlungsprämie für Beschäftigte, die im Anschluss an ihre Leiharbeit in ein festes Arbeitsverhältnis übernommen werden. Diese ist um so höher, je schneller diese vermittelt werden.

Die Bundesagentur hat nicht nur die Aufgabe, berufliche Ausbildungsstellen zu vermitteln, sie hat darüber hinaus auch eine Beratungsfunktion.

Die Auszubildenden sind sich oft gar nicht ihrer spezifischen Qualifikationen und Neigungen bewusst. Bei ihrer Berufswahl sind sie mit immensen Informationsdefiziten konfrontiert. Besonders wenn sie spezifische Humankapitalinvestitionen vornehmen, wissen sie nicht, in welche Ausbildung rentierlich investiert werden kann. Hier existieren gravierende Prognoseprobleme, die z. B. das Institut für Arbeitsmarkt und Berufsforschung mit seinen Studien zu bewältigen versucht.

6.1.4.2 Leistungen an Arbeitnehmer

In diesem Bereich findet man den umfangreichsten Katalog an Maßnahmen der Bundesagentur. Im ersten bis zum siebten Abschnitt sowie im neunten und zehnten Abschnitt des vierten Kapitels wird das breite Spektrum der aktiven Arbeitsförderung dargestellt, während im achten Abschnitt die finanziellen Leistungen bei Arbeitslosigkeit behandelt werden.

Leistungen an Arbeitnehmer:

1. Unterstützung der Beratung und Vermittlung

2. Verbesserung der Eingliederungsaussichten

3. Förderung der Aufnahme einer Beschäftigung

4. Förderung der Aufnahme einer selbständigen Tätigkeit

5. Förderung der Berufsausbildung

6. Förderung der beruflichen Weiterbildung

7. Förderung der beruflichen Eingliederung Behinderter

8. Entgeltersatzleistungen

9. Förderung der ganzjährigen Beschäftigung in der Bauwirtschaft

10. Transferleistungen.

Zu 1) Bei der Unterstützung der Beratung und Vermittlung geht es u. a. um die finanzielle Förderung der Arbeitnehmer, die eine der im 3. Kapitel des SGB III aufgezeigten Maßnahmen in Anspruch nehmen wollen. So können von der Bundesagentur für Arbeitslose oder von Arbeitslosigkeit bedrohte Arbeitsuchende die anfallenden Bewerbungskosten bis in Höhe von 260 Euro jährlich übernommen werden. Hinzu kommt die Übernahme von Reise- und Übernachtungskosten von Arbeitsuchenden bis zu gewissen Höchstbeträgen.

Zu 2) Darüber hinaus sollen die Eingliederungschancen von Arbeitsuchenden verbessert werden. Dafür sieht die Bundesagentur z. B. Trainingsmaßnahmen für Arbeitsuchende von bis zu acht Wochen vor, bei denen die Kosten der Maßnahme wie Lehrgangs-, Fahrtkosten sowie die Betreuungskosten für aufsichtsbedürftige Kinder des Arbeitsuchenden (maximal 130 Euro monatlich pro Kind) von der Bundesagentur getragen werden.

Zu 3) Des Weiteren fördert die Bundesagentur die Aufnahme einer Beschäftigung. Hier sind u.a. Mobilitätshilfen für Arbeitslose über Darlehen, Beihilfen für die Fahrkosten sowie Trennungskosten in den ersten sechs Monaten der Beschäftigung und darüber hinaus Beihilfen für die Umzugskosten vorgesehen. Während es bei der Arbeitsvermittlung um eine Verbesserung des Informationsstands der Anbieter und Nachfrager auf dem Arbeitsmarkt geht, beinhalten die Maßnahmen zur Förderung der Arbeitsaufnahme direkte Hilfen, z. B. über Zuschüsse und Darlehen sowie Beihilfen. Zielsetzung ist es, Anreize zur Erhöhung der Mobilität der Arbeitskräfte zu geben. So können bis Ende 2004 Arbeitnehmer, die einem auf bis zu drei Monate befristeten Arbeitsverhältnis stehen und zuvor Arbeitslosenhilfe bezogen haben, eine Arbeitnehmerhilfe in Höhe von 13 Euro pro Arbeitstag erhalten, damit solche kurzfristigen Beschäftigungsverhältnisse attraktiver werden.

Zu 4) Die Bundesagentur fördert auch die Aufnahme einer selbständigen Tätigkeit, indem sie die Existenzgründung durch Arbeitnehmer mittels des Überbrückungsgeldes finanziell unterstützt. Beim Überbrückungsgeld wird in der Regel für sechs Monate der Betrag gezahlt, den der Arbeitnehmer als Arbeitslosengeld, -geld II oder -hilfe bezogen hat oder hätte. Hinzu kommt ein Betrag in Höhe der auf das Arbeitslosengeld bzw. auf das -geld II oder -hilfe entfallenden pauschalisierten Sozialversicherungsbeiträge. Während das Überbrückungsgeld eine Kann-Leistung war, ist dieses mit dem 1.1.2004 in eine Pflichtleistung überführt worden. Darüber hinaus haben Arbeitnehmer, die durch die Aufnahme einer selbständigen Tätigkeit die Arbeitslosigkeit beenden, bis Ende 2005 einen Anspruch auf einen Existenzgründungszuschuss. Dieser wird bis zu drei Jahre gewährt. Der steuerfreie Zuschuss beträgt im ersten Jahr 600 Euro im Monat, im zweiten 360 Euro und im dritten 240 Euro. Dabei darf das Einkommen 25 000 Euro im Jahr nicht überschreiten und der Geförderte darf allenfalls Familienangehörige beschäftigen (Ich bzw. Familien AG). Während der Förderung ist die

Mitgliedschaft in der gesetzlichen Rentenversicherung im Gegensatz zum Überbrückungsgeld gesetzlich vorgeschrieben.

	Überbrückungsgeld	Existenzgründungszuschuss
Voraussetzungen	- Anspruch auf Entgeltersatzleistungen oder Teilnahme an einer Arbeitsbeschaffungsmaßnahme und - Vorlage einer Stellungnahme einer fachkundigen Stelle über die Tragfähigkeit der Existenzgründung	- Anspruch auf Entgeltersatzleistungen oder Teilnahme an einer Arbeitsbeschaffungsmaßnahme; - Nach Aufnahme der selbstständigen Tätigkeit darf das Arbeitseinkommen 25.000 EUR im Jahr nicht überschreiten; - Es dürfen keine Arbeitnehmer, lediglich mithelfende Familienangehörige beschäftigt werden.
Leistungen	- ÜG wird für eine Dauer von sechs Monaten geleistet in Höhe des zuletzt bezogenen Arbeitslosengeldes bzw. der Arbeitslosenhilfe (bzw. in Höhe der Lohnersatzleistung, die der Antragsteller im Falle von Arbeitslosigkeit erhalten hätte), zuzüglich eines pauschalierten Sozialversicherungsbeitrages. - Die neuen Selbstständigen sind für ihre soziale Absicherung selbst verantwortlich.	- Zuschuss für bis zu drei Jahre; Bewilligung für jeweils ein Jahr. Im ersten Jahr nach Beendigung der Arbeitslosigkeit 600 EUR/ Monat, im zweiten Jahr 360 EUR/Monat, im dritten Jahr 240 EUR/Monat. - Während der Förderung ist die Mitgliedschaft in der gesetzlichen Rentenversicherung verpflichtend vorgeschrieben. In der gesetzlichen Kranken- und Pflegeversicherung ist die Mitgliedschaft zu besonders günstigen Konditionen möglich - Danach sind die neuen Selbstständigen für ihre soziale Absicherung selbst verantwortlich
Einschränkungen oder Ausschluss	- ÜG kann nicht gewährt werden, wenn Ruhenstatbestände vorliegen. - Das ÜG kann u. U. gemindert oder verkürzt werden, z. B. wegen Sperrzeit oder Säumniszeit	- Der Zuschuss wird nach Ablauf des Bewilligungszeitraums nicht mehr erbracht, wenn das Arbeitseinkommen im Jahr 25.000 EUR überschreitet. Bereits geleistete Zuschüsse müssen jedoch in keinem Fall zurückgezahlt werden. - Sperrzeiten oder Säumniszeiten verkürzen die Förderdauer.
Gemeinsamkeiten	- Es kann jeweils nur die eine oder die andere Leistung in Anspruch genommen werden. - Beide Programme bieten für eine Übergangszeit die Möglichkeit der Rückkehr in den Leistungsbezug. Der Anspruch auf Arbeitslosengeld bleibt nach seiner Entstehung für vier Jahre bestehen	

Tab. 6.1. Überbrückungsgeld (ÜG) und Existenzgründungszuschuss (EXGz) im Vergleich, Quelle: Bundesarbeitsblatt 3-2003

Darüber hinaus benötigt man beim Existenzgründungszuschuss keinen Nachweis der Tragfähigkeit der Existenzgründung, so dass zu befürchten ist, dass auch solche Projekte bezuschusst werden, bei denen man schon im Vorhinein absehen kann, dass sie scheitern und den Geförderten nur in finanzielle Schwierigkeiten bringen werden. Dies ist insbesondere dann der Fall, wenn ein Arbeitnehmer einen Existenzgründungszuschuss in Anspruch nimmt, weil er beim Überbrückungsgeld die Tragfähigkeit nicht nachweisen kann. In Tabelle 6.1 findet man einen Überblick über die alternativen Regelungen.

Zu 5) Gerade im Prozess der Globalisierung gewinnt ein hoher Ausbildungsstand an Bedeutung, um international wettbewerbsfähig zu bleiben. Besonders wenig qualifizierte Arbeitskräfte sind von Arbeitslosigkeit bedroht. Jugendliche ohne ausreichende Berufsausbildung haben nur geringe Chancen, eine Arbeitsstelle zu erhalten. Von daher ist es nur konsequent, wenn sich die Bundesagentur bemüht, die Berufsausbildung zu fördern. Dazu gewährt sie u. a. den Auszubildenden Beihilfen für den Lebensunterhalt entsprechend den Regelungen des Bundesausbildungsförderungsgesetzes, sofern sie außerhalb des Haushaltes der Eltern wohnen. Hinzu kommt die Übernahme von Fahrtkosten sowie Lehrgangskosten. Um den Arbeitnehmern eine berufliche Weiterbildung zu ermöglichen, die auf ihre spezifischen Interessen ausgerichtet ist, erhalten Anspruchsberechtigte Bildungsgutscheine. Diese ermöglichen die freie Wahl unter den von der Agentur für Arbeit ausgewählten Trägern durch den zu Fördernden, was den Wettbewerb unter den Trägern der beruflichen Weiterbildung intensiviert.

Zu 6) Viele Arbeitnehmer verfügen über eine Berufsausbildung und sind dennoch arbeitslos oder mit Arbeitslosigkeit bedroht. Dies ist u. a. darauf zurück zu führen, dass sie in ihrer Berufsausbildung nur unzureichend Qualifikationen erworben haben, ihre Qualifikationen veraltet sind oder überhaupt nicht mehr nachgefragt werden. Immer mehr zeigt sich, dass eine einzige Berufsausbildung aufgrund des technischen Fortschritts nicht mehr ausreicht und eine ständige berufliche Weiterbildung notwendig ist. Um diese zu fördern, bietet die Bundesagentur finanzielle Unterstützung an, indem sie die Weiterbildungskosten in Form von Lehrgangs-, Fahrtkosten und die Kosten für auswärtige Unterbringung und Verpflegung sowie für die Kinderbetreuung zum Teil übernimmt.

Zu 7) Besonders schwierig ist die berufliche Eingliederung von Behinderten. Obwohl private als auch öffentliche Unternehmen laut Schwerbehindertengesetz verpflichtet sind, eine gewisse Quote von Behinderten zu

beschäftigen und im Falle der Nichterfüllung entsprechende Ausgleichszahlungen zu leisten haben, stellen wir fest, dass die Arbeitslosenrate bei
Behinderten relativ hoch und ihre Vermittlung immens schwierig ist.
Deshalb sieht der Gesetzgeber eine besondere Förderung von Behinderten
durch die Bundesagentur vor. Neben den allgemeinen Leistungen der
beruflichen Eingliederung gibt es u. U. Hilfen, bei denen auch nicht arbeitslose Behinderte anspruchsberechtigt sind und eine längere Förderung
möglich ist, sowie besondere Leistungen, die auf die spezifische Situation
Behinderter ausgerichtet sind.

Während die bisherigen Maßnahmen der Bundesagentur der Arbeitsförderung zuzuordnen sind, bei denen es primär um den Erhalt bzw. die Schaffung von Arbeitsplätzen geht, dienen die Entgeltersatzleistungen in erster
Linie dem finanziellen Ausgleich bei Eintritt der Arbeitslosigkeit.

Zu 8) Das Arbeitslosengeld ist die klassische Leistung der Bundesagentur
für Arbeitslose. Arbeitslosengeld wird nur unter folgenden Voraussetzungen gezahlt: Der Arbeitnehmer muss arbeitslos sein oder an einer beruflichen Weiterbildung teilnehmen. Arbeitnehmer über 65 Jahre haben keinen
Anspruch. Arbeitslos ist ein Arbeitnehmer, der in keinem Beschäftigungsverhältnis steht oder einer Beschäftigung von weniger als 15 Stunden
wöchentlich nachgeht. Arbeitslosengeld erhält weiter nur derjenige, der die
Anwartschaftszeit erfüllt hat. Darüber hinaus muss der Arbeitslose sich
bemühen, seine Beschäftigungslosigkeit zu beenden, und insbesondere den
Vermittlungsbemühungen der Agentur für Arbeit zur Verfügung stehen.
Zur Verfügung steht ein Arbeitnehmer, wenn er u. a. eine versicherungspflichtige zumutbare 15-stündige Beschäftigung pro Woche ausüben und
an Eingliederungsmaßnahmen der Agentur für Arbeit teilnehmen kann. Bei
Schülern und Studenten nimmt man an, dass sie nur versicherungsfreie
Beschäftigungen ausüben können. Zusätzlich muss er auch bereit sein,
entsprechende Aufgaben zu erfüllen. Für einen Arbeitslosen sind im Prinzip alle seinen Fähigkeiten entsprechenden Beschäftigungen zumutbar.
Unzumutbar ist für einen Arbeitslosen eine Beschäftigung, die gegen gesetzliche, tarifliche oder in Betriebsvereinbarungen festgelegte Bestimmungen über Arbeitsbedingungen oder des Arbeitsschutzes verstößt.

Zumutbar ist eine Beschäftigung auch dann, wenn das Arbeitsentgelt erheblich niedriger als das ursprüngliche Arbeitsentgelt ist. In den ersten drei
Monaten der Arbeitslosigkeit ist eine Minderung von maximal 20 %, sodann eine von 30 % des ursprünglichen Arbeitsentgeltes hinzunehmen.

Ab dem siebenten Monat ist eine Beschäftigung nur dann unzumutbar, wenn das Nettoentgelt sowie die damit verbundenen Aufwendungen niedriger als das Arbeitslosengeld sind.

Eine Beschäftigung ist auch dann nicht zumutbar, wenn eine Pendelzeit von mehr als 2,5 (2) Stunden bei einer Arbeitszeit von mehr (weniger) als 6 Stunden notwendig ist. Für Arbeitslose ohne familiale Bindung ist ein Umzug grundsätzlich zumutbar. Ein besonderer Berufsschutz besteht nicht.

Zusätzlich muss sich der Arbeitnehmer persönlich beim zuständigen Arbeitsamt sofort arbeitslos melden, wenn ihm die Kündigung mitgeteilt worden ist, bzw. mit Arbeitslosigkeit zu rechen hat. Diese Regelung dient dazu, schon frühzeitig die Spanne zwischen Kündigung und Beginn der Arbeitslosigkeit für die Vermittlung zu nutzen. Die Arbeitgeber sollen ihre Arbeitnehmer frühzeitig vor der Beendigung des Arbeitsverhältnisses auf die Verpflichtung zur unverzüglichen Meldung beim Arbeitsamt informieren und ihnen die Teilnahme an erforderlichen Qualifizierungsmaßnamen ermöglichen. Der Arbeitnehmer kann im Prinzip bei und nach seiner Arbeitslosenmeldung den Leistungsbeginn selbst festlegen.

Schließlich muss er die Anwartschaftszeit erfüllt haben. Dies besagt, dass ein Arbeitnehmer in den letzten zwei Jahren mindestens zwölf Monate in einem versicherungspflichtigen Beschäftigungsverhältnis stehen musste. Für Saisonarbeiter und Wehrdienstleistende sowie Zivildienstleistende gilt eine Übergangsregelung bis 2006. Für sie reichte eine Anwartschaftszeit von sechs Monaten.

Die Dauer des Anspruchs auf Arbeitslosengeld bestimmt sich nach der Dauer der Beitragszahlungen und dem Alter des Arbeitslosen, wie dies in der Tabelle 6.2 deutlich wird.

Aufgrund des Gesetzes zu Reformen am Arbeitsmarkt, das am 1.1.2004 in Kraft getreten ist, wird nach einer Übergangsfrist ab 2006 die Anspruchsdauer verkürzt, wie in Tabelle 6.3 dargestellt.

Das Arbeitslosengeld beträgt für Arbeitslose mit mindestens einem Kind sowie für Arbeitslose, deren Ehepartner bzw. Partner mindestens ein Kind hat, 67 % und für sonstige 60 % des pauschalierten Nettoarbeitsentgelts (Leistungsentgelt). Vereinfachend dargestellt bestimmt sich im Prinzip das Leistungsentgelt wie folgt: Zuerst wird das durchschnittliche beitragspflichtige Arbeitsentgelt des letzten Jahres bezogen auf den Zeitraum, in dem Entgelt gezahlt wurde, bestimmt. Dieses Bemessungsentgelt ergibt bei pauschaliertem Abzug der Sozialversicherungsbeiträge von 21 %, der Lohnsteuer nach Lohnsteuertabelle sowie des Solidaritätszuschlags das Leistungsentgelt.

Nach Versicherungspflichtver-hältnissen mit einer Dauer von insgesamt mindestens ... Monaten	Und nach Vollendung des ... Lebens-jahres	... Monate
12		6
16		8
20		10
24		12
28	45	14
32	45	16
36	45	18
40	47	20
44	47	22
48	52	24
52	52	26
56	57	28
60	57	30
64	57	32

Tab.: 6.2: Dauer des Anspruchs auf Arbeitslosengeld, Quelle: § 127 (2) SGB III

Nach Versicherungspflichtver-hältnissen mit einer Dauer von insgesamt mindestens ... Monaten	Und nach Vollendung des ... Lebens-jahres	... Monate
12		6
16		8
20		10
24		12
30	55	15
36	55	18

Tab.: 6.3: Geänderte Dauer des Anspruchs auf Arbeitslosengeld, Quelle: § 127 (2) SGB III(neu)

Wenn der Arbeitlose in den letzten zwei Jahren Arbeitslosengeld bezogen hat, so ist das neue Bemessungsentgelt mindestens so hoch wie das letzte zur Bestimmung des Arbeitslosengeldes.

Nicht nur dadurch, dass bei dem Arbeitslosengeld zwischen Arbeitslosen mit und ohne Kindern differenziert wird, sondern auch mit der Regelung, dass Abfindungen auf das Arbeitslosengeld angerechnet werden, wird das Äquivalenzprinzip in der Arbeitslosenversicherung durchbrochen. Durch das Entlassungsentschädigungs-Änderungsgesetz von 1999 werden aber Abfindungen nur beim Vorliegen besonderer Umstände beim Arbeitslosengeld angerechnet.

Dadurch, dass die Bundesagentur die Beiträge zur Krankenversicherung sowie zur Renten- und Pflegeversicherung in Höhe von 80 % des Arbeitsentgeltes übernimmt, sind die Bezieher von Arbeitslosengeld kranken-, renten- und pflegeversichert. Die reduzierte Beitragsbemessungsgrundlage führt zu entsprechenden Ausfällen bei den Krankenkassen, der Renten- und Pflegeversicherung, was u. a. zu den höheren Beitragssätzen aufgrund der verschlechterten Beschäftigungssituation geführt hat. Die rentenrechtliche Regelung hat u. a. zur Folge, dass sich Arbeitslosigkeit später in einer geringeren Rente niederschlägt (siehe dazu das 3. Kapitel).

Um moral hazard in der Arbeitslosenversicherung unattraktiver zu machen, ist mit dem 3. Gesetz für moderne Dienstleistungen am Arbeitsmarkt das Sanktionspotential der Bundesagentur ausgeweitet worden. Drastisch verschärft wurde z. B. die Regelung, dass bei einem Arbeitslosen, der sich nicht unverzüglich arbeitslos gemeldet hat, das Arbeitslosengeld bei einem Bemessungsentgelt bis zu 60 Euro um 7 Euro, bei bis zu 100 Euro um 50 Euro für jeden Tag der verspäteten Meldung gemindert wird.

Bei versicherungswidrigem Verhalten des Arbeitnehmers ruht der Anspruch für die Dauer einer Sperrzeit. Dieses liegt bei nicht gerechtfertigter Arbeitsaufgabe, Arbeitsablehnung, Ablehnung bzw. Abbruch einer beruflichen Eingliederungsmaßnahme, unzureichenden Eigenbemühungen sowie bei einem Meldeversäumnis vor. Die Dauer der Sperrzeiten liegt zwischen 2 und 12 Wochen.

Dabei liegt die Beweislast beim Versicherten, der die Erfüllung seiner Verpflichtungen gegenüber der Agentur für Arbeit nachweisen muss.

Das Arbeitslosengeld wird gekürzt, wenn ein Arbeitnehmer eine Beschäftigung von weniger als 15 Stunden aufnimmt. Das Nettoeinkommen wird unter Berücksichtigung eines Freibetrages von 20 % des monatlichen Arbeitslosengeldes auf das Arbeitslosengeld angerechnet.

Des Weiteren ruht z. B. der Anspruch auf Arbeitslosengeld, wenn der Arbeitslose Anspruch auf Krankengeld, Rente wegen voller Erwerbsminderung oder Altersrente hat. Bekommt ein Arbeitnehmer eine Abfindung und wird das Arbeitsverhältnis ohne Einhaltung der ordentlichen Kündigungsfrist beendet, so ruht der Anspruch auf Arbeitslosengeld bis zum Tag, an dem das Arbeitsverhältnis fristgemäß geendet wäre.

Insbesondere darf durch die Gewährung von Arbeitslosengeld nicht in Arbeitskämpfe eingegriffen werden, da dies der Neutralitätspflicht der Bundesagentur widersprechen würde. Für einen Arbeitnehmer, der aufgrund seiner Beteiligung an einem Arbeitskampf arbeitslos geworden ist, ruht bis zur Beendigung der Auseinandersetzung sein Anspruch.

Ergänzend zum Arbeitslosengeld ist mit der Reform des Arbeitsförderungsgesetzes das Teilarbeitslosengeld eingeführt worden. Durch diese Maßnahme sollen auch Arbeitnehmer, die kein Normalarbeitsverhältnis haben, ebenfalls abgesichert werden. Es geht hier um Arbeitnehmer, die über keine Vollerwerbsstelle, sondern über mehrere nebeneinander ausgeführte versicherungspflichtige Beschäftigungsverhältnisse verfügen. Dieser Personenkreis ist anspruchsberechtigt, wenn der Arbeitnehmer teilarbeitslos ist und die sonstigen Voraussetzungen für den Anspruch auf Arbeitslosengeld erfüllt. Teilarbeitslos ist ein Arbeitnehmer, wenn er bei seinem versicherungspflichtigen Beschäftigungen mindestens eine Beschäftigung verloren hat und dafür eine neue sucht. Die Dauer des Anspruchs auf Teilarbeitslosengeld beträgt aber nur sechs Monate.

Arbeitnehmer haben nicht nur dadurch ein Einkommensrisiko, dass sie arbeitslos werden können, sondern auch dadurch, dass es in ihrem Betrieb zu einem erheblichen Arbeitsausfall kommen kann und sie kurzarbeiten müssen. Zur Absicherung dieses Risikos ist das (konjunkturelle) Kurzarbeitergeld vorgesehen. Dieses Instrument dient nicht nur zur Einkommenssicherung, sondern auch zur Überbrückung von Beschäftigungsschwierigkeiten und so zum Erhalt von Arbeitsplätzen. Anspruch auf diese Leistung haben nur Arbeitnehmer, bei denen ein erheblicher Arbeitsausfall mit entsprechendem Entgeltausfall vorliegt und die in einem Betrieb mit mindestens einem regelmäßig beschäftigten Arbeitnehmer beschäftigt sind. Des Weiteren muss der Arbeitnehmer auch weiter im Betrieb beschäftigt sein und der Arbeitsausfall muss beim Arbeitsamt angezeigt worden sein.

Um zu verhindern, dass die Betriebe ungerechtfertigt Arbeitskosten, die sich aus normalen Absatzschwankungen ergeben, auf die Bundesagentur überwälzen, besteht nur ein Anspruch, wenn der Arbeitsausfall unvermeidbar war. Vermeidbar sind insbesondere Arbeitsausfälle, die branchenüblich bzw. saisonbedingt oder auf betriebsinterne Umstrukturierungen zurückzuführen sind.

Um eine Dauersubventionierung von Arbeitsplätzen durch Kurzarbeitergeld zu verhindern, wird nur der Arbeitsausfall berücksichtigt, der vorübergehend ist, eine Regelung, die in den neuen Bundesländern aufgrund der besonderen Problematik des Transformationsprozesses besonders extensiv interpretiert wurde.

Besonders schwierig wird die Gewährung des Kurzarbeitergeldes, wenn der Arbeitsausfall auf Streiks in anderen Unternehmen zurückzuführen ist, da dann leicht die Bundesagentur mit der Gewährung von finanziellen Leistungen ihr Neutralitätsgebot im Arbeitskampf verletzt. Durch die Ausweitung der just-in-time-Produktion führt z. B. ein Streik schnell zu einem Produktionsausfall in einem Zulieferbetrieb bzw. in einem Abnehmerbetrieb. Darüber hinaus können bei starker Lieferverflechtung der Unternehmen mittels Schwerpunktstreiks die Gewerkschaften gezielt ganze Branchen lahm legen. Würde für diese Branchen Kurzarbeitergeld bezahlt, käme es zu einer starken Entlastung der Streikkassen der Gewerkschaften. Deshalb werden von der Bundesagentur keine Leistungen für Arbeitnehmer im umkämpften Tarifgebiet und in den Gebieten gewährt, in denen von der Gewerkschaft eine Hauptforderung erhoben worden ist, die einer Hauptforderung des Arbeitskampfes annähernd entspricht.

Das Kurzarbeitergeld beträgt für Arbeitnehmer mit mindestens einem Kind 67 % und sonst 60 % des Nettoarbeitsentgeltes für die Ausfallstunden. Die Dauer der Gewährung beträgt 6 Monate, kann aber unter besonderen Umständen auf 24 Monate ausgeweitet werden. Dieses Instrument ist z. B. sehr stark in den neuen Bundesländern in Form des 100%igen Kurzarbeitergeldes angewandt worden, um eigentlich notwendige Entlassungen aufzuschieben.

Oft verlieren Arbeitnehmer ihr Arbeitsentgelt, wenn ein Unternehmer zahlungsunfähig wird. Zur Absicherung der Ansprüche der Arbeitnehmer ist das Insolvenzgeld eingeführt worden. Liegt die Insolvenz des Arbeitgebers vor, so haben die Arbeitnehmer Anspruch auf Insolvenzgeld, wenn für die vorausgehenden drei Monate des Arbeitsverhältnisses noch Ansprüche auf Arbeitsentgelt bestehen. Das Insolvenzgeld wird in Höhe des Leistungsentgelts geleistet, das sich ergibt, wenn das auf die monatliche Beitragsbemessungsgrenze begrenzte Entgelt um die gesetzlichen Abzüge vermindert wird. Unter bestimmten Voraussetzungen kann das Arbeitsamt einen Vorschuss auf das Insolvenzgeld erbringen.

Läuft der Anspruch auf Arbeitslosengeld für einen Arbeitslosen nach einer gewissen Zeit aus, so hat er nur dann einen Anspruch auf Arbeitslosenhilfe (Anschluss-Arbeitslosenhilfe), wenn der Versicherte weiter arbeitslos ist, er der Arbeitsvermittlung zur Verfügung steht, arbeitslos gemeldet ist und Arbeitslosenhilfe beantragt hat und wenn er – anders als beim Arbeitslosengeld – zusätzlich bedürftig ist. Arbeitslosenhilfe kann auch der erhalten, der keinen Anspruch auf Arbeitslosengeld hat, weil er die Anwartschaftszeit nicht erfüllt. Die Arbeitslosenhilfe beträgt für Arbeitslose mit mindestens einem Kind 57 % und sonst 53 % des um die gesetzlichen Abzüge, die bei Arbeitnehmern gewöhnlich anfallen, verminderten Arbeitsentgelts. Des Weiteren übernimmt die Bundesagentur wie beim Arbeitslosengeld die Beiträge zur Kranken-, Renten- und Pflegeversicherung. Dabei beträgt die Beitragsbemessungsgrundlage für die Zahlung der Bundesagentur die geleistete Arbeitslosenhilfe. Die Arbeitslosenhilfe wird 2005 durch das Arbeitslosengeld II ersetzt.

Arbeitslosengeld und -hilfe unterscheiden sich nicht nur in der Höhe der finanziellen Leistung, sondern auch darin, dass Arbeitslosenhilfe zeitlich unbefristet gewährt wird. Dabei wird das zur Bestimmung der Arbeitslosenhilfe maßgebende Bemessungsentgelt jeweils nach Ablauf eines Jahres seit Entstehen des Anspruchs auf Arbeitslosenhilfe um 3 % bis auf höchstens 50 % abgesenkt, so dass die Arbeitslosenhilfeempfänger u. U. langfristig auf die Sozialhilfe angewiesen sind. Im Gegensatz zum Arbeitslosengeld stellt die Arbeitslosenhilfe keine Versicherung dar, bei der das Äquivalenzprinzip zum Tragen kommt. Denn bei der Arbeitslosenhilfe bestimmt sich die Leistung nicht nur über die Beiträge (Arbeitsentgelt), sondern auch über die Bedürftigkeit. Die Arbeitslosenhilfe wird auch nicht durch Versicherungsbeiträge finanziert, sondern über den Bundeshaushalt. Des Weiteren ist die Arbeitslosenhilfe nachrangig. Erst wenn die Ansprüche aus anderen Zweigen der Sozialversicherung nicht mehr ausreichen, kann auf die Arbeitslosenhilfe zurückgegriffen werden.

Zu 9) Während die obigen Entgeltersatzleistungen primär der passiven Arbeitsmarkpolitik zuzuordnen sind, sind die Maßnahmen zur Förderung der ganzjährigen Beschäftigung in der Bauwirtschaft der aktiven Arbeitsmarktpolitik zuzuordnen. In diesen Bereich hat es in den letzten Jahren erhebliche gesetzliche Änderungen gegeben. Zielsetzung dieser Maßnahmen – bei der dem Wintergeld eine zentrale Stellung zukommt – ist die Stabilisierung der Beschäftigung auch bei ungünstigen Witterungsbedingungen im Winter.

Heute zahlt die Bundesagentur nur noch Wintergeld und Winterausfallgeld. Das Wintergeld beträgt 1,03 Euro je geleisteter Arbeitsstunde und dient als Ausgleich für witterungsbedingte Mehrausgaben. Auch für die aus Witterungsgründen ausgefallenen Arbeitsstunden wird in der Winterzeit das Wintergeld als Zuschuss gewährt. Darüber hinaus gewährt die Bundesagentur Winterausfallgeld. Für deren Bemessung und Höhe die entsprechenden Regelungen und Vorschriften des Kurzarbeitergeldes gelten. Neu in den Leistungskatalog der Arbeitslosenversicherung ist mit dem 1. Gesetz für moderne Dienstleistungen am Arbeitsmarkt die Entgeltsicherung für ältere Arbeitnehmer eingeführt worden. Ältere Arbeitnehmer ab dem vollendeten 50. Lebensjahr, die arbeitslos waren bzw. von Arbeitslosigkeit bedroht sind, erhalten eine gewisse Absicherung ihres alten Nettolohns, wenn sie eine schlechter bezahlte Beschäftigung aufnehmen. Zum einen erhalten sie einen 50%igen Zuschuss ihrer Nettoentgeltdifferenz zwischen dem Entgelt bei ihrer alten und neuen Beschäftigung sowie eine Höherversicherung in der GRV auf 90 % des vorherigen Beitragsbemessungsentgelts. Der Zuschuss zum Arbeitsentgelt ist steuerfrei.

Zu 10) Ein völlig neues Instrument der aktiven Arbeitsförderung sieht das 3. Gesetz für moderne Dienstleistungen am Arbeitsmarkt mit den Transferleistungen vor. Dabei sollen Arbeitnehmer, die auf Grund von Betriebsänderungen von Arbeitslosigkeit bedroht sind, gezielt gefördert werden. Es werden Transfermaßnahmen gefördert, die zur Eingliederung von Arbeitnehmern in den Arbeitsmarkt dienen. An diesen Maßnahmen müssen sich die Arbeitgeber angemessen beteiligen. Die Maßnahmen müssen von Dritten durchgeführt und gewisse Qualitätsstandards erfüllen. Die Förderung beinhaltet einen Zuschuss der Bundesagentur von 50 % der Maßnahmekosten, jedoch höchstens 2 500 Euro je Geförderten.

Des Weiteren zahlt die Bundesagentur ein Transferkurzarbeitergeld zur Vermeidung von Entlassungen und zur Verbesserung der Vermittlungsaus-

sichten. Die Arbeitnehmer haben einen Rechtsanspruch auf diese besondere Form des Kurzarbeitergeldes, das der Förderung der Eingliederung bei
betrieblichen Restrukturierungen dient, wenn sie von einem dauerhaften
unvermeidbaren Arbeitsausfall mit Entgeltausfall betroffen und insbesondere der dauerhafte Arbeitsausfall der Agentur für Arbeit gemeldet wurde.
Die Bezugsfrist von Transferkurzarbeitergeld ist auf 12 Monate beschränkt. Die Höhe der Leistung entspricht dem des (konjunkturellen)
Kurzarbeitergeldes.

6.1.4.3 Leistungen an Arbeitgeber

In dem fünften Kapitel: Leistungen an Arbeitgeber geht es nicht primär um
die finanzielle Förderung von Arbeitgebern. Adressat dieser Maßnahmen
sind die Arbeitnehmer. Mittels finanzieller Anreize für die Arbeitgeber
sollen vielmehr die Arbeitnehmer gefördert werden. Dies kann über Eingliederungszuschüsse erfolgen. Dabei erhalten Arbeitgeber Zuschüsse zum
Arbeitsentgelt für die Einstellung von Arbeitnehmern, die ohne diese Leistung nicht zu vermitteln sind. Der Zuschuss soll die meist geringere Produktivität von neu Eingestellten kompensieren. Diese Maßnahme zielt
besonders auf die Eingliederung von Langzeitarbeitslosen ab, die aufgrund
anhaltender Arbeitslosigkeit oft demotiviert und dequalifiziert sind. Zum
einen gibt es Eingliederungszuschüsse für Arbeitnehmer mit Vermittlungs-
hemmnissen. Der Eingliederungszuschuss darf 50 % des berücksichti-
gungsfähigen Entgelts (regelmäßig gezahltes Arbeitsentgelt bzw. ortsübli-
che Arbeitsentgelte unterhalb der Beitragsbemessungsgrenze zuzüglich des
pauschalisierten Arbeitgeberanteils an den Beiträgen zur Sozialversicherung) nicht übersteigen und ist auf eine Förderdauer von maximal 12 Monaten beschränkt.

Zum anderen besteht die Möglichkeit von Eingliederungszuschüssen für
besonders betroffene schwerbehinderte Menschen. Bei ihnen ist eine Förderung von 70 % bei einer Laufzeit von bis zu 36 Monaten möglich.
Schwerbehinderte Personen, älter als 55 Jahre, können bis zu 96 Monaten
gefördert werden.

Um Neugründungen zu fördern und so die Beschäftigungschancen von
Arbeitnehmern zu verbessern, gibt es einen besonderen Einstellungszuschuss bei Neugründungen für Arbeitgeber, die vor nicht mehr als zwei
Jahren eine selbständige Tätigkeit aufgenommen haben. Unternehmen, die
nicht mehr als fünf Arbeitnehmer beschäftigen, können für höchstens zwei

eingestellte Arbeitslose einen Zuschuss erhalten. Der Zuschuss beträgt bis zu 50 % des Arbeitsentgeltes und wird für höchstens 12 Monate gewährt.

Des Weiteren können Arbeitgeber Zuschüsse für die berufliche Ausbildung von Auszubildenden erhalten. Damit soll das Angebot an Lehrstellen, das gerade in den neuen Bundesländern völlig unzureichend ist, erweitert werden. Darüber hinaus gibt es Zuschüsse zur beruflichen Eingliederung von Behinderten. Arbeitgeber, die einen Arbeitnehmer die Teilnahme an einer beruflichen Weiterbildung ermöglichen, können einen Zuschuss zum Arbeitsentgelt des eingestellten Arbeitslosen erhalten. Bei diesem Zuschuss zur „beruflichen Weiterbildung durch Vertretung" leistet die Agentur für Arbeit einen Einstellungszuschuss für die Dauer der Beschäftigung des Vertreters in Höhe von höchstens 100 % des Arbeitsentgelts des Vertreters. Die Förderdauer beträgt maximal zwölf Monate.

6.1.4.4 Leistungen an Träger

Träger sind im Sinne des sechsten Kapitels des SGB III natürliche oder juristische Personen, die Maßnahmen der Arbeitsförderung selbst durchführen oder durch Dritte durchführen lassen. Hierzu gehören z.B. Qualifizierungsgesellschaften, gemeinnützige Vereine, karitative Einrichtungen, die sich auf diesen Bereich der Förderung spezialisiert haben, sowie insbesondere die Kommunen. Bei der Vergabe an Trägern gilt ein wettbewerbliches Vergabeverfahren, bei dem der Eingliederungserfolg im Vordergrund steht. Art und Inhalt einer Maßnahme wird den Trägern nicht mehr durch die Agentur für Arbeit vorgegeben.

Die Träger können Zuschüsse für Maßnahmen der beruflichen Ausbildung erhalten. Sie können Zuschüsse für die Ausbildungsvergütung, Maßnahmekosten zur Deckung der Personalkosten bei der Durchführung der Maßnahme sowie Zuschüsse für die Weiterbildung des Betreuungspersonals und für die Fahrtkosten der Teilnehmer an der Maßnahme erhalten.

Darüber hinaus können die Träger der beruflichen Aus- und Weiterbildung oder der beruflichen Rehabilitation selbst durch Darlehen und Zuschüsse gefördert werden, wenn dies für ihre Leistungserbringung im Rahmen der aktiven Arbeitsförderung erforderlich ist und sie sich ausreichend an den Kosten beteiligen.

Zusätzlich können Jugendheime gefördert werden, wenn dies zum Ausgleich auf dem Ausbildungsstellenmarkt und zur Förderung der Berufsausbildung dient.

Schwerpunkt der Leistungen an Träger bildeten bis Ende 2003 Arbeitsbe-schaffungs- (ABM) und die Strukturanpassungsmaßnahmen (SAM) sowie die Beschäftigung schaffende Infrastrukturförderung, die bis Ende 2007 läuft. Mit dem 3. Gesetz für moderne Dienstleistungen am Arbeitsmarkt wurden die Strukturanpassungsmaßnahmen aus dem Katalog gestrichen, die anderen beiden Maßnahmenbereiche unter der Kategorie ABM zu-sammengefasst und die Zielvorgabe für ABM neu ausgerichtet. ABM dient nun dazu, bei hoher Arbeitslosigkeit auf Teilarbeitsmärkten die Arbeitslo-sigkeit über den zweiten Arbeitsmarkt zu verringern. Sie soll nur noch die Beschäftigungsfähigkeit der Geförderten erhalten. Das unrealistische Ziel der Verbesserung der Eingliederungsaussichten wird aufgegeben. Da es nicht die Aufgabe von ABM ist, neu Ansprüche auf Arbeitslosengeld durch eine Maßnahme zu ermöglichen, können Geförderte während einer ABM keine Anwartszeiten für den Anspruch auf Arbeitslosengeld aufbauen.

Voraussetzung für ABM ist, dass sie zusätzlich und im öffentlichen Inte-resse ist und insbesondere eine Beeinträchtigung der Wirtschaft durch ABM nicht zu befürchten ist. Dabei weist die Agentur für Arbeit die Ar-beitnehmer dem Träger von ABM zu. Bei den ABM unterscheidet man zwischen Regie-ABM, bei der die Maßnahme von dem geförderten Träger durchgeführt wird und der Vergabe-ABM, bei der ein privates Wirt-schaftsunternehmen mit der Durchführung beauftragt wird. Beide Formen sind zulässig. Maßnahmen sind vorrangig zu fördern, wenn damit die Eingliederungsaussichten der Geförderten verbessert werden.

Bei ABM sind zusätzlich auch angemessene Zeiten einer begleitenden Qualifizierung und eines betrieblichen Praktikums förderfähig.

ABM setzt die Förderbedürftigkeit der Arbeitnehmer der Maßnahme vor-aus. Dies sind Arbeitslose, die eine ABM aufnehmen können und An-spruch auf Entgeltersatzleistungen haben. Darüber hinaus haben die Agen-turen einen gewissen Ermessensspielraum bei der Auswahl von Arbeits-losen für ABM. Die Förderung in ABM wird mit pauschalisierten Zu-schüssen vorgenommen. Bei Tätigkeiten, für die eine Hochschul- oder Fachhochschulausbildung erforderlich ist, beträgt die Förderung bis zu 1 300 Euro und wird stufenweise reduziert, so dass bei Tätigkeiten, die keine Ausbildung voraussetzen, sich die Förderung auf höchstens 900 Euro beläuft. Die Agentur kann 10 % Erhöhungen vornehmen. Die Förderungs-dauer beträgt in der Regel 12 Monate, kann aber auf 24 verlängert werden, wenn dazu ein arbeitsmarktpolitisches Interesse vorliegt oder der Träger sich verpflichtet, den Geförderten in ein Dauerarbeitsverhältnis zu übernehmen. Werden vorwiegend ältere Arbeitnehmer über 55 Jahren gefördert, so ist eine Förderung über 36 Monate zulässig. Eine wiederholte Zuweisung in eine ABM ist für Arbeitnehmer unter 55 Jahren erst nach 3 Jahren wieder möglich.

Bei den ABM zur „Beschäftigung schaffenden Infrastrukturförderung" werden durch einen angemessenen Zuschuss zu den Kosten Maßnahmen zur Verbesserung der Infrastruktur und zur Erhaltung und Verbesserung der Umwelt gefördert.

Bei dieser Maßnahme können öffentlich rechtliche Träger einen Zuschuss erhalten, wenn das Projekt von einem Wirtschaftsunternehmen durchgeführt wird, das sich verpflichtet, eine bestimmte Zahl von Arbeitslosen dabei zu beschäftigen (Vergabe-ABM). Die Zahl der Arbeitslosen darf aber nicht 35 % der Zahl der Beschäftigten überschreiten. Die Förderung soll in der Regel nicht 25 % der Gesamtkosten übersteigen.

Diese Maßnahmen waren und sind gerade im Aufbauprozess der neuen Bundesländer von Bedeutung (siehe Tabelle 6.4).

	1998		1999		2000		2001	
	West	Ost	West	Ost	West	Ost	West	Ost
Arbeitsbeschaf- fungsmaßnahmen	59	151	66	168	58	146	51	116
Strukturanpas- sungsmaßnahmen (ohne SAM Ost für Wirtschafts- unternehmen)	12	162	10	49	11	47	10	43
Strukturanpas- sungsmaßnahmen Ost für Wirtschafts- unternehmen	*	*	5	131	1	51	0	23

Tab. 6.4 Überblick ABM / SAM – Teilnehmer (in Tausend), Quelle: Sozialbericht 2001

6.1.5 Finanzierung der Arbeitslosenversicherung

Die Arbeitslosenversicherung wird paritätisch durch Beiträge der Arbeitnehmer und Arbeitgeber sowie über Mittel des Bundes sowie über Umlagen finanziert. Um einen Anreiz zu geben, Arbeitnehmer über 55 Jahre einzustellen, wird der Arbeitgeber bei diesen vom Beitrag zur Arbeitslosenversicherung befreit. Bemessungsgrundlage für die Beiträge ist das Arbeitsentgelt bis zur Beitragsbemessungsgrenze, die die der Rentenversicherung entspricht. Beitragsfrei sind Arbeitnehmer mit geringfügiger und kurzfristiger Beschäftigung. Der Beitragssatz liegt zur Zeit bei 6,5 % und hat sich in den letzten Jahrzehnten wie folgt entwickelt (siehe Abbildung 6.1.).

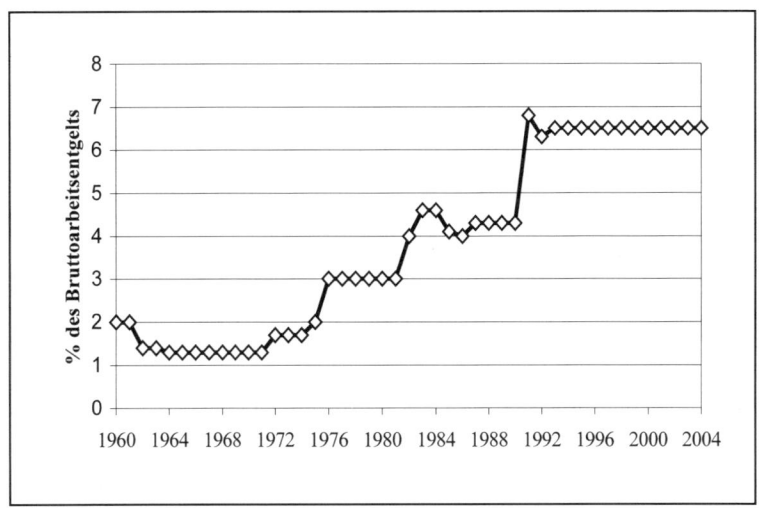

Abb. 6.1.: Entwicklung des Beitragssatzes zur Arbeitslosenversicherung, Quelle: BMWA

Den Beitrag teilen sich Arbeitgeber und Arbeitnehmer solidarisch zu gleichen Teilen. Die Beiträge werden von den jeweiligen Krankenkassen eingezogen. Die Beiträge werden für Zeiten, für die Krankengeld u. ä. gezahlt wird, von den entsprechenden Trägern übernommen.

Ein weiterer Einnahmeposten der Arbeitslosenversicherung sind die Umlagen für Wintergeld und das Insolvenzgeld. Die Umlage für das Wintergeld wird allein von den Arbeitgebern des Baugewerbe aufgebracht. Die Umlage für das Insolvenzgeld wird von den Unfallversicherungen durchgeführt, die bei den ihr angehörigen Unternehmen die entsprechenden Beiträge erheben.

Merkmal	1994		1996		1998		2001		2002
	West	Ost	West	Ost	West	Ost	West	Ost	Deutschland
Einnahmen der BA	77 582,9	12 074,5	79 241,7	12 582,8	79 104,5	11 983,1	86 883,2	12 1242,4	50 884,9
darunter:									
Beiträge	69 516,7	12 019,5	72 546,4	12 526,1	74 219,3	11 946,2	80 396,5	12 185,9	47 405,2
Umlagen	3 825,1		3 345,8		2 863,3		3 206,9		2 087,9
Bundeszu-schuss	10 198,7		13 756,2		7 719,4		3 776,7		5 623
Ausgaben der BA	58 217,4	41 647,2	67 362,1	38 225,7	60 188,0	38 663,7	64 986,2	37 915,9	56 507,9
Arbeitsför-derung Insgesamt	72 088,3	54 622,4	86 457,7	51 781,3	82 187,1	50 955,4	80 307,0	48 364,0	72 202,7
darunter:									
Aktive Arbeitsför-derung	18 724,5	34 798,0	21 571,9	25 234,2	19 147,1	19 858,6	23 872,8	18 892,2	22 142,8

Tab. 6.5.: Überblick über den Haushalt der Bundesanstalt für Arbeit (in DM; ab 2002 in Euro), Quelle: Sozialbericht 2001

Für Defizite der Bundesagentur kommt der Bund auf. Zum einen muss der Bund Defizite bis zur Höhe der Rücklagen der Bundesagentur über Darlehen finanzieren. Reichen die Darlehen nicht aus, gewährt der Bund Zuschüsse, um den Bedarf der Bundesagentur zu decken. Die Kosten der Arbeitslosenhilfe werden ebenfalls vom Bund übernommen, so dass auch von der Finanzierungsseite her die Arbeitslosenhilfe nicht als eine Versicherung angesehen werden kann. Von daher ist es problematisch, dass ein steuerfinanziertes System Versicherungsbeiträge als Anspruchsvoraussetzung vorsieht. Mit dem Arbeitslosengeld II fällt aber diese Anspruchsvoraussetzung weg.

6.2 Gesamtwirtschaftliche Beurteilung des SGB III

6.2.1 Zur Effizienz von ABM

Gegen die oben dargestellte produktive Arbeitsförderung werden gravierende Einwände erhoben. Zum einen wird auf den möglichen Mitnahmeeffekt hingewiesen. Unternehmen, die sowieso neue Arbeitskräfte einstellen, werden dieses Angebot der Bundesagentur nutzen, so dass bei der Bundesagentur unnötige Ausgaben entstehen, die keinen Beschäftigungseffekt bewirken. Bedeutsam ist auch der sogenannte Verdrängungseffekt. Relativ teure Arbeitskräfte werden durch billigere subventionierte Arbeitskräfte ersetzt, was nur zu unnötigen gesellschaftlichen turnover costs führt.

Des Weiteren wird auf den Substitutionseffekt dieser Förderung hingewiesen. Unternehmen, die über die produktive Arbeitsförderung subventioniert werden, sind aufgrund ihrer günstigeren Lohnkostensituation wettbewerbsfähiger und können so andere Unternehmen vom Markt drängen, so dass der gesamtwirtschaftliche Beschäftigungseffekt gering ausfällt. Diese Gefahr ist besonders stark, wenn staatliche Einrichtungen private Anbieter verdrängen.

Darüber hinaus werden die Unternehmen benachteiligt, die trotz schlechter Absatzsituation ihre Mitarbeiter weiter beschäftigt haben, aber letztendlich entlassen mussten. Sie können im Gegensatz zu den Unternehmen keine Förderung erhalten, die schon frühzeitig vorsorglich Arbeitsplätze abgebaut haben und sich gegenüber ihren Beschäftigten weniger solidarisch verhalten haben.

Es ist auch damit zu rechnen, dass die produktive Arbeitsförderung die regionale und berufliche Mobilität des Faktors Arbeit reduziert. Insbesondere gilt dies für die in den neuen Bundesländern eingerichteten Beschäftigungsgesellschaften. Für diese Beschäftigungsgesellschaften, die oft geschaffen wurden, um die Beschäftigten von aufgelösten Unternehmen der Treuhandanstalt zu übernehmen, ist kennzeichnend, dass alle Beschäftigten in einer Arbeitsbeschaffungsmaßnahme stehen. Diese Gesellschaften dienen dann oft nicht dazu, neue Arbeitsplätze zu schaffen, sondern die Versicherungsansprüche ihrer Beschäftigten weiter abzusichern. In diesen Gesellschaften ist oft eine qualifizierte Weiterbildung nicht möglich, da die Gesellschaften nicht finanziell ausreichend ausgestattet waren und die Anbindung an den ersten Arbeitsmarkt fehlte. Eine weitere Schwäche der

Beschäftigungsgesellschaften liegt darin, dass sich in ihnen eine negative Selektion in dem Sinne vollzieht, dass zuerst die am besten Qualifizierten abwandern und so die Produktivität in diesen Gesellschaften sinkt und oft auch die Motivation der in ihnen Verbliebenen. Wesentlich effizienter sind Lohnkostenzuschüsse, wenn sie primär an den ersten Arbeitsmarkt gewährt werden. Unter diesem Gesichtspunkt ist es sinnvoll, verstärkt auf Vergabe-ABM zu setzen, bei der Träger AB-Projekte im Wettbewerb ausschreiben und private Anbieter Projekte mit der Auflage durchführen, bei dem Projekt die vereinbarte Anzahl von durch die Maßnahme geförderter Arbeitnehmer zu beschäftigen. Des Weiteren wird darauf hingewiesen, dass Arbeitslose ihre Bemühungen, eine Beschäftigung auf dem ersten Arbeitsmarkt zu finden, einschränken, wenn sie vom Arbeitsamt schon die Zusage auf eine baldige ABM haben.

Nicht nur aus Arbeitgeber-, sondern auch aus gewerkschaftlicher Sicht werden die Vergabe-ABM kritisch beurteilt. Die Gewerkschaften befürchten, dass durch sie Arbeitnehmerrechte abgebaut werden, indem reguläre Arbeitsverhältnisse durch arbeitsrechtlich weniger geschützte Vergabe-ABM ersetzt werden. Dies gilt insbesondere für den Kündigungsschutz. Die Gewerkschaften haben die Sorge, dass sich Unternehmensstrukturen etablieren, bei denen ein Unternehmen aus einer Kernbelegschaft regulärer Arbeitskräfte und einer Randbelegschaft von ABM-Beschäftigten besteht, die eine reine Pufferfunktion hat.

Mit der „Förderung von Beschäftigung schaffenden Infrastrukturmaßnahmen" ist das Aufgabengebiet der Arbeitsmarktpolitik ausgeweitet und diese ansatzweise zu einem Teilbereich der Regional- und Strukturpolitik geworden.

Wenn man die Instrumente der Arbeitsmarktpolitik effizient einsetzen will, so müssen sie zielgerichtet eingesetzt werden. Gerade in Zeiten knapper Mittel ist dies notwendig. Aus dieser Sicht ist die Ausweitung der Anspruchsberechtigten bei der Arbeitsförderung durch das Job-AQTIV-Gesetz z. B. durch den generellen Wegfall von Wartezeiten usw. nicht unproblematisch. Z. B. bewirkt eine Ausweitung des Einsatzes von Lohnkostenzuschüssen und ABM eine Verstärkung von reinen Mitnahmeeffekten. Auch wird der diskretionäre Spielraum der Bundesagentur bei ihren Entscheidungen unnötig erhöht. Da nicht mehr Mittel zugewiesen werden, aber der Kreis der Anspruchsberechtigten steigt, liegt es im Ermessen der Bundesagentur, interne Regeln der Mittelverteilung aufzustellen, die nicht so transparent wie gesetzliche Vorschriften sind. Die Ausweitung des Kreises der Berechtigten ist nur sinnvoll, wenn auch entsprechend mehr Mittel zur Verfügung gestellt werden.

Des Weiteren führt die Reform zu einer Aufgabenüberlastung bei der Bundesagentur und zu einer unzureichenden Zuordnung von Verantwortungen und Entscheidungsbefugnissen. Dies wird besonders deutlich, wenn wir das neue Aufgabengebiet der Bundesagentur „Förderung von Beschäftigung schaffenden Infrastrukturmaßnahmen" betrachten. Natürlich ist eine Integration von Arbeitsmarkt-, Regional- und Strukturpolitik sinnvoll und notwendig, ob aber der mit dem Gesetz eingeschlagene Weg der richtige ist, muss bezweifelt werden. Es wäre z. B. sinnvoller, die Finanzkraft der Kommunen zu stärken, damit sie ihre infrastrukturpolitischen Aufgaben finanzieren können, als diese Aufgabe der Bundesagentur zu übertragen, die für solche Aufgaben auch nur unzureichend legitimiert ist.

Infrastrukturmaßnahmen sind durch öffentliche Mittel (Steuern) zu finanzieren und nicht durch Versicherungsbeiträge. Dies ist weder allokativ noch distributiv erwünscht. Durch die Ausweitung des Aufgabengebietes der Arbeitslosenversicherung wird immer mehr das Versicherungsprinzip durchbrochen, was nicht wünschenswert ist.

Bei ihrem ranking arbeitsmarktpolitischer Aktivitäten kommt die benchmarking-Gruppe der Bundesregierung, die einen internationalen Vergleich vornimmt, zu folgender Wertung:

Arbeitsmarktpolitisch am effizientesten werden die Arbeitsvermittlung und Beratung evaluiert, da sie den Mismatch auf dem Arbeitsmarkt effizient abbauen können. An zweiter Stelle rangieren die Weiterbildungsmaßnahmen. Relativ kritisch werden dabei Maßnahmen für Jugendliche beurteilt, insbesondere dann, wenn es um relativ betriebs- und praxisferne Trainingsprogramme geht. An dritter Stelle rangieren Lohnsubventionen. Sie werden aufgrund von Mitnahme-, Substitutions- und Verdrängungseffekten, die bei bis zu 90 % liegen, sehr kritisch beurteilt. Entsprechend sollten sich solche Programme auf Problemgruppen (ältere Arbeitnehmer, Behinderte und Sozialhilfeempfänger) konzentrieren.

Am schlechtesten schneiden ABM ab. Dabei bezieht sich die benchmarking-Gruppe im Wesentlichen auf Untersuchungen in den neuen Bundesländern. Es wird dabei nur auf Maßnahmen im öffentlichen Sektor eingegangen. Eine Differenzierung zwischen Regie- und den Vergabe-

Maßnahmen wird nicht vorgenommen. Gerade letztere müssten aus der Perspektive der benchmarking-Gruppe eigentlich wesentlich positiver beurteilt werden, da mit ihnen eine betriebs- und praxisbezogene Weiter- und Fortbildung realisiert werden kann.

6.2.2 Allokative und distributive Effekte der Arbeitslosenversicherung

Keine Versicherung ist und war so umstritten wie die Arbeitslosenversicherung. Dies zeigten schon die heftigen Kontroversen des vorletzten Jahrhunderts, die der entgültigen Einführung der Arbeitslosenversicherung im Jahre 1927 in Deutschland vorausgingen. Der zentrale Kritikpunkt an der Arbeitslosenversicherung lässt sich auf folgende heftig umstrittene These konzentrieren: Eine Arbeitslosenversicherung löst die Probleme der Arbeitslosigkeit nur unzureichend und erhöht das Ausmaß der Arbeitslosigkeit in einer Gesellschaft, d. h. sie ist in jeder Hinsicht ineffizient. Provokant formuliert: Sie löst nur die Probleme, die sie selbst schafft.

Die Frage des Beschäftigungseffektes steht im Vordergrund der hier vorzunehmenden Analyse. Bei der Beurteilung der Arbeitslosenversicherung stehen in der Literatur hingegen zwei Aspekte im Zentrum: Zum einen die distributiven und zum anderen die allokativen Wirkungen der Arbeitslosenversicherung.

Aus allokativer Sicht ist auch die Arbeitslosenversicherung wie jede andere wohlfahrtssteigernd, wenn die Versicherten ausreichend risikoavers sind, ihnen eine faire Versicherung angeboten wird und die im 2. Kapitel aufgezeigten Funktionsbedingungen erfüllt sind. Die Annahme der Risikoaversion ist relativ unproblematisch und wir haben gezeigt, dass auch bei unterschiedlichem Ausmaß der Risikoaversion die Versicherten im Fall einer individuell fairen Versicherung eine paretooptimale Vollversicherung abschließen.

Faire Versicherungen können aber nur abgeschlossen werden, wenn die Vertragspartner die Risiken eindeutig bestimmen können. Sowohl aufgrund von Informationsasymmetrien als auch aufgrund der beschränkten Rationalität der Versicherungsnehmer ist dies im Allgemeinen nicht gegeben, so dass mit adverse-selection-Prozessen zu rechnen ist.

Eine weitere Funktionsbedingung für eine Versicherung erfüllt die Arbeitslosenversicherung nicht: den Ausschluss von moral hazard. Arbeitnehmer werden eine Vollversicherung gegen Arbeitslosigkeit zu ihren eigenen Gunsten nutzen und entsprechend ihre eigenen Suchaktivitäten als Arbeitslose anpassen. Das moral hazard Problem kann man in der Realität weder durch Kontrollen noch durch eine entsprechende Erfahrungstarifierung usw. perfekt lösen. Die Arbeitslosenversicherung ist u. a. aus diesem Grunde in der Bundesrepublik keine Vollversicherung, da die Lohnersatzrate bei höchstens 67 % liegt.

Da eine Arbeitslosenversicherung nicht die Idealbedingungen einer Versicherung erfüllt, ist ihre Effizienz, wie wir sie theoretisch für eine Vollversicherung abgeleitet haben, nicht unbedingt gewährleistet. Aber auch bei dem Bund finden wir eine spezifische Form des moral hazard, der immer neue versicherungsfremde Aufgaben auf die Bundesagentur für Arbeit überträgt und diese von den Versicherten finanzieren lässt, die sich gegen diesen „Vertragsbruch" nicht wehren können.

Weiter ist die Arbeitslosenversicherung nicht fair, da unterschiedliche Risiken bei gleichem Einkommen die gleichen Versicherungsbeiträge leisten müssen. Des Weiteren liegt eine Zwangsversicherung vor, so dass die Versicherungsnehmer sich nicht optimal anpassen können. Noch entsprechen sowohl auf der Ebene des einzelnen Versicherungsnehmers als auch auf der der Versicherungsgemeinschaft die erwarteten Einnahmen den erwarteten Ausgaben. Letzteres wird deutlich, wenn wir uns den Haushalt der Bundesagentur für Arbeit ansehen. Die Versicherungsbeiträge dienen nicht ausschließlich zur Finanzierung der Arbeitslosenversicherung, also des Arbeitslosengeldes, sondern auch für die der Arbeitsförderung, die auch Personen in Anspruch nehmen, die keine Mitglieder der Versicherungsgemeinschaft sind. Die Arbeitslosenversicherung ist auch deshalb versicherungstechnisch unfair, weil die Dauer des Anspruchs auf Arbeitslosengeld und damit das Volumen des ausgezahlten Arbeitslosengeldes von der Länge der vorherigen Zeit der Beitragszahlungen abhängt. Dies widerspricht dem Versicherungsprinzip. Z. B. würde keine Versicherung eine Feuerversicherung anbieten, bei der das Zahlungsvolumen im Schadensfall nicht nur von der Höhe des Schadens, sondern auch von dem Zeitraum der Beitragszahlung abhängt. Es ist aber zu vermuten, dass die guten Risiken eine lange Beitragszeit vorweisen, so dass es auch unter Äquivalenzgesichtspunkten teilweise gerechtfertigt ist, ihnen einen längeren Leistungsanspruch einzuräumen. Die Länge der Beitragszeiten, so wie sie in der Arbeitslosenversicherung geregelt ist, ist aber ein sehr schwacher Indikator für die Bestimmung eines guten Risikos.

Auch die These, dass die Arbeitslosenversicherung ein gutes Instrument zur Realisierung von Verteilungsgerechtigkeit sei, muss kritisch geprüft werden. Zuerst ist noch einmal darauf hinzuweisen, dass eine Versicherung keine sinnvolle Einrichtung für Verteilungskorrekturen ist, sondern dass dies besser über das Steuersystem bewerkstelligt werden sollte. Darüber hinaus ist zu prüfen, ob die existierende Ausgestaltung der Arbeitslosenversicherung tatsächlich zu mehr Gerechtigkeit führt.

Unter Gerechtigkeitsgesichtspunkten könnte man es für sinnvoll ansehen, dass alle Risiken den gleichen Beitragssatz zahlen. Dafür könnte das Argument sprechen, dass diejenigen, die einem hohen Arbeitsplatzrisiko ausgesetzt sind, nicht noch zusätzlich mit einem höheren Arbeitslosenversicherungsbeitrag bestraft werden sollen. Diese Argumentation ist aber unter dem Aspekt der Gerechtigkeit problematisch. Ein hohes Arbeitsplatzrisiko beinhaltet nicht unbedingt ein geringes Einkommen bzw. Armut. Warum sollen z. B. diejenigen, die einen Lohnverzicht üben und sich mit einem geringen Einkommen zufrieden geben, einen Einkommensverzicht für diejenigen vornehmen, die einen hohen Lohn fordern und bewusst ein Beschäftigungsrisiko eingehen? Dies besagt nichts anderes, als dass unter Gerechtigkeitsüberlegungen die Risikoaversen die Risikogeneigten unterstützen sollen.

Dass höhere Einkommen einen höheren Beitrag zahlen, ist kein Zeichen von Gerechtigkeit, da sie in der Arbeitslosenversicherung auch ein entsprechend höheres Arbeitslosengeld erhalten. Sie werden aber verstärkt zur Finanzierung der aktiven Arbeitsmarktpolitik herangezogen, sofern diese über Beiträge finanziert wird, ohne dass sie diese überproportional in Anspruch nehmen.

Da die Arbeitslosenversicherung eine Zwangsversicherung darstellt, nimmt sie darüber hinaus den Versicherten die Chance, über ihre Exit-Option, allokative und distributive Ineffizienzen aufzuzeigen, auch wenn unter dem Aspekt der Verhinderung von adverse selection eine Zwangsversicherung u. U. gerechtfertigt ist.

Diese hier gemachten Anmerkungen sollten aber nicht Anlass sein, im Sinne eines Alternativenradikalismus völlig auf eine staatliche Arbeitslosenversicherung zu verzichten. Denn auf eine rein marktliche Lösung des Risikos der Arbeitslosigkeit in Form einer privaten Versicherung zu bauen, ist wie die Realität zeigt, recht fragwürdig, scheitert doch eine rein privatwirtschaftliche Arbeitslosenversicherung daran, dass bei diesem Typus von Versicherung die im 2. Kapitel aufgezeigten Funktionsbedingungen in vielerlei Hinsicht gravierend verletzt werden. Deshalb wird hier ein anderer Weg eingeschlagen. Es wird die unter dem Effizienzgesichtspunkt zentrale Frage diskutiert, inwieweit die Arbeitslosenversicherung in ihrer jeweiligen konkreten Ausgestaltung einen positiven oder negativen Effekt auf die Arbeitslosenrate bewirkt.

6.2.3 Beschäftigungseffekte der Arbeitslosenversicherung

Hier stehen sich zwei konträre Positionen gegenüber. Zum einen die keynesianische Position, die eine Instabilität des privaten Sektors unterstellt und eine antizyklische Nachfragepolitik fordert, um Vollbeschäftigung zu gewährleisten. Dem steht zum anderen die neoklassische Position gegenüber, die von der Stabilität des privaten Sektors ausgeht und die eine potentialorientierte Politik verlangt. Während die keynesianische Position den Nachfrageeffekt der Fiskalpolitik hervorhebt, setzt die neoklassische Position an der Angebotsseite an und betont die mikroökonomischen Incentives und Disincentives, die von jeder Politik ausgehen.

Entsprechend unterstreicht die keynesianische Sicht den positiven Nachfrageeffekt einer Arbeitslosenversicherung, der zu einem Abbau von Arbeitslosigkeit führt. Ausgangspunkt dieser Argumentation ist ein einfacher Multiplikatoransatz, der anhand eines keynesianischen Modells abgeleitet werden kann.

Es sei folgende Nachfragefunktion $Y = Ca + c(Y + Tr) + I$ gegeben, wobei Y das Volkseinkommen, Ca den autonomen Konsum, c die marginale Konsumneigung und Tr den Transfer in Form von Arbeitslosengeld und I die Investitionen des privaten Sektors darstellen. Von sonstigen staatlichen Aktivitäten sehen wir ab und betrachten eine geschlossene Volkswirtschaft. Es gilt dann:

$dY = cdY + cdTr + dI$, so dass wir

$$dY = \frac{c}{1-c}dTr + \frac{1}{1-c}dI \text{ erhalten.}$$

Wir sehen, dass der Multiplikator des Arbeitslosengeldes $\dfrac{c}{1-c}$ kleiner als

der Investitionsmultiplikator $\dfrac{1}{1-c}$ ist, da die Konsumneigung $c < 1$ ist.

Bei dieser Multiplikatorbetrachtung stellt das Arbeitslosengeld einen perfekten built-in-stabilizer dar, wenn man die Veränderung der Ausgaben für Arbeitslosengeld so an die der Investitionen bindet, dass gilt:

$$\frac{dTr}{dI} = -\frac{1}{c},$$

denn dann erhält man

$$dY = \frac{c}{1-c}dTr + \frac{1}{1-c}dI = \frac{c}{1-c)(-c)}dI + \frac{1}{1-c}dI = 0.$$

Die Anpassung der Arbeitslosengeldzahlungen kompensiert automatisch vollkommen die negativen Effekte, die von einer Verringerung der Investitionstätigkeit ausgehen, so dass permanent Vollbeschäftigung von der Nachfrageseite her generiert wird. Diese keynesianische Sicht der Arbeitslosenversicherung geht aber von recht restriktiven Prämissen aus, die die Relevanz der Argumentation stark einschränken.

Man unterstellt autonome Investitionen. Geht man realistischerweise von zinselastischen Investitionen aus, so muss ein möglicher Crowding-Out-Effekt erhöhter staatlicher Transfers gesehen werden. Dieser Crowding-Out-Effekt tritt nicht ein, wenn sich die Wirtschaft in der keynesianischen Situation einer Liquiditätsfalle befindet, bei der sich ohne Ausweitung der Geldmenge zusätzliche Ausgaben mit marginalen Zinssteigerungen finanzieren lassen, so dass keine negativen Auswirkungen über Zinssteigerungen auf die Investitionsnachfrage auftreten. Eine andere Lösung kann darin liegen, dass die höheren Transfers über eine Ausweitung der Geldmenge finanziert werden, um Zinseffekte zu kompensieren. Damit geht eine erhöhte Kreditaufnahme der Arbeitslosenversicherung einher. Nur wenn der Staat diese erhöhte Kreditaufnahme akzeptiert und nicht durch eine Reduzierung seiner Ausgaben kompensiert, tritt eine entsprechende Nachfragebelebung ein.

Es ist aber – wie die Erfahrungen in der Weimarer Republik gezeigt haben – nicht damit zu rechnen, dass der Bund bei langanhaltender Arbeitslosigkeit ein chronisches Defizit der Arbeitslosenversicherung hinnimmt. Vielmehr ist entweder mit Leistungskürzungen oder mit Beitragserhöhungen zur Haushaltskonsolidierung zu rechnen, so dass von der Arbeitslosenversicherung kein vollständiger kompensatorischer Effekt mehr ausgeht.

Betrachtet man die unterstellte funktionale Beziehung zwischen den Transfers der Arbeitslosenversicherung und der Investitionstätigkeit mit $dTr = -\frac{1}{c}\,dI$, so sieht man, dass die Leistungen der Arbeitslosenversicherung zur Kompensation des Investitionsausfalls immens erhöht werden müssten und starken Schwankungen unterliegen. Natürlich nehmen die Ausgaben der Arbeitslosenversicherung bei einem Konjunktureinbruch zu, da mehr Beschäftigte arbeitslos werden, aber nicht in dem oben erwünschten Ausmaß. Hinzu kommt, dass mit anhaltender Arbeitslosigkeit die Leistungen der Bundesagentur zurückgehen, da immer mehr Arbeitslose ihren Anspruch auf Arbeitslosengeld verlieren und auf das niedrigere Arbeitslosengeld II (Arbeitslosenhilfe) angewiesen sind. Von daher ist es sehr fraglich, ob die Leistungen der Arbeitslosenversicherung so zeitlich abgestimmt werden können, dass sie einen guten built-in-stabilizer darstellen.

Der wohl wichtigste Kritikpunkt an der These des positiven Einflusses der Arbeitslosenversicherung auf die Beschäftigung bezieht sich auf die unterstellte Ausgangssituation, auf die Ursache der Arbeitslosigkeit, bei der ein Nachfragedefizit zur Arbeitslosigkeit führt. Diese keynesianische These wird von Neoklassikern in Frage gestellt. Sie betonen als Ursache der Arbeitslosigkeit die Angebotsseite und weisen auf Fehlanreize hin, die auf der Angebotsseite existieren. Ihre Argumentation ist dabei – im Gegensatz zu den makroökonomischen Kreislaufmodellen keynesianischer Prägung – mikroökonomisch ausgerichtet. Zentraler Argumentationsrahmen ist die natürliche Arbeitslosenrate.

Das Konzept der natürlichen Arbeitslosenrate, das im Wesentlichen von Milton Friedman geprägt wurde, stellt eine Weiterentwicklung der Phillipskurve dar, die, wie in Abb. 6.2. aufgezeigt, den kurzfristigen Zusammenhang zwischen Inflationsrate Wp und der Arbeitslosenrate U darstellt.

Durch eine Inflationspolitik, bei der die Inflationsrate Wp steigt, kann man kurzfristig die Arbeitslosigkeit reduzieren. Dies setzt aber voraus, dass die Inflationserwartungen EWp konstant bleiben. Steigen diese, so verschiebt sich die kurzfristige Phillipskurve nach oben. Der Schnittpunkt U^* ist die natürliche Arbeitslosenrate, von der nur kurzfristig durch eine gezielte Nachfragesteuerung abgewichen werden kann.

U^* ist das langfristige Gleichgewicht auf dem Arbeitsmarkt, das sich einstellt, wenn die Inflationserwartungen der tatsächlichen Inflationsrate entsprechen. Die Höhe der natürlichen Arbeitslosenrate bestimmt sich im Wesentlichen durch Marktunvollkommenheiten auf dem Arbeits- und dem Gütermarkt. Zu denken ist hier u. a. an Marktmacht, Informationsasymmetrien, Inflexibilitäten sowie Fehlanreize durch das Steuer- und Transfersystem.

Während die keynesiansche Konzeption den positiven Einfluss der Arbeitslosenversicherung anhand der kurzfristigen Phillipskurve begründet, betonen die Neoklassiker den negativen Einfluss der Arbeitslosenversicherung auf die natürliche Arbeitslosenrate U^*.

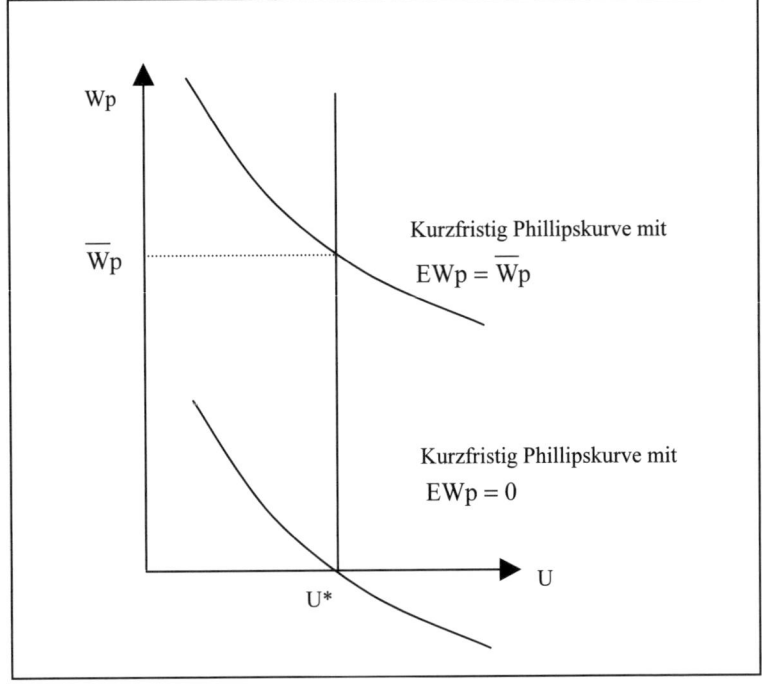

Abb. 6.2.: Phillipskurve

Folgende Argumentationsketten findet man dabei in der Literatur. Erstens stärkt die Arbeitslosenversicherung die Verhandlungsposition der Gewerkschaften bei den Tarifverhandlungen und ermöglicht es ihnen, über dem Marktgleichgewicht liegende Reallöhne durchzusetzen. Der Reservationslohnsatz eines Arbeitnehmers, der u. a. vom Nutzen der Freizeit, dem Vermögen und dem Arbeitslosengeld abhängt, steigt mit höherem Arbeitslosengeld. Dies hat zur Folge, dass untere Lohngruppen nicht mehr für Arbeitnehmer attraktiv sind und so insgesamt das Lohnniveau im unteren Bereich steigt, so dass sich die Verhandlungsposition der höher Qualifizierten verbessert, da ihre Drohposition, der Rückzug auf schlechter bezahlte Stellen bei Nichteinigung, zu einem höheren Entgelt führt. Die Verhandlungsposition der Gewerkschaften verbessert sich auch deshalb, weil das Konfliktpotential mit den eigenen Mitgliedern, die bei hohen Löhnen entlassen werden, durch das Arbeitslosengeld gemildert wird. Je geringer das Differential zwischen Lohnforderung und Arbeitslosengeld ist, um so eher werden die Gewerkschaftsmitglieder eine zur Arbeitslosigkeit führende Tarifforderung ihrer Gewerkschaft akzeptieren und unterstützen.

Zweitens erhöht die Arbeitslosenversicherung die Sucharbeitslosigkeit. Arbeitslose finden nicht sofort einen neuen Arbeitsplatz, da aufgrund der Inhomogenität des Arbeitsmarktes das Angebots- und Nachfrageprofil nicht übereinstimmen, so dass ein Arbeitnehmer erst seinen passenden Arbeitsplatz suchen muss. Im Allgemeinen kennt er nur den durchschnittlichen Arbeitslohn, der in seinem Beruf gezahlt wird, so dass er zwischen guten und schlechten Angeboten auswählen muss. Je höher nun das Arbeitslosengeld ist, um so attraktiver ist es für den einzelnen Arbeitnehmer, länger nach einem günstigen Arbeitsplatz zu suchen, und um so höher ist sein entsprechender Reservationslohn.

Gerade für Arbeitslose, denen ein Teilzeitjob angeboten wird, lohnt es sich oft überhaupt nicht, intensiv nach einem Job zu suchen, da die Differenz zwischen Nettoentgelt und Arbeitslosengeld geringfügig ist. Mit diesem Argument sollte man aber nicht per se die Gewährung von Arbeitslosengeld als ineffizient bezeichnen. Gerade Arbeitslose, die oft nur über ein geringes Vermögen verfügen und die meist nicht kreditfähig sind, benötigen staatliche Hilfe, um effizient zu suchen. Ohne Hilfe müssten sie relativ schnell ein unattraktives Angebot annehmen, was weder allokativ sinnvoll, noch stabilitätspolitisch erwünscht und unter Distributionsaspekten ungerecht wäre. Anders stellt sich dies bei Langzeitarbeitslosen dar. Bei ihnen ist es meist gesellschaftlich nicht erwünscht, dass sie weiter sucharbeitslos bleiben. Denn gerade Langzeitarbeitslose entwerten ihr Humankapital relativ stark, sie verlieren erarbeitete Qualifikationen, können am learning by doing Prozess nicht teilnehmen und werden stark demotiviert und Langzeitarbeitslosigkeit stigmatisiert. Nicht nur die Höhe des Arbeitslosengeldes allein ist für die Effizienz der Arbeitslosenversicherung von Bedeutung, sondern auch der Zeitraum des Anspruchs auf Arbeitslosengeld. Je länger Arbeitslosengeld bzw. Arbeitslosenhilfe gewährt werden, um so länger dauert im Allgemeinen die Sucharbeitslosigkeit.

Drittens verändert die Arbeitslosenversicherung das Verhalten der im Betrieb Beschäftigten. Wenn ein Arbeitgeber die Leistung eines Arbeitnehmers nur unzureichend kontrollieren und nur einen gewissen Prozentsatz von Fehlverhalten identifizieren kann, so kann er immerhin Arbeitnehmern mit Entlassung drohen, deren Fehlverhalten entdeckt worden ist. Je geringer aber die Differenz zwischen Entlohnung und Arbeitslosengeld ist und je schneller Entlassene bei annähernder Vollbeschäftigung einen gleichwertigen alternativen Arbeitsplatz finden, um so unglaubwürdiger ist die Drohung. Dies führt nach der Effizienzlohntheorie dazu, dass die Arbeitgeber freiwillig höhere Löhne anbieten, die über dem Gleichgewichtslohn liegen und zur Arbeitslosigkeit führen, was die Arbeitnehmer diszipliniert. Dabei muss aber berücksichtigt werden, dass diejenigen Arbeitnehmer, die durch Vertragsverletzung mutwillig eine Kündigung herbeigeführt haben, einer Sperrfrist von bis zu 12 Wochen unterliegen, in der sie keinen Anspruch auf Arbeitslosengeld haben. Dieser Aspekt wird aber in der Effizienzlohntheorie vernachlässigt.

Viertens sind Arbeitnehmer im Allgemeinen risikoaversiv. Um ein sicheres Einkommen und eine sichere Beschäftigung zu erhalten, sind sie zu Lohnkonzessionen bereit. Je höher aber das Arbeitslosengeld ist, um so geringer ist unter dem Sicherheitsaspekt der Anreiz, einen Vollbeschäftigungsvertrag mit dem Arbeitgeber zu vereinbaren, wie dies die Kontrakttheorie aufzeigt.

Fünftens wird durch die Arbeitslosenversicherung auch das Verhalten der Arbeitgeber beeinflusst. Müssten die Arbeitgeber bei Entlassungen hohe Abfindungen zahlen, so würden sie sich mit Entlassungen stark zurückhalten, aber auch entsprechend vorsichtig bei Neueinstellungen sein. Die Gewährung von Arbeitslosengeld, die den Widerstand der Arbeitnehmer gegen Entlassungen schwächt, da die Entlassungskosten durch die Zahlung von Arbeitslosengeld vom Arbeitsamt sozialisiert werden, führt so zu einer insgesamt zu hohen Entlassungsrate und damit zu einer gesellschaftlich unerwünschten Arbeitslosigkeit.

Bei den neoklassischen Analysen des negativen Einflusses der Arbeitslosenversicherung auf die Arbeitslosenrate wird aber mit stark vereinfachten Prämissen argumentiert, die die konkrete institutionelle Ausgestaltung der Arbeitslosenversicherung, wie sie sich in der Bundesrepublik darstellt, nur unzureichend wiedergeben. Insbesondere die vielen institutionellen Regelungen, die einen Missbrauch verhindern sollen und negative Effekte des Arbeitslosengeldes auf die Höhe der Arbeitslosigkeit einschränken, werden in der neoklassischen Kritik vernachlässigt.

Wie sehr die Realität von den Modellprämissen abweicht, zeigen Atkinson und Micklewright in einer Gegenüberstellung auf, die wir in den wichtigsten Punkten in Tabelle 6.6. unter Berücksichtigung der Regelungen des SGB II und SGB III skizzieren.

Charakteristika der Arbeitslosenversicherung	
in neoklassischen Modellen	in der Realität
Jeder Versicherte hat Anspruch auf Arbeitslosengeld unabhängig von der Ursache seiner Arbeitslosigkeit.	Wird Arbeitslosigkeit mutwillig herbeigeführt, unterliegt der Arbeitslose einer Sperrzeit von bis zu 12 Wochen.
Der Anspruch besteht unabhängig von den Bemühungen des Arbeitslosen einen Arbeitsplatz zu finden und seiner Arbeitsfähigkeit.	Der Arbeitnehmer ist verpflichtet, sich um einen Arbeitsplatz zu bemühen. Steht er dem Arbeitsamt nicht zur Vermittlung zur Verfügung, so verliert er seinen Anspruch.
Es gibt keine Kürzungen des Arbeitslosengeldes bei der Ablehnung einer zumutbaren Arbeit.	Es existiert eine Sperrzeit von bis zu 12 Wochen wegen Arbeitsablehnung, Ablehnung bzw. Abbruch einer beruflichen Eingliederungsmaßnahme.
Leistungen sind beitragsunabhängig.	Es gilt das Äquivalenzprinzip.
Das Arbeitslosengeld ist unabhängig vom früheren Arbeitsentgelt.	Die Höhe des Arbeitslosengeldes hängt vom pauschalierten Nettoentgelt der Vergangenheit ab. Die Lohnersatzrate liegt bei 67 (60) %.
Ansprüche sind zeitlich unbeschränkt.	Die Dauer der Gewährung von Arbeitslosengeld hängt vom Alter des Empfängers und seiner Beitragszeit ab.
Die Höhe des Arbeitslosengeldes ist unabhängig von der Vermögens- und Einkommenssituation des Empfängers bzw. seiner Familie.	Die Arbeitslosenhilfe bzw. Arbeitslosengeld II setzen Bedürftigkeit voraus.

Tab. 6.6.: Charakteristika der Arbeitslosenversicherung

Dieser kurze Überblick macht deutlich, dass in der Realität viele Kritikpunkte – wenn natürlich nicht alle –, die als Belegpunkte der Ineffizienz
der Arbeitslosenversicherung vorgebracht werden, auf realitätswidrigen
Annahmen beruhen.

Wir wollen abschließend untersuchen, ob nicht von einer Arbeitslosenversicherung auch positive Effekte auf die natürliche Arbeitslosenrate ausgehen, die sogar zu einer Reduzierung derselben führen können.

Um dies zu bestimmen, ist es sinnvoll, anhand einer einfachen Gleichge-
wichtsanalyse die natürliche Arbeitslosenrate zu bestimmen und die ihr
zugrunde liegenden Strömungsgrößen auf dem Arbeitsmarkt darzustellen.
Der Arbeitsmarkt ist durch eine hohe Fluktuationsrate gekennzeichnet. In
Abbildung 6.3. wird deutlich, dass einige Arbeitnehmer den Pool der Beschäftigten L mit der Rate s als Arbeitslose verlassen und in den Pool der
Arbeitslosen U wechseln. Hingegen verlassen Arbeitslose mit der Wahrscheinlichkeit q den Pool der Arbeitslosen und finden Beschäftigung. Um
sich die Dynamik auf dem Arbeitsmarkt zwischen den Pools zu verdeutlichen, sei erwähnt, dass 2001 die Zahl der Zugänge in Arbeitslosigkeit bei
7,0 Mio. und die Zahl der Abgänge aus Arbeitslosigkeit bei 6,9 Mio. lag.

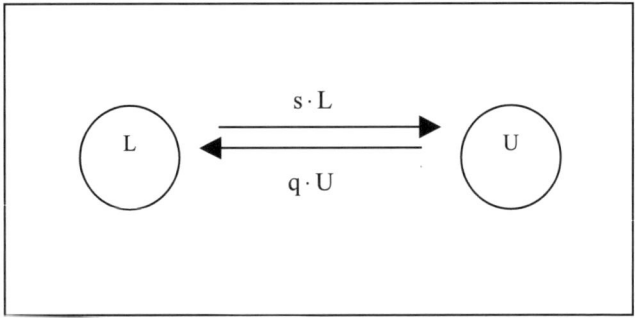

Abb. 6.3.: Einfaches Gleichgewicht auf dem Arbeitsmarkt

Ein Gleichgewicht liegt auf dem Arbeitsmarkt vor, wenn aus jedem Pool
die Zuwanderungen den Abwanderungen entsprechen, also *L* und *U*
konstant sind, so dass gilt:

$dL = dU$

bzw.

$qU - s(E - U) = 0$, wobei *E* die Anzahl der Erwerbspersonen $L + U$
angibt.

Wir erhalten dann als Bestimmungsgleichung für die natürliche Arbeitslosenrate

$$\frac{U}{E} = \frac{s}{q+s}.$$

Durch eine Erhöhung der Wiederbeschäftigungsrate q bzw. einer Reduzierung der Kündigungsrate s können wir die natürliche Arbeitslosenrate senken.

Um den Einfluss der Arbeitslosenversicherung mit ihrer passiven und aktiven Politik auf den Arbeitsmarkt zu skizzieren, wollen wir ein komplexeres System untersuchen, in das wir als weiteren Pool den der Nichterwerbspersonen (NEP) einfügen, um den Einfluss der Arbeitslosenversicherung auf die Anzahl der Erwerbspersonen deutlich zu machen. Betrachten wir Abb. 6.4., so können wir die positiven und negativen Wirkungen einiger Instrumente des SGB III aufzeigen, wobei wir hier nicht den Anspruch auf Vollständigkeit erheben wollen.

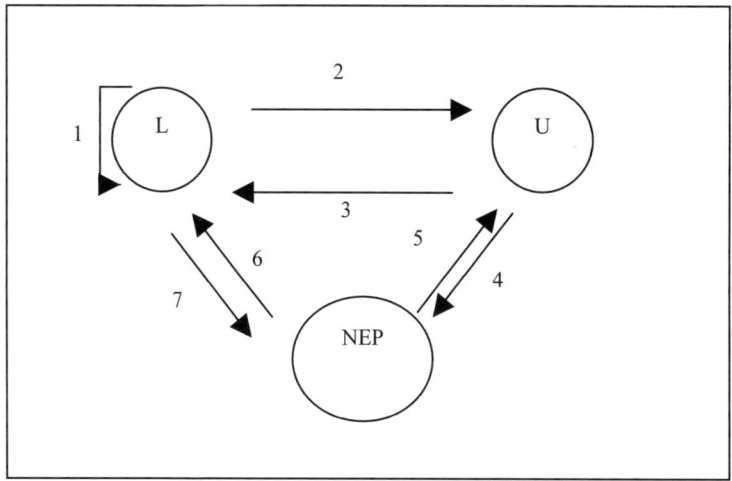

Abb. 6.4.: Erweitertes Gleichgewicht auf dem Arbeitsmarkt

Zu 1) Hier erreicht die Bundesagentur durch ihre Berufsberatung und Vermittlungspolitik, dass viele Arbeitnehmer im Pool der Beschäftigten bleiben und nicht in den der Arbeitslosen wechseln. Ein wichtiges Instrument ist dabei das Instrument des Kurzarbeitergeldes.

Zu 2) Auch hier ist die aktive Arbeitsförderung relevant, indem man denjenigen, die z. B. von Arbeitslosigkeit bedroht sind, Umschulungs- und

Fortbildungsmaßnahmen anbietet, damit wenige in den Pool der Arbeitslosen abwandern. Um die positiven Effekte des Arbeitslosengeldes auf den Strom von L nach U abzuschwächen, liegt das Arbeitslosengeld wesentlich niedriger als das frühere Nettoentgelt. Darüber hinaus haben nur diejenigen einen Anspruch auf Arbeitslosengeld, die für längere Zeit im Pool L waren und Beiträge gezahlt haben. Diejenigen, die ihre Arbeit unbegründet aufgegeben haben, unterliegen einer Sperrzeit.

Zu 3) Um den Strom vom Pool der Arbeitslosen in den der Beschäftigten zu stärken, wird Arbeitslosengeld nur zeitlich befristet gewährt. Das Arbeitslosengeld II liegt wesentlich niedriger als das Arbeitslosengeld und wird nur bei Bedürftigkeit gewährt. Hinzu kommen die Sperrzeiten bei der Ablehnung einer zumutbaren Arbeit und einer beruflichen Eingliederungsmaßnahme. Des Weiteren wirken hier Eingliederungszuschüsse für Unternehmen, die Arbeitslose einstellen, sowie die Finanzierung von Trainingsmaßnahmen bzw. Mobilitätshilfen bei den Arbeitnehmern. Umstritten sind in diesem Zusammenhang Arbeitsbeschaffungsmaßnahmen, weil bei ihnen bezweifelt wird, dass Arbeitslose in ausreichendem Maße in ein reguläres Beschäftigungsverhältnis übernommen werden.

Zu 4) Hier sind Maßnahmen wie: Vorruhestandsregelungen und Altersteilzeit, die erheblich von der Bundesagentur finanziert werden, zu erwähnen. Z. B. tritt bei der Altersteilzeit ein positiver Effekt auf, wenn der Arbeitgeber den frei werdenden Arbeitsplatz mit einem Arbeitslosen wieder besetzt. Andererseits schwächt die Arbeitslosenversicherung den Wechsel in den Pool der Nichterwerbspersonen, da sich viele Arbeitnehmer weiter als arbeitslos registrieren lassen, um z. B. weiter Rentenversicherungsansprüche zu erwerben.

Zu 5) Diesen Strom beeinflusst die Arbeitslosenversicherung nur geringfügig, da beim Arbeitslosengeld Anwartzeiten erfüllt sein müssen, die Nichterwerbspersonen im Allgemeinen nicht vorweisen.

Zu 6) Hier gibt es ein reichliches Programm von Maßnahmen der aktiven Arbeitsförderung. Zu denken ist hier besonders an gezielte Maßnahmen für zwei Problemgruppen: Jugendliche, die über keinen Ausbildungsplatz nach Schulabschluss verfügen, sowie Frauen, die nach der Phase der Kindererziehung wieder in das Erwerbsleben integriert werden wollen.

Zu 7) Hier ist z. B. an Versuche der Unternehmen zu denken, ältere Arbeitnehmer frühzeitig in den Ruhestand abzudrängen und diese Maßnahme durch die Bundesagentur finanzieren zu lassen, um eine "olympiareife" Mannschaft zu erhalten.

Die hier skizzierten Effekte der Arbeitslosenversicherung machen deutlich, wie schwierig ihre Bewertung ist, so dass eine pauschale Bewertung wenig hilfreich ist. Vielmehr müssen detailliert die einzelnen Instrumente auf ihre Effizienz hin geprüft werden.

So ist bisher wenig untersucht worden, welcher Einfluss von einer Absicherung des Arbeitslosenrisikos auf die Humankapitalbildung und damit auf das Wachstum und die Beschäftigung ausgeht.

Hinzu kommen die politischen Auswirkungen der Arbeitslosenversicherung. Führt z. B. Arbeitslosigkeit, die nicht finanziell abgesichert ist, zur politischen Radikalisierung und politischen Instabilität? Oder ist damit – was genauso wenig gesellschaftlich erwünscht ist – zu rechnen, dass Arbeitslosigkeit zu Apathie, Demotivierung und sozialem Niedergang führt?

Relativ unumstritten sind neben dem direkten positiven Wohlfahrtseffekten einer Arbeitslosenversicherung, die wir im 2. Kapitel dargestellt haben, die Auswirkungen auf die gesellschaftliche Akzeptanz des Strukturwandels, der im Allgemeinen mit struktureller Arbeitslosigkeit einhergeht. Dieser induzierte Einstellungswandel durch eine Arbeitslosenversicherung ist als ein wesentlicher Standortfaktor für Investitionsentscheidungen anzusehen. Globale Player sind im Allgemeinen nicht bereit, in Standorte ohne gutes Investitionsklima zu investieren. Reduziert eine Arbeitslosenversicherung den Widerstand gegen Neuansiedlungen und dem damit einhergehenden verschärften Wettbewerb, so trägt sie damit zu einer Verbesserung der Wettbewerbsposition bei, was langfristig mit positiven Beschäftigungseffekten verbunden ist.

Insgesamt erhöht die Soziale Sicherung die Akzeptanz des Globalisierungsprozesses. Je weniger Arbeitnehmer sozial gegen die negativen Effekte der Intensivierung des globalen Wettbewerbs abgesichert sind, um so eher werden sie protektionistische Maßnahmen fordern, die letztlich nur Partikularinteressen dienen, die aber immens negative allokative Effekte bewirken und im Extremfall zum Niedergang des Globalisierungsprozesses führen können.

6.3 Literatur zum 6. Kapitel

Atkinson, A. B., Micklewright, J. (1991): Unemployment Compensation and Labour Market Transitions. An Critical Review, in: Journal of Economic Literature, Vol. 29, S. 1679 - 1727.

Barro, R. J., Grilli, V. (1996): Makroökonomie – Europäische Perspektive, Regensburg, S. 427 - 433.

Berthold, N., Külp, B. (1987): Rückwirkungen ausgewählter Systeme der Sozialen Sicherung auf die Funktionsfähigkeit der Marktwirtschaft, Berlin, S. 24 - 76.

Carlberg, M. (1986): Beschäftigungseffekte des Arbeitslosengeldes, in: WiSt, 15. Jg., S. 171 - 175.

Eichhorst, W., Profit, St., Thode, E. (2001): Benchmarking Deutschland: Arbeitsmarkt und Beschäftigung – Bericht der Arbeitsgruppe Benchmarking und der Bertelsmann Stiftung, Berlin u. a., S. 61 - 123.

Lampert, H. (1962/63): Probleme der Konjunkturstabilisierung durch die Arbeitslosenversicherung – ein Beitrag zur Reform der Arbeitslosenversicherung, Abschnitt IV. Die Arbeitslosenversicherung – Ein Konjunkturstabilisator?, in: Finanzarchiv, 22. Jg., S. 247 - 285.

Rolle, C., Suntum, U. van (1997): Langzeitarbeitslosigkeit im Vergleich, Berlin, S. 41 - 45.

7. Grundsicherung für Arbeitsuchende (SGB II)

7.1 Ziele der Grundsicherung für Arbeitsuchende

Mit dem vierten Gesetz für moderne Dienstleistungen am Arbeitsmarkt, das am 1.1.2005 in Kraft tritt, ist eine völlig neue Grundsicherung für Arbeitsuchende und deren Angehörige geschaffen worden, die die bisher im SGB III geregelte Arbeitslosenhilfe ersetzt. Mit dieser Neuausrichtung der sozialen Absicherung werden mehrere Ziele verfolgt.

Die Grundsicherung stellt die rechtliche Umsetzung des Prinzips des „Fordern und Förderns" für Erwerbsfähige dar. Sie ist deshalb als eine aktivierende Grundsicherung konzipiert. Vorrangig sollen deshalb Eingliederungsleistungen für Arbeitsuchende gewährt werden. Dazu dient eine schnelle und passgenaue Eingliederung des Arbeitsuchenden in den Arbeitsmarkt durch die Bundesagentur.

Des Weiteren geht es um mehr organisatorische Effizienz und Verwaltungsvereinfachung sowie die Vermeidung von Reibungsverlusten zwischen den Sozialhilfestellen und der Bundesagentur für Arbeit. Zum einen sollen die Inkompatibilitäten zwischen Arbeitslosen- und Sozialhilfe bei der Anrechnung von Einkommen und Vermögen bei der Bedürftigkeitsprüfung (Freibeträge) sowie bei der Zumutbarkeitsbestimmung beseitigt werden. Zum anderen soll für alle bedürftigen Erwerbsfähigen ein einheitlicher Leistungsanspruch geschaffen werden. Dies wird u. a. dadurch realisiert, dass eine klare Kompetenzzuweisung vorgenommen wird. Für Nicht-Erwerbsfähige ist die Sozialhilfe und für bedürftige Erwerbstätige und Personen, die in einer Bedarfsgemeinschaft mit einem Erwerbsfähigen leben, die Grundsicherung für Arbeitsuchende zuständig. Durch die Harmonisierung von Grundsicherung und Sozialhilfe sowie durch die Aufgabenteilung wird erreicht, dass das ineffiziente Nebeneinander von Arbeitslosen- und Sozialhilfe in Form der ergänzenden Sozialhilfe, bei der in 2003 200 000 Personen gleichzeitig sowohl Sozial- als auch Arbeitslosenhilfe bezogen haben, beseitigt wird.

Zur Verwaltungsvereinfachung baut die Grundsicherung wie die Sozialhilfe auf standarisierten Regelleistungen auf und wird nicht wie die bisherige Arbeitslosenhilfe einkommensbezogen berechnet, bei der ein bedürftiger Arbeitsuchender (mit Kind) 53 % (57 %) seines vorherigen pauschalisierten Nettoentgelts erhielt.

Des Weiteren soll die Armut von Familien, insbesondere mit vielen Kindern bekämpft werden. Kinder, die aufgrund der Arbeitslosigkeit eines Elternteils unverschuldet in Armut geraten, sollen besser abgesichert werden. Darüber hinaus sollen bei der Arbeitsaufnahme die Fehlanreize der sozialen Absicherung (Armutsfalle), die besonders bei kinderreichen Familien bedeutsam ist, durch diese Reform abgeschwächt werden. Zusätzlich will man das Armutsrisiko im Alter von Arbeitslosen dadurch einschränken, dass für alle bedürftigen Erwerbstätigen die Bundesagentur die Beiträge für die Gesetzliche Rentenversicherung übernimmt.

Mit dem vierten Gesetz für moderne Dienstleistungen am Arbeitsmarkt sollen durch die Einführung der Grundsicherung für Arbeitsuchende keine neuen Verwaltungseinheiten geschaffen werden. Vielmehr sollen durch die Grundsicherung die Verwaltungsstrukturen effizienter gestaltet und klare Zuordnungen zwischen der Bundesagentur für Arbeit und den Sozialhilfestellen geschaffen werden.

7.1.1 Struktur und Aufbau der Grundsicherung

Die Grundsicherung ist für alle erwerbsfähigen Hilfsbedürftigen und Personen, die mit ihnen in einer Bedarfsgemeinschaft leben, zuständig. Personen, für die aufgrund der Erziehung von Kindern unter drei Jahren eine Erwerbstätigkeit unzumutbar ist, gehören zum Personenkreis der Grundsicherung. Personen, die älter als 65 Jahre sind, haben keinen Anspruch auf Leistungen aus der Grundsicherung.

Träger der Grundsicherung sind die Bundesagentur für Arbeit sowie die kreisfreien Städte und Kreise, die für

1. die Betreuung minderjähriger oder behinderter Kinder oder die häusliche Pflege von Angehörigen,

2. die Schuldnerberatung,

3. die psychosoziale Betreuung,

4. die Suchtberatung

sowie für Leistungen für Unterkunft und Heizung und für Leistungen für die Erstausstattung für Kleidung bei Schwangerschaft und Geburt zuständig sind.

Die Länder haben aber weitere organisatorische Optionen. Zum einen können die Länder die Aufgaben der kommunalen Träger einem anderen Träger – z.B. der Bundesagentur für Arbeit – übertragen. Zum anderen können die Länder auf Antrag der kreisfreien Städte und Kreise diese anstelle der Agenturen mit allen Aufgaben der Grundsicherung beauftragen. Beide Alternativen sind sinnvoll, um klare Kompetenzen und Zuordnungen zu schaffen. Andernfalls müssen der kommunale Träger und die Agentur für Arbeit eine Arbeitsgemeinschaft in dem Job-Center der Agentur errichten. Die Arbeitsgemeinschaft nimmt dann die Aufgabe der Agentur für Arbeit wahr. Wir nehmen im Folgenden vereinfachend an, dass die Agenturen ausschließlich die Aufgaben des SGB II wahrnehmen.

Die Agenturen für Arbeit sollen zur Leistungserbringung keine neuen Einrichtungen schaffen, sondern in erster Linie die vorhandenen eigenen sowie die Dritter nutzen. Die Träger der freien Wohlfahrtspflege sollen sie in ihrer Tätigkeit auf dem Gebiet der Grundsicherung unterstützen. Dazu können die Agenturen für Arbeit mit diesen Leistungsvereinbarungen abschließen. Insbesondere sollen die Agenturen für Arbeit mit den Akteuren des örtlichen Arbeitsmarktes, den Kommunen, den Trägern der Wohlfahrtspflege, den Vertretern der Arbeitgeber und Arbeitnehmer, den Kammern usw. zusammenarbeiten. Die örtlichen Träger der Sozialhilfe sind zur Zusammenarbeit mit den Agenturen für Arbeit verpflichtet. Ansprechpartner für einen erwerbsfähigen Hilfebedürftigen ist immer seine Agentur für Arbeit an seinem Aufenthaltsort.

Darüber hinaus sind von der Agentur für Arbeit und den entsprechenden Trägern der anderen Zweige der Sozialen Sicherung Einigungsstellen einzurichten, die über die Erwerbsfähigkeit eines Hilfebedürftigen bestimmen und damit festlegen, welcher Träger für die Leistungserbringung zuständig ist.

Das Bundesministerium für Wirtschaft und Arbeit übt die Rechts- und Fachaufsicht aus. Es kann auch Weisungen erlassen. Im Einvernehmen mit dem Finanzministerium soll das Bundesministerium für Wirtschaft und Arbeit Zielvereinbarungen mit der Bundesagentur abschließen.

Für die Finanzierung der Leistungen der Grundsicherung ist – wie bei der bisherigen Arbeitslosenhilfe – der Bund zuständig, sofern die Leistungen von der Bundesagentur für Arbeit erbracht werden. Er erstattet der Bundesagentur die entsprechenden Verwaltungskosten. Die Finanzierung für den Fall, dass ein kommunaler Träger die Aufgaben der Grundsicherung übernimmt, wurde im vierten Gesetz für moderne Dienstleistungen am Arbeitsmarkt nicht abschließend geregelt.

Zusätzlich können Unterhaltsansprüche zur Finanzierung der Grundsicherung herangezogen werden. Ein Übergang des Unterhaltsanspruchs gegenüber Verwandten auf den Träger der Grundsicherung ist aber ausgeschlossen, wenn die unterhaltsberechtigte Person seinen Anspruch nicht geltend macht, sofern sie nicht minderjährig oder das 25 Lebensjahr noch nicht vollendet und eine Erstausbildung noch nicht abgeschlossen hat.

7.1.2 Leistungen der Grundsicherung für Arbeitsuchende

Zielsetzung der Grundsicherung für Arbeitsuchende ist es, die Leistungen der Grundsicherung so auszugestalten, dass die erwerbsfähigen Hilfsbedürftigen ihren Lebensunterhalt eigenständig aus eigenen Mitteln und Kräften bestreiten können. Die Grundsicherung umfasst dabei zwei Leistungskategorien. Zum einen bietet sie Leistungen zur Beendigung oder Verringerung der Hilfebedürftigkeit durch die Aufnahme von Arbeit an. Zum anderen dient sie der Sicherung des Lebensunterhalts des erwerbsfähigen Hilfebedürftigen und der Personen, die mit ihm in einer Bedarfsgemeinschaft leben.

7.1.2.1 Anspruchvoraussetzungen

Wer Leistungen erhalten will, muss auch im Sinne des Grundsatzes des "Fordern und Förderns" aktiv an allen Maßnahmen zu seiner Eingliederung in Arbeit mitwirken. Vergleicht man die Anforderungen des SGB II mit denen des SGB III, so stellt man fest, dass die Anforderungen an die Leistungs- und Konzessionsbereitschaft des erwerbsfähigen Hilfsbedürftigen strengeren Maßstäben unterliegen. Dies ist u. a. damit zu begründen, dass Leistungen aus der Arbeitslosenversicherung über eigene Beiträge, hingegen die der Grundsicherung über Steuern finanziert werden.

Aber auch die Verpflichtungen der Bundesagentur sind stärker. So sind erwerbsfähige Hilfsbedürftige bis zu 25 Jahren in eine Arbeit bzw. eine Ausbildung zu vermitteln.

Darüber hinaus sind die Leistungen der Grundsicherung wie die bisherige Arbeitslosenhilfe nachrangig. Erst müssen die Hilfsbedürftigen die Leistungen der anderen Sicherungseinrichtungen sowie ihrer unterhaltspflichtigen Angehörigen und insbesondere ihr eigenes Einkommen und Vermögen einbringen, um einen Anspruch auf Leistungen aus der Grundsicherung zu bekommen.

Bei den Leistungen der Grundsicherung werden Dienstleistungen, Geldleistungen und Sachleistungen erbracht. Leistungen aus der Grundsicherung erhält nur derjenige, der gewisse Anspruchsvoraussetzungen erfüllt, die wesentlich strenger als in der Arbeitslosenversicherung formuliert sind.

Zu Leistungen berechtigt sind nur solche Personen zwischen 15 und 65 Jahren, die erwerbsfähig, hilfebedürftig und sich gewöhnlich in der Bundesrepublik aufhalten. Ausländer, die sich in der Bundesrepublik aufhalten, haben nur einen Leistungsanspruch, wenn ihnen die Aufnahme einer Beschäftigung in der Bundesrepublik erlaubt ist oder erlaubt werden könnte.

Des Weiteren erhalten Personen, die mit erwerbsfähigen Hilfsbedürftigen in einer Bedarfsgemeinschaft leben, spezifische Geldleistungen. Dienstleistungen und Sachleistungen erhalten sie nur, wenn damit ihre Hilfebedürftigkeit beendet oder verringert wird oder dadurch die Eingliederungschancen der erwerbsfähigen Hilfebedürftigen verbessert werden.

Als erwerbsfähig gilt eine Person, wenn sie zur Zeit oder spätestens in sechs Monaten mindestens drei Stunden täglich erwerbstätig sein kann. Hilfsbedürftig ist eine Person, wenn sie die mit ihr in einer Bedarfsgemeinschaft lebenden Personen ihren gemeinsamen Lebensunterhalt, insbesondere durch eine zumutbare Arbeit und aus ihrem Einkommen oder Vermögen, nicht sichern kann.

Bei dem zu berücksichtigenden Einkommen wird ein Nettoeinkommen zugrunde gelegt, indem die entrichteten Steuern, Sozialversicherungsbeiträge sowie die freiwilligen, förderfähigen Beiträge zur Riesterrente vom Einkommen abgezogen werden. Beim zu berücksichtigenden Vermögen sind vom Vermögen ein Grundfreibetrag von 200 Euro je vollendetem Lebensjahr des erwerbsfähigen Hilfebedürftigen und seines Partners, mindestens aber jeweils 4 100 Euro abzusetzen. Der Grundfreibetrag darf für

beide jeweils 13 000 Euro nicht überschreiten. Vermögen aus der Riester-
rente werden nicht angerechnet. Als unzumutbar gilt auch die Veräußerung
einer privaten Altersvorsorge, die aufgrund einer vertraglichen Vereinbarung nicht verwertet werden kann.

Des Weiteren ist ein angemessenes Wohneigentum geschützt. Um die
Mobilität des Erwerbsfähigen zu sichern, wird – anders als bei der Sozialhilfe – ein angemessenes Kraftfahrzeug für jeden Erwerbsfähigen der
Bedarfsgemeinschaft bei der Anrechnung nicht berücksichtigt. Eine unwirtschaftliche Verwertung von Vermögen – dies gilt besonders für Lebensversicherungen – wird nicht gefordert, so dass entsprechende Werte
nicht berücksichtigt werden.

Leistungen erhält darüber hinaus nur derjenige, der bereit ist, eine zumutbare Arbeit zu übernehmen. Die Zumutbarkeit ist wesentlich strenger
definiert als beim Arbeitslosengeld. Ein erwerbsfähiger Hilfsbedürftiger
muss generell bereit sein, jede Arbeit zu übernehmen, zu der er körperlich,
geistig und seelisch in der Lage ist. Unzumutbar ist eine Arbeit, wenn sie
u. a. die Aufnahme seiner bisherigen Arbeit aufgrund körperlicher Anforderungen erschwert, die Erfüllung seiner Erziehungspflichten gegenüber
seinem Kind oder dem seines Partners gefährden würde. Eine Gefährdung
durch die Arbeitsaufnahme ist nicht zu erwarten, wenn das Kind älter als
drei Jahre ist und eine Betreuung durch Dritte möglich ist. Zumutbar ist
auch eine Arbeit, bei der unter Tarif gezahlt wird.

7.1.2.2 Leistungen zur Eingliederung in Arbeit

Die Leistungen der Grundsicherung lassen sich in die Leistungen zur Eingliederung in Arbeit und in die Leistungen zur Sicherung des Lebensunterhaltes gliedern. Gerade bei den Leistungen zur Eingliederung steht der
Grundsatz des Förderns im Vordergrund. Dazu soll die Agentur für Arbeit
für jeden erwerbsfähigen Hilfebedürftigen einen persönlichen Ansprechpartner benennen. Unter dem Aspekt des Förderns soll die Agentur für
Arbeit mit dem zu Betreuenden eine Eingliederungsvereinbarung vereinbaren. In diesem Vertrag soll vereinbart werden, welche Eingliederungsleistungen der Betroffene erhält und welche Anstrengungen er erbringen muss.
Im Vertrag können auch die Leistungen vereinbart werden, die die Personen, die mit dem erwerbsfähigen Hilfebedürftigen in einer Bedarfsgemeinschaft leben, erhalten. Bei einer Bildungsmaßnahme muss die Schadenser-

satzpflicht des zu Fördernden geregelt werden, wenn dieser aus von ihm zu vertretendem Grund die Maßnahme vorher abbricht.

Der Leistungskatalog zur Eingliederung umfasst im Prinzip alle Maßnahmen, die in diesem Rahmen für Arbeitslose gemäß SGB III vorgesehen sind. Über den Leistungskatalog des SGB III hinaus kann die Agentur für Arbeit weitere notwendige Leistungen zur Eingliederung erbringen oder erbringen lassen. Zu diesem erweiterten Katalog gehören u. a. Betreuung minderjähriger oder behinderter Kinder, häusliche Pflege von Angehörigen, Schuldnerberatung, psycho-soziale Betreuung und Suchtberatung. Des Weiteren sollen für erwerbsfähige Hilfebedürftige, die keine Arbeit finden, Arbeitsgelegenheiten geschaffen werden. Bei im öffentlichen Interesse liegenden zusätzlichen Arbeiten, die nicht als ABM gefördert werden, ist den Beschäftigten neben dem Arbeitslosengeld II eine angemessene Entschädigung für Mehraufwendungen zu zahlen.

7.1.2.3 Leistungen zur Sicherung des Lebensunterhaltes

Bei den Leistungen zur Sicherung des Lebensunterhaltes wird zwischen den erwerbsfähigen Hilfebedürftigen, die Arbeitslosengeld II erhalten, und den nicht erwerbsfähigen Angehörigen, die mit erwerbsfähigen Hilfebedürftigen in einer Bedarfsgemeinschaft leben und die Sozialgeld erhalten, differenziert.

Das Arbeitslosengeld II beinhaltet Leistungen zur Sicherung des Lebensunterhalts einschließlich der angemessenen Kosten für Unterkunft und Heizung, wobei die tatsächlichen und nicht pauschalierte Aufwendungen erstattet werden.

Die Leistung zur Sicherung des Lebensunterhalts wird nicht bei der Arbeitslosenhilfe einkommensabhängig, sondern als Regelleistung erbracht und deckt die Ausgaben für Ernährung, Kleidung usw. pauschal ab. Sie beträgt 345 Euro in den alten Bundesländern einschließlich Berlin (Ost) und 331 Euro in den neuen Bundesländern. Angehörige der Bedarfsgemeinschaft erhalten abgestuft geringere Regelleistungen wie in Tabelle 7.1. dargestellt.

Der Regelsatz ist durch die Anbindung an die Entwicklung des aktuellen Rentenwertes in der GRV dynamisiert. Neben den Regelleistungen sind Leistungen für Mehrbedarfe beim Lebensunterhalt vorgesehen. Auf diese haben u. a. werdende Mütter, Personen, die alleine minderjährige Kinder pflegen und erziehen, sowie erwerbsfähige behinderte Hilfebedürftige einen Anspruch. Dabei darf die Summe des insgesamt gezahlten Mehrbedarfs die Regelleistung für erwerbsfähige Hilfebedürftige nicht übersteigen.

Um einen Missbrauch von Geldleistungen zu verhindern, kann insbesondere bei drogen- und alkoholabhängigen Hilfebedürftigen die Regelleistung ganz oder zum Teil in Form von Sachleistungen erbracht werden. Des Weiteren erhält der erwerbslose Hilfebedürftige in den ersten zwei Jahren nach dem Bezug von Arbeitslosengeld zum Arbeitslosengeld II einen monatlichen Zuschlag, der sich im zweiten Jahr um 50 % vermindert. Der Zuschlag beträgt zwei Drittel der Differenz zwischen des vorherigen Arbeitslosengeldes einschließlich des Wohngeldes und dem seiner Bedarfsgemeinschaft eigentlich zustehenden Arbeitslosengeld II bzw. Sozialgeld. Der Zuschlag darf im ersten Jahr bei einem erwerbsfähigen Hilfebedürftigen (mit Partner) nicht 160 Euro (320 Euro) übersteigen. Darüber hinaus übernimmt die Bundesagentur die Beiträge zur Gesetzlichen Kranken-, Pflege- und Rentenversicherung und gewährt einen entsprechenden Zuschuss für freiwillig versicherte Hilfebedürftige.

Nichterwerbsfähige Angehörige, die mit mindestens einem erwerbsfähigen Hilfebedürftigen in einer Bedarfsgemeinschaft zusammen leben, erhalten Sozialgeld. Personen, die Anspruch auf eine Grundsicherung im Alter aus der GRV haben, bekommen ein nur ergänzendes Sozialgeld, wenn die entsprechenden Leistungen zur Sicherung des Lebensunterhalts nicht ausreichen. Die Regelleistungen sind in Tabelle 7.1. dargestellt worden. Wie beim Arbeitslosengeld II wird das Sozialgeld um das zu berücksichtigende Einkommen und Vermögen vermindert.

Als Anreiz zur Arbeitsaufnahme ist für erwerbsfähige Hilfebedürftige ein Einstiegsgeld vorgesehen. Dieses kann als Zuschuss zum Arbeitslosengeld II dem Beschäftigten über maximal 24 Monate gewährt werden. Die Höhe des Einstiegsgeldes soll die Dauer der Arbeitslosigkeit sowie die Größe der entsprechenden Bedarfsgemeinschaft berücksichtigen, wobei das Bundesministerium für Wirtschaft und Arbeit per Rechtsverordnung festlegt, wie das Einstiegsgeld zu bemessen ist.

Als weiterer Anreiz zur Arbeitsaufname sind Freibeträge geschaffen worden. Bei einem Bruttolohn von bis zu 400 Euro beträgt der Freibetrag 15 % und er erhöht sich für den Teil des Bruttolohns, der zwischen 400 Euro und 900 Euro liegt, auf 30 % und sinkt dann für den Teil des Bruttoeinkommens, der zwischen 900 Euro und 1 500 Euro liegt auf 15 % (siehe im einzelnen Abbildung 7.4. im Kapitel 7.2).

	Alleinstehende(r) oder Alleinerziehende(r)	Sonstige Angehörige der Bedarfgemeinschaft		
		Kinder bis zur Vollendung des 14. Lebensjahres	Kinder ab Beginn des 15. Lebensjahres bis zur Vollendung des 18. Lebensjahres	Partner ab Beginn des 19. Lebensjahres
		jeweils	jeweils	jeweils
	100%	60% RL	80% RL	90% RL
Alte Länder einschließlich Berlin (Ost)	345 Euro	207 Euro	276 Euro	311 Euro
Neue Länder	331 Euro	199 Euro	265 Euro	298 Euro
	Jeweils zuzüglich • Mehrbedarfe bei Schwangerschaft, Alleinerziehung, Behinderung oder kostenaufwändiger Ernährung, • Leistungen für Unterkunft und Heizung, • Für Bezieher von Arbeitslosengeld II bei Vorliegen der Voraussetzungen ein befristeter Zuschlag von bis zu 160 Euro jeweils für den Erwerbsfähigen und den Partner und bis zu 60 Euro für jedes Kind, • Für Bezieher von Arbeitslosengeld II die zu zahlenden Beiträge zur Kranken-, Pflege- und Rentenversicherung und • Für Bezieher von Sozialgeld Kranken- und Pflegeversicherungsschutz			

Tab. 7.1. Pauschale Regelleistungen bei Arbeitslosengeld II / Sozialgeld, Quelle: Gesetzesentwurf der Bundesregierung eines Vierten Gesetzes für moderne Dienstleistungen am Arbeitsmarkt, S. 129

Die Grundsicherung für Arbeitsuchende beinhaltet nicht nur Anreize zur Arbeitsaufnahme, sondern auch Sanktionen. Bei Fehlverhalten des Hilfebedürftigen kann im ersten Schritt der befristete Zuschlag in Anschluss an den Bezug von Arbeitslosengeld gestrichen und die Regelleistung um 30 % abgesenkt werden. Kürzungen werden vorgenommen, wenn trotz Belehrung der Abschluss einer Eingliederungsvereinbarung abgelehnt, diese nicht erfüllt, zumutbare Arbeit und Ausbildung nicht geleistet wird. Im zweiten Schritt wird bei wiederholter Pflichtverletzung das Arbeitslosengeld II um weitere 30 % abgesenkt.

Die Sanktionen gelten auch für erwerbsfähige Hilfebedürftige über 18 Jahren, die ihr Einkommen und Vermögen mit der Absicht vermindert haben, höheres Arbeitslosengeld II zu erhalten, und für die Hilfebedürftigen, die trotz Belehrung ihr unwirtschaftliches Verhalten fortsetzen. Die entsprechenden Sanktionen des SGB III beim Arbeitslosengeld gelten auch für das Arbeitslosengeld II. Besonders drakonische Maßnahmen sind für erwerbsfähige Hilfebedürftige zwischen 15 und 25 Jahren vorgesehen, denen bei Fehlverhalten alle Leistungen bis auf die für Unterkunft und Verpflegung gestrichen werden.

Entsprechend ist auch eine schrittweise Senkung des Sozialgeldes vorgesehen, wenn Bezieher von Sozialgeld bewusst ihr Einkommen und Vermögen schmälern, um Ansprüche zu erwerben oder sich trotz Belehrung dauerhaft unwirtschaftlich verhalten. Bei Beziehern von Arbeitslosengeld II und Sozialgeld wird stufenweise eine 10 %-Kürzung ihres Regelsatzes vorgenommen, wenn sie trotz schriftlicher Belehrung der Aufforderung, sich bei der Agentur zu melden oder zu einem ärztlichen oder psychologischen Untersuchungstermin zu erscheinen, nicht nachkommen. Bezieher von Arbeitslosengeld II verlieren zusätzlich ihren befristeten Zuschlag zum Arbeitslosengeld II.

Die schärfste Sanktion der Grundsicherung stellt die Ersatzpflicht bei gezahlten Leistungen dar. Wer als Volljähriger vorsätzlich oder grob fahrlässig ohne wichtigen Grund die Voraussetzungen für seine eigene Hilfebedürftigkeit oder die seiner Bedarfsgemeinschaft bzw. die Zahlung von Leistungen zur Sicherung des Lebensunterhaltes herbeigeführt hat, ist verpflichtet, die deswegen gezahlten Leistungen zu ersetzen.

7.2 Effekte des Arbeitslosengeldes II auf das Arbeitsangebot

Eines der grundliegenden Anliegen der Arbeitsmarktreformen war es, zu "fördern und fordern". Dies kann man über Anreize und Strafen realisieren. Schaut man sich die Anreize an, die von der Arbeitslosen- bzw. von der bisherigen Sozialhilfe ausgehen, so stellt man an Abbildung 7.1. fest, dass von ihnen Fehlanreize ausgehen. Die Arbeitslosenhilfe bringt die Empfänger in eine Armutsfalle aufgrund eines Klebeeffekts.

In Abbildung 7.1. haben wir vereinfacht die Regelungen der Arbeitslosen-hilfe dargestellt.

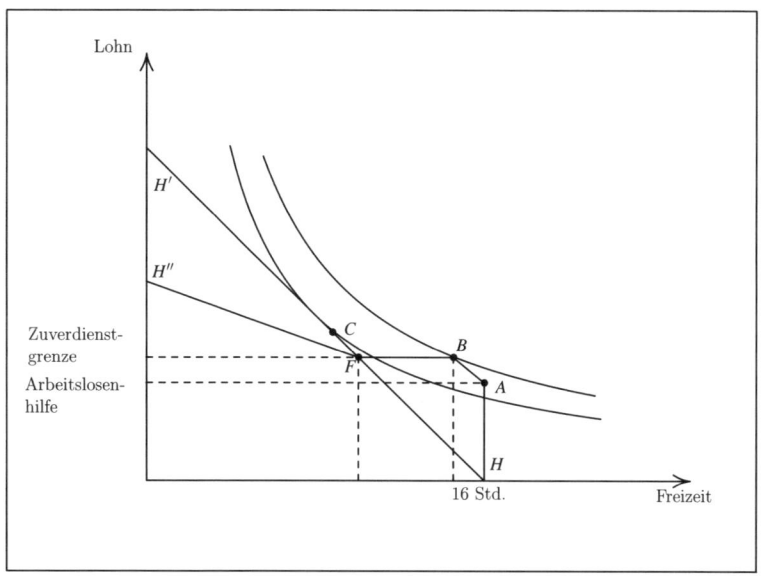

Abb. 7.1. Vereinfachte Darstellung der Arbeitslosenhilfe

Ein Arbeitsloser erhält eine Arbeitslosenhilfe in Höhe von 57 % bzw. 53 % seines vorherigen pauschalierten Nettoentgelts, wie in Punkt A dargestellt. Darüber hinaus wird dem Arbeitslosen die Möglichkeit eingeräumt, im Prinzip anrechnungsfrei ein Arbeitsentgelt bis zu einer Zuverdienstgrenze hinzuzuverdienen. Im Bereich $\overline{AB}$ gilt brutto gleich netto. (Entsprechend verläuft die Strecke $\overline{AB}$ parallel zur Einkommenstrecke $\overline{HH'}$. Oberhalb der Zuverdienstgrenze erfolgt eine 100 %-Anrechnung des zusätzlichen Einkommens auf die Arbeitslosenhilfe, so dass die Strecke BF horizontal verläuft. Wir haben angenommen, dass F, den Grundfreibetrag darstellt, ab dem eine Einkommensbesteuerung eintritt, so dass die Nettoeinkom-menskurve $\overline{H''F}$ unterhalb der durch F verlaufenden Einkommenstre-cke $\overline{HH'}$ verläuft.

Nimmt ein Arbeitnehmer eine reguläre Beschäftigung auf, so verliert er seine Ansprüche auf Arbeitslosenhilfe. Zu arbeiten lohnt für ihn nur bei einer geringfügigen Beschäftigung. Zur Überwindung dieser Armutsfalle bietet sich die negative Einkommensteuer an. Bei der negativen Einkom-

mensteuer will man den ungünstigen Anreizeffekt im Bereich *BF* beseitigen, indem man einen konstanten Einkommensteuersatz wählt, der geringer als 100 % ist.

Bei der negativen Einkommensteuer wird ein steuerfinanziertes Basiseinkommen z. B. *D* – siehe Abbildung 7.2. – garantiert. Jede verdiente Mark
wird mit dem Einkommensteuersatz *t* besteuert. Verdient ein Arbeitnehmer *Y*, so ist sein Nettoeinkommen $(1-t)Y + D$. Bis zum Entgelt *L*
erhält er eine negative Einkommensteuer (Transfer). Oberhalb von *L* wird
er zum normalen Steuerzahler. Die Fläche *ODF* spiegelt das Transfervolumen wider und ist aufgrund des niedrigen Basiseinkommen *D* wesentlich niedriger als das Transfervolumen *OABF* der Arbeitslosenhilfe. Das
geringere Transfervolumen ist aber kein Charakteristikum der negativen
Einkommensteuer, sondern hängt entscheidend von der Wahl des Basiseinkommens ab.

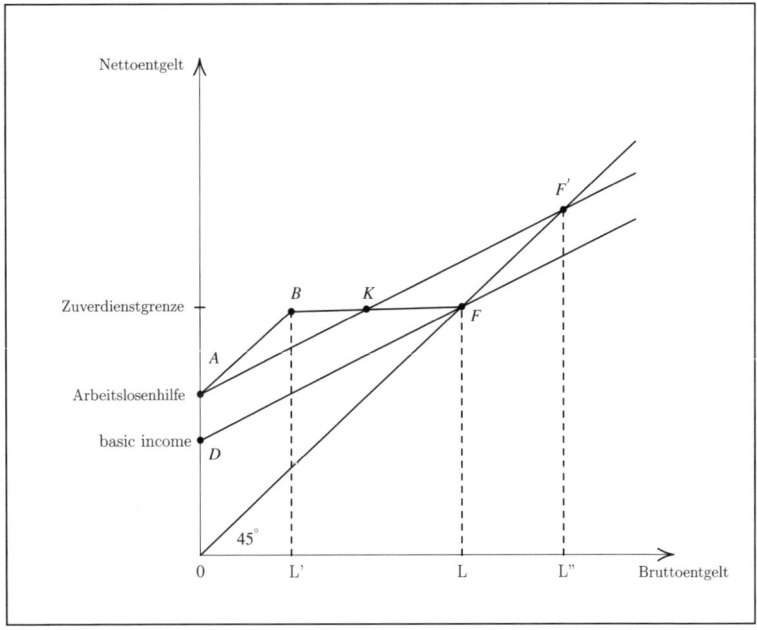

Abb. 7.2. Arbeitslosenhilfe vs. negative Einkommensteuer

In den USA ist es möglich, ein extrem niedriges Niveau des Basiseinkommens zu wählen, da dort die Philosophie vorherrscht, dass die Gemeinschaft nur dem hilft, der auch arbeitet, wenn er dazu in der Lage ist. Hingegen dominiert in Europa die Einstellung, auch dem, der sich fehlverhält

und nicht eine zumutbare Arbeit leistet, die bis auf das Notwendige reduzierte Arbeitslosenhilfe zu gewähren ist, um eine Existenzsicherung zu
garantieren.

Wählen wir z. B. als Basiseinkommen die Arbeitslosenhilfe A, so sehen
wir an Abbildung 7.2., dass das Transfervolumen OAF' wesentlich größer
als das der Arbeitslosenhilfe ist, insbesondere dann, wenn die Zuverdienstgrenze niedrig angesetzt wird. Aus dieser Sicht ist die negative Einkommensteuer kein sehr attraktive Kandidat unter den Leitbildern für eine
Reform der Arbeitslosenhilfe in der Bundesrepublik. Wie empirische
Analysen z. B. des DIW und des Instituts für Weltwirtschaft in Kiel gezeigt haben, ist eine negative Einkommensteuer, die die durchschnittliche
Arbeitslosenhilfe als Basiseinkommen wählt, nicht finanzierbar.

Sie ist auch deshalb kein Allheilmittel, weil von ihr auch negative Wirkungen ausgehen. So wird durch sie der Bereich der Anspruchsberechtigten
auf Transfers um LL'' immens ausgeweitet, was unerwünscht ist. Dies
wird von freien, auf Selbständigkeit bedachten Bürgern abgelehnt, da sie
zu „unmündigen" Transferempfängern werden. Aus Sicht eines Wohlfahrtsstaates werden sie unnötig unterstützt, da sie nicht bedürftig sind.
Darüber hinaus bewirkt die negative Einkommensteuer auch Disincentives
auf das Arbeitsangebot. Sie schwächt den negativen Fehlanreiz der Arbeitslosenhilfe bei BF dadurch ab, dass sie ihn bei FF'' entsprechend
erhöht. Wenn man den Gesamteffekt beurteilen will, muss man – vorauf
Moffitt hinweist – die Verteilung der Einkommen Y betrachten. Konzen-
rieren sich die Einkommen auf den Bereich LL'' und nicht auf den $L'L$,
so ist der Angebotseffekt der Einführung der negativen Einkommensteuer
per Saldo negativ. Es entsteht sogar ein negativer Sogeffekt der negativen
Einkommensteuer.

Bei Einkommensbeziehern jenseits von L'' kann es bei einem entsprechenden Verlauf ihrer Indifferenzkurven mit Einführung der negativen
Einkommensteuer attraktiv werden, ihr Arbeitseinkommen zu reduzieren
und nur noch ein Einkommen aus dem Bereich LL'' zu erzielen. Mit Recht
hat Homburg in die Diskussion gebracht, dass auch die zusätzlichen Transfers durch Steuererhöhungen finanziert werden müssen. Da von einer
Steuererhöhung alle Arbeitnehmer mehr oder weniger betroffen sind,
entsteht so ein weiterer nicht zu vernachlässigender negativer Arbeitsange-
botseffekt, so dass per saldo die negative Einkommensteuer keine Patentlösung darstellt.

Diese Fehlanreize werden zum Teil durch das Earned Income Tax Credit-System (EITC) behoben, wie es zur Zeit in den USA angewendet wird. Beim EITC, wie es in Abbildung 7.3. dargestellt ist, wird das Basiseinkommen auf Null reduziert. Nur dem wird geholfen, der auch tatsächlich arbeitet. Im Bereich von *OE* wird zu jedem verdienten Dollar x % als Zuschuss dazugelegt. Im Bereich *EG* gilt für jeden verdienten Dollar brutto gleich netto, während im Bereich *GF* die Zuschüsse kontinuierlich abgebaut werden. Der wesentliche Vorteil des EITC liegt darin, dass der Bereich positiver Incentives auf *OG* ausgeweitet und der Bereich der Disincentives auf *GF* reduziert wird. Durch die drastische Absenkung des Basiseinkommens auf Null wird das System finanzierbar.

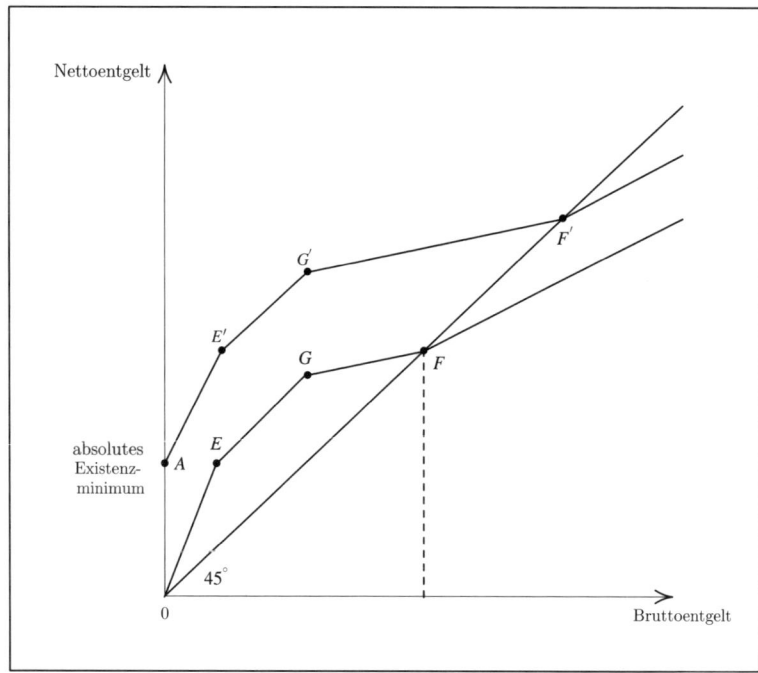

Abb. 7.3. EITC - Systeme

Das niedrige Basiseinkommen ist sine qua non der Effizienz des EITC. Würde man das System auf die Bundesrepublik übertragen und ein Basiseinkommen in Höhe der durchschnittlichen Arbeitslosenhilfe A wählen, so wäre das System zum einen nicht finanzierbar und der Bereich der Disincentives würde auf *G' F'* ausgeweitet, wenn man den Grundfreibetrag auf

F' erhöht. Da aber das Sozialstaatsprinzip eine generelle Absenkung des Basiseinkommens auf Null ausschließt, hat das EITC nur akademische Relevanz für die deutsche Reformdiskussion.

Mit dem Arbeitslosengeld II hat der Gesetzgeber eine stark modifizierte Form der negativen Einkommensteuer gewählt. Zum einen sieht das Arbeitslosengeld II ein Basiseinkommen S vor, das den Regelleistungen der Grundsicherung entspricht und so variabel ist. Darüber hinaus ist der Anrechnungssatz (Steuersatz) gestaffelt (Stufentarif).

Er beträgt bis zu einem Bruttoeinkommen von 400 Euro 85 % , im Bereich zwischen 400 Euro und 900 Euro sinkt er auf 70 % und im Bereich zwischen 900 Euro und 1 500 Euro steigt er wieder auf 85 % an. Erst ab 1 500 Euro Bruttoeinkommen ist eine 100 %ige Anrechnung vorgesehen. Diese Regelung ermöglicht es einem Bezieher von Arbeitslosengeld II, bis zu 300 Euro dazu zu verdienen (siehe Abbildung 7.4.).

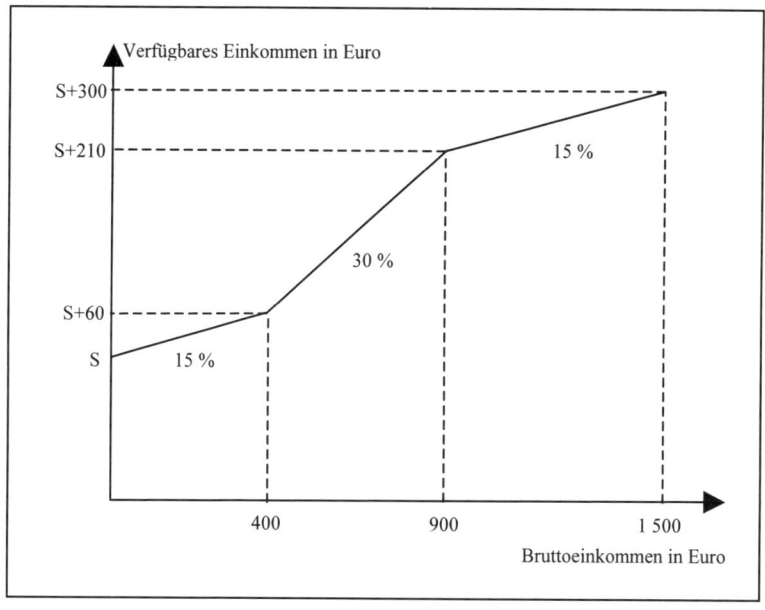

Abb. 7.4.Freibeträge beim Arbeitslosengeld II

Die Freibetragsregelung des Arbeitslosengeld II sieht leider nicht wie der ursprüngliche Gesetzentwurf eine Familienkomponente bei der Höhe des Freibetrages vor. Dennoch stellt sie eine wesentliche Verbesserung dar. Da erst eine volle Anrechnung ab einem Bruttoeinkommen von 1 500 Euro stattfindet, sind von diesem Fehlanreiz nur wenige betroffen. Für alleinstehende Erwerbstätige wird im Allgemeinen das Arbeitslosengeld II wesentlich geringer ausfallen. Nur Familien mit vielen Kindern, was leider die Ausnahme ist, können von der vollen Anrechnung betroffen sein.

In dem deutschen System kommt aber eine andere Überlegung zum Tragen, die das deutsche System wesentlich attraktiver als das EITC macht. Das amerikanische System baut auf dem Gedanken der generellen Bestrafung auf: „Wer nicht arbeitet, der bekommt auch nichts dazu". Dabei wird nicht ausreichend zwischen Arbeitswilligen und solchen, die Arbeit suchen, aber keine finden, differenziert. Auch das deutsche System setzt mit dem Arbeitslosengeld II auf Strafen. Nur erfolgt die Strafe nicht generell, sondern nach einer Einzelfallprüfung.

Wird eine zumutbare Beschäftigung abgelehnt, so kommt es zu einer entsprechenden Kürzung, die – wie oben aufgezeigt – bei Jugendlichen, die bei Ihren Eltern wohnen, fast 100 % betragen kann. Wie die umfassende Untersuchung von Blank gezeigt hat, ist diese Strategie wesentlich erfolgreicher. Sie zeigt auf, dass die Arbeitsmarkterfolge in den USA nicht auf das EITC zurückzuführen sind. Dieses dient in erster Linie zur Absicherung eines ausreichenden Einkommens. Die Verbesserung des Arbeitsangebots ist hingegen im Wesentlichen auf das mit den EITC verbundenen Sanktionspotential bei Nichtarbeitsaufnahme zurückzuführen, das von Bundesstaat zu Bundesstaat unterschiedlich ausgestaltet und angewandt wird.

Um die Disincentives des Arbeitlosengeld II abzubauen, können die Agenturen für Arbeit als Arbeitsanreiz – wie schon erwähnt – ein Einstiegsgeld gewähren.

7.3 Literatur zum 7. Kapitel

Blank, R. M. (2003): U. S. Welfare Reform: What's Relevant for Europe?, CESifo Economic Studies, Vol. 49, S. 49 - 73.

Jerger, J., Spermann, A. (1997): Wege aus der Arbeitslosenfalle – ein Vergleich alternativer Lösungskonzepte, in: Zeitschrift für Wirtschaftspolitik, Jg. 46, S. 51 - 73.

Moffitt, Robert (1985): A Problem with Negative Income Tax, Economic Letters, Vol. 17, S. 261 - 265.

8. Sozialhilfe (SGB XII)

8.1 Aufbau der Sozialhilfe

8.1.1 Prinzipien der Sozialhilfe

Die Sozialhilfe, die ihre gesetzliche Grundlage im Bundessozialhilfegesetz von 1962 (BSHG) findet, dient als Auffangnetz im Bereich der Sozialen Sicherung. Mit dem „Gesetz zur Einordnung des Sozialhilferechts in das Sozialgesetzbuch", das zum 1.1.2005 in Kraft tritt, ist das Sozialhilferecht in das Sozialgesetzbuch als XII. Buch integriert, weiterentwickelt und eine Kompatibilität mit der neu geschaffenen Grundsicherung für Arbeitsuchende (SGB II) verwirklicht worden. Insbesondere wurde mit diesen Gesetzesänderungen klare Zuständigkeiten geschaffen.

Die Sozialhilfe soll die Lücken schließen, die im Bereich der Gesetzlichen Sozialversicherung existieren. Entsprechend gilt für die Sozialhilfe das Prinzip der Nachrangigkeit. Erst wenn die anderen Sicherungssysteme wie die Sozialversicherung, die Familie, eigenes Einkommen und Vermögen nicht ausreichend Hilfe ermöglichen, soll die Sozialhilfe aktiv werden. Diese Nachrangigkeit ergibt sich aus dem Subsidiaritätsprinzip. Gemäß dem Subsidiaritätsprinzip wird u. a. von dem einzelnen verlangt, zumutbare Arbeit aufzunehmen, um so sein Existenzminimum ohne fremde, insbesondere staatliche Hilfe zu sichern.

Die Sozialhilfe unterscheidet sich von der Gesetzlichen Sozialversicherung auch darin, dass für sie das Finalprinzip anstelle des Kausalprinzips gilt. Auch bedürftige Personen, die ihre Notlage selbst verschuldet haben, haben Anspruch auf Sozialhilfe. Es interessiert beim Finalprinzip primär nur die aktuelle Not und nicht ihr Zustandekommen. Dies ist anders beim Kausalprinzip der Sozialversicherung. Hier wird gefragt, wie der Schadensfall zustande gekommen ist und wer für ihn verantwortlich ist. Entsprechend bestimmt sich die Leistung. Hat z. B. ein Arbeitnehmer sein Arbeitsverhältnis gekündigt, ohne dass dafür gute Gründe (wie Schikanen am Arbeitsplatz) vorlagen, so hat er für eine Sperrfrist keinen Anspruch auf Arbeitslosengeld.

Des Weiteren hat man nur Anspruch auf Leistungen der Gesetzlichen Sozialversicherung, wenn man seinen Anspruch bei ihr geltend macht. Dies ist anders bei der Sozialhilfe. Dort setzt die Sozialhilfe ein, sobald der entsprechende Sachverhalt den jeweiligen Institutionen der Sozialhilfe bekannt wird.

Während im alten Fürsorgesystem der Sozialhilfeempfänger auf mehr oder weniger freiwillige Unterstützung angewiesen war, hat er heute einen gesetzlichen Anspruch auf staatliche Leistungen. Dabei unterscheiden sich aber die Leistungen von denen der Gesetzlichen Sozialversicherung in zwei Punkten. Zum einen soll die Sozialhilfe den Besonderheiten des Einzelfalls gerecht werden, insbesondere soll auf die Wünsche des Empfängers bezüglich der Ausgestaltung der Sozialhilfe Rücksicht genommen werden. Zum anderen sind die Leistungen nicht wie bei der Gesetzlichen Sozialversicherung so eindeutig definiert. Bei den Sozialhilfeträgern existiert oft ein relativ großer Ermessensspielraum.

Die Sozialhilfe soll vorbeugende Hilfe beinhalten. Hier wird das Subsidiaritätsprinzip nicht so verstanden, dass die Sozialhilfe nachrangig in dem Sinne erfolgen soll, dass erst der Schadensfall eintritt, dann der Betroffene sein Einkommen und Vermögen zur Schadensregulierung einsetzt und schließlich die Familie ihn bis zu ihren finanziellen Grenzen unterstützt, so dass als letzte Sicherungseinrichtung die Sozialhilfe einspringt. Vielmehr soll die Sozialhilfe vorbeugende Hilfe beinhalten. Sie soll – wenn eben möglich – dafür sorgen, dass der Schadensfall nicht eintritt. Grundlegende Zielsetzung ist es, dem Empfänger der Sozialhilfe die Führung eines Lebens zu ermöglichen, das der Würde des Menschen entspricht.

8.1.2 Personeller Umfang

In der Gesetzlichen Sozialversicherung ist es relativ leicht, den personellen Umfang einer Versicherung über die entsprechende Solidargemeinschaft zu definieren, indem man bestimmt, wer Versicherungsbeiträge leistet und wer unter bestimmten Bedingungen Anspruch auf Versicherungsleistungen hat. Diese prinzipielle Identität zwischen Beitragszahlern und Leistungsanspruchberechtigten ist bei der Sozialhilfe nicht gegeben, da auch diejenigen u. U. Anspruch auf Sozialhilfe haben, die niemals einen Beitrag in irgendeiner Form zur Finanzierung der Sozialhilfe geleistet haben. Von daher können wir auch nicht wie in der Sozialversicherung von den Mitgliedern der Sozialhilfe sprechen. Die Sozialhilfe finanziert sich im Wesentlichen über den Haushalt des jeweiligen Trägers, d.h. aus öffentlichen Mitteln. Den personellen Umfang kann man am besten mit dem potentiellen Kreis der Leistungsempfänger definieren, die unter entsprechenden Voraussetzungen Anspruch auf Leistungen aus der Sozialhilfe haben (siehe Tabelle 8.1.).

Zur Absicherung des soziokulturellen Existenzminimums haben wir zwei soziale Auffangnetze. Zum einen die Grundsicherung für Arbeitsuchende (SGB II), auf die nur bedürftige Erwerbsfähige und Personen, die in einer Bedarfsgemeinschaft mit einem erwerbsfähigen Hilfebedürftigen leben, und die umfassendere Sozialhilfe, auf deren Leistungen bis auf einige Ausnahmen bedürftige Erwerbspersonen und deren Angehörige keinen Anspruch haben, wenn es um Leistungen zum Lebensunterhalt geht, so dass fast keine gemeinsame Schnittstelle zwischen Grundsicherung und Sozialhilfe besteht und klare Kompetenzzuweisungen existieren.

Nach dem SGB XII ist den Personen Sozialhilfe zu gewähren, die ihren Lebensunterhalt aus eigenen Kräften und Mitteln nicht ausreichend beschaffen können. Gemäß dem Subsidiaritätsprinzip ist bei nicht getrennt lebenden Eheleuten dabei die finanzielle Lage beider Partner zu berücksichtigen. Gehören minderjährige unverheiratete Kinder dem Haushalt ihre Eltern an und können sie ihren notwendigen Lebensunterhalt nicht beschaffen, so ist auch das Einkommen der Eltern mit zu berücksichtigen, so dass für eine gesamte Familie der Bedarf gemeinsam berechnet wird. Leistungen der Sozialhilfe, wie zur Gesundheit, Pflege usw., werden denjenigen gewährt, denen die Aufbringung der notwendigen Mittel aus ihrem Einkommen und Vermögen nicht zumutbar ist.

Die Leistungsvoraussetzung wird nicht ganz so eng wie bei der Hilfe zum Lebensunterhalt definiert. Bedürftige haben auch dann schon Anspruch auf Hilfe, wenn dem Ehepartner bzw. den Eltern die Aufbringung der notwendigen Mittel nicht zumutbar ist.

Die Pflichten der Eltern gegenüber ihren Kindern bzw. der Ehepartner untereinander werden nicht so streng definiert wie bei der Hilfe zum Lebensunterhalt.

Eheähnliche Gemeinschaften sind nicht besser zu stellen als Ehepaare. Auszubildende, die Anspruch auf BaFöG haben, bzw. nach dem III. Sozialgesetzbuch förderungsfähig sind, haben keinen Anspruch auf Hilfe zum Lebensunterhalt.

	Früheres Bundesgebiet			Deutschland					
	1980	1985	1990	1992	1994	1996	1998	2000	2001
				Laufende Hilfe zum Lebensunterhalt					
				Tausend Personen					
Insgesamt	922	1 475	1 832	2 438	2 308	2 724	2 903	2 694	2 715
Nach Alter				Anteile in vH					
Unter 18 Jahre	32,9	32,3	34	36,1	38	37,2	37	36,9	36,7
18 bis unter 60 Jahre	40,4	52,4	52,5	52,1	50,9	52,8	52,8	51,5	51,4
60 und älter	26,6	15,3	13,6	11,9	11,1	10	10,1	11,6	11,8
Nach Art der Unterbringung				Tausend Personen					
Außerhalb von Einrichtungen	851	1 398	1 772	2 339	2 258	2 695	2 879	2 677	2 699
In Einrichtungen	71	77	60	99	51	29	24	16	17
Nach Nationalität				Tausend Personen					
Deutsche	841	1 268	1 334	1 647	1 856	2 084	2 237	2 099	2 113
Nichtdeutsche	81	207	498	791	452	639	666	595	603
				sonstige Hilfen					
				Tausend Personen					
Insgesamt	1 125	1 108	1 510	1 870	1 306	1 409	1 378	1 459	...
Nach Alter				Anteile in vH					
Unter 18 Jahre	20,4	18,9	20,9	21,1	18,6	19,9	21,6	20,6	...
18 bis unter 60 Jahre	37,4	46,6	48,6	47,7	44,6	48,1	53,2	51	...
60 und älter	42,2	34,5	30,4	31,2	36,8	32	25,1	28,4	...
Nach Art der Unterbringung				Tausend Personen					
Außerhalb von Einrichtungen	644	600	921	1 119	663	718	769	796	...
In Einrichtungen	508	530	624	791	691	754	678	749	...
Nach Nationalität				Tausend Personen					
Deutsche	1 063	991	1 116	1 298	1 134	1 120	1 093	1 180	...
Nichtdeutsche	62	117	395	571	172	289	286	278	...

Tab. 8.1.: Empfänger von Sozialhilfe, Quelle: Gutachten des Sachverständigenrates

Auch Ausländer, die sich im Inland aufhalten, können Sozialhilfe beanspruchen. Ist ein Ausländer in die Bundesrepublik gekommen, nur um Sozialhilfe zu erhalten, so verfällt sein Anspruch. Nach dem Asylbewerberleistungsgesetz haben hingegen Asylbewerber keinen Anspruch auf Sozialhilfe. Des Weiteren haben auch Deutsche im Ausland in besonderen Notfällen Anspruch auf Leistungen der Sozialhilfe.

8.1.3 Organisation der Sozialhilfe

Die Sozialhilfe wird von örtlichen und überörtlichen Trägern organisiert und durchgeführt. Die örtlichen Träger sind die kreisfreien Städte und die Landkreise. Die Kreise arbeiten dabei mit den örtlichen Sozialämtern auf der Ebene der Kommunen zusammen. Die Länder können festlegen, inwieweit die Kommunen die Aufgaben der Sozialhilfe übernehmen. Darüber bestimmen die jeweiligen Länder die Aufgaben der überörtlichen Träger und ihrer Einrichtung, so dass hier länderspezifische Regelungen zum Tragen kommen.

Da auch andere Institutionen ähnliche oder gleiche Ziele wie die Sozialhilfe verfolgen, ist es notwendig, dass die entsprechenden Einrichtungen ihre Aktivitäten koordinieren. Deshalb sind die Träger der Sozialhilfe verpflichtet, mit diesen Einrichtungen, wie den Trägern der öffentlichen Jugendhilfe, den Rehabilitationsträgern und insbesondere den entsprechenden Einrichtungen in den Agenturen für Arbeit zusammenzuarbeiten.

Eine besondere Stellung kommt dabei der freien Wohlfahrtspflege zu. Die Träger der Sozialhilfe sollen mit den Kirchen und Religionsgemeinschaften sowie den Verbänden der freien Wohlfahrtspflege zusammenarbeiten. Diese sind aber nicht für die Gewährung von Geldleistungen zuständig

8.1.4 Leistungen der Sozialhilfe

Die Sozialhilfe umfasst ein breites Aufgabenspektrum. Es umfasst:

1. Hilfe zum Lebensunterhalt,

2. Grundsicherung im Alter und bei Erwerbsminderung,

3. Hilfen zur Gesundheit,

4. Eingliederungshilfe für behinderte Menschen,

5. Hilfe zur Pflege,

6. Hilfe zur Überwindung besonderer sozialer Schwierigkeiten,

7. Hilfe in anderen Lebenslagen sowie die jeweils gebotene Beratung und Unterstützung.

Die Leistungen der Sozialhilfe richten sich nicht nach allgemeinen Normen aus, sondern nach den Besonderheiten des Einzelfalls und bei der Hilfe zum Lebensunterhalt nicht allein nach der finanziellen Situation der einzelnen Person, sondern auch nach der seiner Angehörigen. Um den individuellen Freiheitsspielraum so wenig wie möglich einzuschränken, soll bei der Gestaltung der Leistungen auf die Wünsche des Empfängers eingegangen werden, sofern sie angemessen und nicht mit unverhältnismäßigen Mehrkosten verbunden sind.

Die Leistungen werden als Dienst-, Geld- oder Sachleistung erbracht, wobei die Geldleistung Vorrang vor der Sachleistung hat, um die Autonomie des Leistungsempfängers zu wahren. Sachleistungen sind nur angebracht, wenn mit ihnen die Ziele der Sozialhilfe erheblich besser oder wirtschaftlicher erreicht werden können. Dabei zählen Gutscheine zu den Sachleistungen.

Die Beratung und Unterstützung zielen darauf ab, die Selbsthilfe zur aktiven Teilnahme am Leben in der Gemeinschaft zu stärken und zur Überwindung der Notlage beizutragen. Spätestens vier Wochen nach Beginn einer fortlaufenden Leistung soll eine schriftliche Leistungsabsprache zwischen dem Träger und dem Sozialhilfeempfänger vereinbart werden.

Bei der Leistungsgestaltung sollen folgende Rangordnungen berücksichtigt werden:

Ambulante Leistungen haben Vorrang vor teilstationären und diese vor stationären Leistungen. Prävention und Rehabilitation haben Vorrang vor alternativen Leistungen, insbesondere sollen sie vorbeugend ausgerichtet sein, um das Zustandekommen einer Notlage zu verhindern. Nach Beseitigung der Notlage sollen sie die Nachhaltigkeit der Sozialhilfe absichern. Darüber hinaus soll die Sozialhilfe familiengerecht gestaltet werden.

Während bei der Gesetzlichen Sozialversicherung der Leistungserbringer im Allgemeinen nur Leistungen bei Antrag des Versicherten erbringt, soll die Sozialhilfe sofort aktiv werden, wenn der Träger Handlungsbedarf erkennt.

Auf Sozialhilfe besteht ein Anspruch, wobei – sofern keine eindeutigen Vorgaben existieren – über Art und Maß der Leistungserbringung nach pflichtmäßigem Ermessen zu entscheiden ist.

Dabei soll bei Empfängern über 18 Jahren, wenn diese ihr Einkommen und Vermögen bewusst gemindert haben, um Sozialhilfeansprüche zu schaffen, und generell für alle Sozialhilfeempfänger, die trotz Belehrung ihr unwirtschaftliches Verhalten fortsetzen, die Leistung auf das zum Lebensunterhalt Unerlässliche beschränkt werden. Dies gilt auch für den Fall, dass es um die Erstattung zu Unrecht erbrachter Leistungen geht, die der Sozialhilfeempfänger aufgrund von Vorsatz oder grober Fahrlässigkeit bzw. pflichtwidriger Unterlassung zu verantworten hat.

Auf die einzelnen Leistungen soll kurz eingegangen werden, wobei den Leistungen zum notwendigen Lebensunterhalt eine besondere Stellung zukommt.

Zu 1) Mit der Hilfe zum Lebensunterhalt soll der notwendige Lebensunterhalt, der Ernährung, Unterkunft, Kleidung, Körperpflege, Hausrat und persönliche Bedürfnisse des täglichen Lebens umfasst, abgesichert werden.

Die Leistungen bestimmen sich bis auf noch darzustellende Ausnahmetatbestände anhand von Regelsätzen, sofern im Einzelfall keine besonderen Tatbestände vorliegen. Die Regelsätze werden von den jeweiligen Landesregierungen festgelegt. Die Regelsätze sollen den notwendigen Lebensunterhalt absichern. Dazu bilden die tatsächlichen, statistisch ermittelten Verbrauchsausgaben von Haushalten in unteren Einkommensgruppen die Grundlage für die Berechnung. Diese Vorgehensweise ist nicht unumstritten, da sich unter den Haushalten in den unteren Einkommensgruppen auch solche befinden, die im Sinne der Sozialhilfe bedürftig sind, so dass die Regelsätze systematisch zu niedrig angesetzt werden. Die Regelsätze sollen alle 5 Jahre entsprechend der obigen Verfahrensweise neu berechnet und in der Zwischenzeit an die Entwicklung der Renten gekoppelt werden.

Des Weiteren sollen die Regelsätze gewährleisten, dass das Lohnabstandsgebot gewahrt bleibt und die Aufnahme von Arbeit für untere Einkommensbezieher im Vergleich zur Sozialhilfe attraktiv bleibt. Das Lohnabstandsgebot verlangt, dass bei Ehepaaren mit drei Kindern die Regelsätze sowie die durchschnittlichen sonstigen Leistungen der Sozialhilfe (Wohnung, Heizung) sowie anteilige einmalige Leistungen unter dem Nettoentgelt einschließlich Wohn- und Kindergeld sowie anteilige einmalige Leistungen einer entsprechenden Haushaltsgemeinschaft einer alleinerziehenden vollzeitbeschäftigten Person mit drei Kindern aus der unteren Lohn- und Gehaltsgruppe bleiben.

Leistungen für eine angemessene Unterkunft werden in Höhe der tatsächlichen Aufwendungen erbracht. Der Träger kann für seinen Bereich monatliche Pauschalen bei der Kostenübernahme für die Unterkunft übernehmen, wenn ausreichend angemessener Wohnraum zur Verfügung steht. Auch bei den angemessenen Heizungsausgaben werden die tatsächlichen Kosten übernommen, die aber über eine monatliche Pauschale abgegolten werden können, was zu einer Verwaltungserleichterung und zu mehr Kostenbewusstsein bei den Empfängern führt.

Personen über 65 Jahren und Personen, die voll erwerbsgemindert sind sowie werdende Mütter nach der 12. Schwangerschaftswoche, haben Anspruch auf einen Mehrbedarf in Höhe von 17 % des maßgeblichen Regelsatzes.

Der Mehrbedarf beträgt für Erziehende mit einem Kind unter 7 Jahren oder mit zwei bis drei Kindern unter 16 Jahren 35 %, bei vier und mehr Kindern 52 % des Regelsatzes. Behinderte Personen erhalten einen Mehrbedarf von 35 %. Als weitere Leistungen sind die für einmalige Bedarfe (Erstausstattung einer Wohnung, Bekleidung, einschließlich die bei Schwangerschaft und Geburt sowie mehrtägige Klassenfahrten) zu nennen. Bis auf die Leistungen bei Klassenfahrten können Pauschalbeträge angewendet werden.

Darüber hinaus übernimmt die Sozialhilfe für bisher versicherte Sozialhilfeempfänger die Kranken- und Pflegeversicherungsbeiträge. Bei freiwillig Versicherten können angemessene Krankenversicherungsbeiträge übernommen werden. Sie werden übernommen, wenn die Hilfe zum Lebensunterhalt nur von kurzer Dauer ist, so dass eine meist wesentlich teurere Neuversicherung vermieden wird. Um eine angemessene Alterssicherung oder ein angemessenes Sterbegeld zu ermöglichen, können die erforderlichen Kosten übernommen werden.

Bei Sozialhilfeempfängern, die nicht krankenversichert sind, übernimmt die GKV die Krankenbehandlungskosten, die von den Sozialhilfeträgern zuzüglich einer 5 %-Verwaltungskostenpauschale erstattet werden. Damit werden Sozialhilfebezieher mit den GKV-Versicherten gleichgestellt. Für sie gilt auch die 2 %-Belastungsobergrenze bei Zuzahlungen.

Bei der Hilfe zum Lebensunterhalt können Schulden in der Ausnahmesituation übernommen werden, wenn dies zur Sicherung der Unterkunft oder zur Behebung einer vergleichbaren Notlage notwendig ist. Hilfe zum Lebensunterhalt umfasst auch Leistungen für den notwendigen Lebensunterhalt in Einrichtungen. Dabei hat der Sozialhilfeempfänger einen Anspruch auf einen Barbetrag in Höhe von 26 % des Regelsatzes.

Lebt ein Sozialhilfebeantragender gemeinsam mit anderen Personen in einer Wohnung, so wird vermutet, dass sie gemeinsam wirtschaften und der Antragsteller von ihnen Leistungen zum Lebensunterhalt erhält. Dies gilt nicht für die Grundsicherung im Alter und bei Erwerbsminderung. Soweit nicht gemeinsam gewirtschaftet wird oder der Sozialhilfebeantragende keine ausreichenden Leistungen zum Lebensunterhalt von seinen Mitbewohnern erhält, hat er Anspruch auf Hilfe zum Lebensunterhalt.

Um eine missbräuchliche Inanspruchnahme der Solidargemeinschaft einzuschränken, vermindert sich bei Ablehnung eines verpflichtenden Unterstützungsangebotes oder einer verpflichtenden Teilnahme an einer erforderlichen Vorbereitung der maßgebende Regelsatz im ersten Schritt um bis zu 25 %, bei wiederholter Ablehnung in weiteren Stufen um jeweils bis zu 25 %.

In der Tabelle 8.2. findet man einen Überblick über die Ausgaben der Sozialhilfe.

Zu 2) Bedürftige Personen ab dem 65. Lebensjahr sowie Personen, die das 18. Lebensjahr vollendet haben und unabhängig von der jeweiligen Arbeitslage voll erwerbsgemindert sind und bei denen es unwahrscheinlich ist, dass dies beseitigt werden kann, haben einen Anspruch auf Leistungen der Grundsicherung im Alter und bei Erwerbsminderung. Personen, die ihre Bedürftigkeit vorsätzlich oder grob fahrlässig herbeigeführt haben, haben keinen Anspruch auf Grundsicherung. Die Leistungen der Grundsicherung umfassen den entsprechenden Regelsatz der Sozialhilfe, die angemessenen Aufwendungen für Unterkunft und Heizung, die Mehrbedarfe sowie die einmaligen Bedarfe, die Kranken- und Pflegeversicherungsbeiträge und die Hilfe zum Lebensunterhalt in Sonderfällen.

Dabei ist das Einkommen und Vermögen gemäß den Vorschriften der Sozialhilfe zu berücksichtigen. Unterhaltsansprüche gegenüber Kindern und Eltern bleiben unberücksichtigt, wenn deren jährliches Einkommen unter 100 000 Euro liegt.

Zu 3) Bei den Hilfen zur Gesundheit geht es um ein breites Leistungsspektrum. Zu erwähnen sind hier vorbeugende Gesundheitshilfe und Hilfe bei Krankheit, wobei nur Leistungen zur Krankenbehandlung gemäß der Gesetzlichen Krankenversicherung (SGB V), aber kein Krankengeld gewährt werden. Hilfe bei Krankheit ist nur für bedürftige Personen relevant, die nicht krankenversichert sind. Darüber hinaus wird Hilfe zur Familienplanung (Übernahme der Kosten für empfängnisverhütende Mittel), bei

Schwangerschaft und Mutterschaft (einschließlich Entbindungsgeld) und
bei einer nicht rechtswidrigen Sterilisation geleistet.

	Früheres Bundesgebiet			Deutschland					
	1980	1985	1990	1992	1994	1996	1998	2000	2001
	Ausgaben und Einnahmen								
	Mrd. Euro								
Ausgaben									
Insgesamt	6,8	10,6	16,2	21,8	25,4	25,5	23	23,3	23,9
Nach Hilfearten									
Hilfe zum Lebensunterhalt	2,2	4,1	6,6	8	8,7	9,9	10,5	9,8	9,7
sonstige Hilfen	4,6	6,5	9,6	13,7	16,8	15,5	12,5	13,5	14,3
darunter:									
Hilfe zur Pflege	2,6	3,7	5,2	7,5	9,1	7,1	3	2,9	2,9
Eingliederungshilfe für Behinderte	1,4	2,1	3,4	4,8	6,3	7,1	7,9	9,1	9,8
Nach Art der Unterbringung									
Außerhalb von Einrichtungen	2,5	4,4	7,3	8,6	9,6	10,6	11,7	11,2	11,3
In Einrichtungen	4,2	6,3	8,9	13,2	15,9	14,8	11,3	12,1	12,6
Einnahmen									
Insgesamt	1,6	2,3	3,3	3,9	4,7	4,5	2,7	2,5	2,7

Tab. 8.2.: Ausgaben für Sozialhilfe, Quelle: Gutachten des Sachverständigenrates

Zu 4) Ergänzend zu den Regelungen zur Rehabilitation und Teilhabe behinderter Menschen (SGV IX) beinhaltet die Eingliederungshilfe für behinderte Menschen Leistungen zur allgemeinen Schulbildung, schulischen Berufsausbildung und zum Besuch einer Hochschule sowie zur Rehabilitation. Des Weiteren gibt es besondere Regelungen für behinderte Menschen in Einrichtungen.

Zu 5) Da im Prinzip jeder Deutsche Mitglied der sozialen Pflegeversicherung ist, müsste sich eine Hilfe zur Pflege auf wenige Personen beschränken. Dies ist aber u. a. deshalb nicht der Fall, weil die Pflegeversicherung nur Festbeträge vorsieht, die nicht alle Kosten abdecken und die nicht dynamisiert sind, so dass die Spanne zwischen Kosten und Kostenübernahme durch die Pflegeversicherung immer größer wird und mit einer Zunahme der Hilfe zur Pflege zu rechnen ist. Dies ist besonders dann zu erwarten, wenn in Zukunft das Rentenniveau sinkt und keine ausreichende private Vorsorge getroffen wird. Darüber hinaus ist der Leistungskatalog der Pflegeversicherung relativ eng definiert. In diesem Bereich kommt der Sozialhilfe eine ergänzende Funktion zu, wobei das Leistungsspektrum wesentlich weiter im Interesse körperlich, geistig und seelisch Behinderter definiert ist. Die Regelungen der Hilfe zur Pflege bauen im Wesentlichen auf denen des SGB XI auf.

Zu 6) Die Hilfe zur Überwindung besonderer sozialer Schwierigkeiten richtet sich an Hilfsbedürftige, bei denen besondere Lebensverhältnisse mit sozialen Schwierigkeiten verbunden sind und dient dazu, diese zu überwinden. Beratung und persönliche Betreuung stehen dabei im Vordergrund. Dienstleistungen werden ohne Rücksicht auf Einkommen und Vermögen erbracht.

Zu 7) Bei der Hilfe in anderen Lebenslagen geht es um die Hilfe zur Weiterführung des Haushaltes für den Fall, dass keiner der Haushaltsangehörigen den Haushalt führen kann, um die Altenhilfe sowie die Blindenhilfe und schließlich die Übernahme von Bestattungskosten.

Da die Sozialhilfe nachrangig ist, sind die Leistungsempfänger verpflichtet, zuerst ihr Einkommen und Vermögen zur Finanzierung der Leistungen einzubringen. Dies besagt nicht, dass das gesamte Einkommen und Vermögen eingebracht werden muss, sondern nur der Teil, der die Einkommens- und Vermögensgrenzen übersteigt, damit der einzelne nicht unzumutbar belastet wird.

Das bei der Berücksichtigung zugrunde liegende Einkommen umfasst alle Einkünfte. Unberücksichtigt bleiben Leistungen der Sozialhilfe, die Grundrente nach dem Bundesversorgungsgesetz. Dabei wird bei Minderjährigen das Kindergeld – wie im SGB II – dem jeweiligen Kind als Einkommen angerechnet.

Von diesem Einkommen werden zur Bestimmung des zu berücksichtigenden Einkommens u. a. die Steuern, Pflichtbeiträge zur Sozialversicherung, Pflichtbeiträge für öffentliche und private Versicherungen und Beiträge zur Riester-Rente und notwendige Ausgaben zur Einkommenserzielung abgezogen. Bei der Hilfe zum Lebensunterhalt ist ein Freibetrag von 30 % des Einkommens aus selbständiger und nichtselbständiger Tätigkeit vorgesehen. Mit diesem prozentualen Freibetrag wird ein Anreiz zur Arbeitsaufnahme geschaffen. Da aber nur nicht Erwerbsfähige Hilfe für Lebensunterhalt beziehen können, geht es hier nur um eine dauerhafte Beschäftigung von weniger als 3 Stunden (Definition der Nichterwerbsfähigkeit). Von dieser Regelung profitieren aber z. B. sozialhilfeberechtigte Schüler.

Zur Bestimmung des anzurechnenden Einkommens wird zwischen der Hilfe zum Lebensunterhalt und den sonstigen Hilfen (Krankheit, Pflege usw.) differenziert. Bei den sonstigen Hilfen ist es einem Sozialhilfebeantragenden und seinem Ehegatten bzw. Partner unzumutbar, die entsprechenden Leistungen mit seinem Einkommen unterhalb der Einkommensgrenze zu finanzieren. Die Einkommensgrenze wird jeweils für die unterschiedlichen Bedarfsgemeinschaften definiert.

So umfasst die Einkommensgrenze einen Grundbetrag in Höhe des zweifachen Eckregelsatzes zuzüglich der Kosten der Unterkunft, einem Familienzuschlag von 70 % des Eckregelsatzes für den Ehegatten oder Partner und jede weitere Person, die von dem Sozialhilfebeantragenden oder Ehegatten (Partner) unterhalten wird bzw. für die sie unterhaltspflichtig sind.

Übersteigt das zu berücksichtigende Einkommen die Einkommensgrenze, so ist die Übernahme der Kosten der Sozialhilfe in angemessenem Umfang zumutbar. Unter bestimmten, sehr eng definierten Voraussetzungen ist es sogar möglich, dass bei einem Einkommen unter der Einkommensgrenze dieses zur Kostendeckung eingesetzt werden muss. Schließlich ist auch das Vermögen des Sozialhilfebeziehers mit einzubringen. Dabei bleiben u. a. folgende Vermögensteile ausgespart: Mittel zur Gründung eines Hausstandes, Riester-Rente, angemessener Hausstand, Gegenstände für die Berufsausbildung und Erwerbstätigkeit, kleinere Geldbeträge.

8.1.5 Finanzierung der Sozialhilfe

Die Länder, bzw. die Träger der Sozialhilfe, tragen die Kosten der Sozialhilfe und nicht der Bund. Andererseits führte die Einführung der Pflegeversicherung zu einer erheblichen Entlastung der Sozialhilfe. Dies gilt auch für die Grundsicherung für Arbeitsuchende. Nur bei der Sozialhilfe für Deutsche im Ausland beteiligt sich der Bund. Für die Kosten der örtlichen Träger der Sozialhilfe kommen zunächst die Kommunen auf. Über die Kreisumlage finanzieren die Gemeinden die entsprechenden Ausgaben der Landkreise. An den Kosten der örtlichen Träger beteiligen sich die Länder über den kommunalen Finanzausgleich. Bei den überörtlichen Trägern wird eine Mischfinanzierung seitens der Kommunen und der Länder realisiert, die von Land zu Land unterschiedlich ist. Auch wenn die Sozialhilfe nachrangig ist, so tritt sie doch u. U. in Vorleistung. Wenn sich z. B. die

Leistungen der Rentenversicherung verzögern, so springt die Sozialhilfe ein und nimmt dann die zur Zahlung verpflichteten Institutionen in Pflicht.

Nach § 1601ff. BGB sind die Verwandten in gerader Linie zum Unterhalt verpflichtet. Wenn Unterhaltspflichtige ihrer gesetzlichen Verpflichtung nicht nachkommen, springt die Sozialhilfe ein, und der Anspruch auf Unterhalt geht dann auf den jeweiligen Träger der Sozialhilfe über. Dies gilt nicht für Unterhaltspflichtige, mit dem der Sozialhilfeempfänger im zweiten und einem entfernteren Grad verwandt ist. Der Übergang des Anspruchs ist auch dann ausgeschlossen, wenn dies eine unbillige Härte darstellt.

Des Weiteren dürfen nach dem Schwangeren- und Familienhilfegesetz die Eltern zum Unterhalt für ihre Tochter nicht herangezogen werden, wenn diese schwanger ist oder sie ihr leibliches Kind bis zur Vollendung des 6. Lebensjahres betreut.

Für die Grundsicherung im Alter und bei Erwerbsminderung gilt ebenfalls, dass die Übertragung von Ansprüchen des Leistungsberechtigten gegenüber seinen Eltern und Kindern auf den Träger ausgeschlossen ist.

Auch wenn im Allgemeinen keine Verpflichtung des Sozialhilfeempfängers zur Erstattung der Sozialhilfe besteht, so ist ein Empfänger über 18 Jahren zur Kostenerstattung verpflichtet, wenn er seine Notlage durch vorsätzliches oder grob fahrlässiges Verhalten herbeigeführt hat. Auch Erben eines Sozialhilfeempfängers sind für die Erstattung der Kosten der Sozialhilfe verpflichtet, die in den letzten 10 Jahren vor dem Erbfall aufgewendet wurden.

8.2 Sozialhilfe und Effizienz

Zielsetzung der Sozialhilfe ist es, dem in Not Geratenen eine angemessene Hilfe zukommen zu lassen. Es stehen Gerechtigkeitsüberlegungen im Vordergrund. Dennoch sind die Nebenwirkungen der Sozialhilfe nicht zu vernachlässigen. Gerade die negativen allokativen Effekte der Sozialhilfe werden in der politischen Diskussion betont.

Bei den allokativen Effekten geht es u. U. um die Auswirkungen auf:

- das Arbeitsangebot,
- die Ersparnisbildung,

- die Zusammensetzung in der Güternachfrage,
- die Humankapitalbildung,
- die Risikoneigung,
- die Gestaltung der familialen Lebensformen,

um nur die wichtigsten Anreizwirkungen der Sozialhilfe zu erwähnen.

Besonders brisant sind die Auswirkungen der Sozialhilfe auf das Arbeits-angebot. Je höher die Sozialhilfe ist, um so höher ist der Reservationslohn und um so geringer die Bereitschaft, zu einem niedrigen Entgelt Arbeit aufzunehmen. Entsprechend verlangt das SGB XII, dass das Lohnab-standsgebot erfüllt werden muss. Auf die Effekte auf das Arbeitsangebot sind wir im letzten Kapitel eingegangen.

Die Auswirkungen der Sozialhilfe auf die Ersparnisbildung ist schon im Zusammenhang mit der Pflegeversicherung exemplarisch aufgezeigt wor-den, wo wir nachgewiesen haben, dass die Sozialhilfe dazu führt, dass sich eine individuelle Vorsorge für Personen mit niedrigem Einkommen nicht lohnt.

Im Folgenden wollen wir relativ ausführlich die Auswirkungen der Sozial-hilfe auf das Konsumverhalten untersuchen. Die Auswirkungen der Sozial-hilfe auf die Humankapitalbildung und die Risikoneigung sind sehr kom-plex und auch nicht eindeutig, so dass eine umfassende Analyse vorge-nommen werden muss, die den Rahmen dieses Lehrbuchs sprengen würde. Zum einen erhöht die Sozialhilfe die Humankapitalbildung, da es auch Personen mit niedrigem Einkommen, die auf einem unvollkommenen Kapitalmarkt ihre Ausbildung nicht finanzieren können, die Möglichkeit einer Ausbildung einräumt. Je höher die Einkommensteuer zur Finanzie-rung derselben ist, desto niedriger ist andererseits die Rentabilität von Humankapitalinvestitionen.

Durch die Sozialhilfe erhöht sich u. U. die Risikobereitschaft, da bei einer extremen wirtschaftlichen Entwicklung, die zu einem völligen Misslingen einer Investition führt, das Existenzminimum des Investors gesichert ist. Es ist aber zu fragen, ob nicht die Sozialhilfe zu riskante Investitionen zur Folge hat, die für die Gesellschaft sehr schädlich sind. Dieser Aspekt wird in der wissenschaftlichen Literatur unter der Frage der optimalen Haftung ausführlich diskutiert und es ist zu überlegen, ob das Haftungsrecht und die Sozialversicherung nicht wesentlich bedeutsamer für die Risikobeeinflus-sung als die Sozialhilfe sind.

Die Sozialhilfe kann, je nachdem wie sie ausgestaltet ist, immense Auswirkungen auf die Gestaltung der Lebensform haben. Hierzu sind aber detaillierte Untersuchungen notwendig, die die jeweilige institutionelle Ausgestaltung der Sozialhilfe berücksichtigen. Würde z. B. bei der Sozialhilfe das Einkommen einer Lebensgefährtin bzw. eines Lebensgefährten nicht berücksichtigt, so hätte dies zur Folge, dass eheähnliche Lebensgemeinschaften bevorzugt würden, was dem Artikel 6 des Grundgesetzes, der einen besonderen Schutz der Familie beinhaltet, widerspricht. Bei dem früheren AFDC-Programm in den USA, das im Kern der Sozialhilfe entsprach, erhielten z. B. nur alleinerziehende Mütter mit Kindern Unterstützung, was zu einer Instabilität ehelicher Beziehungen führte. Auch die Leistungen der Sozialhilfe für Kinder kann – wenn auch wohl nur marginal – Einfluss auf das Reproduktionsverhalten haben.

8.2.1 Monetäre Transfers versus Realtransfers

Besonders heftig wird bei den Leistungen des Staates zur Absicherung des Existenzminimums diskutiert, ob die Leistungen in Geld oder als Realtransfers (cash versus in-kind) geleistet werden sollen. Bei den Realtransfers (gebundenen Transfers) können wir zwischen Sachleistungen und Gutscheinen für Leistungen, die gegen Vorlage der Gutscheine kostenlos erworben werden können, differenzieren. Alle drei Varianten finden wir in der Sozialhilfe und in der Gesetzlichen Sozialversicherung. So ist die Unterbringung von Behinderten in Heimen eine typische Sachleistung. Die Leistungen zum laufenden Lebensunterhalt werden im Allgemeinen in Geld geleistet.

Bei einmaligen Leistungen wie Kleiderhilfe, Ausstattung der neuen Wohnung usw. werden von den Sozialämtern aus Kostengründen (z. B. Nutzung einer Kleiderkammer) Sachleistungen bevorzugt. Bei Problemfällen, wie Alkoholikern und Drogenabhängigen, bietet sich die Vergabe von Gutscheinen für Grundnahrungsmittel an, um einen Missbrauch zu verhindern. Um eine Diskriminierung über Gutscheine bei der Abrechnung an der Ladenkasse zu verhindern, haben einige Ämter ein Chipkartensystem eingeführt.

Bei den Transferformen stehen zwei sich teilweise widersprechende Zielsetzungen gegenüber. Zum einen geht es um den Freiheitsaspekt, zum anderen um allokative Aspekte, um die Wirksamkeit der Sozialhilfe. Dass

Realtransfers den Spielraum des Empfängers einschränken, wird in Abbildung 8.1a. deutlich.

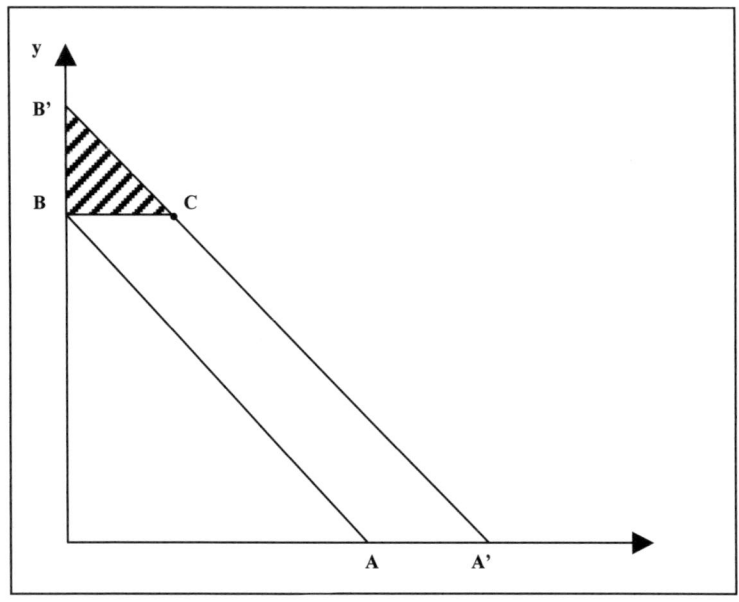

Abb. 8.1a.: Real- versus Geldtransfer

Wird eine Geldleistung in Höhe von B gewährt, so verschiebt sich die ursprüngliche Budgetgerade des Empfängers von AB nach $A\,'B\,'$. Wird ein entsprechender Realtransfer T für das Gut x geleistet, so verschiebt sich die Budgetgerade nach $A\,'CB$. Durch Realtransfers wird so der Handlungsspielraum des Empfängers um das Dreieck $BCB\,'$ eingeschränkt, sofern der Realtransfer dem Geldtransfer real entspricht, also $\dfrac{B}{P_x} = \overline{AA'} = T$ ist.

Bei der Abbildung 8.1a. unterstellen wir, dass sich der Empfänger des Realtransfers über die zugewiesene Menge hinaus am Markt mit dem Gut x versorgen kann. Dies gilt nicht immer. Man denke nur an das Methadonprogramm für Drogenabhängige, bei dem der Empfänger nur die zugewiesene Menge Methadon verbrauchen darf.

Unter dem Freiheitsaspekt sind Geldzahlungen Realtransfers vorzuziehen. Realtransfers müssten aber nicht unbedingt negative Nutzeneffekte für den Empfänger haben. Dies hängt von den Nutzenvorstellungen des Empfän-

gers ab. In Abbildung 8.1b. ist der Empfänger indifferent zwischen Geld-
bzw. Realtransfers. Hingegen zieht er in 8.1c. Geldleistungen Realtransfers
vor.

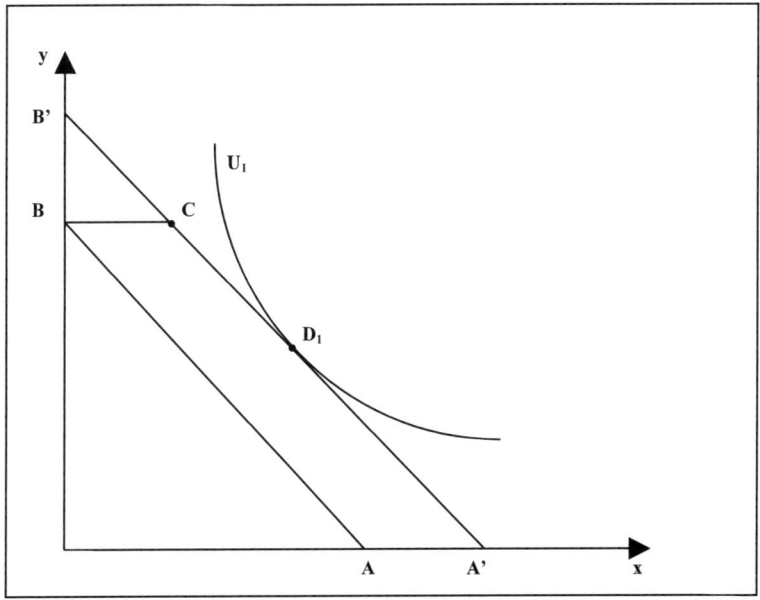

Abb.8.1b.: Indifferenz zwischen Geld- und Realtransfer

Im Fall 8.1c bewirkt der Realtransfers eine echte Restriktion. Der Empfänger kann nur die Ecklösung D_2 realisieren, nicht aber die für ihn optimale
Lösung D_3, die den höheren Nutzen U_3 anstelle von U_2 ermöglicht.

In der Realität ist nicht der für den Empfänger günstige Fall 8.1b, sondern
der Konfliktfall 8.1c relevant. Er ist umso wahrscheinlicher, je stärker die
relative Versorgung mit dem Realtransfer x und je geringer die Zahlungsbereitschaft des Empfängers für das Gut x ist. Letzteres ist ja auch meist
der entscheidende Grund dafür, dass der Geber einen Realtransfer vornimmt. Denn Realtransfers sind aus verwaltungstechnischen Gründen
meist teurer als Geldleistungen. Eine effiziente Verwaltung wird die zusätzlichen Kosten von Realtransfers nur auf sich nehmen, wenn damit auch
Veränderungen im Konsumverhalten des Empfängers bewirkt werden.
Unter Steuerungsaspekten liegt die große Schwäche von Geldleistungen
darin, dass sie nur über den Einkommenseffekt wirken.

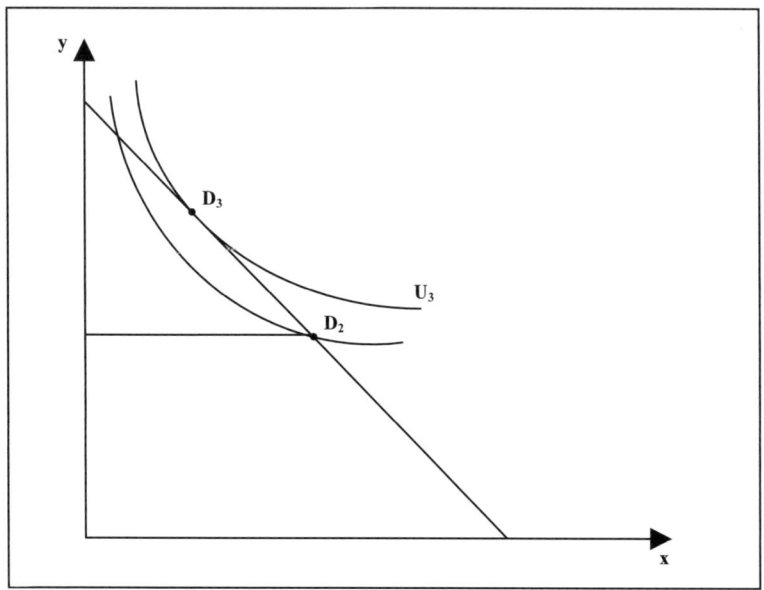

Abb.8.1c.:Präferenz für Geldtransfer

Der Einkommenseffekt kann aber – im Gegensatz zum Preiseffekt, der immer negativ ist – sowohl positiv als auch negativ sein. Leistet z. B. die Sozialhilfe Geldleistungen für das Grundnahrungsmittel x, so kann bei einem negativen Einkommenseffekt die Nachfrage nach dem Grundnahrungsmittel zurückgehen, da aufgrund des höheren Einkommens nun verstärkt das gesundheitsschädigende Gut y nachgefragt wird, so dass die Geldleistung aus Sicht des Gebers völlig ineffizient ist, wie dies in Abbildung 8.1d deutlich wird.

Die optimale Nachfrage des Empfängers verlagert sich von D_4 nach D_5, so dass die Nachfrage nach x von x_4 auf x_5 zurückgeht.

Bis jetzt haben wir stillschweigend angenommen, dass der Realtransfer nicht handelbar ist. Dies ist aber eine sehr unrealistische Annahme. So können Sachleistungen, wie Kleidung, Nahrungsmittel usw., meist weiterverkauft werden. Insbesondere für Gutscheine entwickeln sich Märkte, auf denen diese gegen beliebig andere Güter oder gegen Geld getauscht werden. Das Problem für die Sozialhilfeempfänger liegt nun darin, dass sie bei diesen Tauschaktivitäten einen Preisnachlass akzeptieren müssen, sie also nicht den wahren Gegenwert erhalten. Je größer der Wertverlust ist, um so flacher verläuft im oberen Teil die geknickte Budgetrestriktion in Abbildung 8.1e, die durch die Punkte A', C und B" bestimmt wird.

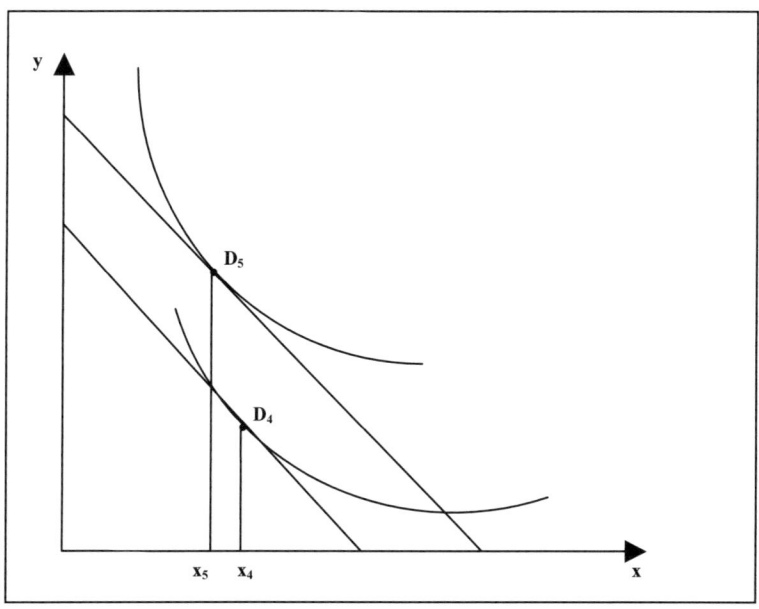

Abb.8.1d.: Ineffizienter Geldtransfer

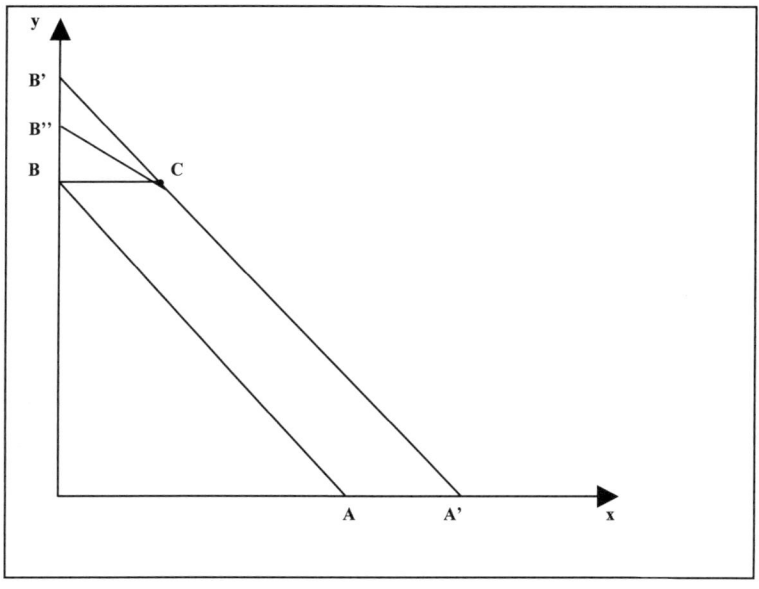

Abb.8.1e.: Monetarisierung von Realtransfers

Gäbe es einen perfekten Markt für Realleistungen, wäre es für die Sozialhilfeempfänger völlig egal, ob sie Real- oder Geldleistungen erhalten.

Bis jetzt haben wir Geld- und Realtransfers so dargestellt, dass sich die Budgetrestriktion im Bereich unterhalb von B in beiden Fällen um die Strecke $T = \dfrac{B}{p_x}$ parallel nach außen verschiebt. Diese Annahme ist aber recht problematisch. Auch wenn die Sozialhilfeempfänger Gutscheine mit dem Wert B erhalten, der der Geldleistung entspricht, so kann sich der reale Wert beider Transfers erheblich unterscheiden. Bei Gutscheinen besteht die Gefahr, dass diese nur von wenigen Geschäften angenommen werden, die dann ihre Marktmacht nutzen und so den zu hohen Preis $p'_x > p_x$ für die Güter, die man mit Gutscheinen kaufen darf, verlangen, was dazu führt, dass sich bei Gutscheinen die Budgetgerade um einen geringeren Betrag nach außen verschiebt.

Andererseits wird bei Sachleistungen argumentiert, dass die Sozialhilfestelle über mehr Marktübersicht verfügt, besser die Preis-Leistungsverhältnisse kennt, eine monopsonistische Position einnimmt und so günstigere Preise am Markt durchsetzten und so eine bessere Versorgung leisten kann. Gibt sie diese Preisvorteile bei gleicher nominaler Leistung an die Sozialhilfeempfänger weiter, was durchaus zu bezweifeln ist, dann würde sich die Budgetrestriktion um mehr als T nach außen verschieben. Dies ist insbesondere dann der Fall, wenn die Zahlungsbereitschaft der Bevölkerung bei Realtransfers größer als bei Geldleistungen ist. Denn während man bei den Realtransfers weiß, dass das Geld für einen sinnvollen Zweck verwendet wird, befürchtet der Spender bei Geldleistungen Verschwendung, Kauf von Alkohol, Drogen, Zigaretten usw.

Fällt aber die Zahlungsbereitschaft des Spenders und damit die Leistungsbereitschaft bei Realtransfers größer als bei Geldleistungen aus, so ist die Frage, was für einen Sozialhilfeempfänger die bessere Transferleistung ist, nicht mehr eindeutig zu bewerten. Die optimale Transferform bestimmt sich durch die Konsumpräferenzen des Empfängers sowie die Präferenz des Spenders für Realtransfers, wie dies in Abbildung 8.2a und 8.2b deutlich wird.

Wir unterstellen dazu, dass die Spender Realtransfers vorziehen und einen höheren Realtransfer als einen Geldtransfer zu leisten bereit sind. Bei Geldleistungen verschiebt sich die Budgetgerade von AB nach $A'B'$, hingegen bei den annahmegemäß höheren Realtransfers nach $A''CB$.

Obwohl in Abb.8.2a und 8.2b identische Ausgangssituationen (Budgetre-striktionen) vorliegen, bei denen sich bei Geldleistungen die ursprüngliche Budgetrestriktion von AB nach A'B' und bei Realtransfers von AB nach A"CB verschiebt, kann die Bewertung der Transferform unterschiedlich ausfallen. Im Fall der Abb. 8.2a präferiert der Empfänger die Ecklösung C und damit den Realtransfer, da er die zusätzliche Versorgung mit dem Gut x in Höhe von A'A" relativ hoch bewertet. Im Falle der Abb. 8.2b hat der Empfänger eine starke Präferenz für das Gut y, so dass seine Indifferenz-kurven relativ flach verlaufen und er eine Geldleistung präferiert, da das Güterbündel D, das nur bei Geldleistungen realisiert werden kann, einen höheren Nutzen als C stiftet.

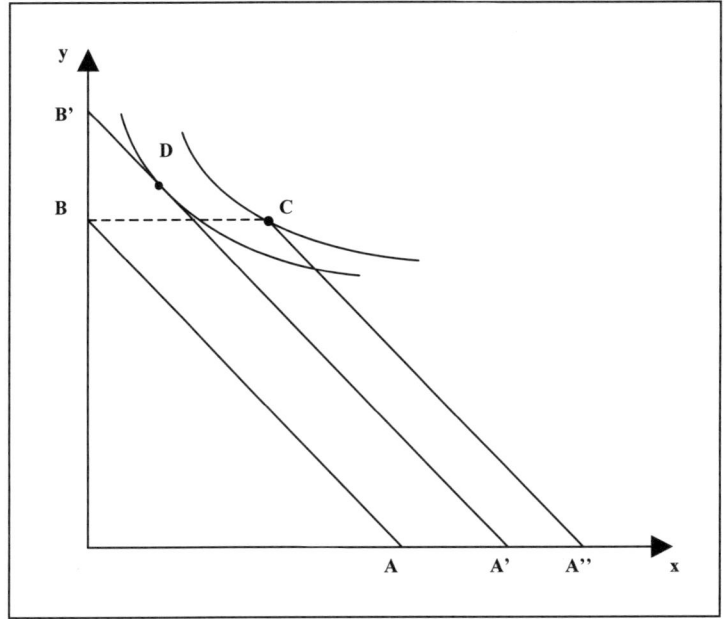

Abb.8.2a.: Präferierter Realtransfer

Um die in Abb. 8.2a und 8.2b angedeuteten Situationen zu verallgemei-nern, müssen wir erst einmal bestimmen, wie groß die Präferenz für Real-transfers bei den Sozialhilfeleistenden ist. Dazu werden wir erst einmal nach den Motiven in der Bevölkerung fragen, weshalb Realtransfers Geld-leistungen vorgezogen werden. Darüber hinaus zeigen die obigen Ausfüh-rungen, dass wir die Vorteilhaftigkeit der Transferform bisher einseitig aus der Sicht des Empfängers untersucht haben. Wenn wir aus allokativer Sicht bestimmen wollen, was effizient ist, dürfen wir aber nicht fragen, was für eine Seite optimal ist. Wir müssen vielmehr die Vor- und Nachteile für den Geber und Nehmer ins Kalkül aufnehmen. Dies können wir in der Form realisieren, dass wir die paretooptimalen Lösungen bestimmen und fragen, welche Transferform zu einer paretooptimalen Lösung führt. Dies wollen wir im nächsten Schritt behandeln.

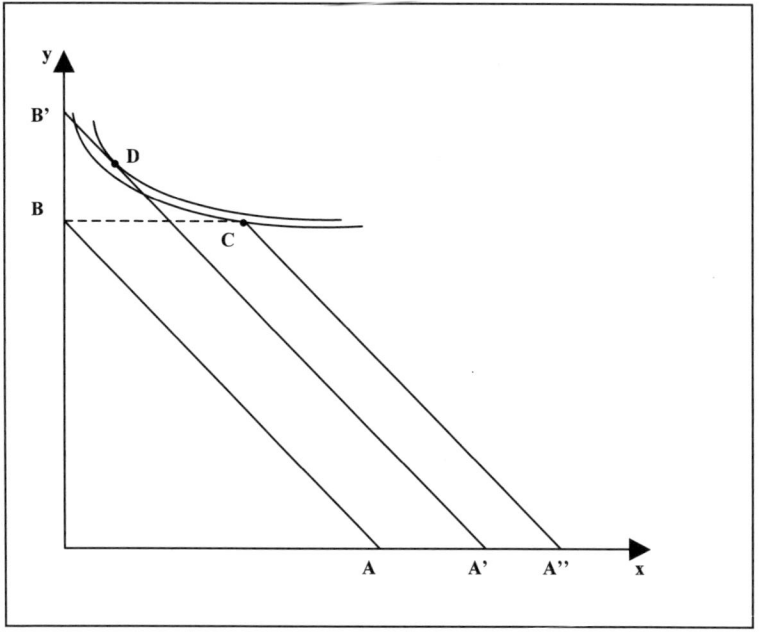

Abb.8.2b.: Präferierter Geldtransfer

8.2.2 Zur Motivation für Realtransfers

Gerade bei der Asylbewerberfrage zeigt sich eine starke Präferenz bei dem Träger der Hilfe, diese in Form von Realtransfers zu gewähren. Dabei steht der Gedanke im Vordergrund, den Leistungsempfänger vor Ausbeutung und Erpressung zu schützen. Denn bei Geldleistungen besteht die weit größere Gefahr, dass Schlepperbanden die Asylbewerber zwingen, ihr Geldvermögen abzugeben, um ausstehende Zahlungen für die Durchführung der Grenzüberführung zu finanzieren.

Auch bei der Sozialhilfe besteht eine ähnliche Gefahrensituation, nämlich dann, wenn innerfamiliale Spannungen bestehen und nur ein Elternteil die

Sozialhilfe sinnvoll verwenden will, bzw. die Interessen der Kinder von dem Erziehenden nicht ausreichend berücksichtigt werden.

Des Weiteren ermöglicht eine Sachleistung eine bessere soziale Kontrolle der Empfänger. Geldleistungen vollziehen sich relativ anonym, so dass eine Kontrolle durch den Geber, insbesondere die Angehörigen und die Nachbarn, nur schwer möglich ist. Bei Sachleistungen ist dies im Allgemeinen nicht der Fall. Man denke nur an die Armenspeisungen in den USA.

Darüber hinaus kann man mit Sachleistungen einen Selbstselektionsmechanismus in Gang setzen. Bei Geldleistungen, insbesondere bei bargeldlosem Zahlungsverkehr, kann der Transfer vom Empfänger mit relativ wenig Aufwand verwirklicht werden. Bei Sachleistungen ist dies oft nicht der Fall, so dass der notwendige Aufwand bei der Inanspruchnahme einer Sachleistung einen Abschreckungseffekt bewirkt und so nicht Hilfsbedürftige von der Inanspruchnahme abhält. Die geringe Attraktivität von Sachleistungen hat aus der Sicht des Gebers den Vorteil, dass die Leistungen der Sozialhilfe entsprechend niedrig ausfallen. Z. B. entstehen bei der Ausgabe von Nahrungsmitteln und Kleidung oft Warteschlangen, es müssen bürokratische Vorschriften erfüllt werden. Durch die kürzeren Öffnungszeiten von "Ausgabestellen" für Sachleistungen kann man den Abschreckungseffekt verstärken und so potentielle Nachfrager diskriminieren. Durch allokative Ineffizienzen im Distributionsverfahren ist man in der Lage, Missbrauch einzuschränken und eine gezielte Mittelverwendung auf wahre Bedürftige zu erreichen.

Realtransfers sind in einer Gesellschaft auch deshalb besonders attraktiv, weil für sie oft eine gut organisierte Gruppe von Leistungserstellern existiert, die politischen Druck ausübt und auf die moralische Verpflichtung der Gesellschaft zur Hilfe hinweist, um reine Partikularinteressen durchzusetzen. Z. B. wird von der Bauwirtschaft und ihren Verbänden eine Sachleistung in Form der Objektförderung des sozialen Wohnungsbaus anstelle der Subjektförderung mit Wohngeld präferiert. Des Weiteren sind die Kosten von Realtransfers nicht so einfach zu bestimmen und relativ leicht durch eine Quersubventionierung zu verschleiern, so dass die Wähler die wahren Kosten eines Realtransfers nicht erkennen. Diese Informationsdefizite können sowohl die Bürokratie mit ihrem Expansionsdrang als auch bevorteilte Interessengruppen im rent seeking Prozess nützen.

Die Verschleierung von Kosten durch Realtransfers kann aber auch für die Wähler beruhigend wirken und dazu dienen, das eigene schlechte Gewissen zu beruhigen. Realtransfers ermöglichen ein günstiges Framing von Leistungen. Spendet z. B. eine Stadt für seine 5 000 Sozialhilfeempfänger 100 000 Euro, so erscheint vielen Bürgern die einmalige Leistung von 20 Euro pro Sozialhilfeempfänger als ein recht erbärmliches Almosen, das eher die mangelnde soziale Einstellung seiner Bürger manifestiert. Spendet man hingegen diesen Betrag für die Einrichtung einer Sozialstation, so haben alle das gute Gefühl, etwas grundlegendes für die Armen geleistet zu haben und enorm großzügig zu sein.

Der wohl wichtigste Grund dafür, dass sich der Spender für Realtransfers ausspricht, liegt darin, dass er damit den Handlungsspielraum des Empfängers gezielt beschränken kann. Gerade bei meritorischen Gütern ist dies erwünscht, da der Geber die Ansicht vertritt, dass die Entscheidung des Empfängers nicht in seinem eigenen Sinne ist und er vor seiner Fehlentscheidung geschützt werden muss. Meritorische Güter sind dadurch gekennzeichnet, dass es eine systematische Abweichung der offenbarten Präferenzen des Konsumenten von seinen „wahren" gibt. Das Kernproblem der Bestimmung meritorischer Güter liegt darin, die wahren Präferenzen der Nachfrager zu bestimmen. Oft wird unterstellt, dass der paternalistisch eingestellte Geber die richtige Entscheidung des Empfängers kennt. Diese relativ problematische Hypothese lässt sich in unterschiedlicher Weise begründen.

Relativ unproblematisch ist die Annahme, dass der Empfänger des Transfers nur unvollständig über die Wirkungen seiner Entscheidungen informiert ist, da ihm die entsprechenden Sachkenntnisse fehlen. Entsprechend gilt, wie in der GKV, auch für die Sozialhilfe das Sachleistungsprinzip. Ein Sozialhilfeempfänger, der nicht krankenversichert ist, kann kostenlos medizinische Leistungen in Anspruch nehmen, die vom Arzt verordnet und deren Kosten von der Sozialhilfe übernommen werden.

Viel kritischer ist schon der Fall zu beurteilen, bei dem man unterstellt, dass der Sozialhilfeempfänger seine eigenen wahren Präferenzen nicht kennt und deshalb zu seinem eigenen Wohl sein Handlungsspielraum beschränkt werden muss. Bei dieser Argumentation sollte man recht zurückhaltend sein, greift man doch hier sehr stark in das Selbstbestimmungsrecht des Einzelnen ein, was zu einer nicht akzeptablen Bevormundung führen kann. Was bei gegebenen Zielen und Präferenzen effiziente

Maßnahmen sind, können wir bei ausreichendem Wissen über die positive Theorie relativ sicher bestimmen und darüber auch meist einen gesellschaftlichen Konsens herstellen. Wenn es aber um die normativen Fragen geht, insbesondere um die, was die wahren Präferenzen eines Individuums sind, sollte man akzeptieren, dass es kein Selektionskriterium gibt, das eine endgültige und eindeutige Bewertung von Normen und Wertvorstellungen zulässt.

Auch nicht unproblematisch ist der Fall, dass man den Handlungsspielraum des einzelnen deshalb einschränkt, nicht weil er nicht in der Lage ist, eine richtige Entscheidung treffen zu können, sondern weil ihm die Willenskraft bzw. die Selbstbindungskraft fehlt, die an sich richtige Entscheidung auch zu verwirklichen. Zu denken ist hier an Alkoholabhängige und Drogensüchtige, die eigentlich wissen, dass sie sich mit ihrem Konsum selbst schädigen, die aber nicht von ihrer Sucht loskommen.

Bis jetzt sind wir durchgängig von der Verhaltenshypothese ausgegangen, dass der Spender im Prinzip eine altruistische Einstellung zum Empfänger hat, die die grundlegende Motivation für die Transfers ist. Dies muss aber nicht unbedingt der Fall sein. Die Motivation für Transfers kann auch darin liegen, dass man damit bestimmte Effekte bewirken möchte und das Interesse am Helfen relativ nachrangig ist. Z. B. engagieren sich viele Bürger bei der Drogenbekämpfung nicht deshalb, weil sie dem einzelnen Drogensüchtigen helfen wollen, sondern deshalb, weil sie wissen, dass diese relativ oft kriminelle Delikte tätigen, um ihren Drogenkonsum zu finanzieren. Das primäre Interesse ist dann bei dem Transfer, eine ruhige Wohnlage wiederherzustellen. Dies kann man natürlich nicht mit reinen Geldleistungen erreichen, sondern eher mit Realtransfers: Beratungsstellen, Einrichtung von weit entfernt liegenden Fixerstuben, in denen unter ärztlicher Aufsicht Drogen bzw. Ersatzdrogen abgegeben werden.

Insgesamt zeigen die hier aufgeführten Argumente, dass in einer Gesellschaft durchaus eine positive Einstellung zu Realtransfers existiert und die Bereitschaft gegeben ist, für Realtransfers mehr als für Geldtransfers auszugeben, so dass u. U. Realtransfers auch aus Sicht der Empfänger günstiger als Geldtransfers sind, auch wenn Realtransfers den Handlungsspielraum des Empfängers einschränken. Welcher Effekt der stärkere ist, dies ist eine empirisch zu prüfende Frage.

Wollen wir die unterschiedliche Einstellung zu Geldtransfers bzw. Realtransfers in einem einfachen Ansatz formulieren, so kann man dies dahin

gehend präzisieren, dass diejenigen Spender, die Geldtransfers für angemessen ansehen, auf die Nutzenmaximierung des Empfängers abstellen.
Ihre altruistische Einstellung lässt sich darstellen als $U_{SE} = U(U_S, U_E)$,
d. h. der Gesamtnutzen U_{SE} des uneigennützigen Spenders hängt von
seinem eigenen Nutzen U_s und dem des Empfängers U_E ab, wobei wir
einen positiven Grenznutzen unterstellen. Anders stellt sich die Situation
bei einem auf Realtransfers ausgerichteten Spender dar, der nicht dahin
gehend indifferent ist, wie der Empfänger den Transfer nutzt. Ist
$(x_{1E}, x_{2E}, x_{3E}, ..., x_{nE})$ das vom Empfänger realisierte Konsumgüterbün-
del, so kennzeichnet den auf Realtransfers ausgerichteten Spender die
entsprechende Nutzenfunktion $U_{SE} = U(U_S, (x_{1E}, x_{2E}, ..., x_{nE}))$.

Bis jetzt haben wir Transfers fast ausschließlich aus der Sicht des Empfängers bewertet und die Präferenz der Spender für Realtransfers diskutiert.
Wir wollen nun beide Aspekte zusammenführen und eine Effizienzaussage
machen, indem wir aufzeigen, dass Realtransfers trotz ihrer Freiheitsbe-
schränkung effizient im Sinne des Paretokriteriums sein können. Für den
Fall eines Spenders, der sich nur am Nutzenniveau des Empfängers ausrichtet, sind Realtransfers ineffizient, da sie den Handlungsspielraum des
Empfängers bei gegebenem Transfer einschränken. Entsprechend sind bei
vorgegebenem Transfervolumen Geldtransfers optimal, da sie beim Empfänger mindestens ein so hohes Nutzenniveau ermöglichen wie Realtransfers. Wenden wir uns der Effizienz von Realtransfers zu. Wir unterstellen
für den Fall eines Realtransfers einen paternalistischen Spender mit der
einfachen Nutzenfunktion $U_{SE} = U(x_S, y_S, x_E + T)$.

Dabei ist T der Realtransfer, z. B. eine Pflegeleistung. Den paternalistischen Spender interessiert beim Empfänger nur seine Versorgung mit dem
Gut x. Die Budgetrestriktion des Spenders mit dem Einkommen F_S ist
dann: $p_x x_S + p_y y_S + p_x T = F_S$, wobei p_x und p_y die Preise der beiden
Güter sind. Für den Empfänger gilt die Nutzenfunktion
$U_E = U(x_E + T, y_E)$ mit der Budgetrestriktion $p_x x_E + p_y y_E = F_E$,
wenn F_E das Einkommen des Empfängers ist. Unter Kenntnis von T
maximiert der Empfänger seinen Nutzen, während der Spender unter
Kenntnis des Optimierungsverhaltens des Empfängers seinen optimalen
Transfer T bestimmt.

Aufgrund der einfachen Nutzenfunktion des paternalistischen Spenders erhalten wir für einen gegebenen Transfer senkrecht verlaufende Indifferenzkurven I_S im Güterraum (x_E, y_E) des Empfängers. Gehen wir von einem beliebigen Transfer T des Spenders aus und unterstellen wir, dass der Empfänger eine Ecklösung, den Punkt C realisiert. Für den Fall, dass keine Ecklösung vorliegt, stellt sich nicht die Frage der Effizienz eines Realtransfers, da sich der Empfänger genauso gut wie bei einem Geldtransfer stellen würde. In Abbildung 8.3 a haben wir die senkrechten Indifferenzkurven des Spenders für den Fall eines fest vorgegebenen T und die des Empfängers dargestellt.

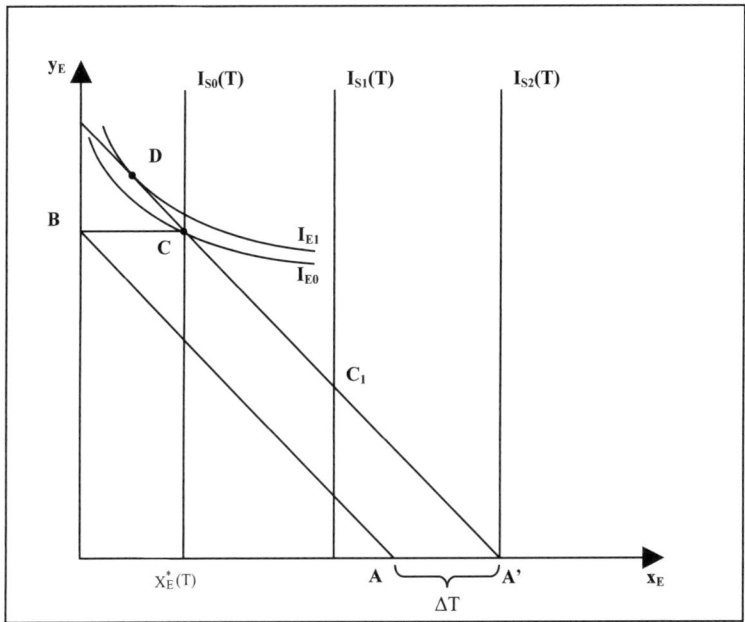

Abb.8.3a.: Paretooptimalität von Transfers

Für den vorgegebenen Transfer T ist die Ecklösung C des Empfängers paretooptimal. Alle Punkte links der Indifferenzkurve I_{S_0} würden den Spender schlechter stellen, da das Versorgungsniveau des Empfängers sinken würde, was zu einer Nutzeneinbuße bei dem Spender führen würde. Im Bereich rechts der Indifferenzkurve steigt das Versorgungsniveau x des Empfängers und damit das Nutzenniveau des Spenders. Für beide paretosuperior sind aber nur Punkte, die zusätzlich auch oberhalb der Indifferenzkurve I_{Eo} des Empfängers liegen. Diese sind aber bei dem Transfer von T für den Empfänger nicht realisierbar. Wir sehen, dass bei gegebenem T das Dispositionsgleichgewicht C ein Paretooptimum darstellt.

Aus diesem Sachverhalt sollte man aber nicht die These der generellen Effizienz von Realtransfers für den Fall eines paternalistischen Spenders ableiten. Denn theoretisch können bei einem anderen Niveau von T paretosuperiore Lösungen zu C möglich sein. Dies können auch reine Geldtransfers sein.

Wenn aber das vorliegende Transfervolumen T aus der Sicht des Spenders optimal ist, dann ist auch die Ecklösung C ein Paretooptimum, selbst wenn es für den Empfänger eigentlich vorteilhafter ist, Geldtransfers zu erhalten.

Der unseren Überlegungen zugrundeliegende zweistufige Optimierungsansatz stellt sich wie folgt dar:

Der Empfänger maximiert

$$U_E = U(x_E + T, y_E)$$

mit der Nebenbedingung

$$p_x x_E + p_y y_E = F_E.$$

Es sei $x_E^*(T)$ das optimale Niveau des Empfängers, das annahmegemäß eine Ecklösung in C darstellt.

Der Spender maximiert dann

$$U_{SE} = U(x_S, y_S, x_E^*(T) + T)$$

mit der Nebenbedingung

$$p_x x_S + p_y y_S + p_x T = F_S.$$

Für das Optimum (x_S^*, y_S^*, T^*)

gilt dann an der Stelle T^*

$$\frac{dU(x_S^*(T), y_S^*(T), x_E^*(T))}{dT} = 0.$$

Wenn in C der Nutzen des Spenders durch eine Variation von T nicht gesteigert werden kann, dann ist die Ecklösung C paretooptimal. Betrachten wir die durch C verlaufende senkrechte Ineffizienzkurve, wie sie in Abb. 8.3 a dargestellt ist. Alle Punkte links von I_{So} stellen den Spender schlechter. Dies gilt auch für den vom Empfänger präferierten Punkt D. Links von I_{So} gibt es, bei gegebenen T, keine Möglichkeit der Besserstellung des Empfängers.

Wenn hingegen in C $\frac{dU}{dT} < 0$ ist, so können sich der Spender durch eine Reduktion des Transfers um ΔT sowie der Empfänger durch die Wahl von G besser stellen. C ist dann nicht paretooptimal und inferior zum reinen Geldtransfer $T - \Delta T$, wie in Abbildung 8.3 b dargestellt.

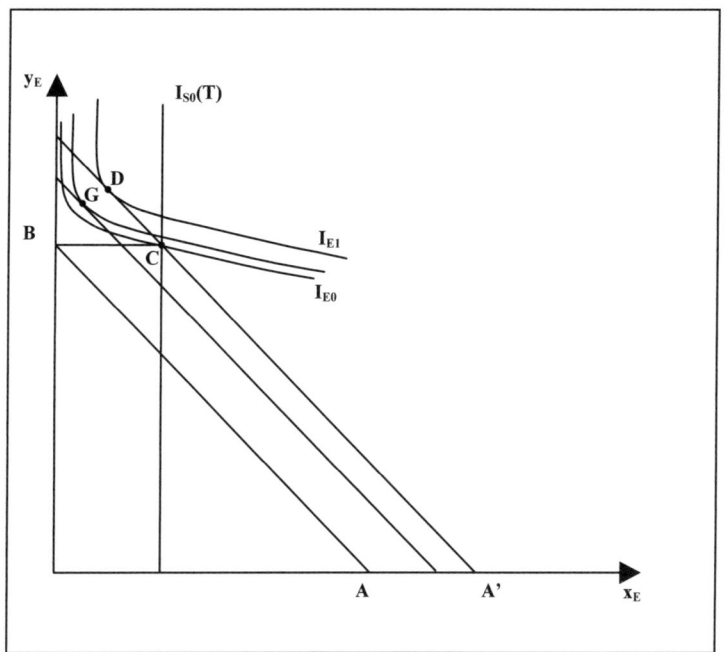

Abb. 8.3. b: Ineffiziente Realtransfers

Entsprechend können wir nur das wirtschaftspolitische Fazit ziehen, dass man schon sehr gute Gründe haben muss, wenn man sich für freiheitsbeschränkende Realtransfers ausspricht.

8.2.3 Samariter-Dilemma

Eine der großen Gefahren der Sozialhilfe liegt darin, dass sich die Empfänger auf die Hilfe einstellen und die Spendenbereitschaft dahingehend nutzen, den Spender auszubeuten. Da es Zielsetzung der Sozialhilfe ist, die Führung eines Lebens zu ermöglichen, das der Würde des Menschen entspricht, besteht Anlass, dass der Empfänger dieses Leistungsversprechen einseitig zu seinen Gunsten ausnutzt. Deshalb verlangt das Gesetz, dass der Empfänger nach seinen eigenen Kräften zu seinem Lebensunterhalt mitwirkt. Um dies durchzusetzen, sieht das SGB XII vor, dass die Sozialhilfe „bis auf das zum Lebensunterhalt Unerlässliche eingeschränkt werden" kann. Darüber hinaus ist derjenige erwachsene Sozialhilfeempfänger zum Ersatz der Kosten der Sozialhilfe verpflichtet, der seine Notlage durch vorsätzliches oder grobfahrlässiges Verhalten herbeigeführt hat.

Es ist aber zu bezweifeln, dass mit solchen Regelungen des SGB XII ein fundamentales Problem bei Leistungen an Hilfebedürftige gelöst wird, das u. a. von Buchanan aufgegriffen und in Form des Samariter-Dilemmas formalisiert wurde.

Bei diesem einfachen Spiel hat der Leistungsempfänger zwei Alternativen: zu arbeiten oder zu faulenzen. Der Spender (Samariter) hat ebenfalls zwei Optionen: zu helfen oder die Hilfe zu unterlassen, so dass wir folgende Auszahlungsmatrix erhalten:

		Empfänger			
		arbeiten		faulenzen	
Samariter	helfen	I	(3, 3)	II	(2, 4)
	nicht helfen	III	(4, 2)	IV	(1, 1)

Tab.8.3.: Samariter-Dilemma

Bei diesem Spiel in Normalform haben wir folgende Präferenz der Spieler. Für den Samariter ist die Konstellation III die beste, bei der er nicht zahlen muss und der Empfänger aus eigener Kraft seine Notlage durch Arbeit bewältigt. Der Samariter erhält dann 4 Geldeinheiten und der Empfänger 2 Einheiten. Die Konstellation I „helfen, arbeiten" ist für den Samariter die zweitbeste, die für ihn und für den Empfänger die Auszahlung 3 zur Folge hat. Wenn der Empfänger nicht arbeitet, dann zieht der Samariter die Konstellation II „zu helfen", um so das Existenzminimum zu sichern, der Situation IV der unterlassenen Hilfeleistung vor. Beim Empfänger gilt bei diesen Konstellationen die Reihenfolge II > I > III > IV.

Wir sprechen hier von einem Dilemma, weil individuell rationales Verhalten zu einem für beide Partner ungünstigem Ergebnis führen kann. Der Samariter möchte in der Hoffnung, dass der potentielle Empfänger arbeitet, nicht helfen. Der Empfänger, der mit Hilfe rechnet, zieht es vor zu faulenzen. Beide Einstellungen führen dazu, dass sich die Konstellation IV ergibt, die beide als die schlechteste ansehen und die die einzige ist, die in unserem Spiel kein Paretooptimum darstellt. Unkoordiniertes Verhalten führt hier zur Ineffizienz. Die Konstellationen I, II und III sind paretooptimal. Bei der Auswahl eines dieser Optima treten aber immense Verteilungskonflikte auf, die eine sinnvolle Einigung und Verhaltensabsprache verhindern können.

Da hier keine dominante Strategie vorliegt, bei der die Wahl einer Strategie unabhängig von der Strategie des Gegenübers die vorteilhaftere ist, hängt die optimale Strategie jedes Spielers davon ab, welche Erwartungen er über den anderen Spieler bildet. Weiß der Samariter z. B., dass der Sozialhilfeempfänger ein so willensschwacher Mensch ist, der keiner geregelten Arbeit nachgehen kann, so wird er per se helfen, damit das Existenzminimum gesichert ist. Von daher ist es für den potentiellen Sozialhilfeempfänger wichtig, diesen Eindruck zu erwecken. Insbesondere wenn der Spender ein gutmütiger Mensch ist, der eine große Hilfsbereitschaft zeigt, bietet sich für den Empfänger die Chance, ihn auszubeuten. Wie lässt sich das Dilemma überwinden? Eine Möglichkeit liegt in einer konditionalen Verpflichtung des Spenders, der zu einer Leistung nur unter der Voraussetzung bereit ist, dass der Empfänger bereit ist zu arbeiten. Für den Fall, dass der Notleidende nicht arbeitet, verpflichtet er sich selbst, auch keine Unterstützung zu gewähren. In diesem Sinne ist z. B. die Regelung des SGB II zu verstehen, nach der für denjenigen, der sich weigert eine zumutbare Arbeit aufzunehmen, die Hilfe in der ersten Stufe um 30 % des Regelsatzes zu kürzen ist. Mit dieser gesetzlichen Vorgabe wird eine Selbstbindung bei den Ämtern geschaffen, bei der es nun u. U. für den Notleidenden vorteilhaft ist, zu arbeiten, so dass das Samariter-Dilemma überwunden wird und wir die neue modifizierte Auszahlungsmatrix (Tab. 8.4.) erhalten, wobei die Strategie „zu arbeiten" durch die automatische Kürzung der Sozialhilfe z. B. um 2 Einheiten nun die dominante Strategie ist.

		Empfänger			
		arbeiten		Faulenzen	
Samariter	helfen	I	(3, 3)	II	(2, 4 - 2)
	nicht helfen	III	(4, 2)	IV	(1, 1)

Tab. 8.4.: Lösung des Samariter-Dilemmas

Entscheidend für diese Strategie der Selbstbindung des Samariters ist es, dass diese glaubwürdig und der Sozialhilfebedürftige tatsächlich davon überzeugt ist, dass wenn er seinen eigenen Beitrag nicht leistet, er im Notfall auf sich selbst angewiesen ist. Z. B. sieht die entsprechende Sozialhilferegelung in den USA vor, dass man in seinem Leben nur maximal 4 Jahre lang staatliche Hilfe erhalten kann. Mit dieser Strategie gewinnt der Staat die notwendige Glaubwürdigkeit. Aus der Perspektive des Samariter-Dilemmas können wir das Subsidiaritätsprinzip als eine gesellschaftliche Vorgabe zur Gewinnung von Glaubwürdigkeit interpretieren.

Selbstbindung ist aber nicht immer eine perfekte Lösung. Es ergibt sich ein Problem, wenn eine Person unverschuldet in eine Notlage gelangt und dann die Selbstbindung Hilfe ausschießt. Die Sozialhilfe wendet in der Bundesrepublik das Finalprinzip an und setzt Sicherung vor glaubwürdiger Strafandrohung. Die Denktradition in den USA ist mehr folgende: Nur der hat Anspruch auf Hilfe, der seinen eigenen Beitrag leistet. Von daher hat in den USA die Sozialhilfe mehr ergänzenden Charakter.

Die Strategie der Selbstbindung verliert ihre Wirksamkeit, wenn Dritte existieren, die kompensatorische Hilfeleistungen gewähren. Selbst wenn z. B. die US-amerikanischen Sozialhilfeeinrichtungen gesetzlich verpflichtet sind, nach einer gewissen Zeit ihre Hilfe einzustellen, so verliert diese Ankündigung an Glaubwürdigkeit, wenn private karitative Einrichtungen existieren, die stattdessen die Hilfeleistungen übernehmen. Gerade zeitliche Beschränkungen sind viel zu pauschal und letztlich willkürlich. Es stellt sich das generelle Problem, eine auf den Einzelfall ausgerichtete glaubwürdige Selbstbindung zu schaffen. Diese scheitert im konkreten Fall oft daran, dass man nicht exakt zwischen Fehlverhalten, das individuell zu verantworten ist, und abweichendem Verhalten, das sozial bedingt ist und das der einzelne letztlich nicht zu verantworten hat, differenzieren kann. Die Relevanz dieses Sachverhaltes wird besonders deutlich, wenn es um die Arbeitsbereitschaft von Sozialhilfeempfängern geht. Die Drohung, diejenigen, die eine zumutbare Arbeit nicht leisten, einfach mit einer Kürzung der Sozialhilfe zu bestrafen, ist oft wenig sinnvoll, da diese oft arbeiten wollen, aber aufgrund ihrer Langzeitarbeitslosigkeit, Selbstaufgabe usw. dazu nicht mehr in der Lage sind. Hier muss eine persönliche Hilfe geleistet werden, um die Sozialhilfeempfänger in den Arbeitsmarkt zu integrieren. Monetäre Sanktionen alleine lösen das Problem nicht.

8.2.4 Subsidiarität und Rotten-Kid-Theorem

Kennzeichnend für die Sozialhilfe ist das Subsidiaritätsprinzip, nach dem zuerst die Familie Ansprechpartner ist, wenn jemand in der Familie in eine Notlage geraten ist und eine ausreichende Absicherung durch die gesetzliche Sozialversicherung fehlt. Das Subsidiaritätsprinzip kann am Samariter-Dilemma in dem Sinne scheitern, dass die Verpflichtung der Familie zur Hilfe dazu führt, dass die im Prinzip altruistisch eingestellte Familie von einem einzigen Egoisten, der notleidend ist oder sogar bewusst seine Notlage herbeigeführt hat, ausgebeutet wird und damit das Subsidiaritätsprinzip die Stabilität der Institution Familie gefährdet. Dafür spricht, dass altruistisch eingestellte Familienmitglieder im Gegensatz zu anonymen an das Gesetz gebundene Verwaltungseinheiten der Sozialhilfe keine glaubwürdigen konditionalen Verpflichtungen eingehen können.

Dass dennoch das Subsidiaritätsprinzip durchaus sinnvoll sein kann, zeigt Becker anhand des Rotten-kid(Heuchler)-Theorems auf. Zur Darstellung des Theorems gehen wir vereinfachend von dem Fall zweier Personen aus. Eine Person ist ein vollkommener Altruist, der den gemeinsamen Nutzen maximieren will. Die andere Person ist ein reiner Egoist, der nur an sich selbst denkt und durchaus bereit ist, den Altruismus des anderen auszunutzen. Das Rotten-kid-Theorem zeigt nun eine Handlungskonstellation auf, bei der sich der Egoist wie ein Altruist verhält, weil dies seinem eigenen Egoismus am besten dient. Er weiß nämlich, dass, wenn er sich kooperativ verhält, er dem Altruisten einen größeren Spielraum für altruistische Transfers ermöglicht, den der Altruist zu einer Besserstellung des Egoisten nutzt. Das Rotten-kid-Theorem zeigt so eine Konstellation auf, bei der der Transferempfänger nicht wie bei dem Samariter-Dilemma einen Anreiz hat, sich als Drückeberger zu verhalten. Um dies zu verdeutlichen, betrachten wir die Abb. 8.4. Wir unterstellen, dass der Empfänger und der Spender von Transfers ihre Situation in Geldeinheiten bewerten. Das Einkommen des Egoisten wird an der Vertikalen abgetragen, das des Altruisten an der Horizontalen.

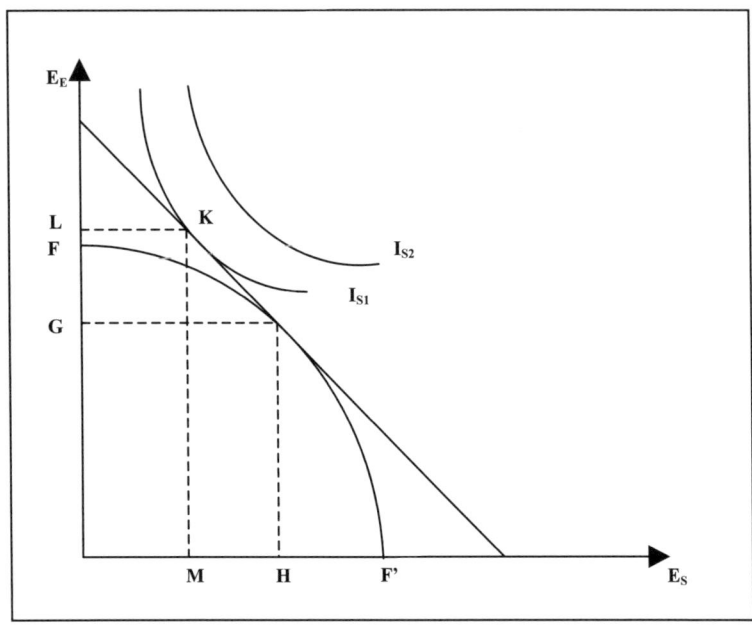

Abb.8.4: Altruismus des Egoisten

Die Transformationskurve FF' gibt die Einkommensmöglichkeiten der beiden Akteure wieder. Ein Egoist müsste den Punkt F auf der Transformationskurve verwirklichen, weil dieser ihm das höchste Einkommen garantiert. Dann würde aber der Altruist über kein Einkommen verfügen und er könnte keine Transfers zugunsten des Egoisten vornehmen. Ob es sich für den Egoisten lohnt, sich kooperativ zu verhalten, hängt entscheidend von dem Ausmaß an Altruismus des potentiellen Spenders ab, dessen Präferenzen sich als $U_S = U_S(E_S, E_E)$ darstellen lassen. In Abbildung 8.4 a sind die dazugehörigen Indifferenzkurven des Spenders eingezeichnet worden.

Für den Egoisten lohnt es sich einen Einkommensverzicht zugunsten des Altruisten zu leisten und eine Aktivität zu tätigen, bei der er nur ein Einkommen $G < F$ verwirklicht und bei der das Einkommen des Altruisten auf H ansteigt. Dieser Einkommensverzicht des Egoisten ist von daher für ihn vorteilhaft, weil er weiß, dass der Altruist die Einkommensverteilung (G, H) nicht als gerecht ansieht. Durch einen Transfer zugunsten des Egoisten, bei dem die Verteilung K verwirklicht wird, kann der Altruist eine nach seiner Auffassung gerechte Verteilung verwirklichen, bei der der Egoist besser gestellt wird und das Einkommen L erzielen kann, das höher als sein ursprüngliches Einkommen F ist. Der Altruist nimmt einen Geld-transfer in Höhe von $\overline{MH}$ vor, der zu einer gleich hohen Einkommenssteigerung von $\overline{GL}$ beim Egoisten führt.

Wir sehen, dass in kleinen Sozialverbänden wie der Familie das Samariter-Dilemma durchaus gelöst werden kann. Von daher ist es nur konsequent, wenn die Sozialhilfe auf die Solidarität der Familie setzt und die staatliche Sozialhilfe gemäß des Subsidiaritätsprinzips nachrangig ist. Das Rotten-kid-Theorem setzt aber einen ausgeprägten Altruismus zumindest bei einem Familienmitglied voraus. Ist z. B. der Altruismus nicht stark ausgeprägt, wofür die zunehmende Instabilität der Institution Familie spricht, kann es für einen Egoisten vorteilhaft sein, nur an seinen eigenen Vorteil zu denken, wie dies in Abb. 8.5. deutlich wird.

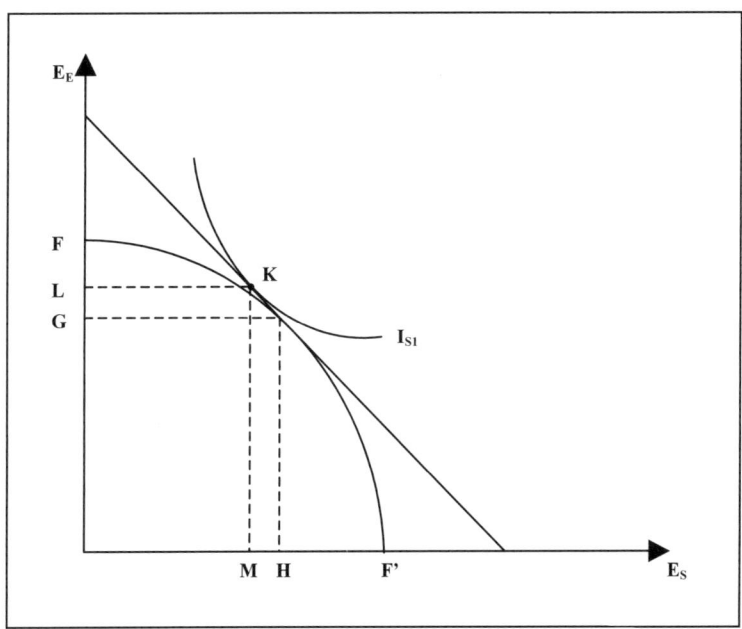

Abb.8.5: Reiner Egoismus

In diesem Fall wird der Egoist sein maximales Einkommen F realisieren, da der Transfer des Altruisten nur gering ausfällt und der Egoist nach realisiertem Transfer nur ein Einkommen in Höhe von L erzielen kann. Ob dieses Problem unzureichenden Altruismus in der Familie dadurch gelöst werden kann, dass das Sozialhilfegesetz bzw. die §§ 1601 ff. des Bürgerlichen Gesetzbuches die Eltern und die Kinder zu altruistischem Verhalten zwingen, muss bezweifelt werden.

Wichtig für das Rotten-kid-Theorem ist auch, dass die Gemeinschaft nicht zu groß ist. In einer großen Gemeinschaft ist es nämlich für die Egoisten vorteilhaft, sich als Außenseiter zu verhalten. Der eigene Beitrag zum Kooperationsgewinn ist relativ wirkungslos. Man trägt als Egoist die Kosten des Einkommensverlustes, während die Vorteile als Transfer auf alle Egoisten verteilt wird. Von daher ist es sinnvoll, dass das Subsidiaritätsprinzip auf kleine Solidargemeinschaften abstellt.

Eine weitere Voraussetzung muss erfüllt sein, damit das Rotten-kid-Theorem zum Tragen kommen kann. Nur wenn der Egoist zuerst seine Handlungsstrategie festlegt und der Altruist durch seinen Transfer das positive Verhalten des Egoisten belohnen kann, besteht für den Egoisten der Anreiz, sich kooperativ zu verhalten und die Wohlfahrt der Gemeinschaft zu maximieren. Wenn altruistische Eltern ihr Vermögen frühzeitig ihren egoistischen Kindern überschreiben, dann haben sie kein Sanktionspotential mehr und die Kinder brauchen nach der Überschreibung des Vermögens keine Rücksicht mehr auf das Wohlergehen der Eltern nehmen. In diesem Fall sieht aber das Sozialhilfegesetz und das Bürgerliche Gesetzbuch vor, dass die Kinder, sofern sie vermögend sind und sie über ein ausreichendes Einkommen verfügen, ihre bedürftigen Eltern unterstützen müssen.

8.2.5 Crowding-Out-Effekt und Motive des Altruismus

Das Subsidiaritätsprinzip stellt sehr stark auf die solidarische Hilfe in der Familie ab. Zu fragen ist aber, ob die Sozialhilfe und die Grundsicherung mit ihren Regelungen nicht diese Solidarität in der Familie zerstören und dafür sorgen, dass der Altruismus in der Familie aufgrund staatlicher Aktivitäten zurückgeht. Dass die Sozialhilfe zu einem Crowding-Out-Effekt führen kann, wird in der Vorschrift deutlich, nach der Zuwendungen Dritter, die dazu nicht rechtlich und sittlich verpflichtet sind, nur dann nicht als Einkommen des Sozialhilfeempfängers angerechnet werden sollen, soweit ihre Berücksichtigung für den Empfänger eine besondere Härte bedeuten würde. Auch Zuwendungen der freien Wohlfahrtspflege werden angerechnet, wenn sie die Lage des Empfängers so verbessern, dass zusätzliche Sozialhilfe ungerechtfertigt wäre.

Wie Altruisten auf die staatlichen Leistungen reagieren, hängt entscheidend von den altruistischen Motiven der Spender ab. Nun ist aber der Begriff des Altruismus ein recht vages Konzept. Hinter ihm verbirgt sich eine Vielzahl von Ausprägungen, die ganz unterschiedliche Motivationen widerspiegeln. Gerade die Ausführungen zum Rotten-kid-Theorem haben gezeigt, wie schwierig Altruismus zu definieren ist. In der Literatur werden u. a. folgende Formen des Altruismus unterschieden.

Zum einen spricht man von einer austauschmotivierten Hilfe. Das zentrale Motiv des Spenders ist die Vorstellung: "Hilf heute anderen, damit diese morgen dir helfen werden". So umsorgen u. U. die Eltern ihre Kinder in der Hoffnung, dass diese sie im Alter pflegen und versorgen werden. Diesem Transfer liegt im Gegensatz zu einer reinen Marktbeziehung ein impliziter Vertrag zugrunde, dessen Einhaltung vom Spender nicht erzwungen werden kann. Inwieweit es bei Dominanz des Austauschmotivs zu einem Crowding-Out-Effekt kommt, hängt entscheidend davon ab, wer Adressat der staatlichen Sozialhilfe ist. Wenn z. B. die Eltern als Spender durch die Sozialhilfe in Notlagen ausreichend abgesichert sind, lohnt es sich für sie nicht mehr so sehr, austauschmotivierte Transfers für ihre Kinder zu leisten, da sie ja nicht mehr auf diese angewiesen sind. Ein Crowding-Out-Effekt ist hingegen nicht zu erwarten, wenn die Kinder staatliche Transfers erhalten. Wird z. B. die Ausbildungshilfe des Staates für sozial Schwache erhöht, so hat dies nicht unbedingt zur Konsequenz, dass die Eltern ihre Leistungen einschränken.

Unterstützen austauschmotivierte Eltern z. B. ihre Kinder, damit sie weiter in der Familientradition Medizin studieren, so können sie z. B. sogar aufgrund einer BaFöG-Erhöhung gezwungen sein, ihre Transfers zu erhöhen. Denn die Kinder werden durch die BaFöG-Erhöhung unabhängiger und können so eher nach ihren eigenen Präferenzen studieren. Bei austauschmotivierten Transfers ist noch aus einem anderen Grund zu erwarten, dass mit steigendem Einkommen des Empfängers die Transfers sogar steigen. Je höher das Einkommen der Empfänger ist, um so größer ist die Wahrscheinlichkeit, dass diese in Zukunft finanziell in der Lage sind, dem dann unter Umständen notleidenden Spender zu helfen. Personen, die in der Armutsfalle stecken, austauschmotiviert zu helfen, lohnt für den Spender nicht.

Während bei austauschmotivierten Transfers die Beziehung zwischen sozialpolitischen Leistungen und privaten Transfers eher positiv ist, liegt ein vollkommener Crowding-Out-Effekt vor, wenn die Spender sich vollkommen altruistisch verhalten. Vollkommener Altruismus, den wir beim Rotten-kid-Theorem unterstellt haben, bedeutet, dass der Spender durch die Zielfunktion $U_{SE} = U(U_S, U_E)$ gekennzeichnet ist, wobei U_S und U_E die jeweiligen Nutzen in Abhängigkeit von der individuellen Güterversorgung angeben. Dieser von Samuelson, Becker u. a. entwickelte Ansatz wurde intensiv zur Untersuchung intergenerativer Umverteilungen von Barro genutzt. Bei vollkommenem Altruismus ist die Verteilung in der Solidargemeinschaft unabhängig von den erzielten Einkommen der Mitglieder. Erhöht z. B. der Staat das Kindergeld und finanziert er dies mit einer höheren Besteuerung der Eltern, so hat dies keine Auswirkung auf die Nutzenverteilung in der Familie. Die Eltern kürzen nur im Ausmaß der Kindergelderhöhung ihre Transfers an die Kinder.

Ein vollkommener Crowding-Out-Effekt würde nicht eintreten, wenn der Spender staatliche Transfers als für den Empfänger diskriminierend und entwürdigend ansehen würde. Erhalten z. B. die Eltern Fürsorgeleistungen aufgrund eines niedrigeren Einkommens, so könnten die Kinder solche staatlichen Leistungen als entwürdigend ablehnen und stattdessen selbst den Einkommensausfall ausgleichen. Wie aber in einer empirischen Studie nachgewiesen wurde, ist zumindest in den USA dieser Effekt nicht gegeben. Dort werden am Markt erzielte Einkommen und staatliche Sozialtransfers als mehr oder weniger äquivalent angesehen.

Im Allgemeinen liegt zumindest in den Familien kein vollkommener Altruismus vor. Durchaus von Relevanz ist hingegen eine Form des Altruismus, die Pollak als paternalistischen Altruismus bezeichnet und die sehr stark dem austauschorientierten Transfer entspricht. Die Auswirkungen paternalistische Altruismus haben wir schon ausführlich unter dem Aspekt der Effizienz von Realtransfers diskutiert. Hier will der Spender nicht allein den Nutzen des Empfängers erhöhen, sondern er hat bestimmte Vorstellungen über das erwünschte Verhalten und den Konsum des Empfängers. So wünschen die Eltern nicht, dass ihre Kinder ihr Taschengeld für Süßigkeiten, sondern z. B. für den Kauf von Literatur ausgeben. Kennzeichnend ist für den Fall des paternalistischen Altruismus, dass – wie wir oben aufgezeigt haben – in-kind-Transfers – z. B. Sachleistungen – reinen finanziellen Leistungen überlegen sind, da man durch sie das Verhalten und den Konsum des Empfängers gezielt steuern kann, sofern keine Ausweichreaktionen möglich sind. Ein Crowding-Out-Effekt tritt hier ein, wenn die

Einstellung des Staates mit der paternalistischen Einstellung des Spenders übereinstimmt. Je stärker die Zielsetzungen zwischen Staat und Spender divergieren, desto geringer ist der Crowding-Out-Effekt.

Bis jetzt haben wir die Präferenzen und Normen der Empfänger als gegeben angesehen. Stark weist auf eine andere Form von Altruismus hin, die man als demonstrativen Altruismus interpretieren kann. Dabei geht es darum, durch Transfers an Dritte eine Nachahmung in dem eigenen solidarischen Netzwerk zu bewirken. Nach Stark helfen die Eltern ihren Großeltern nicht aus reiner Liebe, sondern in der Hoffnung, dass ihre eigenen Kinder ihr Verhalten übernehmen und sich verpflichtet fühlen, später für ihre Eltern zu sorgen. Die Transfers dienen so zum Aufbau eines Sozialkapitals im Sinne von Coleman und sichern den Generationenvertrag. Bei diesen Transfers ist es wichtig, dass sie häufig vorkommen und dass sie auch von den Kindern bewusst wahrgenommen werden. In-kind-Transfers sind dafür wesentlich geeigneter als reine finanzielle Leistungen. Bei diesen demonstrativen Transfers kann es aber durchaus zu einem Crowding-Out-Effekt kommen. Je besser in unserem Beispiel der Staat die Großeltern versorgt, um so weniger Möglichkeiten bieten sich für die Eltern, ihre Hilfsbereitschaft vor den Kindern zu demonstrieren.

Bis jetzt war die Zielsetzung der Transfers, das Nutzenniveau bei dem Empfänger zu beeinflussen. Völlig anders stellt sich die Situation dar, wenn die Transferaktivitäten einen Selbstwert besitzen. Man spricht auch von der "better-to-give-than-receive" Motivation. Der Spender ist gar nicht an der Effizienz seiner Spende interessiert, sondern die Spende dient der Befriedigung seines Selbstwertgefühls, der Erfüllung seiner moralischen Verpflichtungen und der Gewinnung von Ansehen in der Gesellschaft. Unter letzterem Aspekt ist es besonders wichtig, dass die Spende nicht anonym, sondern öffentlich vollzogen wird. Bei dieser Form des Altruismus stellt sich die Nutzenfunktion des Spenders in der Form $U_{SE} = U(U_S, T)$ dar, wobei T die Höhe des Transfers angibt. Bei dieser Form des Altruismus besteht kein Crowding-Out-Effekt, sofern der Staat ausreichenden Spielraum zum Helfen lässt, was wohl im Allgemeinen gegeben ist.

Spender, für die Spenden reinen Selbstwert haben und für die gesellschaftliche Anerkennung unwichtig ist, werden oft auch in die Kategorie der intrinsischen Motivierten eingeordnet. In Anlehnung an die Studie von Titmuss zur Bereitschaft, Blut zu spenden, befürchtet Frey einen Verdrängungseffekt, wenn Spenden reguliert und Spender finanziell belohnt sowie Spenden durch den Staat erzwungen werden.

8.3 Literatur zum 8. Kapitel

Becker, G. S. (1981): A Treatisc on the Family, Cambridge und London.

Buchanan, J. M. (1975): The Samaritan´s Dilemma, in: E. Phelps (Hrsg.), Altruism, Morality, an Economic Theory, New York, S. 71 - 85.

Ribhegge, H. (1999): Verdrängung von Solidargemeinschaften durch staatliche Sozialpolitik: Ordnungstheoretischen Überlegungen zur Sozialpolitik, in: D. Cassel (Hrsg.), Perspektiven der Systemforschung, Berlin, S. 307 - 326.

Stark, O. (1995): Altruism and Beyond. An Economic Analysis of Transfers and Exchanges within Families and Groups, Cambridge.

9. Ausblick

9.1 Reformperspektiven

In keinem Nachkriegsjahr der Bundesrepublik hat es so grundlegende Sozialreformen wie in 2003 gegeben. Fast alle Zweige der Sozialen Sicherung sind davon betroffen. Auch wenn diese Eingriffe für viele schmerzhaft sind und sie erst in den nächsten Jahren voll zur Geltung kommen, so hat sich recht schnell gezeigt, dass sie zur nachhaltigen Stabilisierung unseres sozialen Sicherungssystems nicht ausreichen werden.

Eine Ursache liegt in der einseitigen Ausrichtung der Reformen auf die Stabilisierung der Beitragssätze. Dies wurde im Wesentlichen durch Leistungskürzungen und durch Kostenumschichtungen verwirklicht. Eine Nachhaltigkeit kann man durch eine reine Umschichtung der Kosten nicht erreichen, sofern nicht damit Effizienzgewinne durch eine verbesserte Anreizstruktur erzielt werden. Notwendig ist es vielmehr, die Effizienz der Sozialen Sicherung insgesamt zu erhöhen. Dazu reicht eine rein finanztechnisch ausgerichtete Konsolidierungsstrategie nicht aus. Es müssen nicht allein die Kosten von den Arbeitgebern auf die Versicherten verlagert werden, die als rationale Akteure ihre höheren Belastungen weitgehend durch entsprechende Lohnforderungen usw. kompensieren werden. Es müssen vielmehr die gesellschaftlichen Kosten im System der Sozialen Sicherung durch mehr Effizienz gesenkt werden. Dies gilt insbesondere für die GKV und die soziale Pflegeversicherung. Mehr Effizienz erhält man aber nur, wenn man auch auf der Seite der Anbieter von Leistungen im Bereich der Sozialen Sicherung ansetzt. Dies beinhaltet z. B. sowohl eine grundlegende Organisationsreform bei den Trägern der Rentenversicherung, die auch heute noch ständestaatlich ausgerichtet ist, als auch im Gesundheitswesen mit seinen monopolistischen Angebotsstrukturen, das mehr Wettbewerb bei der Leistungserstellung bedarf.

Schaut man sich aus dieser Perspektive die zur Zeit diskutierten Reformvorschläge der Rürup- und Herzog-Kommission sowie der Gemeinschaftsinitiative Soziale Marktwirtschaft an, wie sie in ihren wichtigsten Punkten in Tabelle 9.1. dargestellt sind, so sieht man sofort, dass auch bei ihnen eine starke finanztechnische Ausrichtung auf eine Stabilisierung der Kosten der sozialen Sicherungssysteme dominiert.

	Rürup-Kommission	Herzog-Kommission	Gemeinschaftsinitiative
Rente			
Verfahren	Umlage	Einstieg in Kapitaldeckung	Umlage
Versicherte	status quo	status quo	alle Bürger
Rentenhöhe	Nachhaltigkeitsfaktor	Demographiefaktor	Teilhabeäquivalenz
Beiträge	schwach steigend	schwach steigend	konstanter Beitragssatz 20 %
Renteneintrittsalter	67	67/63 mit 45 Versicherungsjahren	irrelevant
Kranken-versicherung			
Verfahren	Umlage	Einstieg in Kapitaldeckung	Umlage
Versicherte	alle Bürger (Bürgerversicherung) / status quo (Prämienmodell)	status quo	alle Bürger (Familienangehörige beitragspflichtig)
Leistungsniveau	medizinisch Notwendige	medizinisch Notwendige	medizinisch Notwendige + Pflege (ohne 1. Stufe)
Finanzierung	Prämienmodell/Bürgerversicherung	Prämienmodell	Prämienmodell
Private Kranken-versicherung	status quo (Prämienmodell) / ergänzende Zusatzversicherung (Bürgerversicherung)	status quo	ergänzende Zusatzversicherung
Pflegeversicherung			
Verfahren	Umlage	Einstieg in Kapitaldeckung	
Versicherte	status quo	status quo	
Leistungsniveau	Dynamisierung	reale Konstanz	Integration in GKV
Finanzierung	Beiträge (Ausgleichbeitrag der Rentner 2 %)	höhere Beiträge der älteren Versicherten	
Arbeitslosen-versicherung			
	keine Vorschläge	Stärkung des Versicherungscharakters (Abschaffung von ABM usw.)	Abschaffung bzw. private freiwillige Arbeitslosenversicherung

Tab. 9.1.: Reformperspektiven

Wenn man diese drei Modelle vergleicht, so stellt man fest, dass alle Kommissionen in ihren Zielsetzungen sehr nahe beieinander liegen, dass sie sich aber bei der Frage der Realisierung doch erheblich unterscheiden. Während diese Reformmodelle die Effizienz der Leistungserstellung vernachlässigen, betonen sie doch die Leistungsanreize der unterschiedlichen Finanzierungsformen der Sozialen Sicherung. Dies gilt insbesondere für die Gemeinschaftsinitiative Soziale Marktwirtschaft. Sie fordert konsequent die Stärkung des Äquivalenzprinzips in der Sozialen Sicherung, so dass von den Beiträgen nur geringe Disincentives ausgehen.

Darüber hinaus stößt das Prämienmodell, das u. a. von der Rürup-Kommission in die Diskussion gebracht wurde, auf große Resonanz. Kennzeichnend für dieses Modell sind pauschale Versicherungsbeiträge (Kopfprämien), so dass sich der soziale Ausgleich auf einen reinen risikobedingten Ausgleich beschränkt.

Durch die Pauschalprämien erhofft man sich bessere Anreize, da dann eine Ausweitung der Beschäftigung nicht mehr zu höheren Beitragszahlungen führt, wie es in einem einkommensbezogenen Beitragssystem der Fall ist. Aber auch das Pauschalprämienmodell ist kein Allheilmittel, schafft es doch u. a Blockaden bei der Aufnahme von Arbeit. Wenn z. B. ein Arbeitsloser, der bisher keine Sozialversicherungsbeiträge zahlen musste, mit hohen pauschalierten Beiträgen konfrontiert wird, so ist dies eher ein Beschäftigungshindernis. Aus dieser Sicht kann man das heutige Beitragssystem wohlwollend als eine pauschalierte Versicherungsprämie (bezogen auf die Beitragsbemessungsgrenze) mit einer Gleitzone für Einsteiger in den Arbeitsmarkt interpretieren.

Wie problematisch die rein finanztechnische Kostenbetrachtung ist, zeigt das Modell der Bürgerversicherung, wie es – wenn auch mit ganz unterschiedlichen Intentionen – von einem Teil der Rürup-Kommission und der Gemeinschaftsinitiative Soziale Marktwirtschaft für die GKV vorgeschlagen wird. Dadurch, dass man alle Bürger in die GKV als Beitragszahler aufnimmt, kann man die Belastungen bei den bisher Versicherten, aber nicht die gesellschaftlichen Kosten verringern.

Durch die Ausweitung des Versichertenkreises durch die Zwangseingliederung guter Risiken senkt man die Beiträge und nimmt dabei in Kauf, dass die schon unzureichende Vorsorge durch Kapitaldeckung in der PKV zur Bedeutungslosigkeit schrumpft, da dann der privaten Krankenversicherung nur noch die Aufgabe einer Zusatzversicherung bleibt. Kosten verschwinden auch nicht dadurch, dass man die Soziale Sicherung privatisiert. Man verlagert sie nur.

Privatisierung macht nur Sinn, wenn man aufzeigt, dass private Versicherungen effizienter als die Sozialversicherung sind. Wie die Ausführungen im 2. Kapitel gezeigt haben, sind eindeutige Effizienzvorteile nicht per se gegeben. Gerade die Arbeitslosenversicherung ist ein schlechter Kandidat für eine Privatisierungsstrategie. Sinnvoller wäre es, sich systemimmanent auf die Disincentives der Sozialen Sicherung zu konzentrieren und diese zu reduzieren.

Reformen dürfen sich, wenn sie Nachhaltigkeit generieren sollen, nicht auf reine Effizienzfragen beschränken, sie müssen auch gerecht – insbesondere zwischen den Generationen – sein. Aus diesem Blickwinkel sind die Überlegungen der Rürup-Kommission zum Nachhaltigkeitsfaktor, der von der Herzog-Kommission mit dem Demographiefaktor übernommen wurde, nur zu begrüßen. Mit dem Nachhaltigkeitsfaktor, bei dem in Form eines Regelmechanismus die Entwicklung des allgemeinen Rentenwertes an die Veränderung des Altenquotienten gekoppelt wird, wird eine faire Verteilung der Lasten der Alterung unter den Generationen unserer Gesellschaft realisiert. Wie schwierig intergenerative Gerechtigkeit zu verwirklichen ist, zeigt der Vorschlag der Herzog-Kommission, mit dem Einstieg in das Kapitaldeckungsverfahren eine Untertunnelung des Alterssicherungssytems zu verwirklichen. Man kann nicht kostenlos die nachfolgende Generation entlasten. Das Ziel der Beitragsstabilisierung und das der Entlastung der nachfolgenden Generation durch Aufbau eines Kapitalstocks widersprechen sich. Dieses Konfliktpotential zwischen den Generationen wird besonders deutlich, wenn wir uns die heftige Diskussion um die Erhöhung des Renteneintrittsalters auf 67 Jahren anschauen. Gerade an diesem Beispiel zeigt sich, wie wichtig es ist, die Effizienz im System der Sozialen Sicherung zu verbessern, um Verteilungskonflikte zu lösen.

9.2 Literatur zum 9. Kapitel

Gemeinschaftsinitiative Soziale Marktwirtschaft (2003): Leitlinien zum Umbau der Sozialsysteme – Orientierungspunkte einer grundlegenden Sozialstaatsreform, Berlin.

Greß, St., Wasem, J., Rothgang, H. (2003): Kopfprämien in der GKV – Keine Perspektive für die Zukunft, in: Gesundheits- und Sozialpolitik, 57. Jg., S. 18 - 25.

Herzog-Komission (2003): Bericht der Kommission „Soziale Sicherheit" zur Reform der sozialen Sicherungssysteme, Berlin.

Ribhegge, H. (2003): Zur Effizienz und Gerechtigkeit alternativer Arrangements der Sozialen Sicherung – Beiträge versus Steuern, in: Jahrbuch für Wirtschaftswissenschaften, 53. Bd., S. 291 - 314.

Rürup-Komission (2003): Nachhaltigkeit in der Finanzierung Sozialer Sicherungssysteme, Berlin.

Stichwortverzeichnis